21世纪高等院校旅游管理类创新型应用人才培养规划教材

旅游法规

主　编　杨智勇
副主编　任馥瑛　黄志敏
　　　　赵　雯　刘春玲

内 容 简 介

本书立足于培养应用型旅游管理人才的目标,坚持理论与实务相结合,以培养创新意识为灵魂,以培养应用能力为根本。编写中以《中华人民共和国旅游法》《旅行社条例》等最新旅游法规为依据,运用最新的旅游法律、法规条款,分析旅游经营活动中的大量典型案例,帮助读者更好地掌握我国现行的旅游法规条款。

本书主要适合旅游管理专业师生教学与学习使用,也可供旅游管理者、旅游研究者,以及从事旅游相关工作并希望了解更多旅游专业知识的业界人士参考使用。

图书在版编目(CIP)数据

旅游法规/杨智勇主编. —北京:北京大学出版社,2017.1
(21 世纪高等院校旅游管理类创新型应用人才培养规划教材)
ISBN 978-7-301-27787-4

Ⅰ. ①旅… Ⅱ. ①杨… Ⅲ. ①旅游业—法规—中国—高等学校—教材 Ⅳ. ①D922.296

中国版本图书馆 CIP 数据核字(2016)第 282800 号

书　　　名	旅游法规 Lǚyou Fagui
著作责任者	杨智勇　主编
责 任 编 辑	刘　嚣
标 准 书 号	ISBN 978-7-301-27787-4
出 版 发 行	北京大学出版社
地　　　址	北京市海淀区成府路 205 号　100871
网　　　址	http://www.pup.cn　新浪微博:@北京大学出版社
电 子 信 箱	pup_6@163.com
电　　　话	邮购部 010- 62752015　发行部 010-62750672　编辑部 010-62750667
印 刷 者	三河市博文印刷有限公司
经 销 者	新华书店
	787 毫米×1092 毫米　16 开本　22.5 印张　540 千字 2017 年 1 月第 1 版　2021 年 8 月第 6 次印刷
定　　　价	47.00 元

未经许可,不得以任何方式复制或抄袭本书之部分或全部内容。
版权所有,侵权必究
举报电话:010-62752024　电子信箱: fd@pup.pku.edu.cn
图书如有印装质量问题,请与出版部联系,电话:010-62756370

前　言

2013 年 10 月 1 日，《中华人民共和国旅游法》（以下简称《旅游法》）正式实施，这是我国第一部旅游基本法律。《旅游法》的颁布实施，对于保障旅游者和旅游经营者的合法权益，规范旅游市场秩序，保护和合理利用旅游资源，促进旅游业持续健康发展具有举足轻重的作用。同时，《旅游法》的颁布，使得我国建立了一整套较为完善的旅游法律体系。为了唤起业内人士对旅游法律法规的学习和研究，我们编写了此书，以满足旅游管理专业教学及旅游从业人员的需要。

全书共分 12 章：第 1 章 旅游法规概论；第 2 章 旅游者权益保护法律制度；第 3 章 旅游政府管理部门；第 4 章 旅行社法律制度；第 5 章 导游人员法律制度；第 6 章 旅游住宿管理法律制度；第 7 章 旅游服务合同法律制度；第 8 章 旅游安全管理法律制度；第 9 章 旅游资源管理法律制度；第 10 章 旅游出入境管理法律制度；第 11 章 旅游交通、娱乐法律制度；第 12 章 旅游纠纷的解决。

本书具有如下特点。

（1）法律依据新。将《旅游法》和国务院、国家旅游局新出台的旅游方面的规定编入教材，保证教材内容依据最新的法律、法规。

（2）体系结构新。如根据《旅游法》中旅游规划、旅游促进等有关政府职责方面的规定，增加了旅游政府管理部门一章，形成了旅游者、旅游政府、旅游企业、旅游资源等较为完备的结构体系。同时，各章根据章节内容设计了导入案例、实例分析、阅读案例、知识链接、实际操作训练等模块，形式多样，可读性强。

（3）辅以丰富的案例、图片。为了帮助读者加深对法规条文的理解，解决课程较为枯燥的问题，本书编入了较为丰富的实际工作案例、图片。

本书的教材编写组由具有多年教学与实践经验的团队组成。内蒙古财经大学旅游学院杨智勇老师任主编，提出全书的写作思路和章节构架，具体编写第 3、4、5 章，并负责全书的统稿；内蒙古大学历史与旅游文化学院赵雯老师编写第 1 章；呼和浩特职业学院人文与旅游学院刘春玲老师编写第 2 章；内蒙古财经大学旅游学院黄志敏老师编写第 8 章的 8.1、8.2、8.3 节，第 10 章，第 11 章；赣南师范大学历史文化与旅游学院任馥瑛老师编写第 8 章的 8.4 节，第 9 章，第 12 章；黄志敏老师、赵雯老师共同编写第 6 章，任馥瑛老师、赵雯老师共同编写第 7 章。

在教材编写中，我们参阅了大量的教材、专著和文献，在此对作者表示衷心的感谢。此外，北京大学出版社的刘嚞编辑对教材的编写提出很多宝贵的建议，在此一并感谢。

由于水平有限，难免有不当之处，敬请广大读者批评指正。

编　者

2016 年 7 月

目 录

第1章 旅游法规概论 1

1.1 旅游法规的产生及调整对象 2
- 1.1.1 旅游法规的产生 2
- 1.1.2 旅游法规的调整对象 3

1.2 我国的旅游立法体系 4
- 1.2.1 我国的旅游法律体系 4
- 1.2.2 旅游立法的作用 6

1.3 旅游法律关系 7
- 1.3.1 旅游法律关系的概念和特征 7
- 1.3.2 旅游法律关系的构成 7
- 1.3.3 旅游法律关系的保护 10

1.4 《中华人民共和国旅游法》概述 10
- 1.4.1 立法历程 11
- 1.4.2 立法宗旨 11
- 1.4.3 《旅游法》的基本内容 12

第2章 旅游者权益保护法律制度 17

2.1 旅游者的合法权益和义务 18
- 2.1.1 旅游者的合法权益 18
- 2.1.2 旅游者的义务 24
- 2.1.3 旅游者权益保护中旅游经营者的义务 27

2.2 旅游者合法权益的保护 31
- 2.2.1 旅游者合法权益的国家保护 31
- 2.2.2 旅游者合法权益的社会保护 32
- 2.2.3 旅游者合法权益的国际保护 33

第3章 旅游政府管理部门 39

3.1 政府在旅游事业中的职责 40
- 3.1.1 制定旅游产业政策 41
- 3.1.2 综合协调 41
- 3.1.3 旅游形象推广 42
- 3.1.4 旅游公共服务建设 43
- 3.1.5 旅游基础设施建设 46
- 3.1.6 加强旅游规划 46
- 3.1.7 促进旅游人才队伍建设 47

3.2 旅游行政管理部门 48
- 3.2.1 我国旅游行政管理体制的沿革 48
- 3.2.2 国家旅游局的主要职能和机构设置 48

第4章 旅行社法律制度 52

4.1 旅行社概述 54
- 4.1.1 旅行社的概念 54
- 4.1.2 我国旅行社立法概况 55

4.2 旅行社的设立 56
- 4.2.1 旅行社设立条件 56
- 4.2.2 旅行社设立审批 58
- 4.2.3 旅行社分支机构 61

4.3 外商投资旅行社 64
- 4.3.1 外商投资旅行社在我国的发展 64
- 4.3.2 外商投资旅行社的分类 65
- 4.3.3 外商投资旅行社设立的条件 66
- 4.3.4 外商投资旅行社设立的程序 66
- 4.3.5 外商投资旅行社的经营范围 66

4.4 旅行社行业管理法律制度 67
- 4.4.1 旅行社业务经营许可证制度 67
- 4.4.2 旅游服务质量保证金制度 68
- 4.4.3 旅行社监督检查制度 74
- 4.4.4 旅行社公告制度 75

4.4.5 旅行社责任保险制度............76
4.5 旅行社经营............82
　　4.5.1 旅行社的经营原则............82
　　4.5.2 旅行社经营规范............82

第 5 章　导游人员法律制度............97

5.1 概述............99
　　5.1.1 导游人员的概念............99
　　5.1.2 导游人员的类别............100
　　5.1.3 导游人员的管理............101
5.2 导游人员管理法律制度............102
　　5.2.1 导游人员资格考试制度............102
　　5.2.2 导游证制度............104
　　5.2.3 导游人员计分管理制度............109
　　5.2.4 导游人员年审管理制度............110
　　5.2.5 导游人员等级考核制度............111
5.3 导游人员的权利和义务............112
　　5.3.1 导游人员的权利............112
　　5.3.2 导游人员的义务............115
5.4 领队人员法律制度............120
　　5.4.1 领队人员的含义............121
　　5.4.2 领队证............121
　　5.4.3 领队的职责............122

第 6 章　旅游住宿管理法律制度............127

6.1 旅游住宿业及其法律制度概述............128
　　6.1.1 旅游住宿业的发展历程............128
　　6.1.2 我国旅游住宿业有关法律、法规概述............130
6.2 饭店与旅客之间的权利义务关系............131
　　6.2.1 饭店住宿合同............131
　　6.2.2 饭店对旅客的权利和义务............132
6.3 旅游住宿业治安管理规定............138
　　6.3.1 旅游住宿业治安管理概述............138
　　6.3.2 旅游住宿业治安管理的主要内容............138
　　6.3.3 违反旅游住宿业治安管理规定的处罚............139
6.4 旅游饭店星级评定制度............140
　　6.4.1 旅游饭店星级评定制度概述............140
　　6.4.2 旅游饭店星级评定制度的内容............141

第 7 章　旅游服务合同法律制度............149

7.1 概述............150
　　7.1.1 旅游服务合同的概念............151
　　7.1.2 旅游服务合同的体系............151
　　7.1.3 旅游服务合同订立的基本原则............152
　　7.1.4 旅游服务合同的内容............152
　　7.1.5 旅游服务合同的形式............154
7.2 旅游服务合同的订立与效力............155
　　7.2.1 旅游服务合同的订立............155
　　7.2.2 旅游服务合同的效力............160
7.3 旅游服务合同的履行与变更............161
　　7.3.1 旅游服务合同的履行............161
　　7.3.2 旅游服务合同的变更............166
7.4 旅游服务合同的解除与终止............168
　　7.4.1 旅游服务合同的解除............168
　　7.4.2 旅游服务合同的终止............172
7.5 旅游服务合同的违约责任............172
　　7.5.1 违约责任的构成要件............173
　　7.5.2 违约责任的承担方式............173
　　7.5.3 违约的免责事由............176

第 8 章　旅游安全管理法律制度............180

8.1 旅游安全管理概述............181
　　8.1.1 旅游安全管理工作的方针及原则............181
　　8.1.2 旅游安全管理机构及其职责............182
　　8.1.3 旅游安全事故的处理............183
8.2 旅游经营中的安全管理规定............189
　　8.2.1 游乐园(场)安全管理............190
　　8.2.2 风险性旅游项目的安全管理............193
8.3 旅游保险法律制度............194

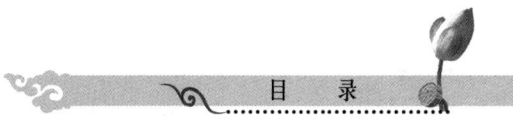

- 8.3.1 旅游保险的概念、类型及其特点 194
- 8.3.2 旅游保险合同 195
- 8.4 食品安全法律制度 199
  - 8.4.1 食品安全法概述 199
  - 8.4.2 食品安全事故处置 203

第9章 旅游资源管理法律制度 214

- 9.1 概述 216
  - 9.1.1 旅游资源的概念 217
  - 9.1.2 旅游资源保护的行政管理 217
  - 9.1.3 旅游资源保护的措施 218
  - 9.1.4 旅游资源保护的制度 219
- 9.2 旅游景区管理法律制度 220
  - 9.2.1 旅游景区的概念 220
  - 9.2.2 旅游景区的开放条件 220
  - 9.2.3 利用公共资源建设的景区的收费 225
  - 9.2.4 旅游景区的收费价格及公示 227
  - 9.2.5 景区旅游者接待的流量控制 229
  - 9.2.6 景区、住宿经营者与实际经营者的连带责任 230
  - 9.2.7 旅游景区的质量等级评定 230
- 9.3 风景名胜区管理法律制度 233
  - 9.3.1 风景名胜区的概念与等级 233
  - 9.3.2 风景名胜区的部门管理 233
  - 9.3.3 风景名胜区的设立 234
  - 9.3.4 风景名胜区的规划 235
  - 9.3.5 风景名胜区的保护 236
  - 9.3.6 风景名胜区的利用与经营管理 238
  - 9.3.7 风景名胜区的法律责任 239
- 9.4 自然保护区管理法律制度 241
  - 9.4.1 自然保护区的概念 241
  - 9.4.2 自然保护区的等级 242
  - 9.4.3 自然保护区的区域构成 242
  - 9.4.4 自然保护区的建立条件与审批程序 243
  - 9.4.5 自然保护区的管理 245
  - 9.4.6 自然保护区的法律责任 248
- 9.5 文物保护法律制度与世界遗产的保护 249
  - 9.5.1 文物的概念、分类与保护范围 249
  - 9.5.2 文物保护的方针、机构与经费 250
  - 9.5.3 文物资源的法律保护 251
  - 9.5.4 文物保护单位的法律保护 257
  - 9.5.5 违反文物保护法的法律责任 260
  - 9.5.6 世界遗产的国际保护 261

第10章 旅游出入境管理法律制度 268

- 10.1 中国公民出入中国国境管理 269
  - 10.1.1 中国公民出入中国国境管理规定 270
  - 10.1.2 中国公民出国旅游管理办法 276
- 10.2 外国人入出中国国境管理 280
  - 10.2.1 外国人入出中国国境管理机关及其职责 280
  - 10.2.2 外国人入出中国国境的有效证件 280
  - 10.2.3 外国人在中国境内的权利、义务及入出境的法律限制 282
  - 10.2.4 外国人在中国停留居留管理规定 283
  - 10.2.5 法律责任 285
- 10.3 中国出入境监督检查制度 287
  - 10.3.1 海关检查制度 287
  - 10.3.2 边防检查制度 289
  - 10.3.3 卫生检疫制度 290
  - 10.3.4 动植物检疫制度 291

第 11 章　旅游交通、娱乐法律制度……297

11.1　旅游交通概述……299
- 11.1.1　旅游交通管理体制……299
- 11.1.2　旅游交通运输法规……299
- 11.1.3　旅游交通运输合同……300
- 11.1.4　旅游交通运输中的法律责任……301

11.2　航空运输管理法规……302
- 11.2.1　公共航空运输……302
- 11.2.2　承运人的责任……306

11.3　铁路运输管理法规……309
- 11.3.1　对铁路运输的要求……310
- 11.3.2　铁路运输合同……310
- 11.3.3　铁路旅客运输规定……310
- 11.3.4　铁路旅客运输损害赔偿的规定……314

11.4　旅游娱乐场所管理法律制度……316
- 11.4.1　娱乐场所管理部门……316
- 11.4.2　娱乐场所的设立……316
- 11.4.3　娱乐场所经营管理规定……317
- 11.4.4　娱乐场所治安管理规定……318
- 11.4.5　旅游娱乐场所基础设施管理及服务规范……318

第 12 章　旅游纠纷的解决……328

12.1　旅游纠纷及解决途径……329
- 12.1.1　旅游纠纷的概念……330
- 12.1.2　旅游纠纷的类型……330
- 12.1.3　旅游纠纷的解决途径……331

12.2　旅游投诉制度……339
- 12.2.1　旅游投诉制度的概述……339
- 12.2.2　旅游投诉的管辖……341
- 12.2.3　旅游投诉的受理……341
- 12.2.4　旅游投诉的处理……343

参考文献……350

第1章 旅游法规概论

学习目标

知识要点	技能要点
① 了解法的概念、特征、形式	① 熟悉旅游法规的法律制度体系
② 理解法律关系的概念与构成	② 掌握旅游法律关系的主体、客体和内容
③ 理解旅游法规的概念、调整对象	③ 熟悉旅游法规的基本内容
④ 理解《中华人民共和国旅游法》的立法宗旨	④ 用法学理论分析相关旅游案例

知识结构

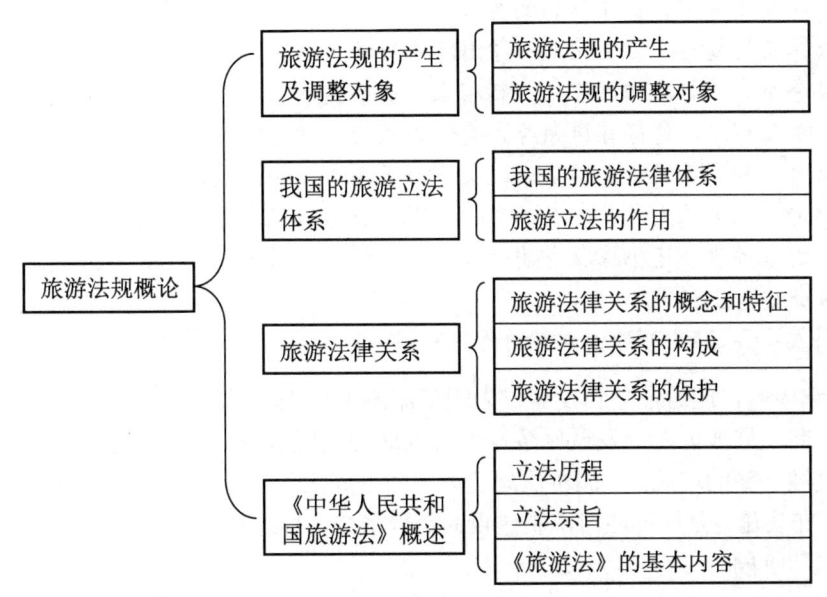

> **导入案例**

旅游法实施一年，购物投诉降一半[①]

我国首部旅游法——《中华人民共和国旅游法》（以下简称《旅游法》）于2013年10月1日正式实施，南京市旅游行政执法支队表示《旅游法》实施一年来，旅游购物引发的投诉同比下降一半。随着旅游市场的"水"清了，品质团的份额明显提升；导游因为收入稳定，无须挖空心思做"导购"，使得游客的出行愉悦指数明显提升。

"进不进购物店，都是游客说了算，旅游愉悦指数比以前高多了。"2014国庆节期间，市民梁晓莹参加了一个泰国5晚6日游的品质团。在报名的时候，旅行社就征求大家意见，愿意购物的就报含购物店的团，不愿意的就报纯玩团，而且都签了协议。最后她报了个含当地特产购物的团，去逛店的时候导游不但没有帮着促销，反而提醒大家有些商品免税店里更便宜，没必要在这里买。个别团友买回来后觉得不值这个价，旅行社也都爽快地帮忙联系退了货。

"导游，我们想买点土特产，能帮我们推荐个购物店吗？"在夫子庙参加"南京一日游"的一名游客向随团导游提出了这样的要求。"南京的桂花鸭很出名，你们可以自己购买，记得最好选择正规超市。"南京太平洋国际旅行社导游霍丽凤回答道。这也是南京7家一日游旅行社导游的"标准回答"。"行程上没有的购物店，我们坚决不会提，哪怕只是推荐、指路，都不可以，免得有诱导游客购物的嫌疑。"

霍丽凤说，如今导游收入确实比过去下降了不少，但是稳定了。"以前收入基本都和导购业绩绑定，压力很大，收入忽高忽低。现在公司和很多导游都签订了合同，交保险，除了支付导游服务费，还根据服务质量来评级，给出团补贴。大家的收入稳定了，也都把心思放在服务质量上了。"

问题引入：《旅游法》的出台有何作用？

20世纪中叶，旅游业蓬勃发展，为规范旅游市场秩序，"旅游法"在西方国家首先制定，之后不断发展成为各国发展旅游业不可或缺的制度保障。中国自改革开放以来，旅游业成为国民经济新的增长点，旅游法规建设与完善成为旅游业进一步发展的迫切需求。《旅游法》的颁布实施，是中国旅游法制建设的重要成果，标志着中国旅游业进入了依法兴旅、依法治旅的新阶段。

1.1 旅游法规的产生及调整对象

1.1.1 旅游法规的产生

旅游法规是旅游业发展到一定历史阶段的产物。旅游活动最早出现于原始社会末期和奴隶社会早期，并不断发展，但由于经济技术条件的限制，奴隶社会和封建社会时期的旅

[①] 资料来源：南京日报。

游活动最终没有形成独立的产业门类。随着资本主义生产关系的确立和工业革命的兴起，客观上为旅游活动的普及发展创造了条件。由于大多数人缺乏旅游经验，就需要有旅游活动的专业组织者的出现，于是就刺激了一个新的行业——旅游业的产生。19世纪40年代，在英国出现了旅游活动的经营机构——旅行社，这标志着人类的旅游活动进入一个崭新的时期，也标志着旅游业的诞生。此后，旅游活动的规模和范围不断扩大，内容和形式不断丰富，同时，旅游活动中的矛盾与纠纷也日益突出，已经迫切需要通过制定法律规范来调整旅游活动中旅游者、经营者以及政府之间形成的社会关系，引导人们的合法行为，公平、高效地解决活动中产生的纠纷冲突，以保障良好的旅游市场秩序。

第二次世界大战后，全球形势趋于稳定，科学技术取得重大进步，客观上对旅游业的发展起到巨大的推动作用。由于旅游业具有投资回报率高、促进就业、增加国际交流等特点，因此各国都大力支持旅游业的发展；然而旅游业的发展也给社会带来一些消极影响，如对旅游资源不顾后果的开发经营造成对资源与环境的破坏，旅游活动主体间的矛盾纠纷，旅游企业之间的无序竞争等，都对旅游业的健康发展产生了日益突出的负面效应。如何处理旅游活动中不同主体之间的关系，旅游业发展与环境保护之间的关系，旅游活动与社会政治、经济、文化活动之间的关系等问题，已经是许多国家和政府，特别是旅游业发达的国家亟须解决的问题。在20世纪50年代末60年代初，日本、韩国、英国、美国等一些国家，相继出台了专门用于调整旅游活动领域各种社会关系的法律、法规等，"旅游法规"的概念也随之产生。目前，各国旅游法制建设的步伐还在随着世界旅游业形势的变化发展而不断前进，日趋科学与完善。

1.1.2 旅游法规的调整对象

1. 旅游法规的概念

旅游法规的概念有广义和狭义之分。广义的旅游法规是指调整旅游活动领域中发生的各种社会关系的法律规范的总称。就我国而言，广义的旅游法规包括：全国人民代表大会及其常务委员会制定的与旅游有关的法律；国务院制定的旅游行政法规；国家旅游行政主管部门制定的部门规章；地方性旅游法规；我国政府签署的国际旅游条约和协定；等等。狭义的旅游法规则指一国或地区的立法机构通过法定程序制定和实施的法律，例如我国在2013年4月25日颁布的《中华人民共和国旅游法》。一般的旅游法指广义的概念，是各种与旅游相关的法律规范的统称，既包括一个国家发展旅游业的基本法律，也包括涉及旅游活动的各项单行法律、法规、规章，还包括散见于其他法律、法规中的相关规定，以及政府缔结的国际条约、协定等。

2. 旅游法规的调整对象

法律关系的法律调整，是指国家以法的形式对社会生活中各种行为进行规范，对现实社会生活中发生和存在的各种法律关系施加影响，通过一系列的法律手段，以期建立立法预期的社会秩序的活动。旅游法律关系的法律调整，是指国家通过立法，对在旅游活动中所发生和存在的各种法律关系进行规范和调整。在旅游实践中，需要由法律调整的旅游法律关系主要有以下方面。

1)旅游经营者与国家行政管理机关的关系

这里提到的国家行政管理机关包括各级旅游行政管理机关和其他依法对旅游业实施管理的各级国家行政管理机关,如旅游、工商、税务、物价、公安、卫生等部门。旅游行政管理部门负责实施政府对旅游业的总体管理,与旅游经营者是管理、服务与监督的关系。其他国家行政管理机关在各自权限范围内行使管理权。

2)旅游经营者与旅游者的关系

旅游者在旅行游览中有食、住、行、游、购、娱等各方面的需求,而旅游经营单位则有开发旅游资源、兴建旅游设施、提供旅游产品与服务,以满足旅游者需求的工作职责。这种旅游者与旅游经营单位之间的关系,是通过各种旅游合同建立起来的,旅游者支付费用而成为权利享有者,旅游经营单位则有提供旅游产品与服务的义务。

3)旅游经营者之间的关系

旅游活动的完成需要不同旅游经营者之间的相互合作,例如组团社与地接社的合作关系,旅行社与景区、饭店、车船公司的业务关系等。不同旅游经营者之间的法律地位是平等的,一般应以合同的形式设立法律关系,享有约定的权利,并履行相应的义务。

4)旅游经营者与旅游有关部门之间的关系

旅游经营者主要指直接从事旅游经营的旅行社、旅游景区、旅游饭店、旅游车船公司、旅游商店等企业。而旅游有关部门指民航、铁路等交通运输单位,以及园林、文物等部门。旅游经营单位同旅游有关部门通过合同形成各种法律关系。

5)外国旅游经营者进入国内市场产生的关系

在接待外国旅游者到我国国内旅游或者组织我国旅游者到国外旅游时,我国旅游经营单位与外国旅游经营单位之间会发生一系列的社会关系,主要包括外国旅游经营者在中国的法律地位,外国旅游经营者与中国旅游经营者之间的关系,外国旅游经营者与中国政府之间的关系等。这些法律关系除了由我国政府参加的国际旅游公约和国际惯例调整外,都应由我国法律进行调整。

综上所述,通过法律的调整,使旅游活动中所形成的各种社会关系具有法律关系的性质,成为国家认可和保护的社会关系,以国家强制力保障社会关系的正常实现。

1.2 我国的旅游立法体系

改革开放以来,随着我国社会经济的不断发展和人民生活水平的日益提高,旅游业发展迅速,旅游日益成为我国人民满足生活需求的重要生活方式,国家和旅游主管部门十分重视对旅游的法制建设。到目前为止,我国已经逐步建立起以旅游法为主干,包括相关行政法规、部门规章、地方性法规和政府规章等在内的较为完善的旅游法律制度体系。

1.2.1 我国的旅游法律体系

我国的旅游法律制度体系主要包括6个方面。

1. 法律

1)旅游基本法

2013年4月25日，十二届全国人大常委会第二次会议以150票赞成、5票弃权表决通过了《中华人民共和国旅游法》，并于2013年10月1日起实施。这是我国第一部旅游基本法律。《旅游法》的出台是中国旅游发展的里程碑，是人们翘首以待的成果，也是中国经济发展转型的大势所趋。

2)其他有关法律

涉及旅游的相关法律主要有：涉及旅游民事与经济争议解决方面的法律，如《中华人民共和国民法通则》《中华人民共和国合同法》《中华人民共和国产品质量法》《中华人民共和国消费者权益保护法》《中华人民共和国保险法》《中华人民共和国反不正当竞争法》等；涉及旅行游览方面的法律，如《中华人民共和国出境入境管理法》等；涉及旅游交通管理方面的法律，如《中华人民共和国民用航空法》《中华人民共和国公路法》《中华人民共和国铁路法》等；涉及旅游资源管理保护方面的法律，如《中华人民共和国文物保护法》等；涉及旅游企业管理方面的法律，如《中华人民共和国公司法》等；涉及旅游行政执法方面的法律，如《中华人民共和国行政诉讼法》《中华人民共和国仲裁法》《中华人民共和国行政许可法》等。这些法律对于保障旅游业的发展发挥着重要的作用。

2. 行政法规

与旅游相关的行政法规主要有以下几类。

(1)涉及旅游企业管理方面的行政法规，如《旅行社条例》《导游人员管理条例》《娱乐场所管理条例》。

(2)涉及旅游资源管理方面的行政法规，如《风景名胜区管理暂行条例》。

(3)涉及旅游者出入境管理方面的行政法规，如《出入境边防检查条例》《中国公民出国旅游管理办法》《中国公民往来港澳台地区管理办法》。

(4)涉及旅游税收征管方面的行政法规，如《中国所得税暂行条例》。

其中，《旅行社条例》《导游人员管理条例》《中国公民出国旅游管理办法》是国务院专门针对旅游业制定的行政法规。

3. 部门规章

涉及旅游管理方面的部门规章主要由国家旅游局制定和发布，也有一部分由公安部或其他部门制定和发布。

1)涉及旅行社经营管理方面的部门规章

国家旅游局颁布了一批重要的有关旅行社管理的行为规章及规范性文件，如《旅行社条例实施细则》《旅游投诉处理办法》等。

2)涉及旅游饭店管理方面的部门规章

主要有公安部发布的《旅馆业治安管理办法》。

3)导游人员管理方面的规章

除了国家旅游局在 2001 年 12 月 26 日制定公布的《导游人员管理实施办法》外,在导游等级评定方面,国家旅游局发布了《导游员职业等级标准》《关于对全国导游员实行等级评定的意见》;在导游证书管理方面,国家旅游局修订颁布了《导游证管理办法》。

4)涉及旅游争议与投诉方面的部门规章

国家旅游局颁布的《旅游投诉暂行规定》和国家工商行政管理局制定的《工商行政管理机关受理消费者申诉暂行办法》等。

5)涉及旅游安全管理和保险方面的部门规章

国家旅游局制定发布了《旅游安全管理暂行办法》《旅游安全管理暂行办法实施细则》《重大旅游安全事故报告制度试行办法》《重大旅游安全事故处理程序试行办法》和《旅行社投保旅行社责任保险规定》等。

4. 地方性法规、地方政府规章

海南省人大在 1996 年 10 月通过了全国第一部地方旅游法规——《海南省旅游管理条例》。各地方陆续出台了本省市的旅游业管理条例。条例中对当地旅游资源的开发和保护、旅游经营和管理、旅游者的权利和义务、旅游主管部门的职能等做出明确规定,同时对违反条例的行为规定了相应的具体处罚。

地方政府规章中有一些是与旅游相关的办法、规定,如《云南省中越、中老边境地区人员出入境管理规定》《云南省中缅边境地区中方人员出入境管理暂行规定》等。

5. 自治条例和单行条例

民族自治地方的人民代表大会有权依照当地民族的政治、经济和文化特点,制定自治条例和单行条例。因而民族自治地方的国家权力机关可以制定有关旅游方面的单行条例。

总之,我国的旅游立法从无到有,并不断完善,这些法律规范在调整旅游业结构、规范旅游市场、保护旅游主体权益、解决旅游纠纷等方面起到重要作用,旅游法的出台使我国的旅游法制建设登上崭新的台阶,更加适应社会主义市场经济和现代旅游业发展的需要。

1.2.2　旅游立法的作用

1. 对旅游业的发展进行宏观调控

通过制定和实施旅游法律制度,确定旅游业发展的基本原则、基本方针和产业政策,对旅游业实施有效的宏观调控,把旅游业发展纳入整个社会和经济发展规划之中,使其可以发挥对社会和经济发展的促进作用。

2. 规范和引导旅游活动主体行为,保护其合法权益

通过制定和实施旅游法律制度,明确地规定旅游活动主体的权利、义务、责任,使其在法律允许的范围内行事,从而引导旅游法律关系主体的合法行为,对不法的经营行为和

活动依法制裁，有效地保护旅游者和旅游经营者的合法权益。

3. 为旅游业的发展实施良好的法律保障

通过制定和执行旅游法律制度，把旅游业纳入法治轨道，使旅游活动主体间的关系得到法律的规制，各主体得以在法律范围内行使权利、履行义务，为旅游业发展创造良好的法律环境和社会秩序。

4. 丰富部门法体系，健全国家的法律制度体系

凡是调整同一类社会关系的法律规范的总和，就构成一个独立的法律部门。旅游法律关系虽然可以分别纳入民事法律关系、经济法律关系和行政法律关系等，但由于旅游活动的特殊性，使旅游法律关系具有不同于上述法律关系的特点。因此通过旅游立法建立起来的法律规范，形成了一个相对独立的法律部门，完善了国家的法律制度体系。

1.3　旅游法律关系

1.3.1　旅游法律关系的概念和特征

1. 概念

旅游法律关系是法律关系的一种，是指由旅游法律规范确认和调整的，在旅游活动中形成的当事人之间的权利义务关系。公民之间、法人之间、公民与法人之间在旅游活动中所形成的社会关系，一旦被旅游法律调整后，就具有旅游权利义务的内容，成为旅游法律关系。

2. 旅游法律关系不同于其他社会关系的特征

(1)旅游法律关系是旅游法律规范所调整的社会关系。法律规范是法律关系存在的前提，没有相应的法律规范存在就不可能产生法律关系。一定的社会关系通过旅游法律规范调整，才能形成旅游法律关系，没有旅游法律规范，当事人之间只是一般的社会关系。

(2)旅游法律关系是以权利和义务为内容的社会关系。法律关系与其他社会关系的重要区别，就在于它是法律化的权利义务关系。旅游法律规范对旅游活动形成的社会关系的调整，是通过规定主体间具体的权利义务关系实现的，是国家规范旅游市场秩序的重要体现。

(3)旅游法律关系是以国家强制力作为保障手段的社会关系。一种社会关系如果被纳入法律调整的范围之内，就意味着国家对它实行了强制性的保护，这种强制力主要体现在对法律责任的规定上。当旅游法律关系受到破坏时，就意味着权利受到侵犯或义务不被履行。这时，国家要保障权利的实现、义务的履行，就要求侵害方承担相应的法律责任。

1.3.2　旅游法律关系的构成

旅游法律关系同其他法律关系一样，也是由主体、客体、内容三大要素构成的，缺少任何一个要素都不能构成旅游法律关系。其中一个要素发生改变，原来的法律关系也随之改变。

1. 旅游法律关系的主体

旅游法律关系的主体是在旅游法律关系中享有权利并承担义务的人或组织,即旅游法律关系的实际参加者。旅游法律关系的主体通常包括以下几类。

1)旅游者

旅游者是具有一定的权利能力和行为能力的自然人,包括国内旅游者和境外旅游者两种。国内旅游者指的是在国内进行旅游活动的中国公民,境外旅游者主要包括外国人、外籍华人、华侨和港、澳、台同胞。对于外国旅游者,我国按照国际惯例,在特定范围内给予其国民待遇。根据宪法和有关法律规定,中国政府保护外国旅游者在中国的合法权利和利益,外国人的人身自由不受侵犯,非经法定程序不受逮捕。外国旅游者在中国旅游必须遵守中国法律,不得危害中国国家安全,损害社会公共利益,破坏社会公共秩序。

2)旅游企业

我国旅游企业主要包括旅行社、旅游饭店、旅游景区、旅游交通运输企业、旅游服务公司等。此外还包括为旅游者提供服务的餐饮、商业、娱乐、银行等行业。

3)行政管理机关

国家旅游局和地方各级旅游局,是国家和地方对旅游业进行事业归口管理的行政管理机关。国家旅游局是国务院主管全国旅游行业的部门,其主要职责是:制定国家旅游事业发展的战略目标、方针政策和行政法规、行业标准,制定并组织实施旅游发展规划,负责对旅游业进行行业管理和对旅游市场的宏观调控,组织开拓国际旅游市场,协调同旅游事业有关的事项等。

其他与旅游事业密切相关的行政管理部门,包括从不同方面对旅游企业、事业单位进行行政管理的物价、工商、公安、文化、城建、外事、园林、民航、铁路等行政管理机关,按照各自的职责进行管理。

4)境外旅游组织

境外旅游者来中国旅游或者国内旅游者到境外旅游,需要境外旅游组织协调和联系,因而境外旅游组织也是旅游法律关系的主体。

2. 旅游法律关系的客体

旅游法律关系的客体是旅游法律关系主体之间的权利和义务所指向的对象。通常主体都是围绕一定事物设定权利、义务的,离开了客体,旅游法律关系主体间的权利和义务就失去了目标。旅游法律关系中的客体可分为三类,即物、行为、智力成果。

1)物

物指在旅游法律关系中可以作为财产权利对象的物品或其他物质财富。这些物品或物质能为人们所控制,并且具有经济价值。例如,旅游资源、旅游基础设施、旅游商品等,当旅游者支付一定价金后,便取得了参观权、使用权或所有权。

2)行为

行为指在旅游法律关系中主体行使权利、履行义务的活动。行为可以分为作为和不作为两种情况。旅游法律关系中的行为大多属于作为,如旅游服务行为、管理行为等。但也有一些关于不作为的规定，如《旅游法》第三十条规定："旅行社不得出租、出借旅行社业务经营许可证，或者以其他形式非法转让旅行社业务经营许可。"这里对旅行社经营行为的抑制，就是一种不作为。

3) 智力成果

智力成果指旅游法律关系主体从事智力活动所取得的智力成果。例如，某旅游企业的名称、标志、专利、产品商标及管理方案等。

3. 旅游法律关系的内容

旅游法律关系的内容是旅游法律关系主体依法所享有的权利和承担的义务。旅游法律关系中的权利和义务是对等的，当事人一方享有某种权利的同时，必然承担与之相对应的义务。同时，一方主体的权利，就是另一方主体的义务。正确地行使权利与履行义务，才能保证旅游法律关系的实现。

1) 旅游权利

旅游权利指旅游法律关系主体依法享有的某种权能或利益。主要体现在以下方面。

(1) 旅游法律关系主体可以依法作出或不作出一定的行为。如：旅游者有权购买或不购买某个旅游产品；旅游行政主管部门有权对旅游经营者进行监督检查等。

(2) 旅游法律关系主体可以依法要求他人作出或不作出一定的行为。如：旅游者有权要求旅行社对旅游行程、价格进行明确说明；旅游景区有权要求旅游者遵守景区相关管理规定等。

2) 旅游义务

旅游义务是旅游法律关系主体依法承担的义务，是旅游法律关系主体依据旅游法律规范必须履行的职责。负有义务者不履行义务，需要承担相应的法律责任。

(1) 旅游法律关系主体必须依法作出一定的行为。例如，旅行社在收取旅游者支付的费用后，必须按约定组织旅游者游览，为旅游者提供相应服务，不得擅自改变旅游线路、增加费用、减少活动项目。

(2) 旅游法律关系主体必须依法不作出一定的行为。例如，旅行社不得擅自使用其他旅行社的注册商标。

实例分析 (一)

张某计划赴山东旅游，委托某旅行社代为订购往返机票。试分析案例中的旅游法律关系的构成。

分析：旅游法律关系构成要素分析如下。

主体：张某及某旅行社。

客体：服务行为——代订票务。

内容：旅行社有义务按照游客的要求购买机票，并有权利收取相应的费用；张某有权利获得符合其要求的机票，相应地需要支付一定费用。

1.3.3 旅游法律关系的保护

旅游法律关系的保护是指国家机关监督旅游法律关系主体正确行使权利、履行义务，并对侵犯旅游法律关系主体合法权利或不履行法定义务的行为追究法律责任的活动。

1. 旅游法律关系的保护机构

1) 国家旅游行政管理机关

《旅游法》第八十三条第一款规定："县级以上人民政府旅游主管部门和有关部门依照本法和有关法律、法规的规定，在各自职责范围内对旅游市场实施监督管理。"

2) 相关的国家行政管理机关

《旅游法》第八十三条第二款规定："县级以上人民政府应当组织旅游主管部门、有关主管部门和工商行政管理、产品质量监督、交通等执法部门对相关旅游经营行为实施监督检查。"相关行政管理部门主要指工商、税务、质量监督、公安、交通、卫生等管理部门，应依法对旅游企业及从业人员作出奖励或处罚的决定。

3) 司法机关

人民检察院和人民法院根据法律、法规的规定，对在旅游活动中违反法律、法规的行为作出裁决。

2. 旅游法律关系的保护措施

1) 行政措施

行政措施主要包括奖励的方法和处罚的方法。对于认真执行国家法律法规，为改善经营管理、提高服务质量做出显著贡献的单位和个人，由旅游行政管理机关予以奖励；对于违反国家法律、法规，破坏旅游市场秩序，侵害旅游者权益的违法行为，由旅游行政管理机关给予相应处罚。行政处罚的种类有：警告；罚款；没收违法所得；责令停业整顿；暂扣或者吊销经营许可证或执照；行政拘留；法律、行政法规规定的其他行政处罚。

2) 民事措施

民事措施是指判决有过错的一方停止侵害，排除妨碍，消除危险，返还财产，恢复原状，修理、重做或更换，赔偿损失，支付违约金，消除影响、恢复名誉，赔礼道歉等。在旅游法律关系的保护中，支付违约金和赔偿金是经常采取的措施。

3) 刑事措施

刑事措施是指对于构成犯罪的事实依法追究刑事责任。

1.4 《中华人民共和国旅游法》概述

《中华人民共和国旅游法》以国家法律的形式，确认了国家发展旅游业的基本方针政策，设立了一系列基本的旅游法律制度，覆盖了行政法、经济法、刑事法、民事法等多个方面，并具有多项制度创新。《旅游法》的颁布和实施是我国旅游法制建设的重要里程碑，对我国从旅游大国发展为旅游强国和旅游法治强国将发挥重要的积极作用。

1.4.1 立法历程

旅游立法是我国改革开放后最早提出的立法项目之一。早在1982年，国家旅游局就着手起草旅游法。1988年，旅游法也曾列入七届全国人大常委会立法规划和国务院的立法计划，国家旅游局会同有关部门起草了草案。但由于当时我国旅游业的发展尚处在起步阶段，各方面对立法涉及的基本问题尤其是一些重要问题未能达成共识，草案未能如愿提请审议。八届全国人大以来，由于旅游业综合性强、涉及面广，旅游活动中法律关系错综复杂，已有的法律、法规难以统筹规制旅游活动中产生的各种关系和行为，致使旅游市场行为出现了不同形式的失范，旅游者的合法权益屡遭侵害，旅游经营者的合法权益也欠缺法律的有力保障。因此，社会上要求制定旅游法的呼声进一步提高。十一届全国人大财政经济委员会于2009年12月牵头组织国家发展和改革委员会、国家旅游局等23个部门和有关专家成立旅游法起草组。

《旅游法(草案)》于2012年4月完成起草。十一届全国人大常委会分别在第二十八次会议(2012年8月)和第三十次会议(2012年12月)上对《旅游法(草案)》进行了一读和二读审议，十二届全国人大常委会第二次会议上进行三读审议，并获高票通过。至此，《中华人民共和国旅游法》在2013年4月25日十二届全国人大常委会第二次会议通过，中华人民共和国主席令第3号公布。

《旅游法》分总则、旅游者、旅游规划和促进、旅游经营、旅游服务合同、旅游安全、旅游监督管理、旅游纠纷处理、法律责任、附则共10章、112条，自2013年10月1日起施行。

1.4.2 立法宗旨

立法宗旨体现在《旅游法》第一条，是"为保障旅游者和旅游经营者的合法权益，规范旅游市场秩序，保护和合理利用旅游资源，促进旅游业持续健康发展。"

1. 保障旅游者和旅游经营者的合法权益

保障旅游者的合法权益是旅游立法的首要目的。坚持以人为本，安全第一，以保障旅游者合法权益为主线，平衡旅游者与旅游经营者和旅游从业人员的权利、义务和责任，是我国旅游法立法的基本方针。《旅游法》专设"旅游者"一章，明确规定保护旅游者合法权益的规范，在国内外旅游立法中尚属首创，体现出对于维护旅游者合法权益的重视。旅游法立法以保护旅游者的合法权益优先，兼顾保护旅游经营者的合法权益。这是因为，旅游者与旅游经营者相比处于弱势的地位，如双方信息不对称、旅游者经验有限、异地旅游的不安全因素等，导致在旅游活动中，旅游经营者侵犯旅游者合法权益的事时有发生，如虚假宣传、欺诈消费、强迫交易等现象。因此当旅游者与旅游经营者的合法权益发生冲突时，旅游法首先注重保护旅游者的合法权益。当然，旅游法对旅游者和旅游经营者合法权益予以同等保护，法律同样保护旅游经营者的合法权益。

2. 规范旅游市场秩序

为了实现保护旅游者合法权益的首要目的，必须通过强化和规范政府监管职能，明确旅游市场法律规则来规范旅游市场秩序，使旅游企业自觉地遵守和执行经营规范，接受相关部门的监管，按照社会主义市场经济的要求做好各项经营工作。为此，我国旅游法对旅游经营、旅游服务合同、旅游安全、旅游监管和法律责任等均做了专章规定，明确规定县级以上政府部门要建立专门的旅游综合协调机制。同时，结合我国最高人民法院已经出台和实施的《最高人民法院关于审理旅游纠纷案件适用法律若干问题的规定》，形成了规范我国旅游市场秩序的相对完备的立法、执法和司法规范。

3. 保护和合理利用旅游资源

旅游资源是旅游业的基础。大多数旅游资源属于不可再生资源，如果开发和利用不当，就会使旅游资源质量下降甚至有毁灭的危险。而近些年来，在旅游业高速发展过程中，破坏性甚至掠夺性地开发利用旅游资源的现象仍时有发生。在《旅游法》中规定了旅游业发展必须遵循社会效益、经济效益和生态效益相统一的原则。规定对自然资源和人文资源进行旅游利用时，必须严格遵守有关法律、法规的规定，符合资源、生态保护与文物安全的要求，尊重和维护当地传统文化和习俗，维护资源的区域整体性、文化代表性和地域特殊性。政府的各有关部门必须加强对旅游资源保护和旅游利用状况的督促检查。

《旅游法》强化了旅游发展规划的作用，明确规定了旅游发展规划编制的主体、内容和规划的衔接、评价方法，规定旅游发展规划与土地利用总体规划、城乡规划、环境保护规划、海洋功能区规划相衔接，与自然保护区规划、风景名胜区规划、林地湿地草原森林公园保护利用规划、文物保护规划、历史文化名城名镇名村保护规划等规划相协调，将旅游业发展纳入国民经济和社会发展规划。这一规定使旅游规划获得法律的地位，并明确了规划的具体要求，使各方面的行为得以规范，将有效解决景点低水平重复建设等实际问题。

4. 促进旅游业的持续健康发展

旅游法的各项规定内容，都体现了坚持旅游业可持续发展的要求。旅游业的发展应当建立在不损害环境可持续性的基础之上，既要满足当代人高质量旅游需求的需要，又不能妨害后代人对高质量旅游的基本要求。我们需要的是可持续发展的旅游业。因此，旅游业的可持续发展是我们应当坚持的旅游立法的最重要的出发点和目标。

1.4.3 《旅游法》的基本内容

我国《旅游法》共有十章、112条，除总则、法律责任和附则外，分别对旅游者、旅游规划和促进、旅游经营、旅游服务合同、旅游安全、旅游监管、旅游纠纷处理和法律责任等内容做了规定，从以下几方面确立了我国旅游法律基本制度。

1. 旅游综合管理制度

《旅游法》中涉及旅游综合管理制度的规范主要有三个方面。

1)建立旅游综合协调机制

《旅游法》主要确立了两个机制：一是确立了国务院旅游综合协调机制，对旅游业发展进行综合协调；二是确立了县级以上地方人民政府统筹协调机制，明确要求县级以上人民政府要明确相关部门或者机构，对本行政区域的旅游业发展和监督管理进行统筹协调。

2)建立市场综合监管机制

《旅游法》对旅游市场综合监管机制的基本要求：一是建立由政府牵头、部门分工负责的监管机制；二是建立旅游联合执法机制；三是建立旅游违法行为查处信息共享机制；四是建立跨部门、跨地区督办机制；五是建立监督检查情况公布机制。

3)建立投诉统一受理机制

制度要求，一是要建立投诉受理机构整合制度，要求县级以上人民政府指定或者设立统一的旅游投诉受理机构；二是建立投诉受理后的部门之间转办机制，克服以往不同旅游监管部门之间相互推诿或拖延办理的弊端；三是建立投诉处理结果告知的制度，使旅游者能及时知晓和掌握投诉处理的结果，提高旅游者对旅游投诉的信任度和满意度。

2. 旅游者权益保障制度

《旅游法》中专设"旅游者"一章，在平衡旅游者与旅游经营者合法权益的前提下，优先保护旅游者合法权益，体现了我国以人为本的立法精神。

3. 旅游促进和公共服务制度

《旅游法》明确了各级政府促进旅游产业发展的职责，包括以下具体内容：一是制定并组织实施有利于旅游业持续健康发展的产业政策，推进休闲体系建设，采取措施推动区域合作，促进旅游与其他产业的融合，扶持特殊地区旅游业发展；二是根据实际情况安排资金，加强旅游基础设施建设、公共服务和形象推广；三是根据需要建立旅游公共信息和咨询平台，建立客运专线或者游客中转站，向旅游者提供必要的公共服务；四是倡导健康、文明、环保的旅游方式，支持和鼓励各类社会机构开展旅游公益宣传，鼓励和支持发展旅游职业教育和培训，提高从业人员素质等。

4. 旅游资源保护和利用制度

根据这一制度的基本要求，《旅游法》明确提出了三项要求和两个具体制度。三项要求：一是提出了完整的旅游规划体系的要求；二是提出了旅游规划与其他规划多层次衔接的要求；三是提出了事前、事中、事后旅游资源保护利用的要求。两个具体制度：一是景区流量的控制制度；二是完善景区门票价格制度。

5. 旅游服务合同制度

旅游服务合同不属于《中华人民共和国合同法》规定的有名合同，但其内容有别于一般合同，为此在《旅游法》中专门设置"旅游服务合同"这一概念，对旅游服务合同的订立、变更、解除、违约等环节做了具体的规定。

6. 旅游经营规范制度

1)明确了相关的民事规范

在平衡旅游者与旅游经营者合法权益的基础上,《旅游法》加强对旅游者的保护,主要表现在规定了旅行社对合同内容的说明或者告知义务;旅行社、履行辅助人严格履约,不得擅自变更行程的义务。同时,《旅游法》也注重平衡对旅游经营者合法权益的保障,赋予了旅行社单方变更或解除合同的权利;确定了公平合理分担责任的原则;规定了责任保险制度;等等。

2)明确了相关的经营规范

例如,对旅行社提出"五不得"要求,即不得低价组织旅游活动,诱导、欺骗旅游者,并通过安排购物或者另行付费旅游项目获取回扣等不正当利益;不得指定具体购物场所;不得安排另行付费旅游项目;不得要求导游垫付或者收取费用;不得拖欠导游工资或者服务费。

7. 旅游安全保障制度

《旅游法》确立了政府统一负责、部门依法监管、旅游经营者具体负责、旅游者自我保护的安全保障制度。

8. 旅游纠纷处理和法律责任制度

针对目前我国旅游纠纷高发和解决机制不健全等问题,最高人民法院专门出台了《最高人民法院关于审理旅游纠纷案件适用法律若干问题的规定》。《旅游法》在此基础上,从有利于旅游者权益保护和旅游纠纷解决的角度,对投诉处理、调解、仲裁、诉讼等进行了明确规定,从而为解决旅游争议和纠纷提供了明确的法律依据。

本章小结

本章阐释了旅游法的概念、特征、调整对象、旅游法律关系等内容,介绍了我国的旅游立法体系构成,并重点介绍《旅游法》的相关内容,使学生对旅游法律制度有全面的把握,为以后章节的阅读学习做好准备。

章前案例解析

【分析】

案例针对旅行社对旅游行程中购物活动安排的变化,反映出自《旅游法》颁布后,在旅游行业出现的焕然一新的气象。《旅游法》第三十五条第一款规定:"旅行社不得以不合理的低价组织旅游活动,诱骗旅游者,并通过安排购物或者另行付费旅游项目获取回扣等不正当利益。"根据规定,旅行社在旅游行程中不得自行安排购物活动,除非双方协商一致或者旅游者要求,且不影响其他旅游者行程安排。因此,案例中的游客自由地决定是否购物和到哪里购物,大大提升了旅游者的旅游体验。同时,《旅游法》第三十八条规定:

"旅行社应当与其聘用的导游依法订立劳动合同,支付劳动报酬,缴纳社会保险费用。旅行社临时聘用导游为旅游者提供服务的,应当全额向导游支付本法第六十条第三款规定的导游服务费用。旅行社安排导游为团队旅游提供服务的,不得要求导游垫付或者向导游收取任何费用。"案例中导游人员可以没有后顾之忧,通过努力提高服务质量来提高自身收入,而不用靠游客购物来增加不正当收入。

【点评】

旅游法对旅游经营者的合法经营行为作出规定,规定旅行社不得低价组织旅游活动,并通过安排购物或者另行付费旅游项目获取回扣等不正当利益。导游和领队应当严格执行旅游行程安排,不得诱导、欺骗、强迫或者变相强迫旅游者购物或者参加另行付费旅游项目。上述规定对于维持规范、有序的旅游市场秩序,整治"零负团费"、强迫购物、欺客宰客等市场乱象具有重要作用。同时,产生上述问题的原因与实践中导游人员合法权益得不到有效保障密切相关,《旅游法》对此也作出规定和安排,要求旅行社与导游人员签订劳动合同,支付导游人员工资,缴纳社会保险费用。在《旅游法》中确立了导游人员合法权益保护制度,使导游人员的执业环境得以改善,进一步提高了导游的服务水平和职业形象。《旅游法》在旅游者、旅游经营者以及旅游从业者合法权益的保护方面规定了一系列创新性的举措,并将在实践中发挥巨大的作用。

复习思考题

一、单项选择题

1. 旅游行政法规是由( )制定的。
   A. 全国人民代表大会及其常务委员会 B. 国务院旅游行政主管部门
   C. 国务院 D. 地方各级人民政府有关部门
2. 广之旅旅行社属于( )。
   A. 国家旅游管理机关 B. 旅游企业事业单位
   C. 旅游者 D. 外国旅游组织
3. 下列属于旅行社的旅游权利的是( )。
   A. 旅行社提供导游服务 B. 旅行社向游客赔偿损失
   C. 旅行社向游客收取旅游费用 D. 旅行社为游客办理行李托运手续
4. 以下不属于《旅游法》内容的是( )。
   A. 旅游规划和促进 B. 旅游策划
   C. 旅游经营 D. 旅游服务合同
5. 违反旅游法规定,构成犯罪的,依法追究( )。
   A. 刑事责任 B. 民事责任
   C. 行政责任 D. 道德责任

二、多项选择题

1. 下列各项中,属于民事责任承担方式的有( )。

　　A. 停止侵害　　　B. 消除影响　　　C. 赔礼道歉　　　D. 赔偿损失
2. 下列选项中，属于旅游法律的是(　　)。
　　A.《导游人员管理条例》　　　　　B.《旅行社管理条例》
　　C.《风景名胜区条例》　　　　　　D.《中华人民共和国文物保护法》
3. 下列属于我国旅游法所调整的主要社会关系的是(　　)。
　　A. 某市旅游局与某风景名胜区管理单位之间的关系
　　B. 某旅游者与其参团旅游的旅行社之间的关系
　　C. 有合作关系的旅行社与旅行社之间的关系
　　D. 某消费者与其日常购物的超市之间的关系

三、名词解释

1. 旅游法规
2. 旅游法律关系
3. 权利
4. 义务

四、简答题

1. 简述旅游法规的调整对象。
2. 简述旅游法律关系的构成要素。
3. 介绍《旅游法》的基本内容。

第2章 旅游者权益保护法律制度

学习目标

知识目标	技能目标
①熟悉和掌握旅游者的权利和义务 ②熟悉旅游经营者的义务 ③熟悉和掌握旅游消费者合法权益保护的基本内容	①能够辨识旅游者的权利 ②能够辨识旅游者的义务 ③能够辨识旅游经营者的义务 ④学会依据法律维护旅游者权益 ⑤学会依据法律分析旅游维权案例

知识结构

旅游者权益保护法律制度
- 旅游者的合法权益、义务及旅游经营者的义务
  - 旅游者的合法权益
  - 旅游者的义务
  - 旅游经营者的义务
- 旅游者合法权益的保护
  - 国家保护
  - 社会保护
  - 国际保护

导入案例

游客草原骑马摔伤

游客李先生参加某市某旅行社组织的坝上草原游。在游览的最后一天下午，旅行社导游推荐游客参加骑马活动。李先生的坐骑突然受惊，导致其从马背上摔下，手臂骨折。导游及景区工作人员联系医院对李先生进行急救，李先生认为两方应承担医疗费用，在两方推诿的情况下，李先生投诉到该市旅游质监所，要求景区工作人员及导游赔偿药费、误工费、精神损失费。旅游质监所暂扣了带团导游的导游证，要求其承担李先生部分医疗费、护理费及医疗期间的餐费1785元，精神损失费赔偿要求不予受理；另要求景区赔偿游客5000元。

分析：旅行社和导游人员不应擅自给游客推荐存在安全隐患的旅游项目，游客决意参加，也要视情况提醒游客注意。游客对景区内有危险的旅游项目要根据自身情况有选择地参加。另外，发生事故需要赔偿的，导游应主动联系有关部门协商解决。

问题引入：旅游者享有哪些合法权益？旅游经营者对旅游者应尽到哪些义务？当旅游者权益受到侵害时，应该寻求哪些法律依据来维权？

旅游者是旅游活动的主体。旅游者通过对旅游活动的设计、实施和体验，将旅游的诸多要素紧密地结合在一起。可以说，没有旅游者就不会有旅游活动和旅游现象。随着经济的发展和旅游业的日益强盛，旅游者的法律地位也逐渐被重视起来，这是社会进步和人类文明发展的必然结果。

旅游者是旅游活动的主体，是从旅游市场购买、使用旅游经营者提供的旅游商品和旅游服务，满足其旅游需求的旅游消费者。旅游者也是消费者，具有消费者的一般属性。然而，除具备消费者的一般属性外，旅游消费者还具有鲜明的特性。

2.1 旅游者的合法权益和义务

2.1.1 旅游者的合法权益

旅游者的合法权益，是指旅游者在旅行游览活动中所享有的，为国家旅游法律、法规、规章及有关制度所保护的不受非法侵害的权利和利益。保护旅游者的合法权益是旅游者的权利和要求，是旅游消费者权益保护的核心内容，是旅游企业与经营者的义务和责任，是旅游业健康发展的源泉和保障。

根据《中华人民共和国消费者权益保护法》(以下简称《消费者权益保护法》)、《旅游法》以及相关法律、法规的规定，旅游者依法享有下列基本权利和利益。

1. 自主选择权

自主选择权，是指旅游消费者在购买旅游产品或接受旅游服务时，享有自主选择产品或者服务的权利。

《旅游法》第九条第一款规定:"旅游者有权自主选择旅游产品和服务,有权拒绝旅游经营者的强制交易行为。"

根据《消费者权益保护法》第九条的规定,旅游者享有的自主选择权主要包括以下几个方面。

(1)旅游消费者有权自主选择提供旅游产品或服务的旅游经营者。

(2)旅游消费者有权自主选择旅游产品品种或服务方式。

(3)旅游消费者有权根据自己的意愿和需要,自主决定购买或者不购买任何一种旅游产品、接受或者不接受任何一项服务,任何人不得干涉和强迫。

(4)旅游消费者有权对旅游经营者提供的产品或服务进行比较、鉴别和挑选,购买自己满意的产品或服务。

2. 知悉真情权

知悉真情权,是指旅游消费者在购买旅游产品或接受服务时,享有了解其购买、使用的旅游产品或接受的旅游服务的真实情况的权利。

《旅游法》第九条第二款规定:"旅游者有权知悉其购买的旅游产品和服务的真实情况。"

旅游消费者有权根据旅游产品的不同情况,要求旅游经营者提供旅游产品或服务的价格、内容、规格、费用等有关情况,并有权索要有关服务单据。《旅游法》第五十八条规定:"订立包价旅游合同时,旅行社应当向旅游者详细说明包价旅游合同中的行程安排、成团最低人数、服务安排和标准、娱乐和游览等项目的具体内容和时间、自由活动时间、旅游费用及缴纳期限和方式、违约责任和解决纠纷的方式等信息。"《旅游法》第六十二条规定:"订立包价旅游合同时,旅行社应当向旅游者告知下列事项——旅游者不适合参加旅游活动的情形;旅游活动安全注意事项;旅行社责任减免信息;旅游者应当注意的旅游目的地相关法律、法规和风俗习惯、宗教禁忌,依照中国法律不宜参加的活动等内容。"

实例分析 2-1

将染色珍珠当天然珍珠卖[①]

2011年11月1日,蔡某、舒某参加由华美假期组织的旅游活动,在导游安排下到无锡某工艺品商店购物,她们以3万元的价格购买了一颗规格为13~13.5mm、圆形的金色海水珍珠吊坠。后经鉴定,该珍珠曾经过染色处理。后来,蔡某等人得知,同样尺寸、级别的天然金色珍珠挂件,市场价也不到3万元,并且要同时出具相应的鉴定书,而染色珍珠的价格则差了一大截。经交涉无果,蔡某等人将商店告上法庭。

法院调查确认,天然金色珍珠(包含饰品)的市场价为2万元至3万元,出售时需带鉴定书;如果是染色珍珠,必须要在出售标签中进行标注。经营者应对消费者尽到如实告知

---

① 资料来源:百灵网,消费者维权10大案例,2014-07-19 16:22:43. http://news.beelink.com/html/201407/content_301455.htm,经整理改动。

义务，而不能要求消费者具有极专业的鉴别能力。该案中，经营者滥用消费者的信任，故意隐瞒真实情况，诱使对方购买，构成消费欺诈。法院最终于2013年12月18日判决商店退还价款3万元，并赔偿损失3万元。

分析： 珠宝、珍珠、水晶、钻石等商品较特殊，对于产品质量好与坏，商家在销售时必须对消费者尽到如实告知义务，而不能要求消费者具有极专业的鉴别能力。该案中，商店的珍珠以次充好，侵犯了消费者的"知悉真情权"，已经构成消费欺诈。

3. 安全保障权

安全保障权，是指旅游消费者在购买、使用旅游商品或接受旅游服务时，享有人身、财产安全不受侵犯的权利。

根据我国《宪法》的规定，人身权利和财产权利是人最基本的权利。旅游者在进行旅游消费活动过程中享有的这些权利受到国家法律的保护。人身安全权包括生命健康权、人身自由权、姓名权、著作权、名誉权、肖像权、发明权等其他人身权利；财产安全权包括财产所有权、继承权等其他财产权利。

旅游消费者安全保障权的实现，需要旅游经营者履行说明或警示义务。《旅游法》第八十条规定："旅游经营者应当就旅游活动中正确使用相关设施设备的方法、必要的旅游安全防范和应急措施、未向旅游者开放的经营服务场所和设施设备、不适宜参加相关活动的群体等事项，以明示的方式事先向旅游者作出说明或者警示。"

旅游者的安全保障权受到侵犯时，有获得救助的权利。《旅游法》第十二条规定："旅游者在人身、财产安全遇有危险时，有请求救助和保护的权利。"《旅游法》第八十二条规定："旅游者在人身、财产安全遇有危险时，有权请求旅游经营者、当地政府和相关机构进行及时救助；接受相关组织或者机构的救助后，应当支付应由个人承担的费用；中国出境旅游者在境外陷于困境时，有权请求我国驻当地机构在其职责范围内给予协助和保护。"

《旅游法》第六章规定了旅游安全职责、旅游安全保护制度及旅游安全救助保护等内容，这对保障旅游者享有安全权意义重大。

实例分析 2—2

游客住宾馆洗澡摔伤　旅行社担责[①]

2010年12月3日，姚某等旅行团成员在海南兴隆正昊温泉度假酒店住宿，认为该酒店住宿条件有限，要求更换酒店，但旅行社跟团导游巢某没同意。当晚11:30左右，姚某在酒店房间的卫生间内淋浴时摔倒受伤，当时淋浴间未设置防滑垫。经鉴定，原告姚某构成十级伤残，误工期限为伤后8个月，护理期限为伤后一人护理3个月，补充营养期限为3个月。就赔偿问题，姚某与旅行社未达成协议，遂将对方告上法庭。

法院经审理认为，旅行社在姚某等人提出住宿条件有限要换宾馆的要求后，即使确因

---

① 资料来源：百灵网，消费者维10大案例；2014-07-19，16:22:43，http://news.beelink.com/html/201407/content_301455.htm。

客观原因不能及时更换宾馆,也应采取较高的注意义务,对宾馆设施可能危及游客人身安全的隐患提前作出警示,并提供预防的措施和方法,现在旅行社违反了旅游合同中保障游客人身安全的附随义务,应对姚某的受伤承担主要责任。同时,姚某作为成年人,发现宾馆住宿条件有限后,如能提高安全意识,采取措施加强防范,是可以降低危险发生的概率的。据此,法院判决旅行社承担七成赔偿责任,姚某自担三成损失。

分析:该案中,姚某可以向真正的侵权人——宾馆提起侵权之诉,要求它承担人身损害赔偿责任。另外,也可以根据旅游合同起诉旅行社违约。旅游合同包含了旅行社保障游客人身安全的义务,要求旅行社在整个旅游过程中都应积极保障游客的安全,对可能发生的危及游客人身和财产安全的事项及时作出警示和说明,并提供预防的措施和方法,否则就要承担违约责任。

4. 公平交易权

公平交易权,是指旅游消费者购买商品或者接受服务时享有公平交易的权利。该权利主要体现在:①旅游消费者在购买商品或接受服务时,有权获得质量保障、价格合理、计量正确等公平交易条件,这些条件符合平等、自愿、公平、等价有偿、诚实信用等市场交易的基本原则;②旅游消费者在购买商品或者接受服务时,有权拒绝经营者的强制交易行为。

《旅游法》第三十五条规定:"旅行社不得以不合理的低价组织旅游活动,诱骗旅游者,并通过安排购物或者另行付费旅游项目获取回扣等不正当利益。"这是从禁止目前存在的"零负团费"的角度保障旅游者的公平交易权。如若旅行社的导游、领队强迫或者变相强迫旅游者购物、参加另行付费项目的,旅游者有权拒绝,也可以在旅游行程结束后30日内,要求旅行社为其办理退货并先行垫付退货货款、退还另行付费项目的费用。《旅游法》还规定:旅行社未与旅游者协商一致或未经旅游者要求,不得指定购物场所、安排旅游者参加另行付费项目。这是从禁止"强制购物"角度保障旅游者的公平交易权。

5. 依法求偿权

依法求偿权,是指旅游消费者因购买、使用商品或者接受服务受到人身、财产损害时,享有依法获得赔偿的权利。

《旅游法》第十二条第二款规定:"旅游者人身、财产受到侵害的,有依法获得赔偿的权利。"

旅游者在旅游活动中遭受到人身、财产的损失,只要与旅游经营商有直接或间接的关系,或旅游经营商所提供约定的旅游服务低于国家标准或行业标准,致使旅游消费者的合法权益受损害时,旅游者就有权要求有责任的单位或个人进行赔偿。

求偿权的范围包括:①人身侵害,主要指旅游消费者的生命健康权、人格权和人身自由受到侵害;②财产损害,主要指财产上的损害,包括直接损失和间接损失;③精神损失,旅游消费者因人身侵害或财产侵害而造成精神痛苦的,旅游经营者还应根据不同情况予以赔偿。

旅游者可以通过向旅游行政管理部门或其委托的旅游质量监督机构投诉,或向人民法院起诉的方式来获得赔偿。获得赔偿的方式包括赔偿损失、恢复原状、赔礼道歉、重做、更换、消除影响、恢复名誉等。

《旅游法》第五十四条规定："景区、住宿经营者将其部分经营项目或者场地交由他人从事住宿、餐饮、购物、游览、娱乐、旅游交通等经营的，旅游者有权要求景区、住宿经营者对实际经营者给旅游者造成的损害承担连带责任。"

《旅游法》第七十条规定："旅行社具备履行条件，经旅游者要求仍拒绝履行合同，造成旅游者人身损害、滞留等严重后果的，旅游者还可以要求旅行社支付旅游费用 1 倍以上 3 倍以下的赔偿金。"

6. 合同转让权与解除权

合同转让权与解除权是《旅游法》针对旅游消费者规定的一项特殊权利。

合同转让权是指除旅行社有正当的拒绝理由外，旅游者有权在旅游行程开始前，将包价旅游合同中自身的权利义务转让给第三人，因此增加的费用由旅游者和第三人承担。(《旅游法》第六十四条)

合同解除权是指包价旅游合同订立后，因未达到约定人数不能出团时，旅游者不同意组团社委托其他旅行社履行合同的，有权解除合同，并要求退还已收取的全部费用。旅游行程结束前，旅游者解除合同的，组团社应当在扣除必要的费用后，将余款退还旅游者。因不可抗力或者旅行社、履行辅助人已尽合理注意义务仍不能避免的事件，导致旅游合同不能继续履行，旅行社和旅游者均可以解除合同；导致合同不能完全履行，旅游者不同意旅行社变更合同的，旅游者有权解除合同；合同解除的，旅游者有权获得扣除组团社已向地接社或者履行辅助人支付且不可退还的费用后的余款。包价旅游合同在旅游行程中被解除的，旅游者有权要求旅行社协助旅游者返回出发地或者旅游者指定的合理地点；由于旅行社或者履行辅助人的原因导致合同解除的，旅游者有权要求旅行社承担返程费用。(《旅游法》第六十七、六十八条)

7. 受尊重权

受尊重权，是指旅游消费者在购买、使用商品或者接受服务时，享有其人格尊严、民族风俗习惯、宗教信仰等受到尊重的权利，享有个人信息依法得到保护的权利。《旅游法》第十条规定："旅游者的人格尊严、民族风俗习惯和宗教信仰应当得到尊重。"

(1)人格尊严受到尊重是旅游者最基本的权利之一。旅游者的人格尊严包括旅游者的姓名权、名誉权、荣誉权、肖像权等。按照相关规定，在旅游服务实践中，旅游者应当受到尊重，得到良好的服务享受。但在一些特定情况下旅游者的人格尊严不仅没有受到尊重，反而遭到旅游经营者的侵犯。如旅游者拒绝参加自费项目，被旅行社导游人员辱骂。[①]

(2)民族风俗习惯和宗教信仰受尊重权。我国有五十六个民族，每个民族都有不同的风俗习惯。尊重民族风俗习惯，保护各民族的合法权利，对于贯彻党和国家的民族政策，维护祖国大家庭的安定团结，具有重要的意义。宗教信仰自由是我国的一项基本政策，我国公民有信仰宗教的自由，这也是公民的一项基本权利，理应受到尊重。

(3)个人信息受尊重和受保护的权利。在信息社会，这项权利尤为重要。有的旅游经营者非法收集、使用旅游消费者的个人信息，擅自泄露或者非法向他人提供旅游消费者个人

---

① 张元奎，周崴. 旅游法实用教程[M]. 北京：旅游教育出版社，2013.

信息，严重影响了旅游消费者的正常生活，侵害了旅游消费者的合法权益。《旅游法》第五十二条明确规定："旅游经营者对其在经营活动中知悉的旅游者个人信息，应当予以保密。"

《消费者权益保护法》第五十条规定："经营者侵害消费者人格尊严、侵犯消费者人身自由或者侵害消费者个人信息依法得到保护的权利的，应当停止侵害、恢复名誉、赔礼道歉并赔偿损失。"

8. 监督批评权

监督批评权，是指旅游消费者享有对商品和服务以及保护消费者权益工作进行监督的权利(《消费者权益保护法》第十五条)。该权利主要包括以下几个方面。

(1)旅游消费者有权对旅游产品和服务的质量、价格、计量、服务态度等进行监督。我国各级旅游行政管理部门为实现旅游者的该项权利，均设有监督投诉电话。

(2)消费者有权对消费者权益保护工作提出批评、建议。《消费者权益保护法》第十五条规定："消费者有权检举、控告、侵害消费者权益的行为和国家机关及其工作人员在保护消费者权益工作中的违法失职行为，有权对保护消费者权益工作提出批评、建议。"

(3)消费者有权对消费者权益保护工作中的违法失职行为进行监督、检举和控告。旅游者发现旅游经营者有违法行为的，有权向旅游、工商、价格、交通、质监、卫生等相关主管部门举报。

9. 特定人群特惠权

特定人群特惠权是指残疾人、老年人、未成年人等旅游者，在旅游活动中依照法律、法规和有关规定享受便利和优惠的权利。《旅游法》第十一条规定："残疾人、老年人、未成年人等旅游者在旅游活动中依照法律、法规和有关规定享受便利和优惠。"

残疾人、老年人的共同特点是身体不便或者身体较弱，需要特殊服务或保护。未成年人行为能力尚不健全，而且又活泼好动，需要给予特殊的关注和照顾，尤其应注意安全问题。在旅游活动中，旅游经营者应当根据他们的特点提供便利服务。例如，在经营场所设置残疾人客房，在就餐餐厅安排儿童座椅，为老年人安排适合他们身体和口味的饭菜等。不仅如此，针对这部分特殊群体，还应该给予价格上的优惠。例如，部分旅游景区给予60岁以上的老人、残疾人、一米以下儿童门票免费的政策。除此之外，这部分特殊群体的自我管理能力偏弱，旅游经营者对其要进行特殊的关照，尤其要在经营场所做好相应的安全保障措施。

10. 依法结社权

依法结社权，是指旅游消费者享有依法成立维护自身合法权益的社会团体的权利。

消费者的结社权是源自我国《宪法》(第三十五条规定，公民具有结社的自由)的授权。该权利是随着消费者运动的兴起，而在法律上的必然表现，也是客观实践的需要。在消费领域，虽然经营者与消费者的法律地位平等，但双方的经济地位在实践中是不平等的。在旅游消费领域也是如此：分散的旅游消费者在议价力量、承受能力等方面处于弱势地位，只有组织起来，才能与拥有雄厚实力的经营者相抗衡。随着科技的进步和经济的发展，旅游活动的内容日益丰富多彩、旅游消费的方式和层次也在不断更新，尤其是旅游活动的跨地域性，使旅游者越来越难以掌握商品和服务的有关知识，也越来越依赖经营者提供的介绍和说明，因而旅游者被虚假的广告、说明欺骗的概率在增大。因此，依法成立社会团体，通过有组织的活动，维护自身的合法权益，既是旅游者的权利，也是国家鼓励全社会共同保护旅游者合法权益的体现①。所以，旅游消费者和普通消费者一样，有权依法建立自己的社会团体组织，并以建立起来的消费者社会团体组织的名义，通过法律、法规所许可的方式、方法和途径维护自己的合法权益。

消费者协会和其他消费者组织是依法成立的对商品和服务进行社会监督的保护消费者合法权益的社会团体。

11. 获取知识权

获取知识权，是指旅游消费者享有获得有关旅游消费和旅游消费者权益保护方面的知识的权利。

随着科技的日益发展和旅游业的飞速发展，旅游产品和旅游服务的种类越来越丰富，结构和功能越来越齐全和复杂。但是，旅游者的消费风险也越来越大。因为面对五花八门的旅游产品和种类繁多的旅游服务，旅游者是很难凭借经验和直觉去进行辨别和选择的。因此，获取知识权也成为知悉真情权、自主选择权等其他权利的重要保障。

获取知识权包括两方面的内容。

(1)获得有关旅游消费方面的知识，主要包括有关消费方面的知识、有关旅游产品和服务的基本知识和有关市场的基本知识。

(2)获得有关旅游消费者权益保护方面的知识，主要包括有关旅游消费者权益保护的法律、行政法规和政策，保护机构和争议解决途径等方面的知识。

2.1.2 旅游者的义务

为更好地保障旅游消费者的合法权益，促进旅游市场和旅游业的持续健康发展，旅游者在享有和行使自己权利的同时，也要履行相应的义务②。

1. 文明旅游义务

《旅游法》第十三条规定："旅游者在旅游活动中应当遵守社会公共秩序和社会公德，尊重当地的风俗习惯、文化传统和宗教信仰，爱护旅游资源，保护生态环境，遵守旅游文明行为规范。"

遵守社会公共秩序和社会公德是每一位公民应尽的义务，也是公民素质的重要体现。一旦进入公共场所，每一位旅游者都应该自觉遵守社会公共秩序和社会公德，如不大声喧哗、举止文雅得体、自觉排队等候等。

---

①资料来源：韩玉灵. 旅游法教程[M]. 3版. 北京：高等教育出版社，2011.
②资料来源：主要根据《旅游法》和国家旅游局2013年9月10日发布的《旅游者的主要权利和义务指南》整理而成，http://www.gov.cn/gzdt/2013-09/12/content_2487210.htm.

旅游行为文明规范是对旅游者的言行举止的基本要求，也是旅游者文明程度的重要体现，每位旅游者都应该自觉遵守。例如，不攀爬古建筑物、不在建筑物上乱涂乱画、不随意践踏草坪、不在古建筑或博物馆内拍照、不随地大小便、不乱扔垃圾、不随地吐痰等。

知识链接 2—1

中国公民国内旅游文明行为公约[①]

营造文明、和谐的旅游环境，关系到每位游客的切身利益。做文明游客是我们大家的义务，请遵守以下公约：

(1) 维护环境卫生。不随地吐痰和口香糖，不乱扔废弃物，不在禁烟场所吸烟。
(2) 遵守公共秩序。不喧哗吵闹，排队遵守秩序，不并行挡道，不在公众场所高声交谈。
(3) 保护生态环境。不踩踏绿地，不摘折花木和果实，不追捉、投打、乱喂动物。
(4) 保护文物古迹。不在文物古迹上涂刻，不攀爬触摸文物，拍照摄像遵守规定。
(5) 爱惜公共设施。不污损客房用品，不损坏公用设施，不贪占小便宜，节约用水用电，用餐不浪费。
(6) 尊重别人权利。不强行和外宾合影，不对着别人打喷嚏，不长期占用公共设施，尊重服务人员的劳动，尊重各民族宗教习俗。
(7) 讲究以礼待人。衣着整洁得体，不在公共场所袒胸赤膊；礼让老幼病残，礼让女士；不讲粗话。
(8) 提倡健康娱乐。抵制封建迷信活动，拒绝黄、赌、毒。

中国公民出国(境)旅游文明行为指南[②]

中国公民，出境旅游，注重礼仪，保持尊严。
讲究卫生，爱护环境；衣着得体，请勿喧哗。
尊老爱幼，助人为乐；女士优先，礼貌谦让。
出行办事，遵守时间；排队有序，不越黄线。
文明住宿，不损用品；安静用餐，请勿浪费。
健康娱乐，有益身心；赌博色情，坚决拒绝。
参观游览，遵守规定；习俗禁忌，切勿冒犯。
遇有疑难，咨询领馆；文明出行，一路平安。

2. 不损害他人合法权益的义务

《旅游法》第十四条规定："旅游者在旅游活动中或者在解决纠纷时，不得损害当地居

[①] 资料来源：中华人民共和国国家旅游局网，2013-04-24 12:40:34 国家旅游局信息中心，http://www.cnta.gov.cn/html/2013-04/2013-04-24-12-40-78017_11.html。
[②] 资料来源：中华人民共和国国家旅游局网，2013-04-24 12:43:48 国家旅游局信息中心，http://www.cnta.gov.cn/html/2013-04/2013-04-24-12-43-52142_1.html。

民的合法权益,不得干扰他人的旅游活动,不得损害旅游经营者和旅游从业人员的合法权益;造成损害的,依法承担赔偿责任。"

《旅游法》第七十二条规定:"旅游者在旅游活动中或者在解决纠纷时,损害旅行社、履行辅助人、旅游从业人员或者其他旅游者的合法权益的,依法承担赔偿责任。"

3. 个人健康信息告知义务

根据《旅游法》第十五条的规定,旅游者购买、接受旅游服务时,应当向旅游经营者如实告知与旅游活动相关的个人健康信息,审慎选择参加旅游行程或旅游项目。

旅游者接受旅游服务前,向旅游经营者主动告知与旅游活动相关的个人健康信息,将有利于旅游经营者更合理地为旅游者安排旅游行程和旅游项目,规避一些因旅游者健康状况所引起的风险或事件。为此,旅游经营者应主动确认旅游者的健康状况,并制定旅游者健康状况确认书。旅游者更应该主动将个人健康状况告知旅游经营者,特别是患有精神病、传染病、心脏病、高血压等疾病或是有既往病史的。此外,旅游者也应根据自身健康状况,慎重选择参加旅游项目,尤其是对身体健康有要求的刺激性或带有风险性的旅游项目。如若旅游者没有如实告知,那么在旅游过程中因其健康状况而引起任何危险或事件,旅游经营者将不承担赔偿义务。

阅读案例 2—1

游客突发疾病死亡　家属诉旅行社赔偿[①]

叶某患有高血压多年,2012 年 6 月,叶某利用休假时间与同事相约携家属赴西藏旅游,并委托同事段某与旅行社协商签约。合同约定,旅行社除对可能危及人身、财产安全的事项和需注意的问题作出说明和警告外,还将根据旅游者的身体健康状况决定是否接纳旅游者报名参团。

此后,该旅行社未组织叶某等旅游者进行健康体检或询问旅游者身体健康状况,亦未填写《旅游报名表》,而是将该团转给其他旅行社。旅行开始后次日,旅行社即组织叶某等参观了西藏行程海拔最高点纳木错,7 天后,《旅游行程安排表》中确定的西藏旅游景点全部游览完毕,原定于第二日上午乘火车经武昌返回。但次日凌晨,正在宾馆住宿的叶某突然昏迷,后经抢救无效死亡。

经法医尸体检验分析,叶某死于长期患高血压引起的急性心肌梗死。叶某死亡后妻子曾某乘飞机返回家中,期间旅行社代为垫付了丧葬费、交通费。

事后,叶某家人要求旅行社给予赔偿。旅行社认为:叶某在签订旅游合同前隐瞒了自己身患高血压的事实,其死亡系因自身患有疾病所致;且在叶某身故后,旅行社还积极配合叶某家属办理相关事宜,已经仁至义尽。因此,该旅行社拒绝赔偿。

叶某家人随后将旅行社告上法庭,要求赔偿其丧葬费、死亡赔偿金等共计 419227.5 元,

[①] 资料来源:大江网-新法制报,2013-08-27,http://jxfzb.jxnews.com.cn/system/2013/08/27/012599876.shtml.

并返还尚未发生的旅游费用计 3978 元。

法院审理认为，原、被告双方签订的旅游合同合法有效。依据合同约定，被告应根据旅游者的身体健康状况及相关条件决定是否接纳旅游者报名参团。被告未组织全体旅游者进行健康体检，本应拒绝叶某进藏旅游却予接纳。

合同约定被告转团应征得旅游者的书面同意，被告擅自转团的行为构成违约。且受让旅行社违反科学规律在进藏后第二天即带叶某等旅游者游览海拔最高景点，被告对叶某死亡具有过错，应承担次要责任。

叶某明知自己患有高血压，不宜进藏旅游，却积极前往，应承担主要责任。事发时已全部游览完毕，购买保险、用餐等项目均已全部完成，原告要求被告退回未发生旅游费用的诉讼请求，于法无据。

据此，法院判决，被告旅行社对叶某死亡承担次要责任，负责赔偿部分损失共计 166091 元。

4. 安全配合义务

根据《旅游法》第十五条的相关规定，旅游者应当遵守旅游活动中的安全警示规定，不得携带危害公共安全的物品。旅游者对国家应对重大突发事件暂时限制旅游活动的措施以及有关部门、机构或者旅游经营者采取的安全防范和应急处置措施，应当予以配合；违反安全警示规定，或者对国家应对重大突发事件暂时限制旅游活动的措施、安全防范和应急处置措施不予配合的，依法承担相应责任。

5. 遵守出入境管理义务

《旅游法》第十六条规定："出境旅游者不得在境外非法滞留，入境旅游者不得在境内非法滞留；随团出、入境的旅游者不得擅自分团、脱团。"

出境旅游者前往其他国家或者地区，一般需要取得前往国签证或者其他入境许可证明。该签证或者其他入境许可证明上载有入境有效期、停留期间等事项，出境旅游者不得超出签证有效期、超出停留期间在境外非法滞留。

2.1.3 旅游者权益保护中旅游经营者的义务

旅游经营者的义务，是指经营者在旅游经营活动中应履行的责任，即经营者必须做出一定行为或抑制自己的某种行为。旅游业经营者的义务与旅游消费者的权利相对应，旅游消费者权利的实现，在一定程度上是通过经营者履行义务来实现的。根据《消费者权益保护法》《旅游法》以及相关法律、法规的规定，在旅游者权益保护中旅游经营者应履行以下几项义务。

1. 依法定或约定履行义务

依法定或约定履行义务，要求旅游经营者向旅游消费者提供商品或者服务时，应当依照《产品质量法》和其他有关法律、法规的规定履行法定义务。旅游经营者和旅游消费者有约定的，应当按照约定履行义务，但双方的约定不得违背法律、法规的规定。

2. 听取意见和接受监督的义务

听取意见和接受监督的义务，要求旅游经营者应当听取旅游消费者对其提供的商品或

者服务的意见,接受旅游消费者的监督。听取旅游消费者的意见和接受监督,是旅游经营者的法定义务,必须忠实地履行,如对旅游消费者的投诉应当指定专人及时处理等。

3. 保证商品和服务安全的义务

保证商品和服务安全的义务,要求旅游经营者应当保证其提供的商品或服务符合保障人身、财产安全的要求。对可能危及人身、财产安全的商品和服务,应当向旅游消费者做出真实的说明和明确的警示,并说明和标明正确使用商品或者接受服务的方法,以及防止危害发生的方法。旅游经营者发现其提供的商品或者服务存在严重缺陷,即使正确使用商品或者接受服务仍然可能对人身、财产安全造成危害的,应立即向有关行政部门报告和告知旅游消费者,并采取防止危害发生的措施。旅游经营者还要保证旅游消费环境的安全。对旅游地可能引起旅游者误解或产生冲突的法律规定、风俗习惯、宗教信仰等,旅游经营者应当事先给旅游者以明确的说明和忠告。

此外,对残疾人、老年人、未成年人等特定人群,还需要进行特殊的安全保障。

4. 提供商品和服务真实信息的义务

提供商品和服务真实信息的义务,要求旅游经营者应向旅游消费者提供有关商品或者服务的真实信息,不得有令人误解的虚假宣传。旅游经营者对旅游消费者就其提供的商品或者服务的质量和使用方法等问题提出的询问,应当做出真实、明确的答复。旅游经营者提供的商品或服务项目应明码标价,质价相符,不得有价格欺诈行为。

5. 标明真实名称和标记的义务

标明真实名称和标记的义务,要求旅游经营者应当标明其真实名称和标记,租赁他人柜台或者场地的旅游经营者,应当标明其真实名称和标记。旅游经营者不得使用未经核准登记的企业名称;不得假冒他人的企业名称和他人特有的营业标记;在经营过程中,应当以自己的真实名称和营业标记从事经营活动。

6. 出具购货凭证和服务单据的义务

出具购货凭证和服务单据的义务,要求旅游经营者提供商品或者服务,应当按照国家有关规定或者商业惯例向旅游消费者出具购货凭证和服务单据;旅游消费者索要购货凭证或者服务单据的,经营者必须出具。

实例分析 2—3

假珠宝"骗你没商量"[①]

张某参加某旅行社组织的"新马泰10日游"。在新加坡一家珠宝店,售货员向其推销

---

①资料来源:找法网,旅游维权十大案例解析,2012-03-31,http://china.findlaw.cn/hetongfa/zhuanti/duanjia_lvyouhetongbukeshao/174278.html。

了一个价值 5500 元的天然祖母绿吊坠，付款时商店开具了一张英文版收据及质量保证单，并要求张某在落款处签名。行程结束后，张某经人翻译收据及质量保证单内容才得知该祖母绿吊坠为人工合成的，并非天然珠宝。为了进一步证实，张某到珠宝鉴定中心做了鉴定，鉴定出同样的结果。为此张某找旅行社交涉并要求赔偿，得到的答复是：张某在购买珠宝时商店向其出示的收据及质量保证单上已说明该祖母绿的制作成分，并有张某签名确认，是自愿买卖行为，拒绝赔偿。经旅游质监所协调，旅行社积极协助张某向珠宝店交涉，并退还购物款。

分析： 出境游组团社应要求境外购物点配备中文说明书，提醒旅游者在进入商店时应保持冷静头脑，慎重购买贵重物品。尤其珠宝玉器类商品，天然与人工合成的价值价格差距较大，购买时应详细了解说明书。如果游客购买了商品，一定要求商家出具详细的发票，如果回来后发现问题，可以凭此依据通过旅行社进行退换。

7. 保证商品或服务质量的义务

保证商品和服务质量的义务，要求旅游经营者应当保证在正常使用商品或接受服务的情况下，其提供的商品或服务应当具有的质量、性能、用途和有效期限，但消费者在购买商品或服务时已经知道其存在瑕疵的除外；经营者以广告、产品说明、实物样品或其他方式表明商品或服务的质量状况的，应当保证其提供的商品或者服务的实际质量与标明的质量状况相符。《旅游法》第五十条规定："旅游经营者取得相关质量标准等级的，其设施和服务不得低于相应标准；未取得质量标准等级的，不得使用相关质量等级的称谓和标识。"

8. 履行"三包"或其他责任的义务

履行"三包"或其他责任的义务，要求旅游经营者提供商品或者服务，按照国家规定或者与消费者的约定，承担包修、包换、包退或其他责任的，应当按照国家规定或约定履行，不得故意拖延或无理拒绝。

9. 不得从事不公平、不合理交易的义务

不得从事不公平、不合理交易的义务，要求旅游经营者不得以格式合同、通知、声明、店堂告示等方式做出对旅游消费者不公平、不合理的规定，或者减轻、免除其损害旅游消费者合法权益应当承担的民事责任。在旅游活动期间，因某些特殊原因需要改变行程或服务标准的，旅游经营商必须征得旅游消费者同意。涉及更改旅游合同内容的，经营者与消费者双方平等协商解决。

阅读案例 2—2

北京华远鹏程旅行社擅自改变旅游合同行程案①

2012 年 5 月 11 日，央视财经频道《消费主张》栏目记者，以游客身份报名参加北京

---

① 资料来源：昆明旅游网，国家旅游局关于 2012 年 10 件旅游案例的通报，2013-06-08，http://www.kmta.gov.cn/InfoDetail.aspx?Aid=800.

华远鹏程旅行社于2012年5月5日组织的赴居庸关长城、十三陵等地游览的"一日游"旅游团,曝光了旅游团队在游览过程中增加购物点等问题。北京市旅游执法大队对栏目视频反映的情况进行了调查取证,发现记者反映的主要问题是旅游团队在游览完明皇宫蜡像馆景区后,该社以旅游车辆要进行安检为名,安排游客去信祥玉器店购物,属于非因不可抗力改变旅游合同安排行程的行为,违反了《旅行社条例》第三十三条第二项的规定。鉴于该社曾于2009年、2010年因违反《旅行社条例》的有关规定,被旅游行政管理部门实施了行政处罚,此次又出现违规行为,北京市旅游发展委员会决定依据《旅行社条例》第五十九条,给予其吊销旅行社业务经营许可证的行政处罚。

10. 不得侵犯旅游消费者人格权的义务

不得侵犯旅游消费者人格权的义务,要求旅游经营者不得对旅游消费者进行侮辱、诽谤,不得搜查旅游消费者的身体及其携带的物品,不得侵犯旅游消费者的人身自由。

实例分析 2-4

李某子女诉某旅行社旅游合同纠纷案[①]

2010年4月15日,李某(年逾70岁)等55位老年人与某旅行社签订一份出境旅游合同,合同约定,2011年5月7日至5月18日,旅行社组织55位老人游览厦门、台湾等地,旅游费5280元。还约定,旅游者享有人身、财物不受损害的权利,旅游者有权要求旅游经营者提供符合保障人身、财物安全要求的旅行服务的权利。合同签订后,李某按约定缴纳了旅游费,旅行社亦按照合同约定安排旅行活动。2011年5月19日,旅行团根据旅程安排乘火车至南京,欲转乘大巴返回居住地。李某下火车后,从火车出站口行至停车场路途中步行速度较快,至换乘大巴时突感身体不适,后旅行社用该交通工具将李某送至南京某医院抢救,当日经抢救无效死亡,经诊断死因系心肌梗死。后李某子女诉至法院,请求判决某旅行社赔偿丧葬费、死亡赔偿金、精神抚慰金、交通费、处理事故人员费用等。

法院认为,李某自身疾病系导致其死亡的主要原因,李某签订旅游合同时未能将身体状况告知旅行社,旅行过程中,亦未能尽到注意和自身安全保护义务,应当对其死亡承担主要责任。而旅行社未能针对李某等老年游客存在的旅游风险(诸如慢性病等)尽到充分告知警示义务;在旅游行程安排上亦尚欠妥当,行程中亦未能全面履行善意提醒、注意及适当照顾的义务;李某心脏病发后旅行社亦未能采取必要及时的紧急救护措施,对导致李某死亡存有过错,应当承担次要责任,因此,判决旅行社对李某死亡的损失费用承担次要的赔偿责任。

点评:
(1)旅游者购买、接受旅游服务时,应当向旅游经营者如实告知与旅游活动相关的个人

[①] 资料来源:南报网,江苏法院公布2010至2011年度十大消费者权益保护典型案例,2012-03-12 19:39,http://www.njdaily.cn/2012/0312/102856.shtml,经改动整理。

健康信息，审慎选择参加旅游行程或旅游项目。案件中李某签订旅游合同时，未将身体状况告知旅行社，旅行过程中，亦未尽到注意和自身安全保护义务，应当承担主要责任。

(2)旅行社提供的服务应当符合保障旅游者人身、财产安全的要求，对可能危及旅游者人身、财产安全的事项，应当向旅游者履行警示、告知义务，并采取防范措施，危险发生时，应当积极履行救助义务，妥善处理善后事宜。旅游经营者、旅游辅助服务者未尽到安全保障义务，造成旅游者人身损害、财产损失的，应承担相应的责任。

实用小窍门：由于老年人的特殊性，老年旅客应当根据自身的身体状况，选择合适的旅行线路和出行时间，并且如实将身体状况告知旅行社，以便旅行社提供更加安全的旅游服务。旅行社在面对"银发一族"客源市场时，也应当承担更高的注意义务，将确保老年游客的安全作为第一要务，防范经营中的风险。在旅行产品设计上，需注意符合老年游客群体特点，安排科学安全的线路及活动项目计划；在接待老年游客时，可以要求其提供近期健康证明、说明病史等，审查其能否适应既定旅游活动计划，避免不适宜的对象参团而发生不幸事件；在人员配备方面，应注意安排经验丰富的导游带团，同时根据情况配备具有一定医护常识和知晓基本急救技能的专业人士随团，并携带常用药品。

2.2 旅游者合法权益的保护

2.2.1 旅游者合法权益的国家保护

在我国，国家对旅游消费者权益的保护，是由立法机关、行政机关、司法机关通过采取相应措施来实现的。

1. 国家对旅游消费者合法权益的立法保护

完善的法律、法规、政策体系，是国家保护旅游消费者合法权益的基础和依据。在我国，国家采取立法措施保护旅游消费者的合法权益，并将有关保护消费者权益的政策、措施上升为法律、法规和规章；国家在制定有关旅游消费者权益的法律、法规、规章和强制性标准时，根据不同情况，通过不同方式听取旅游消费者的意见和要求。

2013年10月1日，我国第一部《旅游法》正式出台和实施。该法以保护旅游者合法权益为主线，涉及旅游业管理机制、旅游者、旅游规划、旅游经营、旅游服务合同、旅游安全旅游纠纷处理及法律责任等若干内容，对保障旅游者和旅游经营者的合法权益，规范旅游市场秩序，保护和合理利用旅游资源，促进旅游业持续健康发展将起到深远的意义。

国家制定和出台的下列法律、法规、规章同样也适用于保护旅游者的合法权益不受侵害：《中华人民共和国消费者权益保护法》《中华人民共和国民法通则》《中华人民共和国合同法》《中华人民共和国民用航空法》《中华人民共和国铁路法》《中华人民共和国食品卫生法》《中华人民共和国文物保护法》《旅行社条例》及实施细则、《旅行社责任保险管理办法》《导游人员管理条例》《中华人民共和国中国公民出境入境管理法》《中国公民出国旅游管理办法》《铁路旅客运输损害赔偿规定》《国内航空运输旅客身体损害赔偿暂行规定》《旅游投诉处理办法》《旅游安全管理暂行办法》及实施细则等。

2. 国家对旅游消费者合法权益的行政保护

国家对旅游消费者合法权益的行政保护是通过行政执法和行政监督活动来实现的。

国家对消费者合法权益的行政保护措施中,《消费者权益保护法》加重了各级人民政府工商行政管理部门的责任,规定各级政府是《消费者权益保护法》的主要实施者,通过行使领导权、监督权来组织、协调、督促有关部门做好保护消费者的合法权益的工作,并对消费者协会履行职能予以支持;工商部门是该法的主要行政执法机关。国家技术监督管理部门、卫生监督管理部门、进出口商品检验部门、各行业主管部门等行政机构或行政管理部门,都在各自的职责范围内采取措施,履行其保护旅游消费者合法权益的职责。

行政监督是保护旅游消费者合法权益的有力手段之一。《旅游法》第八十三条规定:"县级以上人民政府旅游主管部门和有关部门依照本法和有关法律、法规的规定,在各自职责范围内对旅游市场实施监督管理。"第八十八条规定:"县级以上人民政府旅游主管部门和有关部门,在履行监督检查职责中或者在处理举报、投诉时,发现违反本法规定行为的,应当依法及时作出处理。"

3. 国家对消费者合法权益的司法保护

公安机关、检察机关、审判机关等国家机关,应当依照法律、法规的规定,惩处旅游经营者在提供旅游商品和旅游服务中侵害旅游消费者合法权益的违法犯罪行为。人民法院应当采取措施,方便旅游消费者提起诉讼。对符合民事诉讼法起诉条件的旅游消费者权益争议,必须受理,及时审理。

《旅游法》第九十一条规定:"县级以上人民政府应当指定或者设立统一的旅游投诉受理机构。受理机构接到投诉,应当及时进行处理或者移交有关部门处理,并告知投诉者。"

法院、检察院、公安机关(含国家安全机关)、司法行政机关及其领导的律师组织、公证机关、劳动教养机关等司法机关,在旅游纠纷涉及违反法律和行政法规的领域时,应对纠纷双方进行一定的法律制裁和法律救济,以保障双方的合法权益,维护旅游经济的正常运行。

2.2.2 旅游者合法权益的社会保护

保护包括旅游消费者在内的消费者的合法权益也是全社会的共同职责。国家鼓励、支持一切组织和个人对损害消费者的行为进行监督,包括专业研究机构、消费者保护组织、社会舆论等在内的社会组织或社会力量通过社会监督的方式对旅游消费者权益予以维护。

1. 消费者协会

在社会保护中,各种消费者组织起着至关重要的作用,尤其是消费者协会,在保护旅游消费者合法权益中发挥着重要作用。消费者协会和其他消费者组织是依法成立的、对商品和服务进行监督的保护消费者合法权益的社会团体。

《旅游法》第九十三条："消费者协会、旅游投诉受理机构和有关调解组织在双方自愿的基础上，依法对旅游者与旅游经营者之间的纠纷进行调解。"

图 2-1　消费者协会标志

2. 新闻舆论机构

新闻舆论机构尤其应当发挥其舆论监督的优势。广播、电视、报纸、网站等大众传播媒介应当做好维护消费者合法权益的宣传，在积极宣传消费者权益保护法律和消费知识的同时，对侵害消费者合法权益的行为予以批评、揭露，任何单位和个人不得干涉新闻机构对消费者权益保护的舆论监督活动。

2.2.3　旅游者合法权益的国际保护

1. 国际消费者联盟

国际消费者联盟(International Organization of Consumers Unions)，简称"国际消联"(英文简称 IOCU)。1960 年由美国、英国、澳大利亚、荷兰和比利时 5 个国家的消费者组织在荷兰海牙联合发起成立，目前总部已由荷兰海牙迁至英国伦敦。这是一个独立的、不以盈利为目的、无政治倾向，且目前规模最大、影响范围最广的国际性的消费者权益保护组织。

图 2-2　国际消费者联盟标志

国际消费者联盟的宗旨：在世界范围内协助并积极推动各国消费者组织及政府努力做好保护消费者利益的工作；促进对消费服务进行比较、试验的国际合作；促进消费信息、消费教育和保护消费者方面的其他各种国际合作；收集、交流各国保护消费者法规及惯例；为各国家集团讨论有关消费者利益问题解决办法提供讲坛；出版有关消费者信息的资料；与联合国的机构及其他国际团体保持有效的联系，以起到能在国际范围内代表消费者利益的作用；通过联合国的机构和其他可行的方式，对发展中国家关于消费者教育和保护的发展计划，给予一切实际的援助和鼓励。

该组织会员机构共有 220 个，分布于 115 个国家及地区。为了使全球的消费者组织能在共同的时刻，以共同的声音宣传和推动消费者权益保护运动，国际消联 1983 年确定每年的 3 月 15 日为国际消费者权益日，即"3·15 国际消费者权益日"。中国消费者协会于 1987 年 9 月被国际消费者联盟组织接受为正式成员。

2. 世界旅游组织

世界旅游组织(World Tourism Organization)是联合国系统的政府间国际组织。其宗旨是促进和发展旅游事业，使之有利于经济发展、国际间相互了解、和平与繁荣。主要负责收集和分析旅游数据，定期向成员国提供统计资料、研究报告、制定国际性旅游公约、宣言、规则、范本，研究全球旅游政策。它的前身是国际官方旅游联盟，1975 年改为现名称，总部设在西班牙首都马德里。1983 年中国成为该组织正式成员国，为第 106 个正式成员。

图 2-3 世界旅游组织标志

世界旅游组织 1985 年 9 月在索菲亚(保加利亚人民共和国)召开的会议上通过了《旅游权利法案和旅游者守则》。"旅游权利法案"部分共 9 条，基本内容是：强调每个人休息、娱乐的权利和带薪的权利，并在维护这一权利的基础上，保障东道国人民、旅游从业人员、旅游供应商、旅游服务机构的权利，各国政府应当为上述权利的实施制定切实可行的政策。"旅游者守则"部分共 5 条，明确规定了旅游者在旅游过程中应遵循的各项守则和应享受的各种权益。此次会议对保护旅游消费者权益做出重大贡献。

世界旅游组织 1999 年 10 月在智利的圣地亚哥通过了《全球旅游伦理规范》，该规范被称作是"世界旅游业利益各方在新世纪的一个参照框架"。规范共 10 条，第七条规定了旅游者的旅游权利，第八条规定了旅游者自由往来的权利。可以说，这个规范是保护旅游者权利的一个集大成者。

本章小结

旅游者是旅游活动的主体。没有旅游者就不会有旅游活动和旅游现象。因此，保护旅游者的合法权益不受侵害，直接关系到旅游业能否持续健康发展。

本章主要讲述了旅游者享有的权利和应承担的义务、旅游者合法权益保护等问题。

通过学习本章，学生在以后的学习和工作中能够正确使用旅游者的权利，自觉履行旅游者应尽的义务，学会依据法律维护旅游者的合法权益，并能够寻求到保护旅游者合法权益的相关法律制度依据。

关键术语

1. 旅游消费：是指旅游者在旅行游览过程中，通过享用各种精神产品和物质产品以满足高层次需要的行为和活动。

2. 旅游消费者的法律地位：是指旅游消费者在法律上所处的地位或位置。即旅游消费者享受的权利、承担的义务以及受法律保护的资格。

3. 旅游者的合法权益：是指旅游者在旅行游览活动中所享有的为国家旅游法律、法规、规章及有关制度所保护的不受非法侵害的权利和利益。

章前案例解析

【分析】

旅游消费者在购买、使用旅游商品或接受旅游服务时，享有人身、财产安全不受侵犯的权利。案例中李先生参加旅行社导游推荐的骑马项目而受伤，人身安全受到侵犯，旅行社及导游应承担一定的赔偿责任。同时，旅游消费者安全保障权的实现，需要旅游经营者履行说明或警示义务。案例中景区没有履行说明或警示义务，也应承担一定的赔偿责任。

【点评】

旅行社和导游人员不得擅自向游客推荐存在安全隐患的旅游项目。景区经营者有义务对景区内的旅游项目进行安全说明或警示。游客应根据自身情况有选择地参加旅游项目，不要参加那些具有安全隐患的旅游项目。发生旅游安全事故，游客可依法维权；旅行社及导游人员应主动联系有关部门协商解决。

复习思考题

一、单项选择题

1. 旅游者小张在住宿的饭店内，使用该饭店提供的浴液时，全身皮肤溃烂，根据《消费者权益保护法》，小张可以(   )。
   A. 向饭店要求赔偿
   B. 向浴液生产者要求赔偿
   C. 向饭店要求赔偿，或者向浴液生产者要求赔偿
   D. 向该地旅游行政管理部门要求赔偿

2. 小周在一家旅游购物商店选购纪念品，觉得该商店纪念品的款式、质量不合心意，正打算离开时，被该产品的促销员拦住。该促销员要求小周必须买一份纪念品，否则不许离开。该促销员的行为侵犯了小周的(   )。
   A. 公平交易权　　　B. 自主选择权　　　C. 受尊重权　　　D. 知情了解权

3. 下列表述中，(   )属于消费者行使自主选择权的情形。
   A. 旅游消费者要求旅游经营者所售商品的价格与价值相符
   B. 旅游消费者要求旅游商店经营者提供的电器具备安全使用性能

C. 旅游消费者对旅游商品进行比较和鉴别

D. 旅游消费者要求所购商品计量正确

4. 旅游者向旅行社了解旅游景点的概况,属于旅游者的( )。

　　A. 知情权　　　　B. 自主选择权　　　C. 知识获取权　　　D. 监督权

5. 下列各项中,不属于消费者权益争议解决方式的是( )。

　　A. 请求消费者协会调解　　　　　　　B. 与经营者协商和解

　　C. 向有关行政部门申请仲裁　　　　　D. 向人民法院提起诉讼

6. 下列对旅游产品进行宣传的行为中,符合法律规定的是( )。

　　A. 旅游经营者不做引入误解的虚假宣传

　　B. 旅游经营者夸大产品的性能,但不会危害消费者

　　C. 旅游经营者只对有利于销售的问题进行明确答复

　　D. 旅游经营者不向消费者做出说明

7. 下列表述中,( )属于旅游消费者行使公平交易权的情形。

　　A. 旅游消费者要求旅游经营者提供所售商品的相关单据

　　B. 旅游消费者要求旅游商店经营者提供的电器具备安全使用性能

　　C. 旅游消费者对旅游商品进行比较和鉴别

　　D. 旅游消费者拒绝经营者的强制交易行为

8. 下列表述中,( )属于旅游消费者行使安全保障权的情形。

　　A. 旅游消费者要求旅游经营者所售商品物有所值

　　B. 旅游消费者要求旅游商店经营者售卖的商品具备安全使用性能

　　C. 旅游消费者对旅游商品进行细心挑选

　　D. 旅游消费者要求所购商品功能齐全

9. 下列不属于消费者协会职能的是( )。

　　A. 参与有关行政部门对旅游商品和旅游服务的监督、检查

　　B. 向旅游消费者提供消费信息和咨询服务

　　C. 代替消费者起诉

　　D. 对损害旅游消费者合法权益的行为,通过大众传播媒介予以揭露、批评

10. 下列是某旅游商店的告示内容,其中符合法律规定的是( )。

　　A. 本店商品一旦售出,概不退换

　　B. 消费总额10元以下者,本商场不开发票

　　C. 钱物请当面点清,否则后果自负

　　D. 如售假药,包赔顾客2万元

二、多项选择题

1. 某游客在购买商品时,保安怀疑其偷了商品当场搜寻,并将其挂包扯坏,按《消费者权益保护法》规定,该超市应负( )责任。

　　A. 停止侵害　　　B. 恢复名誉　　　C. 消除影响　　　D. 赔礼道歉

　　E. 赔偿损失

2. 甲旅行社在一次旅游产品展销会上发布虚假旅游信息，致使李某等 50 人在展销会后参加其组织的旅游活动时合法权益受到损害。李某等人有权向(　　)要求赔偿。

　　A. 旅游行政管理部门　　　　　　B. 工商行政管理部门
　　C. 甲旅行社　　　　　　　　　　D. 展销会的举办者

3. 国家对消费者权益的保护措施有(　　)。

　　A. 司法保护　　　　　　　　　　B. 行政保护
　　C. 立法保护　　　　　　　　　　D. 消费者协会保护

4. 尊重旅游者消费者人身权利的义务包括(　　)。

　　A. 不得对旅游消费者进行侮辱和诽谤
　　B. 不得搜查旅游消费者的身体及其携带的物品
　　C. 不得侵犯旅游消费者的人身自由
　　D. 不得侵犯旅游消费者的肖像权

5. 消费者协会可以履行(　　)职能。

　　A. 受理旅游消费者的投诉并对投诉事项进行仲裁
　　B. 向旅游消费者提供消费信息和咨询服务
　　C. 同有关行政部门对旅游产品和服务进行监督和检查
　　D. 以盈利为目的向社会推荐旅游产品和服务

三、案例分析

令人恼火的两日游

　　某旅行社组织旅游者赴某地两日游，报价 198 元/人。李某三人报名参加，并与旅行社签订了合同。但上车后，李某等发现合同列明的"豪华空调车"变成了普客，等到当地后，又发现住宿由标明的"三星双标"变成"准三星标间"，并且是公用卫生间。旅游时，导游马某说："旅行社安排的 A、B、C 三个景点不好玩，该地刚开发了一个 D 景点比较好玩，建议前往。旅游者颇为心动，大家就都去了。此时导游又说，为纪念 D 景点开发，当地推出邮票一套，价格 60 元，但找她购买，只需 45 元。李某三人不愿购买，但导游一再推销，三人颇为恼火。旅游行程结束后，李某三人要求旅行社赔偿旅游费用的一半金额(99 元)。

　　旅行社解释：某地为刚开发城市，许多配套设施不健全，又因为现在是旺季，三星房间临时住满订不到房间，只能订到准三星房间，房价 80 元，可退还房间差价 40 元。而豪华空调车改普客，则是交通公司的原因，应向交通公司索赔。导游推销购物属于导游个人行为，与旅行社无关。

(资料来源：百度文库，旅游法规案例分析，
http://wenku.baidu.com/view/0d81ae32 67ec102de2bd89e0.html，经整理改动。)

问题：
(1)该旅行社侵犯了消费者的哪些合法权益？
(2)该旅行社没有尽到哪些应尽义务？应该承担何种责任？
(3)旅游者可以采取哪些途径进行维权？

四、实际操作训练

王先生是某公司经理,是个瓷文化爱好者,于1999年7月在《××报》上看到一则广告,全文如下:"××旅行社为了答谢广大旅游者的厚爱,将在8~9月举行黄金旅游月活动。在本旅行月内,将增设瓷文化旅游专线5日游,届时您将领略到瓷都景德镇宜人风光,陶醉于中国博大精深的陶文化。此旅游线路总共费用是×××元,您可以享受8折优惠,后期付款,陶瓷街购物是您固定的游览项目。"

王先生被瓷文化旅游专线和廉价的费用所吸引,毫不犹豫地参加了瓷文化旅游团。但是结果却是出乎意料的。导游不是本地人,而且对景德镇毫不了解,更不用说对瓷文化进行解说,迷路、绕远是常有的事情。旅游景点少得可怜,陶瓷街购物却占了旅游时间80%。且最后交费的时候是全额,根本就没打折。王先生同旅行社理论,结果旅行社告诉他,他没有在指定的陶瓷街购物,所以不能享受打折服务。其他人因为购物的数额没有达到规定,也不能享受打折服务。最终,文化旅游成了精神疲惫游、沮丧游。

问题:

(1)运用所学内容,分析王先生的哪些合法权益受到侵害。

(2)运用所学内容,分析旅行社没有尽到哪些义务。

(3)根据本书的相关知识(参阅第12章),请为王先生找到维权的途径。

第3章　旅游政府管理部门

学习目标

知识目标	技能目标
①掌握政府在旅游事业中的职责	①熟悉旅游形象推广的手段
②了解我国旅游行政管理体制的沿革	②掌握旅游公共服务建设体系
③了解国家旅游局的主要职能和机构设置	③学会依据法律分析旅游政府职责案例
④了解地方旅游行政管理部门的职责	

知识结构

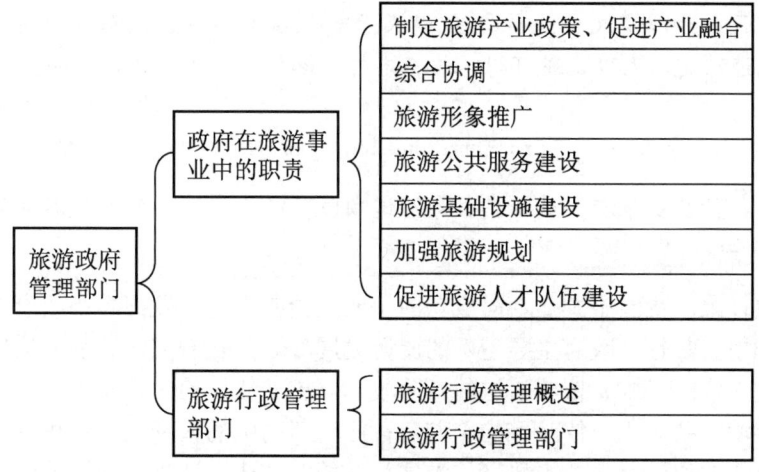

导入案例

桂林市加快旅游公共信息导向系统"升级"

游客来到一座陌生的城市,想知道景区在哪儿,该从哪条路走,这就需要城市旅游公共信息提供服务。为了让中外游客更好地畅游桂林,桂林市从2014年3月开始,对城市旅游公共信息导向系统进行"升级",重点做好旅游交通指引标志设置、完善景区图形符号公共信息导向等,助推桂林市旅游服务业标准化建设。

作为一座国际旅游名城,桂林市之前已设立了一些这样的标志牌。但随着城市建设发展,特别是近年来自驾车游客的大量涌入,原有标志导向类型和数量已满足不了游客需要。为了帮助外地游客在进入桂林市区后能够方便、清晰地识别通往旅游景区(点)的方向和距离,顺利到达景区,桂林市今年开始对旅游交通指引标志进行设置和完善。

据了解,桂林市准备新增旅游交通指引标志60多块,按四层分级,进行关联、有序地设置,可指引桂林市21家4A级以上景区。第一层(预告标志)设在桂林市机场、高铁始发站的主要进城入口,以及各高速公路和国、省道进城路段;第二层(预告标志)设在城区环线重要交通节点进城入口和机场路、中山路、上海路等城市主干道;第三层(告知标志)设在景区周边路网的道路交叉口;第四层(确认标志)设在具体景区的路口。这样一来,自驾车游客一到高速路进城入口,就可以根据标志牌一路找到自己将要前往的景区。

(资料来源:新华网广西频道,
http://www.gx.xinhuanet.com/dtzx/guilin/2014-06/20/c_1111245821.htm。经过整理。)

问题引入:什么是旅游公共信息服务?这项服务是由谁提供的?政府在旅游业发展中还应该提供哪些服务?

改革开放以来,我国旅游业获得成功的主要经验在于充分发挥各级政府在旅游业发展中的主导性作用,实行"政府主导型"的旅游发展战略。随着《旅游法》的颁布和实施,我国旅游业进入依法兴旅、依法治旅的新阶段。《旅游法》第三条指出:"国家发展旅游事业,完善旅游公共服务,依法保护旅游者在旅游活动中的权利。"这里更加突出了政府在发展旅游事业的作用。本章根据《旅游法》及相关法律、法规,阐述政府在旅游中的职责,并介绍我国的旅游行政管理部门的具体职责等。

3.1 政府在旅游事业中的职责

政府是行政机关的简称,是按照国家宪法和有关组织法的规定而设立的,代表国家依法行使行政权,组织和管理国家行政事务的国家机关,是国家权力机关的执行机关,也是国家机构的重要组成部分。政府在旅游事业中的职责主要包括制定旅游产业政策、综合协调、旅游形象推广、旅游公共服务建设、加强旅游基础设施建设、加强旅游规划、促进旅游人才队伍建设等。

3.1.1 制定旅游产业政策

《旅游法》规定：国务院和县级以上地方人民政府应当制定并组织实施有利于旅游业持续健康发展的产业政策，推进旅游休闲体系建设，采取措施推动区域旅游合作，鼓励跨区域旅游线路和产品开发，促进旅游与工业、农业、商业、文化、卫生、体育、科教等领域的融合，扶持少数民族地区、革命老区、边远地区和贫困地区旅游业发展。

旅游产业政策是国家和最高旅游行政组织为实现一定时期内的旅游发展目标而规定的行动准则。旅游产业的发展离不开产业政策的指导，也离不开旅游产业政策所创造的良好外部环境。因此，制定旅游产业政策对旅游业的发展具有重要的意义。旅游产业政策是由政府来制定并实施的，政府主要应用法律、行政、财政税收、金融、信息手段来实施旅游产业政策。

3.1.2 综合协调

旅游业是长链产业，涉及100多个行业，具有带动性大、覆盖面广、关联性强等特点。因此，相关部门要形成合力，建立健全旅游综合协调机制，在旅游市场综合监管、旅游投诉统一受理、旅游安全等方面发挥作用，促进旅游业持续健康发展。《旅游法》第七条规定："国务院建立健全旅游综合协调机制，对旅游业发展进行综合协调。县级以上地方人民政府应当加强对旅游工作的组织和领导，明确相关部门或者机构，对本行政区域的旅游业发展和监督管理进行统筹协调。"据此，应建立国家级、省级、设区的市级、县级旅游综合协调机制。

当前我国已经有两个国家层面的旅游专项协调机构与机制，这两个机构的设立为未来的"旅游综合协调机构"的建立起到了一定的模板和参考借鉴作用。

一个是国务院旅游工作部际联席会议(以下简称联席会议)，成立于2014年9月，是由国务院领导牵头负责的国务院旅游工作部际联席会议。联席会议不刻制印章，不正式行文。联席会议由国家旅游局、中共中央宣传部、外交部、国家发展和改革委员会、教育部、公安部、财政部、国土资源部、环境保护部、住房和城乡建设部、交通运输部、农业部、商务部、文化部、国家卫生和计划生育委员会、国家工商行政管理总局、国家质量监督检验检疫总局、国家新闻出版广电总局、国家安全生产监督管理总局、国家食品药品监督管理总局、国家统计局、国家林业局、气象局、国家铁路局、民航局、国家文物局、国家中医药管理局、扶贫办共28个部门组成，旅游局为牵头单位。

国务院分管旅游工作的领导担任联席会议召集人，协助分管旅游工作的国务院副秘书长、旅游局主要负责人和中央宣传部、发展改革委、财政部有关负责同志担任副召集人，其他成员单位有关负责人为联席会议成员。联席会议可根据工作需要，邀请其他相关部门参加。联席会议成员因工作变动需要调整的，由所在单位提出，联席会议确定。联席会议办公室设在旅游局，承担联席会议日常工作，旅游局主要负责人兼任办公室主任。联席会议设联络员，由各成员单位有关司局负责人担任。

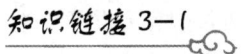

联席会议的主要职能

在国务院领导下，统筹协调全国旅游工作。对全国旅游工作进行宏观指导；提出促进旅游业改革发展的方针政策；协调解决旅游业改革发展中的重大问题；研究旅游业改革发展中的其他重要工作；完成国务院交办的其他事项。

<h3 style="text-align:center">联席会议的工作规则</h3>

联席会议根据工作需要定期或不定期召开会议，由召集人或召集人委托的副召集人主持。成员单位根据工作需要可以提出召开会议的建议。在全体会议之前，召开联络员会议，研究讨论联席会议议题和需提交联席会议议定的事项及其他有关事项。联席会议以会议纪要形式明确会议议定事项，印发有关方面并抄报国务院，重大事项按程序报批。

另一个是全国红色旅游协调小组。红色旅游，主要是指以中国共产党领导人民在革命和战争时期建树丰功伟绩所形成的纪念地、标志物为载体，以其所承载的革命历史、革命事迹和革命精神为内涵，组织接待旅游者开展缅怀学习、参观游览的主题性旅游活动。全国红色旅游工作协调小组成立于 2005 年 4 月，致力于全面推动全国红色旅游发展。共有国家发展和改革委员会、中共中央宣传部、财政部、教育部、民政部、(原)铁道部、住房和城乡建设部、交通运输部、文化部、民航局、国家文物局、中央文献研究室、中共党史研究室、国家旅游局 14 个成员单位，负责研究解决红色旅游发展中存在的重大问题，检查、督促规划纲要的实施。红色旅游协调小组办公室设在国家旅游局。

3.1.3 旅游形象推广

《旅游法》第二十五条规定："国家制定并实施旅游形象推广战略。国务院旅游主管部门统筹组织国家旅游形象的境外推广工作，建立旅游形象推广机构和网络，开展旅游国际合作与交流。县级以上地方人民政府统筹组织本地的旅游形象推广工作。"

旅游形象，也称旅游地形象，是公众对旅游地总体的、抽象的、概括的认识和评价，是对区域内在和外在精神价值进行提升的无形价值，是旅游地现实的一种理性再现。一个地区若是旅游形象模糊混乱，则很难对潜在的旅游客源群体形成吸引效应，同时还会使现实的旅游者经历平淡，降低其回头率。而个性鲜明、亲切感人的旅游地形象是形成庞大旅游市场的源泉，并可以在旅游市场上形成较长时间的垄断地位。

1. 推广的主体

旅游形象是一种公共产品，通常由国家或政府来进行。一个国家或地区拥有良好的旅游形象，会吸引大批的旅游者来这个国家或地区旅游。旅游形象涵盖内容广、涉及部门多、所需的资源和渠道相对复杂，需要大量的、长期的资金投入。因此，旅游形象的推广不是单个旅游企业所能做到的，且旅游企业进行旅游形象的推广投资，通常也并不能得到全部或大部分的回报，旅游形象必须借助国家或政府利用公共财政进行整体宣传推广。

《旅游法》明确把旅游形象推广上升到国家战略，将旅游形象推广纳入国家整体形象推广的战略布局中。《旅游法》规定："国务院旅游主管部门统筹组织国家旅游形象的境外推广工作；县级以上地方人民政府统筹组织本地的旅游形象推广工作。"

2. 推广的手段

旅游形象推广的手段包括：建立旅游形象推广机构、国家旅游形象推广网络，如在国家旅游形象的境外宣传中，国家旅游局在世界各地设置了若干驻外旅游办事处；与广电部门合作，通过电影、电视、广播、网络等媒介，进行旅游形象宣传推广；与铁路、交通、民航等交通部门合作，在高铁、汽车、轮船、飞机等交通工具上，拓展宣传渠道，进行旅游形象的广告宣传。

3.1.4 旅游公共服务建设

旅游公共服务是指政府和其他社会组织、经济组织为满足海内外旅游者的公共需求，而提供的基础性、公益性的旅游公共产品与服务，主要包括旅游公共信息服务、旅游安全保障、旅游交通便捷服务、旅游惠民便民服务、旅游行政服务等内容。

1. 旅游公共信息服务

《旅游法》第二十六条规定："国务院旅游主管部门和县级以上地方人民政府应当根据需要建立旅游公共信息和咨询平台，无偿向旅游者提供旅游景区、线路、交通、气象、住宿、安全、医疗急救等必要信息和咨询服务。设区的市和县级人民政府有关部门应当根据需要在交通枢纽、商业中心和旅游者集中的场所设置旅游咨询中心，在景区和通往主要景区的道路设置旅游指示标识。旅游资源丰富的设区的市和县级人民政府可以根据本地的实际情况，建立旅游客运专线或游客中转站，为旅游者在城市及周边旅游提供服务。"

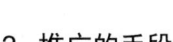

中国旅游海外推广网站

中国旅游海外推广网站创建于 2013 年，于 2014 年 1 月 21 日在"美丽中国之旅——2014 智慧旅游年"启动仪式上正式由国家旅游局副局长杜江宣布上线，是一个响应当今时代智慧旅游大潮的旅游海外推广网站，也是一个集全国最新旅游资源、资讯、线路等多种旅游资源于一体的旅游门户网站。凭借国家旅游局大数据库的资源信息支撑，成长为中国重要的旅游信息网络官方发布平台，成为全球游客认可的中国旅游向海外推广的权威服务平台。

中国旅游海外推广网站开通了中文简体、中文繁体和英文三个语种版本，未来国家旅游局还将陆续推出俄语、韩语、日语、德语、法语等多语种网站，完善中国旅游目的地数字化营销系统。

网站是涵盖国内最新旅游资源、旅游新闻资讯、旅游线路等多方位资源的中国特色旅游信息平台，通过多种语言模式将"美丽中国"推向海外，让全球了解中国文化，掌握中国旅游咨询的最权威信息。

中国旅游海外推广网站为广大国内外游客提供了中国 155 个热门旅游目的地，171 个 5A 级旅游热门景点，110 条旅游线路，60 多条节庆活动等详尽的英文资料，以及最新时段的英文旅游资讯。同时提供旅游资讯发布、景区详细介绍、目的地详细介绍，旅游线路、旅游签证、旅游产品推介、品牌推广传播、游客搜索互动等功能，未来将增加访客数据库和市场调研、拓展服务、目的地合作、用户跟踪分析等附加功能。

2. 旅游安全保障服务

当前我国旅游安全保障服务的工作重点如下。

(1)建立健全旅游安全保障法制、体制、机制。

(2)加强旅游安全风险防范，依托现有公共安全设施，加大安全投入，完善旅游安全功能。协同相关部门，加强重点时段、重点部位和重点环节的旅游安全检查和隐患督改。

(3)强化旅游安全应急处置能力。强化多部门、跨区域和境内外合作的旅游突发事件应急处置机制，提高旅游突发事件协同处置能力。建立健全旅游专业化和社会化、政府救助与商业救援相结合的旅游紧急救援体系。提高旅游从业人员和游客的安全意识，增强应对和处理突发事件的能力，建立健全旅游从业人员的安全教育培训制度，加强对游客的安全宣传教育。

(4)建立健全旅游保险保障体系。进一步完善旅行社责任保险，推动景区、饭店、车船等责任保险，引导旅游者购买个人保险产品，更好地发挥保险在转移风险方面的经济补偿和社会管理功能。

3. 旅游交通便捷服务

当前我国旅游交通便捷服务的工作重点如下。

(1)大力推进旅游公共交通服务系统建设。推进建设中心城市、干线公路、机场到重点旅游景区的旅游支线公路；推进发展假日旅游专列、市郊旅游专列、城际旅游专列；推进建设邮轮码头，开通国内主要港口城市间及与国外港口城市间的游船邮轮；推进发展城市旅游公交，使城市公交服务网络逐步延伸到周边主要景区和乡村旅游点，开通城市通往各旅游景区的"旅游直通车"；按照国际惯例，在主要旅游城市开通观光巴士；推进全国联网铁路、公路售票体系建设，提供往返票、联运票、联程票；推进科学规划旅游交通网络。

(2)建立旅游集散中心体系。根据旅游者需要和旅游景区的分布及品位，合理建设包括集散中心、集散分中心、集散点组成的集散中心体系，逐步完善旅游集散换乘、旅游信息咨询、票务预订、行程中讲解等多种功能。加强各旅游城市集散中心之间的横向联系，推动区域化、网络化运营。

(3)加快旅游交通引导标志系统建设。加快建设重点景区旅游交通标志牌，城市内部旅游综合服务交通引导标识，重要交通节点、换乘点的旅游交通导览图，打造规范、简洁、实用的旅游道路引导系统。

(4)加快完善自驾游服务体系。在旅游景点周边和交通要道沿线选择合适地点，采取优惠措施吸引投资者，加快兴建自驾车旅游服务区、自驾车营地与汽车旅馆，为自驾车旅游提供住宿、餐饮、娱乐、购物、汽车加油、维护保养等服务。

4. 旅游惠民便民服务

当前我国旅游惠民便民服务的工作重点如下。

(1)推进更多的旅游资源免费开放。积极推进更多的城市公园、博物馆、纪念馆、全国爱国主义教育基地、公共运动场馆、公共海滩等免费开放。全面落实对老年人、残障人士、学生等特殊人群的免费与优惠措施。

(2)推出更多优惠措施。发行景点游园年卡、博物馆(纪念馆)通票等,增加年卡种类,扩大年卡参与景区、简化购票程序,推动旅游城市间景点年卡互通互惠;发放旅游优惠券或免费旅游门票;推出综合交通和景点等结合的组合优惠卡;鼓励开展旅游惠民日(周)活动、惠民奖励旅游活动;与银行业合作发展旅游银行卡,采取优惠措施,便利旅游消费。

(3)加快惠民休憩环境建设。推进城市旅游化改造,积极推进生态保育和环境保护,实施城市绿化、亮化和城乡清洁工程,整治城市水环境,不断提升城市品质。加强重点景区和道路沿线的旅游风景道建设;修建旅游观光步道;规划和发展游览观光自行车系统,实施公益化运作;加快街心公园、休闲街区、城市绿地等公共游憩区建设;推动形成城市环城休憩带。

(4)加快便民服务设施建设。依托社会医疗卫生、金融服务、供水供电、邮政通信等方面的公共服务设施,发挥为旅游服务的功能;推动完善景区停车场、游客服务中心等基础设施建设;实施旅游厕所建设与提升工程,使各地主要旅游景区、旅游餐饮场所、旅游城镇、旅游沿线的旅游厕所达到国家星级旅游厕所标准。

实例分析 3-1

京津冀推进旅游一体化:手持一卡通,跨三地畅游

2014年8月4日,京津冀旅游协同发展第二次工作会议在蓟县召开。会上,京津冀旅游部门研究、讨论并通过了《京津冀旅游协同发展工作协调机制建议方案》以及《京津冀旅游协同发展工作协调机制议事规则》。三地旅游部门将共同打造旅游质监执法信息共享平台,旅行社黑名单、典型执法案例等信息将实现互通共享。京津冀三地还积极打造旅游协同发展品牌活动,签署协议共同搭建旅游产业投资平台。不断完善旅游集散中心建设,积极推广京津冀旅游一卡通的使用,让游客手持小小卡片就可以享受跨三地畅游的便利。

为打造京津冀旅游圈,天津市大力推进游客在汽车、火车、飞机与景点之间的无缝对接服务,为城市合作和区域旅游无障碍化通行奠定基础。目前,天津市已经开通天津—北京天安门、天津—承德、天津—山海关、天津—唐山等多条旅游直通车,使游客充分体验公路旅游一站直达式的轻松惬意。同时,三地旅游部门还合作开通了贯穿京津冀的"大好河山号""衡水湖号""西柏坡号""正定号"旅游铁路专列,拉近了三地的距离,方便了跨区域旅游。

随着天津机场异地城市候机楼的陆续开通,游客可以在唐山、保定、廊坊等城市办理登机手续,享受"空铁联运"等便捷交通服务。三地旅游部门还积极争取放大北京空港口岸72小时过境免签政策,大力推进并扩大天津空港口岸、海港口岸享受72小时过境免签政策,让过境游客能够同时享受到京津冀三地的旅游资源。

三地积极推动京津冀旅游卡推广工作,让游客出行实惠又方便。京津冀旅游一卡通不仅涵盖了天津的盘山、航母主题公园、天山海世界水立方、小站练兵园,北京的灵山、通州运河苑度假村、圣泉山、灵慧山,河北的国御温泉度假小镇、清东陵、乐岛、国际滑沙

等约 150 个京津冀旅游景区，而且刷卡就可以享受 5~8 折不等的优惠。截至目前，京津冀旅游一卡通拥有会员 40 万人，为跨三地出游提供了极大地便利。

分析：打造京津冀旅游圈、推广旅游一卡通，推动了京津冀旅游一体化，是典型的旅游惠民便民服务。

(资料来源：新华网天津频道，经过整理)

5. 旅游行政服务

当前我国旅游行政服务的工作重点如下。

(1)健全部门间、区域间及境内外的合作机制。强化旅游管理部门与外事、公安、交通、铁道、建设、国土、文化、卫生、安监、质检、气象等部门在提供旅游公共服务方面的协作；推进旅游公共服务的区域协作，加强旅游公共服务的对接，推进无障碍旅游，实现区域城市之间在旅游咨询中心、旅游集散中心建设方面的无缝对接。

(2)完善各项行政服务功能。包括建立以游客满意度为核心的旅游服务质量管理体系，建立旅游服务信誉保障体系，健全非诉讼的争端解决机制；协同相关部门，加强对旅游餐饮、购物、娱乐等配套要素管理；依法公正处理旅游投诉，完善旅游投诉机制；继续推进"中国旅游文明素质行动计划"，提升旅游者素质，使其成为传播中华文明的使者。

3.1.5 旅游基础设施建设

旅游基础设施是为适应旅游者在旅行游览中的需要而建设的各项物质设施的总称。我国旅游基础设施建设在政府投资引导下实现长足发展，取得了巨大成就，旅游接待能力迅速提高，整体服务水平明显改善，有力促进了旅游产业发展。

国家一直以来非常重视旅游基础设施建设，出台了一系列的鼓励政策。近期包括 2009 年出台的《国务院关于加快发展旅游业的意见》和 2011 年发布的《国民经济和社会发展第十二个五年规划纲要》，都把加快旅游基础设施建设列为旅游发展的主要任务。《旅游法》第二十条提出把旅游基础设施建设纳入土地利用和城乡建设规划："各级人民政府编制土地利用总体规划、城乡规划，应当充分考虑相关旅游项目、设施的空间布局和建设用地要求。规划和建设交通、通信、供水、供电、环保等基础设施和公共服务设施，应当兼顾旅游业发展的需要。"《旅游法》第二十四条专门规定各级政府要对旅游基础设施建设安排资金："国务院和县级以上地方人民政府应当根据实际情况安排资金，加强旅游基础设施建设、旅游公共服务和旅游形象推广。"

3.1.6 加强旅游规划

旅游规划是旅游发展到一定阶段才出现的对旅游系统的规划与控制，是人类旅游活动发展到一定层次的标志，是旅游产业得以不断升级和提高的方法。

旅游规划，尤其是旅游发展规划，是指导和协调旅游产业健康、有序、可持续发展的重要工具，是地区发展旅游产业的必要先行工作。因此，《旅游法》第三章专门对旅游规划和促进作出规范，第十七条规定："国务院和县级以上地方人民政府应当将旅游业发展纳入国民经济和社会发展规划。"这从国家法律层面确立了旅游规划的法律地位，也明确了各级政府在旅游规划中的作用,体现了对旅游规划的高度重视,这是一个历史性突破。

1. 旅游发展规划

1)旅游发展规划编制的主体

《旅游法》规定了旅游发展规划编制的主体:"国务院和省、自治区、直辖市人民政府以及旅游资源丰富的设区的市和县级人民政府,应当按照国民经济和社会发展规划的要求,组织编制旅游发展规划。对跨行政区域且适宜进行整体利用的旅游资源进行利用时,应当由上级人民政府组织编制或者由相关地方人民政府协商编制统一的旅游发展规划。"

2)旅游发展规划的内容

《旅游法》规定:旅游发展规划应当包括旅游业发展的总体要求和发展目标,旅游资源保护和利用的要求和措施,以及旅游产品开发、旅游服务质量提升、旅游文化建设、旅游形象推广、旅游基础设施和公共服务设施建设的要求和促进措施等内容。

3)专项规划

《旅游法》规定:根据旅游发展规划,县级以上地方人民政府可以编制重点旅游资源开发利用的专项规划,对特定区域内的旅游项目、设施和服务功能配套提出专门要求。

4)旅游发展规划与其他规划的协调

《旅游法》规定:旅游发展规划应当与土地利用总体规划、城乡规划、环境保护规划,以及其他自然资源和文物等人文资源的保护和利用规划相衔接。

2. 政府在旅游规划中的作用

1)组织旅游规划评审

旅游规划文本、图件及附件的草案完成后,由规划委托方提出申请,上一级旅游行政主管部门组织评审。

旅游发展规划的评审人员由规划委托方与上一级旅游行政主管部门商定;旅游区规划的评审人员由规划委托方与当地旅游行政主管部门确定。旅游规划评审组由7人以上组成。其中行政管理部门代表不超过1/3,本地专家不少于1/3。规划评审小组设组长1人,根据需要可设副组长1~2人。组长、副组长人选由委托方与规划评审小组协商产生。

2)对旅游规划的执行情况进行评估和公布

《旅游法》第二十二条规定:"各级人民政府应当组织对本级政府编制的旅游发展规划的执行情况进行评估,并向社会公布。"

3.1.7 促进旅游人才队伍建设

旅游人才是我国旅游业发展的首要资源。加快人才资源开发已成为在激烈的国际竞争中赢得主动权的重大战略选择。

《旅游法》第二十七条规定:"国家鼓励和支持发展旅游职业教育和培训,提高旅游从业人员素质。"

3.2 旅游行政管理部门

3.2.1 我国旅游行政管理体制的沿革[①]

我国旅游行政管理体制随着旅游业的发展，经历了一个逐步发展完善的过程。

中华人民共和国成立初期，我国的旅游与旅游业基本一片空白，没有相应的旅游管理机构，这一时期的旅游管理体制的建立与演变是一种典型的诱导式制度变迁过程，以需求主导型变迁为主。在没有旅游管理机构的情况下，为了满足海外华侨及港澳台地区同胞归国探亲的需要，我国旅游业由建立旅行社开始自主发展。1954年在北京成立的中国国际旅行社，当时隶属公安部，其性质是事业单位。在当时未建立专门旅游行政管理部门的背景下，中国国际旅行社总社代行政府的旅游管理职能，承担旅游经营和行政管理的双重职责。

进入20世纪60年代，随着我国旅游事业的起步和发展，旅游行政管理机构和体制的建立也势在必行。1964年12月1日，经国务院批准，"中国旅行游览事业管理局"正式成立。它的成立标志着中国的旅游管理体制具备了独立的行政主体，中国的旅游发展和旅游管理体制在外事接待型的基础上进入了一个新的历史时期。但这个时期实行的是政企合一的体制，管理局和国旅总社是"两块牌子，一套人马"。对外招徕用国旅总社的牌子，对内行业管理行使国家旅游局的职能。

改革开放以后，旅游业快速发展，旅游管理体制也不断恢复、重建、发展和完善。1978年我国对旅游管理体制进行重大改革：一是将"中国旅游游览事业管理局"改为直属国务院的"管理总局"，由外交部代管；二是各省市区成立旅游局，负责管理各地方的旅游事业。

20世纪80年代，国家提出改革旅游体制的核心是实行企业化。1982年，旅游管理总局与国旅总社分开办公。总局作为国家管理全国旅游事业的行政机构，统一管理全国旅游工作，不再直接经营组团和接待业务。总社统一经营外国旅游者的接待工作，实现企业化管理。同年，中国旅行游览事业管理总局更名为"中华人民共和国国家旅游局"。国家旅游局和国旅总社分开，结束了1964年"中国旅行游览事业管理局"成立以来长达18年之久的局社合一、政企合一的旅游管理体制模式。同时，各地旅游行政管理机构——旅游局纷纷成立，并与外事管理部门彻底分开，独立行使旅游行政管理职能。至此，旅游局作为旅游主管部门真正开始对旅游业实行行业管理，旅游行业管理工作在全国全面展开。

20世纪90年代以后的旅游行政管理部门逐步走向完善与成熟。

3.2.2 国家旅游局的主要职能和机构设置

1. 国家旅游局的主要职能

国家旅游局是国务院主管旅游工作的直属机构。其主要职能如下。

(1) 统筹协调旅游业发展，制定发展政策、规划和标准，起草相关法律法规草案和规章并监督实施，指导地方旅游工作。

(2) 制定国内旅游、入境旅游和出境旅游的市场开发战略并组织实施，组织国家旅游整

---

① 资料来源：阎友兵，方世敏. 旅游行政管理[M]. 北京：旅游教育出版社，2006：85-88. 经整理改编。

体形象的对外宣传和重大推广活动;指导我国驻外旅游办事机构的工作。

(3)组织旅游资源的普查、规划、开发和相关保护工作。指导重点旅游区域、旅游目的地和旅游线路的规划开发,引导休闲度假;监测旅游经济运行,负责旅游统计及行业信息发布;协调和指导假日旅游和红色旅游工作。

(4)承担规范旅游市场秩序、监督管理服务质量、维护旅游消费者和经营者合法权益的责任。规范旅游企业和从业人员的经营和服务行为;组织拟订旅游区、旅游设施、旅游服务、旅游产品等方面的标准并组织实施;负责旅游安全的综合协调和监督管理,指导应急救援工作;指导旅游行业精神文明建设和诚信体系建设,指导行业组织的业务工作。

(5)推动旅游国际交流与合作,承担与国际旅游组织合作的相关事务。制定出国旅游和边境旅游政策并组织实施;依法审批外国在我国境内设立的旅游机构,审查外商投资旅行社市场准入资格;依法审批经营国际旅游业务的旅行社,审批出国(境)旅游、边境旅游。

(6)会同有关部门制定赴港澳台地区旅游政策并组织实施,指导对港澳台地区旅游市场推广工作。按规定承担大陆居民赴港澳台地区旅游的有关事务,依法审批港澳台地区在大陆设立的旅游机构,审查港澳台地区投资旅行社市场准入资格。

(7)制定并组织实施旅游人才规划,指导旅游培训工作。会同有关部门制定旅游从业人员的职业资格标准和等级标准并指导实施。

(8)承办国务院交办的其他事项。

2. 国家旅游局的机构设置

国家旅游局局内设 9 个部门,分别是办公室(综合协调司)、政策法规司、旅游促进与合作司、规划财务司(全国红色旅游协调办公室)、监督管理司、港澳台旅游事务司、人事司、机关党委和离退休干部办公室。

国家旅游局还设有 1 个驻局机构:监察局;6 个直属单位:机关服务中心、信息中心、旅游质量监督管理所、中国旅游报社、中国旅游出版社、中国旅游研究院;主管 7 个社团:中国旅游协会、中国旅行社协会、中国旅游饭店业协会、中国旅游车船协会、中国旅游景区协会、中国旅游协会旅游教育分会、中国旅游协会旅游温泉分会。

3. 地方旅游行政管理部门的职责

地方旅游行政管理部门直属各级地方政府,是各级政府主管旅游业的职能部门,主要担负国家旅游局各职能部门下的延伸功能。地方旅游行政管理部门实行属地管理,与国家旅游局不再存在直线管理关系。国家旅游局对地方旅游局的调控,主要通过工作指导的方式完成。

地方各级人民政府根据本地旅游业发展的需要规定其职责。

本章小结

本章主要重点介绍了政府在旅游事业中的职责,以及旅游行政管理部门。

政府在旅游事业中的职责包括制定产业政策、促进产业协调；综合协调；旅游形象推广；旅游公共服务建设；旅游基础设施建设；旅游规划。

旅游行政管理部门部分主要介绍了旅游行政管理的概念、内涵、方式、目的、性质、特征；以及国家旅游局和地方旅游行政管理部门的职责。

关键术语

1. **旅游产业政策**：国家和最高旅游行政组织为实现一定时期内的旅游发展目标而规定的行动准则。

2. **旅游产业融合**：指旅游产业内部或者旅游产业与其他产业之间发生的相互联系、相互渗透的关系，最终形成一个新的产业形态。

3. **旅游形象**：也称旅游地形象，是公众对旅游地总体的、抽象的、概括的认识和评价，是对区域内在和外在精神价值进行提升的无形价值，是旅游地现实的一种理性再现。

4. **旅游公共服务**：政府和其他社会组织、经济组织为满足海内外旅游者的公共需求，而提供的基础性、公益性的旅游公共产品与服务，主要包括旅游公共信息服务、旅游安全保障、旅游交通便捷服务、旅游惠民便民服务、旅游行政服务等内容。

5. **旅游基础设施**：为适应旅游者在旅行游览中的需要而建设的各项物质设施的总称。

6. **旅游规划**：旅游发展到一定阶段才出现的对旅游系统的规划与控制，是人类旅游活动发展到一定层次的标志，是旅游产业得以不断升级和提高的方法。

7. **旅游行政管理**：国家的各级旅游行政管理部门，依据国家的有关法律、法规和方针政策，遵循旅游业发展的规律，对国家或地区的旅游业进行宏观管理和综合协调的活动过程，也就是政府对旅游业的总体管理。

章前案例解析

【分析】

《旅游法》第二十六条规定："国务院旅游主管部门和县级以上地方人民政府应当根据需要建立旅游公共信息和咨询平台，无偿向旅游者提供旅游景区、线路、交通、气象、住宿、安全、医疗急救等必要信息和咨询服务。设区的市和县级人民政府有关部门应当根据需要在交通枢纽、商业中心和旅游者集中场所设置旅游咨询中心，在景区和通往主要景区的道路设置旅游指示标识。"案例中桂林市对旅游交通指引标志进行设置和完善，提供旅游公共信息服务，方便游客识别前往景区的道路。

【点评】

当前中国旅游进入全民旅游和个人游、自驾游为主的全新阶段，从景点旅游模式向全域旅游模式转变。旅游者的旅游活动不仅仅局限于景点旅游，而是更多地融入当地社会。政府部门向旅游者提供包括旅游指示标识在内的旅游公共信息服务，显得非常必要且迫切。

复习思考题

一、单项选择题

1. 依据《旅游法》的规定，旅游发展规划的编制主体是(　　)。
   A. 人民政府　　　B. 旅游局　　　C. 旅游景区　　　D. 旅行社
2. 国家旅游形象的境外推广由(　　)负责。
   A. 国务院　　　　B. 国家旅游行政管理部门
   C. 外交部　　　　D. 国家工商行政管理总局

二、多项选择题

1. 下列属于政府旅游公共服务的范畴的有(　　)。
   A. 开通旅游服务热线　　　　　B. 旅游交通引导标志系统建设
   C. 旅游资源免费开放　　　　　D. 发布旅游警示信息
   E. 城市公共游憩区建设
2. 下列属于政府在旅游事业中的职责的有(　　)。
   A. 制定旅游产业政策　　　　　B. 加强旅游规划
   C. 旅游基础设施建设　　　　　D. 旅游公共服务建设
   E. 旅游形象推广

三、简答题

1. 什么是旅游形象推广？旅游形象推广的主体与手段是什么？
2. 什么是旅游公共服务？旅游公共服务体系建设的内容是什么？
3. 政府在旅游规划中主要有哪些作用？
4. 旅游行政管理的内涵包含哪些内容？

第4章　旅行社法律制度

学习目标

知识目标	技能目标
①掌握旅行社的概念、经营范围 ②熟悉旅行社的分支机构 ③熟悉外商投资旅行社及其设立 ④掌握旅行社行业管理的五大法律制度 ⑤理解旅行社的经营原则 ⑥掌握旅行社的经营规范	②能够应用法规掌握旅行社设立审批的程序 ②能够辨析旅行社及导游违规的行为并依据法律规定掌握处罚的额度 ③学会处理旅行社责任保险的投保及赔偿事宜

知识结构

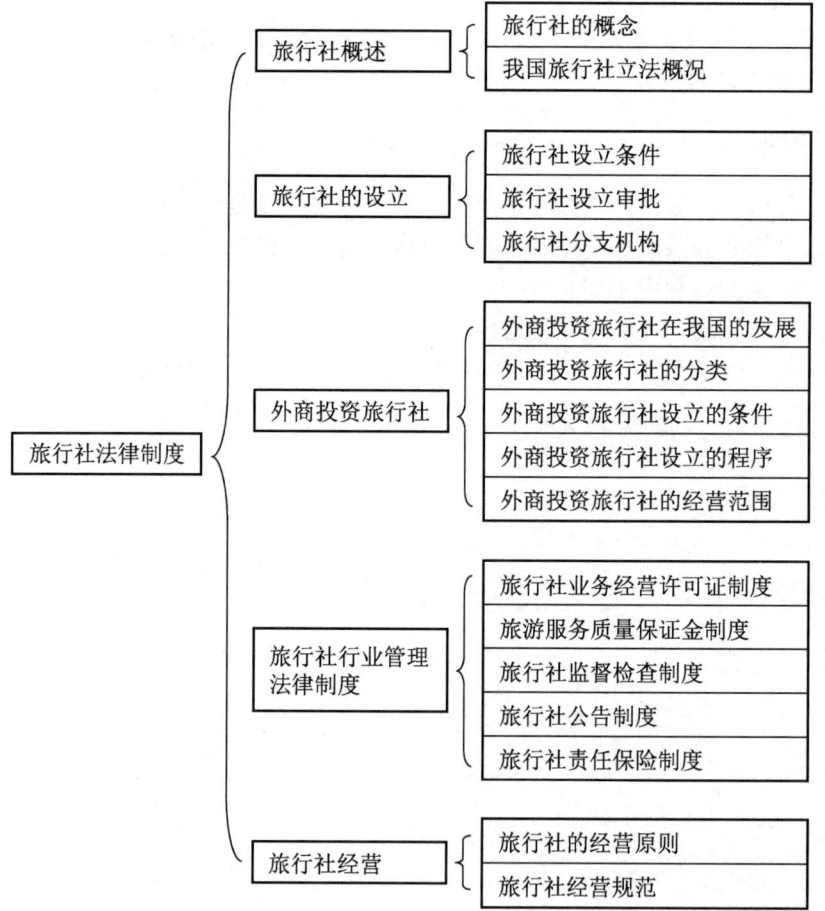

旅行社法律制度
- 旅行社概述
  - 旅行社的概念
  - 我国旅行社立法概况
- 旅行社的设立
  - 旅行社设立条件
  - 旅行社设立审批
  - 旅行社分支机构
- 外商投资旅行社
  - 外商投资旅行社在我国的发展
  - 外商投资旅行社的分类
  - 外商投资旅行社设立的条件
  - 外商投资旅行社设立的程序
  - 外商投资旅行社的经营范围
- 旅行社行业管理法律制度
  - 旅行社业务经营许可证制度
  - 旅游服务质量保证金制度
  - 旅行社监督检查制度
  - 旅行社公告制度
  - 旅行社责任保险制度
- 旅行社经营
  - 旅行社的经营原则
  - 旅行社经营规范

导入案例

马受惊狂窜颠伤骑马女游客　旅行社赔偿 10 万余元①

2012 年 6 月,沈女士参加了南京某旅行社组织的"内蒙古双卧 6 日游"。不料旅游第三天的时候出了意外。这一天,呼和浩特某旅行社作为地接社,带领沈女士等人参加一个草原骑马自费项目。在介绍该项目的时候,导游提醒 60 岁以上的老年人最好不要参加。沈女士虽然已年过六十,但出于新鲜感仍报名参加,并向马倌交纳了 305 元费用。骑马过程中,沈女士所骑的马匹受惊,突然窜了出去,沈女士吓得魂飞魄散,在马上大叫起来。马倌见状迅速骑摩托车追赶,虽然很快就追上了,但受惊的马匹非常难控制,马倌花了约 20 分钟才将马匹控制住,在此过程中,毫无经验的沈女士一直在马匹上颠簸,人虽然侥幸没有坠马,但腰部却疼痛难忍。导游遂雇请了一辆小客车将沈女士送往当地医院就诊。在当地医院大致检查后,沈女士向导游出具了一份"证明",内容是由于骑马不慎受到颠簸,但导游认真负责带领游客到县医院检查无大碍,马倌退还沈女士骑马费 305 元,此事了结,与旅游景点、旅行社及导游再无关系。

之后,沈女士带伤完成了剩余旅程,并随旅行团回到南京。6 月 21 日,沈女士因腰疼再次到南京的医院就诊,被诊断为脊椎部分椎体压缩性骨折。经鉴定,沈女士构成十级伤残。沈女士认为,南京某旅行社安排的马匹不当,事发时未及时采取合理措施,导致自己受伤,应承担违约责任,遂将南京某旅行社告上法庭,请求判令南京某旅行社赔偿 11 万余元。之后,呼和浩特某旅行社被追加为第三人参与诉讼。

庭审中,南京某旅行社辩称,沈女士参加"骑马"项目前,旅行社已经明确提醒注意安全,并在沈女士受伤后及时救护。旅行社并无违约行为,请求法院驳回沈女士的诉讼请求。第三人呼和浩特某旅行社称,事发后,沈女士已经出具证明,表示收到退回的骑马费 305 元,此事了结,与旅游景点、旅行社及导游再无关系,说明双方已经达成了协议,沈女士再行起诉没有依据。

秦淮法院审理查明,骑马项目经营者李某某的许可经营项目为"餐饮",并无骑马项目的经营资质。法院因此认为,原被告双方在合同中明确约定,旅行社为接待旅游者所选择的服务提供者及委派的导游应当具有合法资质。但南京某旅行社没有对该经营者进行资质审查。

法院还认为,无证经营势必无法保证提供温驯、训练有素的马匹,也无法规范马倌操作行为。因此,沈女士的受伤与经营者无经营资质具有因果关系,南京某旅行社应当对此承担违约责任。而沈女士出具的"证明",系她在不知晓构成伤残的情况下作出的意思表示,存在重大误解,应予撤销。最终,法院判决南京某旅行社赔偿沈女士损失合计 106984.43 元。

问题引入:

(1)沈女士在呼和浩特旅游骑马受伤,为何除了呼和浩特地接旅行社外,还要把南京的旅行社也告上法庭?

---

①资料来源:顾艳新　罗双江,扬子晚报网,2014-07-16,http://epaper.yzwb.net/html_t/2014-07/16 /content_173104.htm?div=-1.

(2)呼和浩特地陪导游已经就骑马活动做了提醒警示义务,为何法院还是判决旅行社要向沈女士赔偿?

4.1 旅行社概述

4.1.1 旅行社的概念

根据《旅行社条例》的规定,旅行社是指从事招徕、组织、接待旅游者等活动,为旅游者提供相关旅游服务,开展国内旅游业务、入境旅游业务或者出境旅游业务的企业法人。

旅行社的概念中,包含以下三层含义。

1. 旅行社就组织性质而言是企业法人[①]

所谓企业,是以盈利为目的、自主经营、自负盈亏的经济组织。在新中国成立初期,我国旅游业起步发展阶段,很多旅行社是隶属于某一行政机关下的事业单位法人,这种政企不分的格局不符合市场化的运作要求。这一状况的根本改变始于1985年颁布的《旅行社管理暂行条例》,该条例明确要求事业单位性质的旅行社必须改制为企业,否则不得经营旅行社业务。至此,我国旅行社的企业地位得以确立。

企业包括法人型企业和非法人型企业。法人型的企业是指依法成立,能够独立享有权利和承担义务的企业组织。因此,在实践中,旅行社多采取公司的组织形式。

2. 旅游业务是旅行社的核心业务[②]

对"旅游业务"的界定,不仅明确了旅行社的业务,更重要的是确定了旅游行政管理部门进行行业管理的权限和范围。

旅游业务,主要包括"招徕、组织、接待旅游者等活动"以及"为旅游者提供旅游相关服务"。所谓"招徕",是指旅行社按照许可的业务经营范围,自主设计、编制旅游线路和旅游服务项目,或者根据旅游者的要求设计、编制旅游线路和旅游服务项目,在境内外旅游市场上开展宣传活动,招引旅游者开展旅游活动的经营行为;所谓"组织",是指旅行社将报名参加旅游活动的旅游者组合成旅游团组等形式,或者将旅游者同意接受的单项或者多项旅游服务进行组合的经营行为;所谓"接待",是指旅行社按照与旅游者签订的旅游合同,安排旅游者进行旅行、住宿、餐饮、游览、娱乐等旅游相关活动,并提供导游服务的经营行为。

旅游业务是综合性的服务,只有旅行社这一类型的企业才有资质从事旅游业务。

3. 旅行社的业务经营范围

《旅行社条例》对旅行社业务经营范围的界定是开展国内旅游业务、入境旅游业务或者出境旅游业务。《旅游法》对旅行社业务经营范围又有新的表述,《旅游法》第二十九

[①]资料来源:杨富斌. 旅游法教程[M]. 北京:中国旅游出版社,2013.
[②]资料来源:全国导游人员资格考试教材编写组. 旅游法规常识. 北京:旅游教育出版社,2014.

条规定:"旅行社可以经营下列业务:境内旅游;出境旅游;边境旅游;入境旅游;其他旅游业务。"

境内旅游业务,对应于《旅行社条例》中的国内旅游业务,是指旅行社招徕、组织和接待中国大陆居民在境内旅游的业务。

出境旅游业务,是指旅行社招徕、组织、接待中国大陆居民出国旅游,赴我国香港特别行政区、澳门特别行政区和台湾地区旅游,以及招徕、组织、接待在中国大陆的外国人、在内地的香港特别行政区、澳门特别行政区和在大陆的台湾地区居民出境旅游的业务。

边境旅游,是指经批准的旅行社组织和接待我国及毗邻国家的公民,集体从指定的边境口岸出入境,在双方政府商定的区域和期限内进行的旅游活动。

入境旅游,是指旅行社招徕、组织、接待外国旅游者来我国旅游,香港特别行政区、澳门特别行政区旅游者来内地旅游,台湾地区居民来大陆旅游,以及招徕、组织、接待在中国内地的外国人,在内地的香港特别行政区、澳门特别行政区居民和在大陆的台湾地区居民在境内旅游的业务。

其他旅游业务,指国家旅游局规定的其他旅游业务。

以上旅游业务中,出境旅游业务和边境旅游业务属特许经营业务,需要取得主管部门的特许,取得相应的业务经营许可,方可经营。

4.1.2 我国旅行社立法概况[①]

我国有关旅行社的综合性立法,先后有《旅行社管理暂行条例》《旅行社管理条例》《旅行社条例》3部行政法规,在《旅游法》中有部分条款也涉及旅行社。

1. 1985年发布的《旅行社管理暂行条例》

1978年后,我国的旅游业得到快速发展。为了适应深化旅游企业体制改革的要求,保护旅游者和旅行社的合法权益,为旅行社的发展提供法律保障,国家旅游局着手起草《旅行社管理暂行条例》。1985年5月11日,暂行条例由国务院发布,同日生效。这是我国改革开放后第一部旅游行政法规。该法规把全国分散在不同系统、归口不同管理部门的旅行社,纳入旅游行政部门的行业管理轨道上来。

2. 1996年发布的《旅行社管理条例》

随着我国经济体制改革的不断深入和旅游业的发展,旅行社业的情况发生了很大变化。其突出表现是,旅行社体制呈多元化趋势,即由以往单一的国有旅行社,发展为以国有制为主体,集体所有、合作制、联营制、股份制相继出现,由以往中青三大社为骨干、为数不多的旅行社经营旅游业发展成为众多旅行社相互竞争的局面;由以往单一的入境接待旅游,发展为入境旅游、国内旅游与有控制的公民自费出境旅游相结合的格局。

1996年10月15日,《旅行社管理条例》正式发布。该条例在旅行社类别的划分、非法人分社的设立、旅行社质量保证金制度、旅游意外保险制度、年检制度、行政责任等方

[①] 资料来源:韩玉灵. 旅游法教程[M]. 3版. 北京:高等教育出版社,2011:130-132.

面实现重大突破,形成了较为完善的旅行社业的基本法律制度。

2001年12月11日,中国成为世贸组织第143个正式成员,为履行我国加入世贸组织的承诺,国务院修订了《旅行社管理条例》,增加了"外商投资旅行社的特别规定"一章,以适应旅游业对外开放、促进我国旅游业快速发展的需要。

3. 2009年发布的《旅行社条例》

《旅行社管理条例》实施了近13年。期间,我国旅行社业的经营体制、模式、行为发生了很大变化,尤其是随着我国市场经济体制的不断完善,法律制度不断健全,国家对依法行政提出了更高要求。此外,《旅行社管理条例》的一些规定滞后,不能适应实践发展需要,主要表现在:①旅行社市场准入门槛高,经营范围窄;②"重审批、轻管理"痕迹明显,不适应市场经济条件下加快发展旅游业的要求;③不适应企业发展的要求,居民消费结构的变化,促进了组团社业务的扩张,旅行社网络化的要求十分迫切,催生了分社、门市部、特许经营等新业态逐步显现,亟待对旅行社分社机构的设立、经营行为作出规范;④由于缺乏相应规范、现有法律执行力受限,旅行社经营活动中的低价旅游造成无序竞争激烈,导致出现侵害旅游者、导游人员合法问题突出;⑤不适应兑现入世过渡期后,外商投资旅行社在市场准入方面实行国民待遇的承诺。

为此,2009年2月20日,国务院发布了《旅行社条例》,自2009年5月1日起实施;2009年4月3日,国家旅游局发布了《旅行社条例实施细则》(以下简称《实施细则》),自2009年5月3日起实施。新条例共7章、68条,在法规名称,转变政府职能,取消旅行社类别,拓宽旅行社业务范围和业务种类,促进就业、降低旅行社的市场准入门槛,简化旅行社行政审批制度,鼓励旅行社设立分支机构、形成网络经营,建立旅行社质量保证金动态管理制度,规范旅行社经营,加大执法力度、引导旅行社规范健康发展等方面均有突破。

4. 2013年发布的《旅游法》

2013年10月1日起实施的《旅游法》有较多条款涉及旅行社,其中一个重要意义是首次上升到法律层面对旅行社的设立、经营范围、旅行社旅游宣传、经营活动项目、旅游供应商、旅游购物、内部导游管理、网络经营、旅游服务合同、旅游纠纷、法律责任等方面作出规定。此外,关于当前扰乱旅游市场秩序的低价旅游、旅游购物,以及保障导游人员权益方面的规定有重要的法律意义。

4.2 旅行社的设立

4.2.1 旅行社设立条件

依据《旅游法》规定,设立旅行社,招徕、组织、接待旅游者,为其提供旅游服务,应当具备下列条件:取得旅游主管部门的许可,依法办理工商登记;有固定的经营场所;有必要的营业设施;有符合规定的注册资本;有必要的经营管理人员和导游;法律、行政法规规定的其他条件。

1. 有固定的经营场所

经营场所是企业法人开展企业业务，从事经营活动的处所。固定的经营场所是旅行社进行民事活动不可缺少的条件，也是旅行社作为企业法人行使民事权利和承担民事责任的基础条件。因为旅行社是为旅游者提供旅游服务的企业，除了为旅行社员工提供办公场所之外，也需要为旅游者及旅游接待部门提供咨询、交流等业务功能的场所。

具体来说，《实施细则》规定，经营场所应当符合下列要求：①申请者拥有产权的营业用房，或者申请者租用的、租期不少于1年的营业用房；②营业用房应当满足申请者业务经营的需要。

2. 有必要的营业设施

旅行社开展业务经营活动需要必要的营业设施，《实施细则》规定，营业设施应当至少包括下列设施、设备：①两部以上的直拨固定电话；②传真机、复印机；③具备与旅游行政管理部门及其他旅游经营者联网条件的计算机。

3. 有符合规定的注册资本

注册资本是公司在登记机关登记注册的资本额，也叫法定资本。旅行社的注册资本是旅行社在成立时所填报的财产总额，包括旅行社的固定资金和流动资金。固定资金是固定资产的货币表现；流动资金是用于生产、销售、结算过程中的自有资金。

注册资本必须经法定的验资机构出具验资证明，验资机构出具的验资证明是表明公司注册资本数额的合法证明。依照国家有关法律、行政法规的规定，能够出具验资证明的法定验资机构是会计师事务所和审计事务所。

注册资本，可以用货币、实物、无形资产出资，但货币出资额不得低于30%，其余70%可以是无形资产或者实物资产。

《旅行社条例》规定，申请设立经营国内旅游业务和入境旅游业务的旅行社，应有不少于30万元的注册资本。

4. 有必要的经营管理人员和导游

这是《旅游法》在旅行社设立方面对管理人员的要求。我国早在1985年发布的《旅行社管理暂行条例》和1996年发布的《旅行社管理条例》中规定，申请设立旅行社不仅要具备一定数量的导游人员和掌握一定外语、地方语的导游人员，而且还必须拥有经过考试并取得相应资格证书的总经理、部门经理和会计等管理人员。2004年国务院16号文件《国务院关于第三批取消和调整行政审批项目的决定》中废止了1997年国家旅游局曾发布的《旅行社经理资格认证管理规定》，对旅行社设立条件不再有管理人员的要求。此后，2009年修订的《旅行社条例》也取消了旅行社经理资格认定规定。

由于旅行社的设立不再有管理人员和导游方面的限制，降低了设立的门槛，大量的社会资本投资到旅行社行业，使得我国旅行社的数量激增。最终直接导致的后果就是旅行社之间的恶性竞争、削价竞争，低价旅游大行其道，导游强迫购物、随意增加购物点等行为甚嚣尘上，旅游者的权益受到极大侵害，中国的旅游市场朝着一个不健康的方向发展。

鉴于我国的旅行社不再需要数量上的扩张，而需要在管理质量方面进行提升。因此，2013年的《旅游法》恢复了设立旅行社要有必要的导游人员，也必须具有必要的管理人员的规定，这是对旅行社设立门槛的一个提高。据此规定，现行的《旅行社条例》需要对旅行社设立条件做出修订，增加经营管理人员和导游人员的条件。

5. 法律、行政法规规定的其他条件

此条款为兜底条款，《旅游法》对旅行社设立条件是原则化的规定，具体条件还有待行政法规细化。

4.2.2 旅行社设立审批

旅行社的设立，除了要到工商管理部门办理注册登记、领取"营业执照"外，还要取得行业主管部门——旅游管理部门颁发的"旅行社业务经营许可证"。以前，"旅行社业务经营许可证"为工商登记前审批，2014年8月13日，国务院印发《关于取消和调整一批行政审批项目等事项的决定》，将"旅行社业务经营许可证核发"项目由工商登记前审批改为后置审批。

具体来说，依照《旅游法》《旅行社条例》《实施细则》，以及国务院印发《国务院关于取消和调整一批行政审批项目等事项的决定》(国发〔2014〕5号)，申请设立旅行社的主要程序如下。

1. 申请设立经营国内旅游业务和入境旅游业务的旅行社的程序

1)向工商管理部门办理设立登记

申请人按公司成立程序向工商行政管理部门办理设立登记，领取营业执照。

图4-1 旅行社营业执照

(图片来源：http://www.lvlian5.com/shop/about_1427.html#?)

2)向旅游行政管理部门提出申请并递交相关文件

《旅行社条例》第七条规定:"申请设立旅行社,经营国内旅游业务和入境旅游业务的,应当向所在地省、自治区、直辖市旅游行政管理部门或者其委托的设区的市级旅游行政管理部门提出申请,并提交符合本条例第六条规定的相关证明文件。"

依本条规定,旅行社设立的审批部门是旅行社所在地省、自治区、直辖市旅游行政管理部门或者其委托的设区的市级旅游行政管理部门。设区的城市,一般指的是地级城市,包括民族自治地方的"州"和"盟"。但事实上,按照属地管理原则,申请人首先应向所在县(区)旅游主管部门提出申请,并递交相关材料,然后由县(区)旅游主管部门向上级旅游主管部门提交申请,逐渐上报,最后由省、自治区、直辖市旅游行政管理部门或者其委托的设区的市级旅游行政管理部门批准。

"本条例第六条规定的相关证明文件",即《实施细则》中规定的设立旅行社应当提交的文件,包括:①设立申请书。内容包括申请设立的旅行社的中英文名称及英文缩写,设立地址,企业形式、出资人、出资额和出资方式,申请人、受理申请部门的全称、申请书名称和申请的时间。②法定代表人履历表及身份证明。③企业章程。④依法设立的验资机构出具的验资证明。⑤经营场所的证明。⑥营业设施、设备的证明或者说明。⑦工商行政管理部门出具的"企业名称预先核准通知书"。

3)审批及颁发许可证

接受申请人设立旅行社的申请后,依据《实施细则》规定,受理申请的旅游行政管理部门可以对申请人的经营场所、营业设施和设备进行现场检查,或者委托下级旅游行政管理部门检查。受理申请的旅游行政管理部门应当自受理申请之日起20个工作日内作出许可或者不予许可的决定。予以许可的,向申请人颁发旅行社业务经营许可证;不予许可的,书面通知申请人并说明理由。旅行社领取了旅行社业务经营许可证即可开展经营活动。

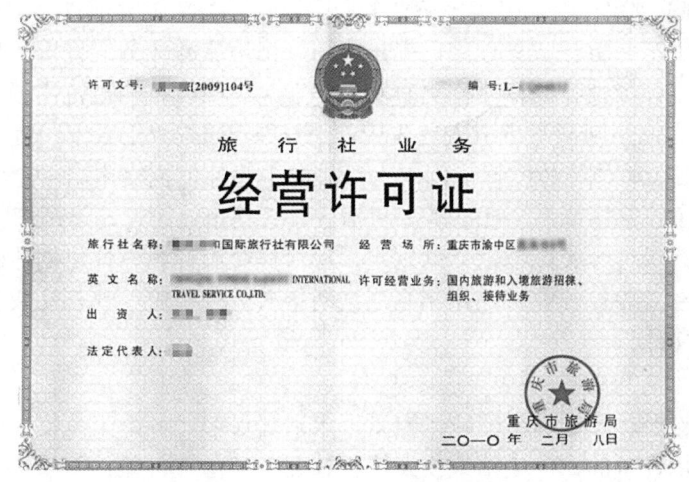

图 4-2 旅行社业务经营许可证

(图片来源:http://www.lvlian5.com/shop/about_1427.html#?)

4)办理税务登记

旅行社成立后,应当在领取营业执照的 30 个工作日内,向当地税务部门办理开业税务登记,并在办妥银行账号后申请税务执照,获取"税务登记证"。税务登记完成后,旅行社即可正式营业。

2. 申请设立经营出境旅游业务的旅行社的程序

1)申请设立出境旅游业务的条件

依照《旅行社条例》的规定,旅行社取得经营许可满两年,且未因侵害旅游者合法权益受到行政机关罚款以上处罚的,可以申请经营出境旅游业务。

"取得经营许可满两年"的规定,主要是基于保护赴境外旅游的中国公民的合法权益的角度规定的。旅游者到了异国他乡,人生地不熟,旅游权益更容易受到侵犯。旅游业务经营经验丰富的旅行社,能更好地组织、安排、协调有关出境旅游事宜,应对可能发生的突发事件,保护旅游者权益。而新获得旅行社业务经营许可证的旅行社,由于缺少经营经验积累的过程,不宜开展出境旅游业务。

"侵害旅游者合法权益",主要指旅行社以低于旅游成本的报价招徕旅游者,未经旅游者同意擅自在旅游合同约定之外提供其他有偿服务,拒绝履行旅游合同约定的义务,欺骗、胁迫旅游者购物或参加需要另行付费的游览项目等直接侵犯旅游者合法权益的行为。

"罚款以上处罚"主要指罚款、没收违法所得、停业整顿、暂扣或吊销许可证、暂扣或吊销营业执照的行政处罚。

2)申请出境旅游业务的许可程序

(1)办理变更登记。

旅行社增加出境旅游业务,经营范围发生了变化,需到工商行政管理部门办理变更登记。

(2)提出申请、递交材料。

《旅行社条例》规定,申请出境旅游业务,应当向国务院旅游行政主管部门或者委托的省、自治区、直辖市旅游行政管理部门提出申请。出境旅游业务的许可主体较国内和入境旅游业务的许可主体级别较高,这样更有利于站在全国高度统一规范出境旅游市场,保障旅游者合法权益。但是同理,申请人首先应向所在县(区)旅游主管部门提出申请,并递交相关材料,然后由县(区)旅游主管部门向上级旅游主管部门提交申请,逐级上报,最后由国务院旅游行政主管部门或者委托的省、自治区、直辖市旅游行政管理部门批准。

提出申请时,依据《实施细则》的规定,应该提交旅行社原许可的旅游行政管理部门出具的、证明其经营旅行社业务满两年且连续两年未因侵害旅游者合法权益受到行政机关罚款以上处罚的文件。

(3)审批及换发许可证。

受理申请的旅游行政管理部门应当自受理申请之日起 20 个工作日内做出许可或不予许可的决定。予以许可的,向申请人换发旅行社业务经营许可证;不予许可的,书面通知申请人并说明理由。

4.2.3 旅行社分支机构

旅行社分支机构主要包括旅行社分社和服务网点。

1. 旅行社分社

旅行社分社，是指以设立分社的旅行社(以下简称设立社)的名义开展旅游业务经营活动，在设立社的经营范围内从事经营活动的分支机构。分社经营活动的责任和后果，由设立社承担。

1)设立分社的条件

《实施细则》规定，旅行社设立分社，应该符合下列条件。

(1)有固定的经营场所。

(2)有必要的营业设施。

(3)申请者拥有产权的营业用房，或者申请者租用的、租期不少于 1 年的营业用房；营业用房应当满足申请者业务经营的需要。

(4)两部以上的直拨固定电话；传真机、复印机；具备与旅游行政管理部门及其他旅游经营者联网条件的计算机。此外，分社的名称中应当包含设立社名称、分社所在地地名和"分社"或"分公司"字样。

旅行社分社设立的条件在 2009 年的《旅行社条例》中有较大变革，对分社的设立条件只规定了必要的服务设施方面的要求，对设立社不再有限定要求。而 1996 年颁布的《旅行社管理条例》曾对设立分社的旅行社有严格的条件规定，包括年接待旅游者达 10 万人次以上；进入全国旅行社百强；分社经理取得《旅行社经理资格证书》；符合条件的注册资本和质量保证金。此条件中前两个条件的要求很高，除旅游发达省份外，能达到此条件的旅行社数量较少，极大地限制了旅行社分社的设立。

由于分社设立的条件比旅行社低，程序比设立旅行社简单，有利于旅行社经营服务网点的发展，使不同地区的城乡居民出游可以就近得到便捷、高效的服务。这样，与设立服务网点和试行委托招徕相结合，整体推进我国旅行社业网络化水平，为广大游客提供更加到位、更加满意的旅游服务。法规做出如此规定的精神实质，就是减少制度限制和行政干预，让旅行社根据自身经营发展需要，自主决定分社设立事项，适应网络化发展的需要。

2)设立分社的程序

旅行社设立分社的，应当持旅行社业务经营许可证副本向分社所在地的工商行政管理部门办理设立登记，并自设立登记之日起 3 个工作日内向分社所在地与工商登记同级的旅游行政管理部门备案。没有同级的旅游行政管理部门的，向上一级旅游行政管理部门备案。备案时须持以下文件：①设立社的旅行社业务经营许可证副本和企业法人营业执照副本；②分社的营业执照；③分社经理的履历表和身份证明；④增存质量保证金的证明文件。受理备案的旅游行政管理部门应当向旅行社颁布"旅行社分社备案登记证明"。此时，旅行社分社合法设立，可以从事旅游业务活动。设立分社未在规定期限内向分社所在地旅游行政管理部门备案的，由旅游行政管理部门责令改正；拒不改正的，处 1 万元以下的罚款。

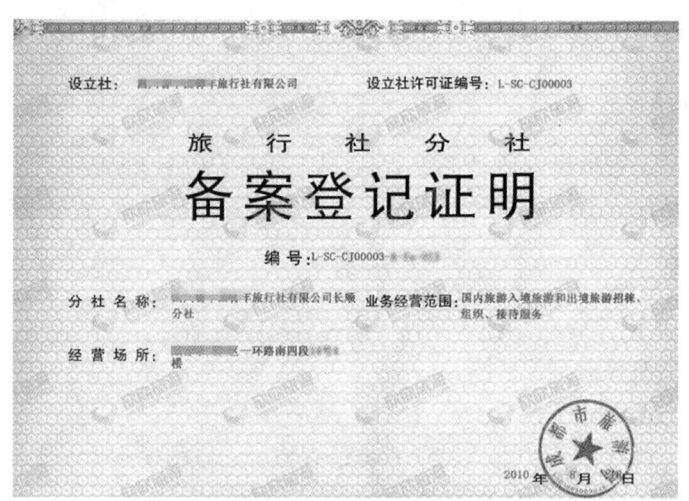

图4-3 旅行社分社备案登记证明

(图片来源：http://lxs.cncn.com/61558-cert.html)

3)分社的管理①

(1)经营范围：分社不具有法人资格，没有民事主体资格，不能独立承担民事责任。据此，分社的经营范围不得超出设立分社的旅行社的经营范围。

(2)设立范围：旅行社分社的设立不受地域限制，即分社可以在设立社所在行政区域内设立，也可以在全国范围内设立。

(3)设立数量：旅行社设立分社数量不做限制，旅行社设立分社的数量，包括在同一区域、同一城市设立分社的数量，由旅行社根据经营服务的需要决定，旅游行政管理部门应该会同工商行政管理部门加强指导、规范。

(4)出境游旅行社设立分社的类型：分社的经营范围不得超出设立分社的旅行社的经营范围。据此，经营出境旅游业务的旅行社可以根据市场发展需要来设立分社，即既可设立只经营国内旅游业务和入境旅游业务的分社，也可以设立只经营出境旅游业务的分社，还可以设立经营国内、入境和出境旅游业务的分社，增存的质量保证金分别为5万元、30万元、35万元。

(5)赴台游旅行社跨省级行政区域设立的分社，一律不得经营赴台游业务，在本省级行政区域内设立的分社只能从事赴台游客招徕业务。

(6)分社增存质量保证金的管辖地：根据《旅行社条例》第十四条，旅行社设立分社，应当向设立社的质量保证金账户增存相应数量的质量保证金，而非在分社设立地开设质保金账户增存质量保证金。因为分社不具备独立的法人资格，分社的资金和占有的资源都是属于设立社的，分社经营的法律责任都由其设立社承担。

---

①资料来源：国家旅游局监督管理司，关于旅行社设立分社有关事宜的通知，旅办发〔2010〕56号，国家旅游局网站 http://www.cnta.gov.cn/html/2010-04/2010-04-27-15-59-21763.html，2010-04-27.

(7)规章及人事管理：设立社应当加强对分社的管理，对分社实行统一的人事、财务、招徕、接待制度规范。设立社应当与分社的员工订立劳动合同。

设立分社是旅行社网络化发展的一条主要途径，网络化是我国旅行社业经营发展和国民旅游服务的需要。因此，法规、规章和规范的目的和实质就是要改进和不断优化法律环境，促进我国旅行社业和旅游业持续、快速、健康发展。

2. 旅行社服务网点

旅行社服务网点，是指旅行社设立的，为旅行社招徕旅游者，并以旅行社名义与旅游者签订旅游合同的门市部等分支机构。

旅行社服务网点主要设在市区繁华地段、主要街区、写字楼、酒店的大堂、大型商场、主要景区门口、车站机场码头等显要位置，方便客人寻找和咨询。服务网点的主要功能就是揽客，为了建立旅行社的服务和营销网络，合理布点，来方便旅游者参加旅游活动。服务网点是旅行社进行广告宣传、服务支撑、业务销售的形象窗口平台，是为广大游客提供服务的关键环节和前沿场所。

1)设立服务网点的条件

服务网点的设立必须符合下列条件：服务网点应当设在方便旅游者认识和出入的公众场所。服务网点的名称、标志牌应当包括设立社名称、服务网点所在地地名等，不得含有使消费者误解为是旅行社或者分社的内容，也不得有容易使消费者误解的简称。

2)设立服务网点的程序

在设立所在地的省(市、区)行政区划内设立服务网点的，设立社向服务网点所在地工商行政管理部门办理服务网点设立登记后，应当在3个工作日内，持设立社经营执照副本、设立社旅行社业务经营许可证副本、服务网点的营业执照、服务网点经历的履历表和身份证明向服务网点所在地与工商登记同级的旅游主管部门备案。

旅行社在其分社所在地的设区的市的行政区划内设立服务网点的，设立社向服务网点所在地工商行政管理部门办理服务网点设立登记后，应当在3个工作日内，持设立社营业执照副本、设立社旅行社业务经营许可证副本、分社的营业执照、旅行社分社备案登记证明、服务网点的营业执照、服务网点经理的履历表和身份证明向服务网点所在地与工商登记同级的旅游主管部门备案。

3)服务网点的管理

(1)设立范围：允许设立社在所在地的省(市、区)行政区划内及其分社所在地的设区的市的行政区划内设立服务网点，不受数量限制。

(2)经营范围：服务网点应当在设立社的经营范围内，从事招徕旅游者、提供旅游咨询的服务，不得从事招徕、咨询以外的活动。

规章管理及人事管理：设立社应当加强对服务网点的管理，对服务网点实行统一管理、统一财务、统一招徕和统一咨询服务规范。设立社应当与服务网点的员工订立劳动合同。

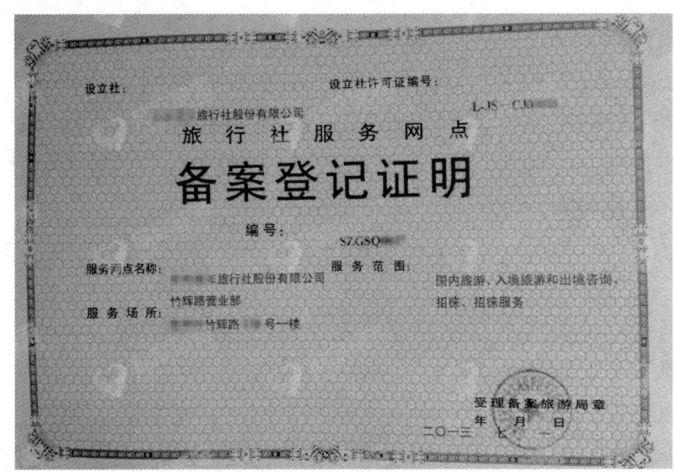

图 4-4　旅行社服务网点备案登记证明图

(图片来源：欣欣旅游网 http://lxs.cncn.com/53979)

4.3　外商投资旅行社

4.3.1　外商投资旅行社在我国的发展

我国旅行社市场的对外开放，是随着我国改革开放的不断深入，而日益扩大对外开放的领域。从最初中国国际旅行社、中国旅行社、中国青年旅行社三家国有旅行社系统垄断经营，逐渐开放到十多家中央各部委主管的旅行社和三十多家地方旅行社拥有自主外联权，旅行社由高度计划走向充分竞争。随后又放松了对所有制的管制，允许民营资本进入。我国加入世界贸易组织后，旅行社业开始向世界开放，大大加快了我国旅游业发展的国际化进程。

外商投资旅行社进入中国最早是1992年，国务院发布了《关于试办国家旅游度假区有关问题的通知》，允许在国家旅游度假区开办中外合资经营的第一类旅行社，经营度假区的海外旅游业务。此通知的发布，标志着我国旅行社市场开始局部对外开放。1998年6月，我国第一家合资旅行社"云南力天旅游有限责任公司"在云南滇池国家旅游度假区成立，该旅行社由中国国际旅行社总社、云南旅游集团股份有限公司和瑞士力天集团有限公司合资经营。

1998年10月，国家旅游局、对外经济贸易部联合发布《中外合资旅行社试点暂行办法》，以应对入世谈判中外资进入中国旅行社市场问题。该暂行办法降低了外商投资旅行社市场准入的门槛，扩大了合资旅行社设立的地域范围。2001年12月11日，我国正式加入世贸组织，旅行社市场向世界开放。为了保护国内旅行社业，根据《服务贸易具体承诺减让表》中旅行社和旅游经营者部分的规定，旅行社市场渐进式开放，即通过3年、6年两个过渡期最终兑现在区域和股权控制方面全面放开的承诺。2001年12月，我国修订了《旅行社管理条例》，专设了"外商投资旅行社的特别规定"一章。2003年6月，国家旅游局和商务部联合发布《设立外商控股、外商独资旅行社暂行规定》并于2005年2月进行修订，提前兑现了"取消地域限制"和"允许设立外资独资旅行社"的入世承诺。2003年12月1日，第一家外商独资旅行社——日航国际旅行社(中国)有限公司在北京正式开业；同日，我国首家外方控股的旅游企业——中旅途易旅游有限公司在北京成立，标志着我国旅行社业提前兑现入世承诺。

2009年，国务院发布《旅行社条例》，对外商投资旅行社进一步降低市场准入门槛，取消了对投资者的条件限制，取消了对注册资本、分支机构设立、设立独资旅行社的限制，基本实现国民待遇。截至此时，外商投资旅行社经营范围只限于国内游和入境游，被业内誉为"最肥沃土壤"即利润最大的出境游业务还没有开放，这是对我国旅行社保护的最后一块阵地。随着我国对外开放的扩大，旅行社承受能力的增强，2010年8月，国家旅游局、商务部联合发布《中外合资旅行社试点经营出境旅游业务监管暂行办法》，开始尝试逐步对中外合资旅行社开放中国内地居民出境旅游业务，并会逐步对全外资旅行社开放。出境游开放，外商投资旅行社把对本国公民销售的产品向中国游客推广，从而让中国游客更多地感受到当地最有地方特色的文化和风情，"主场优势"成为外资旅行社最大的资本。2011年5月，国家旅游局确定了第一批试点经营中国公民出境旅游业务的3家中外合资经营旅行社名单，即中旅途易旅游有限公司、国旅运通旅行社有限公司、交通公社新纪元国际旅行社有限公司。中国的外资旅行社经营出境旅游业务正有条件、有步骤地逐步开放。

总体来说，我国对外商投资旅行社采取渐进式的开放政策。截至目前，我国共批准外资旅行社55家，其中，中外合资旅行社22家，外商独资旅行社33家。

4.3.2 外商投资旅行社的分类

外商投资旅行社，包括中外合资经营旅行社、中外合作经营旅行社和外资旅行社。

1. 中外合资经营旅行社

中外合资经营旅行社，是指外国的服务提供者，依照中国法律、法规的规定，在中国境内与中国合作者共同投资开办的合资旅行社。该类旅行社的法律特征为：①具备企业法人资格，组织形式为有限责任公司；②为股权式合营企业，投资方按照"共同投资、共同经营、按各自出资比例共担风险、共负盈亏"的模式经营；③采取税后分配原则；④董事会负责制。

2. 中外合作经营旅行社

中外合作经营旅行社，是指外国的服务提供者，依照中国法律、法规的规定，在中国境内与中国合作者以合作企业合同为基础而共同投资开办的旅行社。该类旅行社的法律特征为：①是契约式企业，以合作企业合同为合作基础；②合作各方达成的投资或者合作条件可以是现金、实物、土地使用权、知识产权、非专利技术，也可以是其他财产权利。

3. 外资旅行社

外资旅行社，是指依照中国法律、法规的规定，在中国境内设立的，全部资本由外国个人、公司、企业和其他经济组织投资的旅行社。该类旅行社的法律特征为：独立经营、独立核算、并以其认缴的出资额独立承担法律责任。

4.3.3 外商投资旅行社设立的条件

原《旅行社管理条例》(2001 年修订)和《设立外商控股、外商独资旅行社暂行规定》对外商投资旅行社设立条件门槛较高：注册资本最低限额为人民币 400 万元；外商投资旅行社中的外国旅游经营者年旅游经营总额 4000 万美元以上且必须是本国旅游行业协会的会员；设立外商独资旅行社的境外投资方年旅游经营总额应在 5 亿美元以上。

2009 年的《旅行社条例》取消了以上对外商投资旅行社设立条件的规定，表明外商投资旅行社在我国的市场准入方面，已享有国民待遇，提前兑现了我国入世承诺。未来的中国本土旅行社会遭遇外商投资旅行社全面的竞争。

4.3.4 外商投资旅行社设立的程序

在 2009 年的《旅行社条例》中，外商投资旅行社的设立实行国家旅游行政主管部门和国务院商务主管部门双重前置许可制度。为了进一步下放行政审批权，在国务院〔2014〕27 号文件《关于取消和调整一批行政审批项目等事项的决定》中，国家旅游局下放"外商投资旅行社业务许可"至省级人民政府旅游行政主管部门。

1. 获得营业执照

申请人按公司成立程序向工商行政管理部门办理设立登记，领取营业执照。

2. 向省级旅游局获取外商投资旅行社业务许可

设立外商投资旅行社，由投资者向省级旅游行政主管部门提交符合旅行社设立条件的相关证明文件。设立中外合资、中外合作旅行社的，申请者可以是中方投资或合作者，也可以是境外投资或合作者；设立外资旅行社的，由境外服务提供者申请。

省级旅游行政主管部门应当自受理申请之日起 30 个工作日内审查完毕。同意设立的，出具旅行社业务经营许可证；不同意设立的，书面通知申请人并说明理由。

4.3.5 外商投资旅行社的经营范围

外商投资旅行社不得经营中国内地居民出国旅游业务以及赴香港特别行政区、澳门特别行政区和台湾地区旅游的业务。

外商投资旅行社经营中国内地居民出国旅游业务以及赴香港特别行政区、澳门特别行政区和台湾地区旅游业务，或者经营出境旅游业务的旅行社组织旅游者到国务院旅游行政主管部门公布的中国公民出境旅游目的地之外的国家和地区旅游的，由旅游行政管理部门责令改正，没收违法所得，违法所得 10 万元以上的，并处违法所得 1 倍以上 5 倍以下的罚款；违法所得不足 10 万元或者没有违法所得的，并处 10 万元以上 50 万元以下的罚款；情节严重的，吊销旅行社业务经营许可证。

外商投资旅行社目前只能经营入境旅游和国内旅游业务，不得经营出境旅游业务。然而，随着《中外合资旅行社试点经营出境旅游业务监管暂行办法》出台，我国开始对外商投资旅行社中的中外合资旅行社试点经营出境旅游业务。

4.4 旅行社行业管理法律制度

我国对旅行社的管理，实行旅行社业务经营许可证、旅游服务质量保证金、旅行社监督检查、旅行社公告和旅行社责任保险五大制度。

4.4.1 旅行社业务经营许可证制度

旅行社业为许可经营行业，成立旅行社要取得旅游行政管理部门的许可，获得旅行社业务经营许可证。

1. 旅行社业务经营许可证的含义

旅行社业务经营许可证，是由有许可权的旅游行政管理部门颁发，证明持证人具有从事旅游业务经营资格的凭证。

旅行社业务经营许可证(以下简称许可证)和副本由国家旅游局制定统一样式，国务院旅游行政主管部门和省级旅游行政管理部门分别印制。

旅行社向旅游管理部门取得许可证、向工商行政管理部门取得营业执照后方可营业。未取得许可证和营业执照的，不得从事旅游业务。《旅游法》第九十五条规定："违反本法规定，未经许可经营旅行社业务的，由旅游主管部门或者工商行政管理部门责令改正，没收违法所得，并处一万元以上十万元以下罚款；违法所得十万元以上的，并处违法所得一倍以上五倍以下罚款"。

2. 旅行社业务经营许可证的管理

1)许可证摆放的管理规定

旅行社及其分社、服务网点应当将旅行社业务经营许可证、旅行社分社备案登记证明、旅行社服务网点备案登记证明与营业执照一起悬挂在经营场所的显要位置，以便有关部门监督检查以及旅游者识别。旅行社及其分社、服务网点未悬挂旅行社业务经营许可证、备案登记证明的，由县级以上旅游行政管理部门责令改正，可以处1万元以下的罚款。

即学即用

选一家旅行社或分社、服务网点去考察，观察其是否有旅行社业务经营许可证(或旅行社分社备案登记证明，或旅行社服务网点备案登记证明)和营业执照，以及摆放在何位置。

2)许可证遗失处理的管理规定

许可证及副本损毁或者遗失的，旅行社应当向原许可的旅游行政管理部门申请换发或者补发。

申请补发旅行社业务经营许可证及副本的，旅行社应当通过本省、自治区、直辖市范围内公开发行的报纸、期刊，或者省级以上旅游行政管理部门网站，刊登损毁或者遗失作废声明。

3)非法转让许可证的管理规定

《旅游法》规定："旅行社不得出租、出借旅行社业务经营许可证，或者以其他形式非法转让旅行社业务经营许可"。旅行社的下列行为，属于转让、出租或者出借旅行社业务经营许可证：①准许或者默许其他企业、团体或者个人，以自己的名义从事旅行社业务经营活动的(组团社将目的地的接待业务委托给接待社的除外)；②准许其他企业、团体或者个人，以部门或者个人承包、挂靠的形式经营旅行社业务的。

《旅游法》第九十五条第二款规定："旅行社违反本法规定，出租、出借旅行社业务经营许可证，或者以其他方式非法转让旅行社业务经营许可的，除依照前款规定处罚(由旅游主管部门或者工商行政管理部门责令改正，没收违法所得，并处一万元以上十万元以下罚款；违法所得十万元以上的，并处违法所得一倍以上五倍以下罚款)外，并责令停业整顿；情节严重的，吊销旅行社业务经营许可证"。

4)许可证吊销的管理规定

旅行社违反《旅行社条例》及《实施细则》关于许可证规定的，由旅游管理部门给予处罚；其违规行为情节严重的，吊销许可证。旅行社被吊销许可证的，由做出处理决定的旅游行政管理部门通知工商行政管理部门吊销其营业执照。

小思考

思考一下，旅行社的哪些违规行为会被吊销旅行社业务经营许可证？

4.4.2 旅游服务质量保证金制度

1994年，为加强对旅行社服务质量的监督和管理，保护旅游者的合法权益，国家旅游局参照国际惯例，决定对旅行社实行质量保证金制度，并于1995年1月1日发布《旅行社质量保证金暂行规定》及其细则，初步建立了该制度。1996年10月国务院颁发的《旅行社管理条例》，以行政法规的形式确立了该制度。此后，国家旅游局相继发布了《旅行社质量保证金赔偿办法》《旅行社质量保证金赔偿试行标准》，作为配套制度使该制度趋于完善。2009年国务院发布的《旅行社条例》对该制度不合理的部分进行修改。2009年6月和2011年11月，国家旅游局发布《旅行社质量保证金存取办法》《旅行社服务质量赔偿标准》。2013年，该制度由《旅游法》最终确定，其法律地位经历了由部门规章上升到行政法规，最终上升到法律层面，名称也由旅行社质量保证金变更为旅游服务质量保证金。

1. 旅游服务质量保证金的含义

《旅游法》第三十一条规定："旅行社应当按照规定交纳旅游服务质量保证金，用于旅游者权益损害赔偿和垫付旅游者人身安全遇有危险时紧急救助的费用。"

由此看来，质量保证金的使用范围有以下两个。

1)旅游者权益损害的赔偿

质量保证金是用于保障旅游者的合法权益的专用款项,在法定情形下该款项用于先行赔付旅游者的损失,不适用于旅游企业之间的经济纠纷的处理。除法律规定的情形外,任何单位和个人不得动用保证金。

为防止保证金存单质押,银行应在存单上注明"专用存款不得质押"字样。

实例分析 4-13

企业纠纷不可挪用质量保证金[①]

某旅行社拖欠某餐馆的餐费,而餐馆多次追讨无果。为了保护自己的权益,该餐馆要求旅游行政主管部门动用质量保证金,用于支付旅行社拖欠的餐费。旅游行政主管部门向餐馆说明收取质量保证金的目的,明确告知虽然旅行社拖欠餐费,但旅游行政主管部门不能动用质量保证金来满足餐馆的要求,建议餐馆直接向当地法院起诉。经过旅游行政主管部门的解释和建议,该餐馆最后向法院起诉,旅行社不得不偿还债务,餐馆的权益得到了保障。

分析:案例中旅行社和服务供应商之间存在经济纠纷,旅行社确实应该偿还所拖欠餐费,但不能动用质量保证金解决经济纠纷。

2)紧急救助费用的垫付

质量保证金用于旅游者人身安全的紧急救助,这是《旅游法》赋予质量保证金新的功能。按照原来的规定,质量保证金只用于旅游活动结束后由于旅行社服务质量原因而损害旅游者合法权益的赔偿。《旅游法》新增了旅行社为救助旅游者而预先垫付资金的义务。一旦旅游者发生人身安全问题而急需医疗治疗,无论责任在谁,为紧急救助旅游者,旅行社必须先行垫付救治费用,包括动用质量保证金。

很多国家和地区都实行质量保证金制度,其目的就是在旅游活动中,旅游者付费在先、旅游服务在后的情况下,一旦产生纠纷难以进行重玩、补玩这样的救济,当旅行社不愿意或无力对旅游者进行赔偿时,事后用旅行社事先缴纳的质量保证金进行经济补偿,从而保护旅游者的利益。

2. 旅游服务质量保证金的缴纳

1)缴纳期限和数额

《旅行社条例》第十三条规定,旅行社应当自取得旅行社业务经营许可证之日起 3 个工作日内缴纳质量保证金。

经营国内旅游业务和入境旅游业务的旅行社,应当存入质量保证金 20 万元;经营出境旅游业务的旅行社,应当增存质量保证金 120 万元。分社保证金的缴纳,根据分社业务范围的不同,缴纳数额不同,具体缴纳金额见本书 2.2.3 小节旅行社分社部分。

[①] 资料来源:黄恢月. 旅游法实务详解[M]. 北京:中国旅游出版社,2014:164.

2)缴存的方式

《旅行社条例》规定了保证金缴纳的两种方法，旅行社可以自行选择。

(1)以现金形式存入指定银行的专门账户。

在中国境内商业银行有意向从事此业务的，应当向国家旅游局提出书面申请，国家旅游局本着公开、公平、公正的原则，根据有关法律和《旅行社质量保证金存取管理办法》，指定符合条件的申请银行作为质量保证金的存储银行。

旅行社须在国家旅游局指定的范围内，选择一家银行(含其银行分支机构)存储保证金。保证金实行专户管理，专款专用。银行为旅行社开设保证金专用账户，提交具有下列内容的书面承诺：当县级以上旅游行政管理部门或者人民法院依据《旅行社条例》规定，划拨质量保证金后3个工作日内，将划拨情况及其数额通知旅行社所在地的省级旅游行政管理部门，并提供县级以上旅游行政管理部门出具的划拨文件或者人民法院生效法律文书的复印件；非因《旅行社条例》规定的情形，出现质量保证金减少时，承担补足义务。

(2)以银行担保的方式缴存质量保证金。

银行愿意为旅行社提供保证金担保的，由银行向许可的旅游行政管理部门出具《旅行社质量保证金银行担保函》。银行担保期限不得少于1年。担保期届满前3个工作日，应续办担保手续。

此外，旅行社的专用账户资金额度不足时，可对不足部分申请银行担保，但担保条件必须符合银行要求。

3. 旅游服务质量保证金的管理

1)监管部门

旅游行政管理部门是质量保证金的主要监管部门，国家旅游行政管理部门制定保证金存缴、使用的管理办法以及指定保证金交存的银行；各级旅游行政管理部门依法使用保证金向旅游者赔偿，并在日常保证金监管中出具减少保证金额度的凭证和补足保证金的通知。

2)所有权的保护

保证金从所有权看属于缴纳的旅行社所有，是旅行社合法财产中具有特定用途的部分，其存储在银行所产生的利息也全部归旅行社所有。银行按照不少于一年定期、到期自动结息转存方式管理保证金，中途提取部分改按活期结算利息。旅行社发生合并、解散、转产、破产等情形时，质量保证金作为旅行社企业财产的一部分，按有关法律规定处置；当旅行社终止经营，不再从事旅游业务时，凭旅游行政管理部门出具的凭证，可以向银行取回质量保证金。

3)存款的管理

旅行社需要存缴保证金时，须持营业执照副本、旅行社业务经营许可证副本到银行办理存款手续。存缴保证金的旅行社须与银行签订"旅行社质量保证金存款协议书"，并将复印件送许可的旅游行政管理部门备案。

旅行社在银行存入质量保证金的，应当设立独立账户，存期由旅行社确定，但不得少于1年。账户存期届满，旅行社应当及时办理续存手续。

4)取款的管理

旅行社因解散或破产清算、业务变更或撤减分社减交、三年内未因侵害旅游者合法权益受到行政机关罚款以上处罚而降低保证金数额50%等原因，需要支取保证金时，须向许可的旅游行政管理部门提出申请，许可的旅游行政管理部门审核出具"旅行社质量保证金取款通知书"。银行根据该通知书将相应数额的保证金退还给旅行社。

5)满额管理

旅行社的经营行为是持续的，质量保证金一旦达不到法定的向旅游者支付的数额，如果不补足，对旅行社之后接待的旅游者而言，质量保证金的保障作用就会降低。因此，质量保证金应当保持满额，旅行社在旅游行政管理部门使用质量保证金赔偿旅游者的损失，或者依法减少质量保证金后，因侵害旅游者合法权益受到行政机关罚款以上处罚的，应当在收到旅游行政管理部门补交质量保证金的通知之日起5个工作日内补足质量保证金。

6)动态管理

为了鼓励遵纪守法、规范经营的旅行社，同时降低企业负担，质量保证金实行动态管理制度，根据旅行社的经营情况对其缴纳的质量保证金进行降低、退还、补足等动态管理。

(1)质量保证金的降低。

对规范经营，信誉良好的旅行社，《旅行社条例》设置了鼓励措施，其中之一是：旅行社自交纳或者补足质量保证金之日起三年内未因侵害旅游者合法权益受到行政机关罚款以上处罚的，旅游行政管理部门应当将旅行社质量保证金的交存数额降低50%，并向社会公告。旅行社可凭省、自治区、直辖市旅游行政管理部门出具的凭证减少其质量保证金。

这项措施，鼓励了旅行社守法经营，也可以减轻旅行社的资金流转压力。此外需明确的是，按照《实施细则》的规定，有权降低质量保证金缴纳标准的机关是原许可的旅游行政管理部门，原许可的旅游行政管理部门应当根据旅行社的要求，在10个工作日内向其出具降低质量保证金数额的文件。

(2)质量保证金的补足

①质量保证金须补足的两种情形：a. 旅行社缴纳的质量保证金，因旅行社损害旅游者的合法权益，旅游行政管理部门使用质量保证金赔偿旅游者的损失后，剩余的保证金达不到《旅行社条例》规定的最低缴纳标准。b. 旅行社守法经营，减少50%的保证金后，因侵害旅游者合法权益受到行政机关罚款以上处罚。

②质量保证金补足的时间：在收到旅游行政管理部门补交质量保证金的通知之日起5个工作日内补足质量保证金。

③质量保证金补足后的义务：旅行社在补足质量保证金后7个工作日内，应当向原许可的旅游行政管理部门提交补足的证明文件。

(3)质量保证金的退还[①]

《旅行社条例》第十九条规定：旅行社不再从事旅游业务的，凭旅游行政管理部门出具的凭证，向银行取回质量保证金。

---

①资料来源：《旅行社服务质量赔偿标准》

4. 旅游服务质量保证金的使用

1)旅游行政管理部门使用质量保证金

《旅行社条例》规定，有下列情形之一的，旅游行政管理部门可以使用旅行社的质量保证金。

(1)旅行社违反旅游合同约定，侵害旅游者合法权益，经旅游行政管理部门查证属实的。

(2)旅行社因解散、破产或者其他原因造成旅游者预交旅游费用损失的。这里的预交费用包括旅游者为了参加旅行社组织的旅游活动而向旅行社交纳的团费、签证费及为了出境旅游而交纳的出境押金等各项费用。

2)人民法院划拨质量保证金

《旅行社条例》规定，人民法院判决、裁定及其他生效法律文书认定旅行社损害旅游者合法权益，旅行社拒绝或者无力赔偿的，人民法院可以从旅行社的质量保证金账户上划拨赔偿款。

人民法院划拨质量保证金的前提是旅行社服务存在瑕疵。旅游者向人民法院起诉并胜诉，旅行社不愿意赔偿或无力赔偿时，人民法院可以划拨质量保证金对旅游者进行赔偿。

5. 旅游服务质量保证金赔偿标准[①]

为提高旅游服务质量，规范旅行社经营，打击违法违规行为，保护旅游者合法权益，国家旅游局在《旅行社质量保证金赔偿试行标准》基础上，总结归纳了近年来各地调解旅游投诉纠纷的实践经验，并广泛吸收了社会各界的意见，于2011年4月12日发布了《旅行社服务质量赔偿标准》，成为调解旅游纠纷的赔偿依据。

1)适用范围

旅行社不履行合同或者履行合同不符合约定的服务质量标准，旅游者和旅行社对赔偿标准未做出合同约定的，旅游行政管理部门或者旅游质监执法机构在处理相关旅游投诉时，参照适用本赔偿标准。

2)除外责任

由于不可抗力等不可归责于旅行社的客观原因或旅游者个人原因，造成旅游者经济损失的，旅行社不承担赔偿责任。

3)因旅行社原因，旅游团不能成行的赔偿

旅行社与旅游者订立合同或收取旅游者预付旅游费用后，因旅行社原因不能成行的，旅行社应在合理期限内通知旅游者，否则按下列标准承担赔偿责任。

(1)国内旅游应提前7日(不含7日)通知旅游者，否则应向旅游者全额退还预付旅游费用，并按下述标准向旅游者支付违约金：出发前7日(含7日)至4日，支付旅游费用总额10%的违约金；出发前3日至1日，支付旅游费用总额15%的违约金；出发当日，支付旅游费用总额20%的违约金。

(2)出境旅游(含赴台游)应提前30日(不含30日)通知旅游者，否则应向旅游者全额退还

[①]资料来源：《旅行社服务质量赔偿标准》

预付旅游费用,并按下述标准向旅游者支付违约金:出发前 30 日至 15 日,支付旅游费用总额 2%的违约金;出发前 14 日至 7 日,支付旅游费用总额 5%的违约金;出发前 6 日至 4 日,支付旅游费用总额 10%的违约金;出发前 3 日至 1 日,支付旅游费用总额 15%的违约金;出发当日,支付旅游费用总额 20%的违约金。

4)擅自将旅游者转团、拼团的赔偿

旅行社未经旅游者同意,擅自将旅游者转团、拼团的,旅行社应向旅游者支付旅游费用总额 25%的违约金。解除合同的,还应向未随团出行的旅游者全额退还预付旅游费用,向已随团出行的旅游者退还未实际发生的旅游费用。

5)价格歧视的赔偿

在同一旅游行程中,旅行社提供相同服务,因旅游者的年龄、职业等差异增收费用的,旅行社应返还增收的费用。

6)旅行社原因误车(机、船)事故的赔偿

因旅行社原因造成旅游者未能乘坐预订公共交通工具的,旅行社应赔偿旅游者的直接经济损失,并支付直接经济损失 20%的违约金。

7)导游及领队服务不达标的赔偿

导游或领队未按照国家或旅游行业对旅游者服务标准提供导游或者领队服务,影响旅游服务质量的,旅行社应向旅游者支付旅游费用总额 1%~5%的违约金,本赔偿标准另有规定的除外。

8)旅行社及导游或领队违反合同约定的赔偿

旅行社及导游或领队违反旅行社与旅游者的合同约定,损害旅游者合法权益的,旅行社按下述标准承担赔偿责任。

(1)旅行社安排的旅游活动及服务档次与合同不符,造成旅游者经济损失的,旅行社应退还旅游者合同金额与实际消费的差额,并支付同额违约金。

(2)擅自缩短游览时间、遗漏旅游景点、减少旅游服务项目的,旅行社应赔偿未完成约定旅游服务项目等合理费用,并支付同额违约金。遗漏无门票景点的,每遗漏一处,旅行社向旅游者支付旅游费用总额 5%的违约金。

(3)未经旅游者签字确认,擅自安排合同约定以外的用餐、娱乐、医疗保健、参观等另行付费项目的,旅行社应承担另行付费项目的费用。

(4)未经旅游者签字确认,擅自违反合同约定增加购物次数、延长停留时间的,每次向旅游者支付旅游费用总额 10%的违约金。

(5)强迫或者变相强迫旅游者购物的,每次向旅游者支付旅游费用总额 20%的违约金。

(6)旅游者在合同约定的购物场所购物,所购物品系假冒伪劣商品的,旅行社应负责挽回或赔偿旅游者的直接经济损失。

(7)私自兜售商品的,旅行社应全额退还旅游者购物价款。

(8)旅行社违反合同约定,中止对旅游者提供住宿、用餐、交通等旅游服务的,应当负担旅游者在被中止旅游服务期间所订的同等级别的住宿、用餐、交通等必要费用,并向旅游者支付旅游费用总额 30%的违约金。

4.4.3 旅行社监督检查制度

旅行社监督检查制度，是指行政机关为了督促旅行社守法经营，在其职权范围内对旅行社的经营行为进行检查，并对其违法经营行为进行处罚的制度。

1. 监督检查的机关

我国对旅行社的管理是以旅游行政管理部门作为主管部门的分级管理，其他有关部门依照有关法律、法规的规定，在各自职责范围内对其实施监督管理。国务院旅游行政主管部门负责全国旅行社的监督管理工作，县级以上地方人民政府管理旅游工作的部门按照职责负责本行政区域内旅行社的监督管理工作。县级以上各级人民政府工商、价格、商务、外汇等有关部门，按照职责分工，依法对旅行社进行监督管理。

为了加强对旅行社在内的旅游企业进行监督管理，《旅游法》提出建立旅游综合执法机制。由于旅游服务的综合性，旅行社的经营行为还会涉及价格、税务、工商等部门的管理。为了防止相关职能部门在管理中相互推诿责任，旅游综合执法的机制可以有效解决此类问题。

此外，我国对旅行社的管理实行"属地管理"，即旅行社必须服从县级以上旅游主管部门的管理。现实中，旅行社到外地设立分社，有时存在不服从、不配合当地市、县级旅游主管部门管理的现象；导游人员在外省带团，对当地旅游执法人员的旅游执法持消极态度，有时甚至拒绝接受检查。"属地管理"原则的确立，明确了旅行社及其从业人员，只要在其行政区域内，就必须服从和配合县级以上旅游主管部门的依法管理。

2. 监督检查的具体规定

1) 监督检查的内容

《旅游法》规定：县级以上人民政府旅游主管部门有权对下列事项实施监督检查：①经营旅行社业务以及从事导游、领队服务是否取得经营、执业许可；②旅行社的经营行为；③导游和领队等旅游从业人员的服务行为；④法律、法规规定的其他事项。

2) 旅行社的义务

旅行社及其分社按照国家有关规定向旅游行政管理部门报送经营和财务信息等统计资料。旅行社报送的统计资料具体包括：①旅行社基本情况，包括企业形式、出资人、员工人数、部门设置、分支机构、网络体系等；②旅行社的经营情况，包括营业收入、旅游创汇、利税等；③旅行社组织接待情况，包括国内旅游、入境旅游、出境旅游的组织、接待人数等；④旅行社安全、质量、信誉情况，包括旅行社投保旅行社责任保险、认证认可和奖惩等。

旅行社不按照国家有关规定向旅游行政管理部门报送经营和财务信息等统计资料的，由旅游行政管理部门责令改正；拒不改正的，处1万元以下的罚款。

3) 检查机关的义务

(1)出示证件。旅游主管部门和有关部门依法实施监督检查，其监督检查人员不得少于两人，并应当出示合法证件。监督检查人员少于两人或者未出示合法证件的，被检查单位和个人有权拒绝。

(2) 保守企业商业秘密。旅行社提交的经营、财务信息等涉及企业商业秘密的统计资料，旅游主管部门的管理人员应当保守上述秘密。

(3) 不得以权谋私。旅游、工商、价格、商务、外汇等有关部门工作人员不得接受旅行社的任何馈赠，不得参加由旅行社支付费用的购物活动或者游览项目，不得通过旅行社为自己、亲友或者其他个人、组织牟取私利。

阅读案例 14—1

潍坊 5 家旅行社被立案处理　旅游联合执法渐成熟[①]

2014 年 5 月，潍坊市旅游局联合市工商局、市运管处开展了旅游联合执法活动，效果明显，标志着潍坊市旅游联合执法日渐成熟。

5 月 8 日凌晨，市旅游监察支队、市运管处出动 3 辆执法车辆、9 名执法人员对市区散客集散地进行突击检查，共检查旅游包车 8 辆，随车导游 6 人，对发现的涉嫌违法、违规行为进行了立案处理。

据悉，4 月份以来，市旅游监察支队解决旅游纠纷近 10 起，对快速调解不成以及情况较复杂的 4 件投诉立案处理，承接办理 12345 市长公开电话 3 起，投诉案件处结率 100%。

4 月份以来，市旅游监察支队共出动执法人员 20 余人次，检查旅行社 8 家，对其中 5 家进行了立案处理；"五一"假期以来，市旅游监察支队积极牵头市工商局、市运管处开展旅游联合执法检查，查处涉嫌违法违规旅游企业，取缔挂牌"中国国际旅行社潍坊分社安丘营业部"的非法旅行社，维护了旅游市场正常秩序。

4.4.4　旅行社公告制度

旅行社公告制度，是行政管理部门对旅行社经营情况，通过报纸、期刊、网络或其他形式向社会公开发布告知的管理制度。该制度的目的是将旅行社经营情况向社会公开告知，利用社会加强对旅行社的监督；同时，旅行社为避免自身企业向社会曝光，也会更加注重规范守法经营，从而净化整个旅行社行业的经营环境。

2010 年 12 月，国家旅游局根据《旅行社条例》和《实施细则》，出台《旅行社公告暂行规定》。

1. 公告的事项

旅游、工商、价格等行政管理部门应当及时向社会公告监督检查的情况。公告的事项具体包括：①旅行社业务经营许可证的颁发、变更、注销、吊销；②许可或暂停、停止旅行社经营出境、边境旅游业务；③旅行社经营或暂停、停止经营赴台旅游业务；④旅行社分社、服务网点设立与撤销备案；⑤旅行社委托代理招徕旅游者业务备案；⑥旅行社的违

[①] 资料来源：潍坊新闻网，2014-05-20，http://www.sd.xinhuanet.com/travel/weifang/2014-05/20/c_1110774756.htm。

法经营行为；⑦旅行社的诚信记录；⑧旅游者对旅行社的投诉信息；⑨旅行社质量保证金交存、增存、补存、降低交存比例和被执行赔偿等情况；⑩旅行社统计调查情况；⑪全国和地区旅行社经营发展情况；⑫旅游行政管理部门认为需要公开发布的其他有关旅行社的事项和情况信息。

2. 公告发布的时限

质量保证金交存数额降低公告，旅行社业务经营许可证颁发、变更和注销公告，旅行社分社、服务网点设立与撤销备案公告，委托代理招徕旅游者业务备案和撤销委托备案公告，应当在做出许可决定或者备案后的 20 个工作日内发布。

旅行社违法经营行为公告和旅行社业务经营许可证吊销公告，应当在处罚执行后 10 个工作日内发布。

旅行社诚信记录公告、旅游者对旅行社的投诉信息公告，分季度、半年和年度发布。

旅行社统计调查季度公报应当在季后 1 个月内发布，旅行社统计调查年度公报应当在年度后 6 个月内发布。

3. 公布的途径

旅行社公告通过发布机关或其上级机关的政府网站发布，也可以在全国或本地区公开发行的报纸、期刊上发布。发布机关对公告事项的真实性、完整性、准确性负责。

4.4.5　旅行社责任保险制度

为保障旅游者合法权益，1990 年 2 月，国家旅游局和中国人民保险公司联合下发了《关于旅行社接待的海外旅游者在华旅游期间统一实行旅游意外保险的通知》，确立了旅游意外保险制度。1996 年颁布的《旅行社管理条例》及其后颁布的实施细则进一步明确了这项制度。1997 年颁布的《旅行社办理旅游意外保险暂行规定》，使其具有规范性和可操作性。但旅游意外保险是自愿保险，一些旅行社不愿投保，致使一些旅游纠纷无法妥善处理。因此，2001 年 5 月 15 日，国家旅游局发布《旅行社投保旅行社责任保险规定》，确立了旅行社责任保险制度；2009 年国务院颁发的《旅行社条例》，明确了旅行社责任险强制保险的性质。2010 年 11 月 25 日，国家旅游局、中国保险监督管理委员会联合发布了《旅行社责任保险管理办法》(以下简称《办法》)，自 2011 年 2 月 1 日起施行，国家旅游局 2001 年发布的《旅行社投保旅行社责任保险规定》同时废止。2013 年颁布的《旅游法》中也明确了旅行社在内的旅游经营者要实施责任保险，加强了该制度的法律效力。

1. 旅行社责任保险的概念

旅行社责任保险(以下简称责任险)，是指以旅行社因其组织的旅游活动对旅游者和受其委派并为旅游者提供服务的导游或者领队依法应当承担的赔偿责任为保险标的的保险。《办法》首次将受旅行社委托、为旅游者提供服务的导游和领队列入其中。这些相关的服务人员与旅游者面临着一样的风险，他们也无法预料将会发生的危险，因此，将其列入保护对象之中是公平的体现，同时也能激励其更加全心全意、设身处地地为旅游者服务。

该保险具有如下特征。

1)责任险属于强制保险

强制保险是国家通过立法规定强制企业或个人投保的保险。因旅游活动具有一定的风险,旅行社在组织旅游过程中发生的须由其承担的旅游者及导游或领队的人身伤亡、财产损失责任,因自身财力有限无力进行赔偿,故国家强制要求旅行社投保责任险,以将风险转向经营风险保障业务的保险行业。《旅游法》第五十六条规定:"国家根据旅游活动的风险程度,对旅行社、住宿、旅游交通以及高风险旅游项目等经营者实施责任保险制度"。《办法》第二条规定:"在中华人民共和国境内依法设立的旅行社,应当依照《旅行社条例》和本办法的规定,投保旅行社责任保险"。因此责任险属于强制保险,旅行社从事旅游业务经营活动,必须履行这一强制性义务。

2)责任险的投保人和被保险人是旅行社

投保人是指与保险人订立保险合同,并按照保险合同负有支付保险费义务的人。责任险是旅行社向保险公司投保,与保险公司签订保险合同并支付保险费,目的在于转嫁赔偿责任的风险。责任险的投保人必须是在中华人民共和国境内依法登记注册、并持有旅行社业务经营许可证的公司。而其他的俱乐部、自助游组织、会务公司等不具备旅行社业务经营许可证的各种组织或公司尚不可投保旅行社责任险。

被保险人是指根据保险合同,其财产利益或人身权益受保险合同保障,在保险事故发生后,享有保险金请求权的人。责任保险保险费的支付者是旅行社。旅行社责任保险作为旅行社为其责任投保的一种保险,旅行社向保险公司支付了保险金,赔偿责任的风险也转移到了承保的保险公司。当发生合同中约定的保险事故时,保险公司将在责任限额内对旅行社予以赔偿。

3)责任险的赔偿范围是旅行社在责任限额内对因其组织的旅游活动对旅游者和受其委派的导游或者领队依法应当承担的赔偿责任

根据保险合同的规定,旅行社对他人的损害负经济赔偿责任的,均由保险人承担。如果旅游者和为其服务的导游和领队在旅游活动中遭受的损失不是旅行社造成的,保险人不承担赔偿责任。

实例分析 4—2

狗伤游人,谁来承担责任

1998年6月,投诉人周某参加四川省某国际旅行社组织的九寨沟旅游团。6月14日下午7时许,旅游团乘汽车至松潘县甘海子地段时,一些旅游者提出要上厕所。导游即与司机商量,将车停在了一个有厕所的商店门口,导游告知厕所在商店的后面,并引导旅游者到厕所的门口。这时走在最后的周某没有直接上厕所,而是经过厕所门口向大约离厕所5米处的土堆走去,被此地大树下拴着的狗咬伤。

事故发生后,导游为周某的伤口进行了应急包扎处理。到九寨沟的宾馆后,导游将周某送到九寨镇医院进行医治。由于此地没有狂犬疫苗,导游向其所属成都市某旅行社报告,要求旅行社接站并安排医院和准备好狂犬疫苗。16日，导游将周某送上卧铺车返回成都。

旅行社立即派人找到了狂犬疫苗，并按照周某的要求，为其安排了带独立卫生间、有电视机的单间病房。住院时，旅行社支付了周某的医疗费和住宿费6000元。在治疗期间和出院后，四川省消协和质监所对此纠纷进行了多次调解，提出由旅行社支付周某治疗费6000元的同时，再赔偿6500元，而周某认为该赔偿额远不足以弥补其直接与间接经济及精神损失，调解未果。

分析：

本案当事人周某在旅游途中被狗咬伤，其提出由旅行社承担责任并赔偿损失的请求，缺乏事实法律依据，不应支持。理由如下：

(1)旅行社在提供的旅游服务过程中没有过错。旅游途中，应旅游者的要求，中途停车上厕所，导游的此行为并无不当。导游在停车后告知了厕所的具体位置，并将旅游者引导到厕所门口，已经履行了导游应尽的义务。周某下车后，并未按导游告知的具体位置和引导的路线上厕所，而向厕所后面5米处拴狗的土堆走去，从而导致被狗咬伤的后果。

(2)本案中，周某被狗咬伤，纯属意外事故，旅行社在没有过错的情况下，不应承担违约赔偿责任。但旅行社有义务进行救助，协助有关部门调查取证，依据旅游意外保险协议，向承保保险公司索赔保险金。

(3)被狗咬伤是第三人的侵权行为所致。《民法通则》第127条规定："饲养的动物造成他人损害的，动物饲养人或者管理人应当承担民事责任。"本案中，由于狗的主人未尽到管理的义务，致使周某身体受到伤害，因此周某应直接要求侵权人承担赔偿责任，以使自身的利益得到及时的保障。

(资料来源：赵建生. 狗伤游人，谁来承担责任[J/OL].人民网，2004-04-08. http://www.china.com.cn/chinese/TR-c/540739.htm)

此外，保险公司只在与旅行社约定的赔偿限额内赔偿，赔偿金额超出赔偿限额部分的，仍由旅行社赔偿。

4)责任险的赔付主体是保险公司

通过投保责任险，旅行社将发生事故之后的损害责任转移给了保险公司。因此，旅行社对于在保险期间发生保险责任范围内的事故时，应当及时取得有效凭证，向承保的保险公司办理赔偿事宜。保险公司则应当在规定时间内予以赔偿。

2. 责任险的一般事宜

1)保险责任

保险责任是指保险人承担的经济损失补偿或人身保险金给付的责任。即保险合同中约定由保险人承担的危险范围内，在保险事故发生时所负的赔偿责任，包括损害赔偿、责任赔偿、保险金给付、施救费用、救助费用、诉讼费用等。被保险人签订保险合同并交付保险费后，保险合同条款中规定的责任范围，即成为保险人承担的责任。

依照《办法》第四条规定，旅行社责任保险的保险责任，应当包括旅行社在组织旅游活动中依法对旅游者的人身伤亡、财产损失承担的赔偿责任和依法对受旅行社委派并为旅游者提供服务的导游或者领队的人身伤亡承担的赔偿责任。具体包括下列情形。

(1)因旅行社疏忽或过失,应当承担赔偿责任的。

(2)因发生意外事故,旅行社应当承担赔偿责任的。

(3)国家旅游局会同中国保险监督管理委员会规定的其他情形。

新的《办法》拓宽了责任范围,以往保险公司只是对旅行社在旅行过程中,因自身管理上的原因而导致的比较明显的旅游事故进行理赔,对于界定不明确、争议比较大的则部分理赔甚至不予理赔。这样,不仅使得旅游者的合法权益得不到应有的保护,而且不利于社会的稳定。《办法》对于这部分事故做出了针对性的规定,通过采用"一切险加以列明"的方式来确定保障范围,将旅行过程中发生的交通事故、食物中毒等难以辨明责任的旅游事故列入保障范围之中。保障范围的扩大可以促使旅行社审慎对待自己的工作,减少工作中的失误,尽可能避免保险事故的发生,保护旅游者的生命财产安全。

2)责任限额

责任限额是指在责任保险中,保险人承担赔偿保险金责任的最高限额。责任限额分每次赔偿限额、每人赔偿限额和累计赔偿限额。每次赔偿限额是指每一次事故的最高赔偿限度;每人赔偿限额是指每一次事故中每一个人的最高赔偿限额,但多人累计不能超过每次赔偿限额;累计赔偿限额是指在保险期限内,发生多次事故赔偿总和的最高额度。

旅行社责任保险的责任限额可以根据旅行社业务经营范围、经营规模、风险管控能力、当地经济社会发展水平和旅行社自身需要,由旅行社与保险公司协商确定,但每人人身伤亡责任限额不得低于 20 万元人民币。

3)保险费率

保险费率,是应缴纳保险费与保险金额的比率。保险费率是保险人按单位保险金额向投保人收取保险费的标准。

保险费率不由监管部门制定,而由保险公司根据保险市场的供给和需求关系来制定。责任险的保险费率应当遵循市场化原则,并与旅行社经营风险相匹配。

知识要点提醒

保险费率一般由纯费率和附加费率两部分组成。纯费率也称净费率,是保险费率的主要部分,它是根据损失概率确定的。按纯费率收取的保险费叫纯保费,用于保险事故发生后对被保险人进行赔偿和给付。附加费率是保险费率的次要部分,按照附加费率收取的保险费叫附加保费。它是以保险人的营业费用为基础计算的,用于保险人的业务费用支出、手续费支出以及提供部分保险利润等。

4)保险合同

旅行社投保旅行社责任保险的,应当与保险公司依法订立书面的旅行社责任保险合同(以下简称保险合同)。

5)合同解除

①保险合同成立后,除符合《保险法》规定的情形外,保险公司不得解除保险合同。
②保险合同解除的,保险公司应当收回保险单,并书面通知旅行社所在地县级以上旅游行

政管理部门。③保险合同成立后,旅行社要解除保险合同的,应当同时订立新的保险合同,并书面通知所在地县级以上旅游行政管理部门,但因旅行社业务经营许可证被依法吊销或注销而解除合同的除外。

6)保险期间

保险期间也称"保险期限",指保险合同的有效期限,即保险合同双方当事人履行权利和义务的起讫时间。我国目前的保险条款通常规定保险期间为约定起保日的零时开始到约定期满日 24 时止。

旅行社责任保险的保险期间为 1 年,即旅行社投保责任险后,在 1 年的保险期间内,如果发生投保范围内的赔偿责任,由承保的保险公司在责任限额内赔付。

3. 投保

旅行社投保旅行社责任保险,可以依法自主投保,也可以有组织地统一投保。

1)投保人的义务

①旅行社与保险公司订立保险合同时,应当依照《保险法》的有关规定履行告知和说明义务。②保险合同成立后,旅行社按照约定交付保险费。③旅行社的名称、法定代表人或者业务经营范围等重要事项变更时,应当及时通知保险公司。必要时应当依法办理保险合同变更手续。④旅行社应当在保险合同期满前及时续保。

2)保险人的义务

①保险人应当依照《保险法》的有关规定履行告知和说明义务。②订立保险合同时,保险公司不得强制旅行社投保其他商业保险。③保险公司应当及时向旅行社签发保险单或者其他保险凭证,并在保险单或者其他保险凭证中载明当事人双方约定的合同内容,同时按照约定的时间开始承担保险责任。

4. 赔偿

1)投保人通知义务

旅行社组织的旅游活动中发生保险事故时,旅行社或者受害的旅游者、导游、领队应通知保险公司。

2)保险人告知义务

旅行社或者受害的旅游者、导游、领队通知保险公司后,保险公司应当及时告知具体的赔偿程序等有关事项。

3)投保人提供证明和材料

保险事故发生后,旅行社按照保险合同请求保险公司赔偿保险金时,应当向保险公司提供其所能提供的与确认保险事故的性质、原因、损失程度等有关的证明和资料。

保险公司按照保险合同的约定,认为有关的证明和资料不完整的,应当及时一次性通知旅行社补充提供。

4)投保人提出赔偿请求

旅行社对旅游者、导游或者领队应负的赔偿责任确定的,向保险公司提出赔偿请求。旅行社怠于请求的,受害的旅游者、导游或者领队有权就其应获赔偿部分直接向保险公司请求赔偿保险金。

5)保险人对保险金的核定与赔偿

保险公司收到赔偿保险金的请求和相关证明、资料后，应当及时做出核定；情形复杂的，应当在30日内做出核定，但合同另有约定的除外。保险公司应当将核定结果通知旅行社以及受害的旅游者、导游、领队。

对属于保险责任的，在与旅行社达成赔偿保险金的协议后10日内，履行赔偿保险金义务。赔偿时，根据旅行社的请求，保险公司应当直接向受害的旅游者、导游或者领队赔偿保险金。

6)保险人的先行支付

因抢救受伤人员需要保险公司先行赔偿保险金用于支付抢救费用的，保险公司在接到旅行社或者受害的旅游者、导游、领队通知后，经核对属于保险责任的，可以在责任限额内先向医疗机构支付必要的费用。

7)第三人损害的规定

因第三者损害而造成保险事故的，保险公司自直接赔偿保险金或者先行支付抢救费用之日起，在赔偿、支付金额范围内代位行使对第三者请求赔偿的权利。旅行社以及受害的旅游者、导游或者领队应当向保险公司提供必要的文件和所知道的有关情况。

8)争议的解决

旅行社与保险公司对赔偿有争议的，可以按照双方的约定申请仲裁，或者依法向人民法院提起诉讼。

5. 监督检查

县级以上旅游行政管理部门依法对旅行社投保旅行社责任保险情况实施监督检查。中国保监会及其派出机构依法对保险公司开展旅行社责任保险业务实施监督管理。

6. 处罚

1)未按照规定投保责任保险的

《旅游法》第九十七条规定，未按照规定投保旅行社责任保险的，"由旅游主管部门或者有关部门责令改正，没收违法所得，并处五千元以上五万元以下罚款；违法所得五万元以上的，并处违法所得一倍以上五倍以下罚款；情节严重的，责令停业整顿或者吊销旅行社业务经营许可证；对直接负责的主管人员和其他直接责任人员，处二千元以上二万元以下罚款"。

2)不续保及责任限额低于20万元的

旅行社解除保险合同但未同时订立新的保险合同，保险合同期满前未及时续保，或者人身伤亡责任限额低于20万元人民币的，由县级以上旅游行政管理部门依照《旅行社条例》第四十九条的规定处罚，即由旅游行政管理部门责令改正；拒不改正的，吊销旅行社业务经营许可证。

4.5 旅行社经营

4.5.1 旅行社的经营原则

《旅行社条例》(以下简称《条例》)第四条规定，旅行社在经营活动中应当遵循自愿、平等、公平、诚信的原则，提高服务质量，维护旅游者的合法权益。

4.5.2 旅行社经营规范

1. 业务经营许可证规范(详见本书2.3.1小节)

2. 经营活动规范

1)按核定的经营范围开展经营活动

旅行社应当按照核定的经营范围开展经营活动，严禁超范围经营。超范围经营包括：①未取得相应的旅行社业务经营许可，经营国内旅游业务、入境旅游业务、出境旅游业务的；②分社的经营范围超出设立分社的旅行社的经营范围；③旅行社服务网点从事招徕、咨询以外的活动的；④外商投资旅行社经营出境旅游业务、赴港、澳、台地区旅游业务和边境旅游业务。

上述第①条的违规情形在《旅游法》第九十五条中有明确的处罚规定："违反本法规定，未经许可经营旅行社业务的，由旅游主管部门或者工商行政管理部门责令改正，没收违法所得，并处一万元以上十万元以下罚款；违法所得十万元以上的，并处违法所得一倍以上五倍以下罚款；对有关责任人员，处二千元以上二万元以下罚款。"

第②、③、④条的违规情形在《条例》中的处罚措施是：由旅游行政管理部门或者工商行政管理部门责令改正，没收违法所得，违法所得10万元以上的，并处违法所得1倍以上5倍以下的罚款；违法所得不足10万元或者没有违法所得的，并处10万元以上50万元以下罚款。

2)发布信息真实可靠

《旅游法》第三十二条规定："旅行社为招徕、组织旅游者发布信息，必须真实、准确，不得进行虚假宣传，误导旅游者。"如旅行社发布"某地两日游50元"的信息，等旅游者去报名时，旅行社告知旅游者，50元仅仅是往返交通费用，要参加必须另外交250元，否则不能成行，这属于典型的虚假宣传。

旅行社违反本规定，则"由旅游主管部门或者有关部门责令改正，没收违法所得，并处五千元以上五万元以下罚款；违法所得五万元以上的，并处违法所得一倍以上五倍以下罚款；情节严重的，责令停业整顿或者吊销旅行社业务经营许可证；对直接负责的主管人员和其他直接责任人员，处二千元以上二万元以下罚款。"

3)安排的旅游活动合乎法律和道德要求

《旅游法》第三十三条规定："旅行社及其从业人员组织、接待旅游者，不得安排参观或者参与违反我国法律、法规和社会公德的项目或者活动。"不论是境内旅游还是出境旅游，旅行社在安排旅游项目和活动时，除了考虑旅游项目是否适合旅游者需求外，还要考虑旅游项目是否合乎我国法律规定和道德要求。

《条例》也规定，旅行社为旅游者安排或者介绍的旅游活动不得含有违反有关法律、法规规定的内容。具体包括：①含有损害国家利益和民族尊严内容的；②含有民族、种族、宗教歧视内容的；③含有淫秽、赌博、涉毒内容的；④其他含有违反法律、法规规定内容的。

《旅游法》规定："旅行社违反本法规定，安排旅游者参观或者参与违反我国法律、法规和社会公德的项目或者活动的，由旅游主管部门责令改正，没收违法所得，责令停业整顿，并处二万元以上二十万元以下罚款；情节严重的，吊销旅行社业务经营许可证；对直接负责的主管人员和其他直接责任人员，处二千元以上二万元以下罚款，并暂扣或者吊销导游证、领队证。"

4) 不得组织低价旅游

《旅游法》三十五条规定："旅行社不得以不合理的低价组织旅游活动，诱骗旅游者，并通过安排购物或者另行付费旅游项目获取回扣等不正当利益。旅行社组织、接待旅游者，不得指定具体购物场所，不得安排另行付费旅游项目。但是，经双方协商一致或者旅游者要求，且不影响其他旅游者行程安排的除外。发生违反前两款规定情形的，旅游者有权在旅游行程结束后三十日内，要求旅行社为其办理退货并先行垫付退货货款，或者退还另行付费旅游项目的费用。"

当前，由于我国旅行社数量众多，行业竞争激烈，一些旅游社为了在同业竞争中取得价格优势，极力压低价格，实行低价旅游，即低于旅游成本的报价招徕旅游者。旅游者报名参加旅游团后，再通过安排购物或另行付费的旅游项目获取回扣等不正当利益，是一种"低价团费、高价购物"模式。当旅游者不购物或购物不踊跃导致旅行社可能亏本时，就会出现强迫旅游者购物的情形。因此，《旅游法》规定旅行社不得以不合理的低价组织旅游活动，不得指定具体购物场所，不得安排另行付费旅游项目。但购物是旅游活动的六大要素之一，是旅游者外出旅游的一种需求，所以《旅游法》又规定在一定条件下可以购物：旅行社可以在不以不合理的低价组织旅游活动、不诱骗旅游者、不获取回扣等不正当利益，且不影响其他旅游者行程安排的前提下，按照平等自愿、诚实信用的原则，与旅游者协商一致达成购物活动、另行付费旅游项目协议。

实例分析 4—3

安排自费项目影响正常行程[①]

2013年11月1日至6日，赵先生参加由青岛某旅行社接待的青岛、威海等地精品6日旅游团。行程首日，在通往景区的旅游车上，导游陈某开始推销自费项目"帆船出海"，迫于无奈，有部分团员交了200元。下午4点导游带领交钱的游客参加"帆船出海"，其他游客在车上等待，他们回来时天色已晚。导游说："今天太晚了，万平口广场我们就不

[①] 资料来源：国家旅游局监督管理司. 旅游投诉举报案例季度通报(2014年第一季度)2014-04-21，http://www.cnta.gov.cn/html/2014-04/2014-04-21-14-35-85032.html.

参观了，去了也看不到什么。"就这样合同行程中约定的参观万平口广场被取消了。次日早晨，旅游行程刚开始，导游陈某又向游客推销自费项目——参观"青岛海云庵民俗博物馆"。在导游的一再推销、一再劝说下，部分团员购买了青岛海云庵民俗博物馆的门票。导游带领部分团员参观博物馆回来时已近下午5点，导游又以天色已晚不适合出海为由把行程中约定的乘船游览取消了。赵先生认为导游带领部分团员参加自费项目占用大家时间，导致部分合同约定项目无法实现，侵害了旅游者的权益，遂向旅游主管部门投诉。

分析：《旅游法》第三十五条第二款规定："旅行社组织、接待旅游者，不得指定具体购物场所。不得安排另行付费旅游项目。但是，双方协商一致或者旅游者要求，且不影响其他旅游者行程安排的除外。"本案中，导游陈某推销自费项目，并安排部分游客参加，导致合同约定的部分景点没有参观，影响了其他游客的行程安排，所以应该按照《旅游法》第九十八条对旅行社和导游实施行政处罚。

低价旅游的直接后果就是侵犯旅游者的权益，因此《旅游法》明令禁止。《旅游法》规定："旅行社违反本法规定的，由旅游主管部门责令改正，没收违法所得，责令停业整顿，并处三万元以上三十万元以下罚款；违法所得三十万元以上的，并处违法所得一倍以上五倍以下罚款；情节严重的，吊销旅行社业务经营许可证；对直接负责的主管人员和其他直接责任人员，没收违法所得，处二千元以上二万元以下罚款，并暂扣或者吊销导游证、领队证。"

5)办事机构规范

《实施细则》第二十八条规定："旅行社设立的办事处、代表处或者联络处等办事机构，不得从事旅行社业务经营活动。"

在我国，只有旅行社及其分社有权从事旅行社的业务经营活动，旅行社的办事处、代表处或者联络处等办事机构只能从事旅游咨询、旅游宣传活动，不可以从事旅行社的业务经营活动。现实中经常有旅行社办事处、代表处等隐藏于居民区内，利用传真等形式向各旅行社发送线路报价，在业内期刊、杂志发布广告，招揽业务。但由于其无固定场所，无经营资质，旅游团队一旦出现质量或安全问题，这些机构就有可能会溜之大吉，同时设立社有可能不承认该办事处，从而给旅游者及旅游企业带来损失。

《实施细则》规定，旅行社有以上行为的，"由旅游行政管理部门或者工商行政管理部门责令改正，没收违法所得，违法所得十万元以上的，并处违法所得一倍以上五倍以下的罚款；违法所得不足十万元或者没有违法所得的，并处十万元以上五十万元以下的罚款"。

6)互联网经营规范

《实施细则》第二十九条规定："旅行社以互联网形式经营旅行社业务的，除符合法律、法规规定外，其网站首页应当载明旅行社的名称、法定代表人、许可证编号和业务经营范围，以及原许可的旅游行政管理部门的投诉电话。"

现实中，一些"黑"旅行社、"黑"中介在互联网上销售旅游线路，组织网络团购旅游，价格极其低廉，甚至出现"花2元换4日港澳游"的幌子，旅游者一旦参加，又陷入低价旅游的陷阱。因此，我国规定，正规旅行社以互联网形式经营旅行社业务，必须在网页载明旅行社的相关资质信息。旅游者从互联网购买旅行社产品，一定要确认旅行社的相关资质,"证照"是否齐全。交款后要索取发票,确认旅游行程,并与合法旅行社签订旅游合同,以保障自身的合法权益。

即学即用

选一家旅行社的网站,考察其网站首页是否载明旅行社的名称、法定代表人、许可证编号和业务经营范围,以及原许可的旅游行政管理部门的投诉电话。

7)旅行社业务委托规范
(1)选择合格的供应商。

《旅游法》第三十四条规定:"旅行社组织旅游活动应当向合格的供应商订购产品和服务。"旅行社在选择供应商时,负有监督的责任,必须选择合格的供应商。所谓合格的供应商,是指那些具有营业执照,并为旅游者提供服务的企业。

旅行社在为旅游者提供吃、住、行、游、购、娱服务时,必须向合格的供应商订购产品和服务,才能保证旅游服务品质。现实中,旅行社为了节约费用,存在与资质不全、不合格的供应商合作的情况,这种经营行为往往会损害旅游者的权益。

《旅游法》规定:"旅行社违反本法规定,由旅游主管部门或者有关部门责令改正,没收违法所得,并处五千元以上五万元以下罚款;违法所得五万元以上的,并处违法所得一倍以上五倍以下罚款;情节严重的,责令停业整顿或者吊销旅行社业务经营许可证;对直接负责的主管人员和其他直接责任人员,处二千元以上二万元以下罚款。"

阅读案例 4-2

选择非法供应商酿大祸[①]

某旅行社组织旅游者外出旅游,向某汽车租赁公司租赁了车辆,在返程途中,由于驾驶员操作失误,导致翻车事故的发生,造成 7 名旅游者死亡,在当地社会产生了恶劣的影响。经查,该旅行社为旅游者提供的车辆不具备营运资质,旅行社应承担全部责任。

(2)与委托方订立合同并告知旅游者。

《实施细则》规定:旅行社需要将在旅游目的地接待旅游者的业务作出委托的,须与旅游目的地的旅行社签订委托接待合同。

旅行社对接待旅游者的业务作出委托的,须将旅游目的地接受委托的旅行社的名称、地址、联系人和联系电话告知旅游者。

旅行社违法此规定,按照《实施细则》规定,由旅游行政管理部门责令改正,处 2 万元以上 10 万元以下的罚款;情节严重的,责令停业整顿 1 个月至 3 个月。

(3)按规定足额支付接待费用,不得进行"零团费"交易。

《实施细则》规定:旅行社将旅游业务委托给其他旅行社的,应当向接受委托的旅行社

---

① 资料来源:黄恢月. 旅游法实务详解[M]. 北京:中国旅游出版社,2014:56.

支付不低于接待和服务成本的费用;接受委托的旅行社不得接待不支付或者不足额支付接待和服务费用的旅游团队。

组团社委托接待社签订合同后,应当按照合同的约定向接待社支付接待旅游者所需要的费用,包括车辆使用、景区门票、住宿用餐等相关接待费用。但在激烈的市场竞争中,为了争取客源在同业竞争中取得价格优势,旅行社极力压低价格,在委托接待环节与接待社进行"零团费"交易。"零团费"就是组团社将旅游团委托给接待社时,不向接待社支付任何接待费用,而接待社在接待旅游团时,通过增加旅游项目、增加购物、压低接待标准等手法,从接待旅游团的购物店、住宿餐饮供应商等处获取回扣,实现利润。组团社与接待社之间的"零团费"交易,最终的受害者是旅游者。因为,旅游供应商为了向接待社支付回扣、佣金,必然要想方设法提高价格、压低成本、弄虚作假、设置陷阱等来欺骗旅游者消费。

违反以上规定的,由旅游行政管理部门责令改正,停业整顿1个月至3个月;情节严重的,吊销旅行社业务经营许可证。

8)旅游报价不得有价格歧视

《实施细则》规定:"同一旅游团队中,旅行社不得由于下列因素,提出与其他旅游者不同的合同事项:(一)旅游者拒绝参加旅行社安排的购物活动或者需要旅游者另行付费的旅游项目的;(二)旅游者存在的年龄或者职业上的差异。但旅行社提供了与其他旅游者相比更多的服务,或者旅游者主动要求的除外。"

现实中,旅游者向旅行社报名时,旅行社有时会出现"同团不同价"的价格歧视情况。例如旅游者拒绝参加旅行社安排的购物活动或者另行付费的旅游项目,或者旅游者是老人、儿童等低消费人群以及旅游者是教师等职业的人群,旅行社对以上旅游消费低的人群提出要加价,这属于价格歧视。

旅行社违反本规定,要求旅游者必须参加旅行社安排的购物活动、需要旅游者另行付费的旅游项目,或者对同一旅游团队的旅游者提出与其他旅游者不同合同事项的,由县级以上旅游行政管理部门责令改正,处1万元以下的罚款。

实例分析 4-4

不能让老人和孩子成为旅行社附加费"潜规则"的受害者

退休教师王先生和老伴参加某出境游组团旅行社组织的澳新7日游,该团一行28人,其中60岁以上老人7人,18岁以下青少年4人。旅行社的宣传单上写的是团费每人13000元,但在签订合同时,旅行社又要求60岁以上老人和18岁以下青少年每人多交3000~3300元不等的附加费。王老师和老伴对附加费用提出质疑,旅行社工作人员的答复是:因60岁以上老年人和18岁以下青少年消费水平不高,所以向他们征收团费之外的附加费用,并表示这是众多旅行社普遍存在的"潜规则"。王老师是个细心人,据他观察,在整个行程中,60岁以上老人吃、住、行、游和大家一样,旅行社并没有提供任何附加的服务,他们在旅游中的消费能力有时超过60岁以下的旅游者。以该团为例,7位老人平均购物消费在8000

元人民币以上。王老师回国后,向有关旅游行政管理部门提出投诉。在旅游行政管理部门的干预下,该出境游组团旅行社将多收的费用退还给了王老师,并受到了相应的行政处罚。王老师觉得这种"潜规则"是对老年人和孩子的歧视和勒索,应坚决予以制止。

分析:《旅行社条例实施细则》规定,同一旅游团队中,旅行社不得由于旅游者存在的年龄或者职业上的差异,提出与其他旅游者不同的合同事项,如附加费用等,除非旅行社提供了与其他旅游者相比更多的服务或旅游者主动要求。违者要受到处罚。

(资料来源:国家旅游局质量监督管理所)

3. 合同签订规范

《旅游法》规定:旅行社组织和安排旅游活动,应当与旅游者订立合同。

1)合同的订立

(1)合同的内容。

包价旅游合同的订立应当采用书面形式,包括下列内容:①旅行社、旅游者的基本信息;②旅游行程安排;③旅游团成团的最低人数;④交通、住宿、餐饮等旅游服务安排和标准;⑤游览、娱乐等项目的具体内容和时间;⑥自由活动时间安排;⑦旅游费用及其交纳的期限和方式;⑧违约责任和解决纠纷的方式;⑨法律、法规规定和双方约定的其他事项。

订立包价旅游合同时,旅行社应当向旅游者详细说明以上第②项至第⑧项所载内容。安排导游为旅游者提供服务的,应当在包价旅游合同中载明导游服务费用。

(2)合同订立时委托代理的规定。

旅行社委托其他旅行社代理销售包价旅游产品并与旅游者订立包价旅游合同的,应当在包价旅游合同中载明委托社和代理社的基本信息。

旅行社将包价旅游合同中的接待业务委托给地接社履行的,应当在包价旅游合同中载明地接社的基本信息。

旅行社将旅游业务委托给其他旅行社的,应当向接受委托的旅行社支付不低于接待和服务成本的费用;接受委托的旅行社不得接待不支付或者不足额支付接待和服务费用的旅游团队。

接受委托的旅行社违约,造成旅游者合法权益受到损害的,作出委托的旅行社应当承担相应的赔偿责任。作出委托的旅行社赔偿后,可以向接受委托的旅行社追偿。

接受委托的旅行社故意或者重大过失造成旅游者合法权益受到损害的,应当承担连带责任。

(3)合同订立的提醒义务。

合同订立时,"旅行社应当提示参加团队旅游的旅游者按照规定投保人身意外伤害保险。"这里的"应当提示"表明这是旅行社的义务,旅行社必须明确提示旅游者购买意外保险,如果旅行社没有提示旅游者,而旅游者在行程中遭受意外伤害,旅行社须承担民事责任。至于旅行社提示后,旅游者是否购买义务保险,则由旅游者自主决定。

2)合同的告知与解释

订立包价旅游合同时,旅行社应当向旅游者告知下列事项:①旅游者不适合参加旅游活动的情形；②旅游活动中的安全注意事项；③旅行社依法可以减免责任的信息；④旅游者应当注意的旅游目的地相关法律、法规和风俗习惯、宗教禁忌，依照中国法律不宜参加的活动等；⑤法律、法规规定的其他应当告知的事项。

旅行社和旅游者签订的旅游合同约定不明确或者对格式条款的理解发生争议的，应当按照通常理解予以解释；对格式条款有两种以上解释的，应当作出有利于旅游者的解释；格式条款和非格式条款不一致的，应当采用非格式条款。

3)合同的履行

旅行社应当按照包价旅游合同的约定履行义务，不得擅自变更旅游行程安排。

因未达到约定人数不能出团的，组团社经征得旅游者书面同意，可以委托其他旅行社履行合同。组团社对旅游者承担责任，受委托的旅行社对组团社承担责任。旅游者不同意的，可以解除合同。

旅行社有下列行为之一的，由旅游主管部门责令改正，处3万元以上30万元以下罚款，并责令停业整顿；造成旅游者滞留等严重后果的，吊销旅行社业务经营许可证；对直接负责的主管人员和其他直接责任人员，处2000元以上2万元以下罚款，并暂扣或者吊销导游证、领队证：①在旅游行程中擅自变更旅游行程安排，严重损害旅游者权益的；②拒绝履行合同的；③未征得旅游者书面同意，委托其他旅行社履行包价旅游合同的。

4)合同的解除

旅游者有下列情形之一的，旅行社可以解除合同：①患有传染病等疾病，可能危害其他旅游者健康和安全的；②携带危害公共安全的物品且不同意交有关部门处理的；③从事违法或者违反社会公德的活动的；④从事严重影响其他旅游者权益的活动，且不听劝阻、不能制止的；⑤法律规定的其他情形。

因上述规定情形解除合同的，组团社应当在扣除必要的费用后，将余款退还旅游者；给旅行社造成损失的，旅游者应当依法承担赔偿责任。

旅行社招徕旅游者组团旅游，因未达到约定人数不能出团的，组团社可以解除合同。但是，境内旅游应当至少提前7日通知旅游者，出境旅游应当至少提前30日通知旅游者。因未达到约定的成团人数解除合同的，组团社应当向旅游者退还已收取的全部费用。

旅游行程结束前，旅游者解除合同的，组团社应当在扣除必要的费用后，将余款退还旅游者。

旅游行程中解除合同的，旅行社应当协助旅游者返回出发地或者旅游者指定的合理地点。由于旅行社或者履行辅助人的原因导致合同解除的，返程费用由旅行社承担。

5)违约责任

旅行社不履行包价旅游合同义务或者履行合同义务不符合约定的，应当依法承担继续履行、采取补救措施或者赔偿损失等违约责任；造成旅游者人身损害、财产损失的，应当依法承担赔偿责任。

由于地接社、履行辅助人的原因导致违约的，由组团社承担责任；组团社承担责任后可以向地接社、履行辅助人追偿。

实例分析 4-5

不签合同逃避责任

李女士计划在春节期间赴泰旅游,通过网络咨询几家旅行社后,决定参加重庆某旅行社组织的普吉岛5天4晚的旅游团。双方在网上确认好行程及费用后,李女士提出要签订合同,旅行社工作人员告诉李女士合同会在机场签订,请她放心,于是李女士通过网络支付了3049元团款。在出团当天抵达机场后,李女士找到领队要求签订合同,领队以各种理由搪塞,最终也没有签订合同。到普吉岛后的第二天,领队带领大家来到一个购物店,李女士奇怪,旅行社明明说的是纯玩团,没有购物的,领队为什么会带大家去购物?于是李女士找领队理论,领队说我们的行程是安排购物的,而李女士坚持其与旅行社商定的行程没有安排购物,认为安排购物影响了正常行程。由于李女士没有合同作为依据,只好随团进出购物点,耽误了很多时间。回国后,李女士向旅游主管部门投诉。

分析:虽然旅行社和旅游者并没有签订书面旅游合同,但根据《合同法》第三十六条:"法律、行政法规规定或者当事人约定采用书面形式订立合同,当事人未采用书面形式但一方已经履行主要义务,对方接受的,该合同成立。"本案中,由于李女士已履行付款义务,旅行社接受,并且李女士参加了旅行社安排的游览活动,可认定旅游合同成立。《旅游法》第五十七条规定:"旅行社组织和安排旅游活动,应当与旅游者订立旅游合同。"《旅游法》第五十八条规定:"包价旅游合同应当采用书面形式。"《条例》第二十八条规定:"旅行社为旅游者提供服务,应当与旅游者签订旅游合同。"李女士在网络咨询报名参团过程中,旅行社以各种理由搪塞不签旅游合同违反法律、法规的规定,对其应该按照《条例》第五十五条予以处罚。由于合同中未约定购物项目,旅行社擅自安排去购物店影响旅游行程,违反《旅游法》第三十五条规定的"双方协商一致"的要求,应该按照《旅游法》第九十八条对旅行社及领队予以处罚。

4. 人员管理规范

1)依法建立劳动关系,保障导游权益

《旅游法》规定:旅行社应当与其聘用的导游依法订立劳动合同,支付劳动报酬,缴纳社会保险费用。

旅行社临时聘用导游为旅游者提供服务的,应当全额向导游支付导游服务费用。

长期以来,由于旅游市场的价格恶性竞争,导致旅行社存在不支付导游的工资报酬,不与导游签订劳动合同的现象,使得导游的权益得不到保障。《旅游法》的这一规定从法律高度保障了导游的合法权益。

2)按照规定委派有合法资质的导游

《旅游法》规定:旅行社组织团队出境旅游或者组织、接待团队入境旅游,应当按照规定安排领队或者导游全程陪同。《条例》规定:旅行社为接待旅游者委派的导游人员或者为组织旅游者出境旅游委派的领队人员,应当持有国家规定的导游证、领队证。

按照《条例》的规定,"旅行社组织中国内地居民出境旅游的,应当为旅游团队安排领队全程陪同"。《条例》只规定出境旅游必须委派领队,对于入境旅游是否委派导游没有强制规定。这次《旅游法》增加了入境旅游委派导游全程陪同的要求。

旅行社违反本规定,"由旅游主管部门责令改正,没收违法所得,并处五千元以上五万元以下罚款;情节严重的,责令停业整顿或者吊销旅行社业务经营许可证;对直接负责的主管人员和其他直接责任人员,处二千元以上二万元以下罚款。"

实例分析 4-6

合同未完全履行,质量大幅缩水

周先生一家参加了上海某旅行社组织的赴英国旅游团,并签订了旅游合同。在机场的行前说明会上,旅行社负责人说本团不派领队,到了英国会有当地的导游负责接待。到达英国后,周先生一行人在机场等候多时也未见有人来接待大家。一行人已疲惫不堪,急需入住酒店休息,于是周先生拨通了国内旅行社负责人的电话,告知无人接机的情形,请求予以帮助。在电话里,周先生征得旅行社负责人同意,旅游团打车前往酒店,费用暂且由游客支付,回国后旅行社偿还此费用。全团游客打车到酒店办理了入住。第二天早上,旅行社安排的英国地接导游来到酒店后与旅游团汇合。地接导游带领旅游团参观游览过程中,周先生发现该导游业务极不熟练,一问三不知。第三天旅游团入住酒店,周先生发现该酒店与合同约定不符。见这个导游如此不靠谱,周先生担心第四天的亮点"自驾车项目"出问题,于是在第四天行程刚开始就跟导游确认"自驾车项目"能否安排,导游保证可以实现,谁知由于沟通有误,租车行并不肯把车租给导游。周先生再次拨通国内旅行社电话,要求完成自驾车项目,并约定好费用由游客先承担,回国后旅行社偿还。随后的几天由于导游安排不当,部分景点参观计划无法实现。回国后,周先生找到签约旅行社,要求偿还其垫付的相关款项,退还没有参观的景点门票费用。双方协商未果,周先生投诉至旅游主管部门。

分析:由于旅行社未安排领队,影响旅游团的游览质量,当发生问题时,只能由旅游者直接与国内旅行社和地接导游协商。《旅游法》第三十六条规定:"旅行社组织团队出境旅游或者接待入境旅游,应当按照规定安排领队或者导游全程陪同。"该旅行社未安排领队违反法律规定,应当按照《旅游法》第九十六条受到行政处罚。由于旅行社安排失当,造成部分景点没有安排参观,并且住宿不符合标准,按照《旅游法》第七十条承担继续履行、采取补救措施、赔偿损失等违约责任的规定,旅行社应采取补救措施,鉴于行程已经结束,旅行社应该给予周先生赔偿。对于双方协商后,由周先生垫付的费用,旅行社应该按照约定予以返还。

[资料来源:国家旅游局监督管理司. 旅游投诉举报案例季度通报(2014年第一季度) 2014-04-21.http://www.cnta.gov.cn/html/2014-04/2014-04-21-14-35-85032.html]

3)不得向导游转移接待成本

《旅游法》规定:旅行社安排导游为团队旅游提供服务的,不得要求导游垫付或者向导游收取任何费用。《条例》规定：不得要求导游人员和领队人员承担接待旅游团队的相关费用。相关费用包括：①垫付旅游接待费用；②为接待旅游团队向旅行社支付费用；③其他不合理费用。

要求导游垫付团队接待费用或者要求导游根据所带游客人数向旅行社交纳费用(即向导游收取"人头费")，是导游市场的"潜规则"。尤其是旅行社临时聘用导游提供团队服务时，存在要求导游垫付全程接待费用或交纳"人头费"的现象。这种做法严重违反劳动法，也是引起导游强迫旅游者购物、造成旅游秩序混乱的直接原因。因此，法律禁止旅行社向导游转移接待成本。

旅行社违反本规定，"由旅游主管部门责令改正，没收违法所得，并处五千元以上五万元以下罚款；情节严重的，责令停业整顿或者吊销旅行社业务经营许可证；对直接负责的主管人员和其他直接责任人员，处二千元以上二万元以下罚款。"

4)不得要求导游接待的团队

《条例》规定：旅行社不得要求导游和领队接待不支付接待和服务费用或者支付的费用低于接待和服务成本的旅游团队。

旅行社要求导游和领队接待不支付接待和服务费用、支付的费用低于接待和服务成本的旅游团队的，由旅游行政管理部门责令改正，处2万元以上10万元以下罚款。

5. 履行法定义务

1)提示旅游者购买旅游保险的义务

为减少自然灾害等意外风险给旅游者带来的损害，旅行社在招徕、接待旅游者时，可以提示旅游者购买旅游意外保险。

鼓励旅行社依法取得保险代理资格，并接受保险公司的委托，为旅游者提供购买人身意外伤害保险的服务。

2)提示旅游者文明旅游的义务

在旅游行程中，旅行社及其委派的导游人员、领队人员应当提示旅游者遵守文明旅游公约和礼仪。如禁止随地吐痰、乱扔烟头、随意丢弃垃圾、公共场所大声喧哗等众所周知的不文明行为。此外，不同旅游目的地独有的禁忌，例如意大利忌随意坐地；德国禁止用打响指的方式招呼任何人；在希腊不要随便摆手，在当地人看来，摆晃手指有藐视的成分；等等。

3)严格履行合同的义务

旅行社及其委派的导游必须严格履行与旅游者订立的旅游合同，不得擅自变更。下列行为，属于擅自改变旅游合同安排行程：①减少游览项目或者缩短游览时间的；②增加或者变更旅游项目的；③增加购物次数或者延长购物时间的；④其他擅自改变旅游合同安排的行为。

4)旅游安全的警示及处置报告义务

旅行社对可能危及旅游者人身、财产安全的事项，应当向旅游者作出真实的说明和明确的警示，并采取防止危害发生的必要措施。

发生危及旅游者人身安全的情形，旅行社及其委派的导游人员、领队人员应当采取必要的处置措施并及时报告旅游行政管理部门；在境外发生的，还应当及时报告中华人民共和国驻该国使领馆、相关驻外机构、当地警方。

发生危及旅游者人身安全的情形，未采取必要的处置措施并及时报告的，对旅行社及其委派的导游人员、领队人员由旅游行政管理部门责令改正，对旅行社处2万元以上10万元以下的罚款；对导游人员、领队人员处4000元以上2万元以下的罚款；情节严重的，责令旅行社停业整顿1个月至3个月，或者吊销旅行社业务经营许可证、导游证、领队证。

实例分析 4-7

峨眉山游玩被猴子咬伤

春节期间，顾女士带着父母去峨眉山旅游，当顾女士一家来到清音阁生态猴区时，有位男士过来问跟不跟猴子照相，并且说猴子很听话，会摆各种动作，顾女士心怀疑虑，因为以前在网上看过猴子咬人或者把人推下山的事，所以考虑后拒绝了照相。顾女士一家人继续游览，走到一个小桥上时，突然窜出来好几只猴子，直奔顾女士一家人身前，这可把一家人吓坏了，赶紧躲闪，由于顾女士母亲躲闪不及，一只猴子咬了她的小腿一口，然后开始翻口袋，没翻到东西，又把顾女士母亲的右手大拇指咬伤，伤口长达一厘米左右，鲜血直流。事发后，咬人的猴子逃之夭夭。顾女士赶紧呼救，希望能有景区的工作人员前来帮助，然而并没有景区工作人员出现。一位好心的游客告诉了顾女士景区医务室的位置，顾女士赶紧带母亲去了医务室。在医务室，顾女士按医生要求交了100元，为其母亲注射了一针狂犬疫苗。医生叮嘱老人回家后要打破伤风针。回家后的几天里，顾女士带母亲去医院数次，打了四支狂犬疫苗和一支破伤风针。过了十几天，老人的右手还是活动不便，医生说要观察处理。顾女士觉得母亲没有招惹猴子却被猴子咬伤很是委屈。顾女士认为，景区内没有猴子咬人的警示标牌，景区工作人员也没有口头提醒，景区应该对母亲的伤害承担责任。于是顾女士与峨眉山景区管理部门协商赔偿，在协商无果后，顾女士向旅游主管部门投诉。

分析： 出门旅游安全第一。按照《旅游法》第八十条的规定，旅游经营者应该对可能危及旅游者人身、财产安全的情形以明示的方式事先向旅游者作出说明或者警示。本案中，顾女士母亲在景区内被猴子咬伤的地点附近并没有相关的警示标志，景区没有尽到安全警示义务，所以对于顾女士母亲受到的损害，景区应该承担赔偿责任。根据我国《侵权责任法》第十二条规定，景区应该赔偿顾女士母亲支出的医疗费等费用。

[资料来源：国家旅游局监督管理司旅游投诉举报案例季度通报(2014年第一季度)2014-04-21，http://www.cnta.gov.cn/html/2014-04/2014-04-21-14-35-85032.html]

5)旅游者权益受损害的补救义务

为维护旅游者合法权益，旅行社应当严格按照合同的约定为旅游者提供服务。旅行社违反合同约定，造成旅游者合法权益受到损害的，应当采取必要的补救措施。

旅行社不采取必要的补救措施的，由旅游行政管理部门或者工商行政管理部门责令改正,"处一万元以上五万元以下的罚款;情节严重的,由旅游行政管理部门吊销旅行社业务经营许可证"。

6)对旅游者非法滞留及从事违法活动的报告义务

旅游者在境外滞留不归的,旅行社委派的领队人员应当及时向旅行社和中华人民共和国驻该国使领馆、相关驻外机构报告。旅行社接到报告后,应当及时向旅游行政管理部门和公安机关报告,并协助提供非法滞留者的信息。

旅行社接待入境旅游,发生旅游者非法滞留我国境内的,应当及时向旅游行政管理部门、公安机关和外事部门报告,并协助提供非法滞留者的信息。

旅游经营者组织、接待出入境旅游,发现旅游者从事违法活动的,应当及时向公安机关、旅游主管部门或者我国驻外机构报告。

《旅游法》规定:旅行社未履行报告义务的,由旅游主管部门处 5000 元以上 5 万元以下罚款;情节严重的,责令停业整顿或者吊销旅行社业务经营许可证;对直接负责的主管人员和其他直接责任人员,处 2000 元以上 2 万元以下罚款,并暂扣或者吊销导游证、领队证。

7)保存文件资料及保护旅游者信息的义务

旅行社应当妥善保存《条例》规定的招徕、组织、接待旅游者的各类合同及相关文件、资料,以备县级以上旅游行政管理部门核查。合同及文件、资料的保存期,应当不少于两年。

旅行社不得向其他经营者或者个人,泄露旅游者因签订旅游合同提供的个人信息;超过保存期限的旅游者个人信息资料,应当妥善销毁。

违反本规定,未妥善保存各类旅游合同及相关文件、资料,保存期不够 2 年,或者泄露旅游者个人信息的,由县级以上旅游行政管理部门责令改正,没收违法所得,处违法所得 3 倍以下但最高不超过 3 万元的罚款;没有违法所得的,处 1 万元以下的罚款。

本章小结

本章主要介绍了旅行社的设立,重点阐述了我国旅行社行业管理的五大法律制度以及旅行社经营规范方面的内容。

旅行社的设立,介绍了旅行社成立的条件、审批程序,以及旅行社分支机构和外商投资旅行社的设立。

旅行社行业管理的五大法律制度包括旅行社业务经营许可证、旅游服务质量保证金、旅行社监督检查、旅行社公告和旅行社责任保险制度。

旅行社经营规范包括经营活动规范、合同订立规范、人员管理规范及旅行社的法定义务。

关键术语

1. 旅行社:指从事招徕、组织、接待旅游者等活动,为旅游者提供相关旅游服务,开展国内旅游业务、入境旅游业务或者出境旅游业务的企业法人。

2. **旅行社分社**：指以设立分社的旅行社(以下简称设立社)名义开展旅游业务经营活动，在设立社的经营范围内从事经营活动的分支机构。

3. **旅行社服务网点**：指旅行社设立的，为旅行社招徕旅游者，并以旅行社名义与旅游者签订旅游合同的门市部等分支机构。

4. **旅行社业务经营许可证**：由有许可权的旅游行政管理部门颁发，证明持证人具有从事旅游业务经营资格的凭证。

5. **旅游服务质量保证金**：用于旅游者权益损害赔偿和垫付旅游者人身安全遇危险时紧急救助的费用。

6. **旅行社监督检查制度**：指行政机关为了督促旅行社守法经营，在其职权范围内对旅行社的经营行为进行检查，并对其违法经营行为进行处罚的制度。

7. **旅行社公告制度**：是行政管理部门对旅行社经营情况，通过报纸、期刊、网络或其他形式向社会公开发布告知的管理制度。

8. **旅行社责任保险**：指以旅行社因其组织的旅游活动对旅游者和受其委派并为旅游者提供服务的导游或者领队依法应当承担的赔偿责任为保险标的的保险。

9. **低价旅游**：即低于旅游成本的报价招徕旅游者，旅游者报名参加旅游团后，再通过安排购物或另行付费的旅游项目获取回扣等不正当利益，是一种"低价团费、高价购物"模式。

10. **零团费**：组团社将旅游团委托给接待社时，不向接待社支付任何接待费用，而接待社在接待旅游团时，通过增加旅游项目、增加购物、压低接待标准等手法，从接待旅游团的购物店、住宿餐饮供应商等获取回扣，实现利润。

11. **人头费**：要求导游垫付的团队接待费用或者要求导游根据所带游客人数向旅行社交纳的费用。

章前案例解析

【分析】

《旅行社条例》第三十七条第二款规定："接受委托的旅行社违约，造成旅游者合法权益受到损害的，作出委托的旅行社应当承担相应的赔偿责任。作出委托的旅行社赔偿后，可以向接受委托的旅行社追偿。"旅游者沈女士与南京的组团社有直接的合同关系，是"作出委托的旅行社"，所以须承担赔偿责任。

《旅游法》第三十四条规定："旅行社组织旅游活动应当向合格的供应商订购产品和服务。"案例中草原骑马项目经营者李某某的许可经营项目为"餐饮"，并无骑马项目的经营资质，不属于合格的供应商，属无证经营，与沈女士的受伤有因果关系。

复习思考题

一、单项选择题

1. 经营国内旅游和入境旅游业务的旅行社，应当存入质量保证金20万元，经营出境旅游业务的旅行社应当增存质量保证金( )万元。

A. 30　　　　　　B. 60　　　　　　C. 100　　　　　　D. 120

2. 旅行社责任保险的保险期限是(　　)。

　　A. 半年　　　　　B. 1 年　　　　　C. 2 年　　　　　　D. 3 年

3. 旅行社组织团队出境旅游或者组织、接待团队入境旅游，应当按照规定安排领队或者导游全程陪同。旅行社违反本规定，由旅游主管部门责令改正，没收违法所得，并处(　　)元罚款。

　　A. 2000～5000　　B. 2000～10000　　C. 5000～50000　　D. 10000～50000

4. 某旅行社与旅游者王先生夫妇签订的旅游合同在某地的住宿标准是 1 晚三星级酒店，但在实际旅游中安排的是二星级酒店，按照旅行社服务质量保证金赔偿办法，旅行社应当向王先生夫妇赔偿(　　)元。(经查，三星酒店 200 元/间·天，二星级酒店 120 元/间·天)

　　A. 80　　　　　　B. 120　　　　　　C. 160　　　　　　D. 200

二、多项选择题

1. 下列关于旅行社法律制度的叙述，正确的有(　　)。

　　A. 外商投资旅行社的设立注册资本目前也是不得少于 30 万元

　　B. 旅行社服务网点不可以在异地设立

　　C. 旅行社分社的经营范围不得超出设立分社的旅行社的经营范围

　　D. 旅行社业务经营许可证可以转让、出租、出借

　　E. 经营国内和入境旅游业务的旅行社每设立一个分社，须增存质量保证金 5 万元

2. 下列关于旅游服务质量保证金的叙述，正确的有(　　)。

　　A. 旅游服务质量保证金所有权归缴纳的旅行社所有

　　B. 旅游服务质量保证金的存期由旅行社确定，但不得少于 3 年

　　C. 旅行社质量保证金可以用于旅游者人身安全的紧急救助

　　D. 旅行社自交纳或者补足质量保证金之日起 1 年内未因侵害旅游者合法权益受到行政机关罚款以上处罚的，旅游行政管理部门应当将旅行社质量保证金的交存数额降低 50%

　　E. 旅行社未经旅游者同意，擅自将旅游者转团、拼团的，旅行社应向旅游者支付旅游费用总额 25%的违约金

三、名词解释

1. 旅行社
2. 旅行社分社
3. 旅行社服务网点
4. 旅游服务质量保证金
5. 旅行社责任保险

四、简答题

1. 旅行社的设立须具备哪些条件？
2. 旅行社服务质量保证金的使用范围是什么？
3. 旅行社责任保险有哪些特征？

五、案例分析

赵某夫妇参加某旅行社组织的"新、马、泰、港、澳 16 日游"旅游团。在临登飞机时，旅游者发现，该旅游团是由 6 家旅行社组织的，大家手中的旅游日程各不相同。更让旅游者感到疑惑和不安的是，该旅游团没有领队，而团员绝大多数是初次跨出国门。

这个出国旅游团在整个旅途中遇到许多困难。在国外如何转机，入境卡怎么填，需要哪些旅行文件，怎样与境外旅行社接洽等无人过问。旅游过程中，因没有领队与境外接待社协调，原来的日程安排被多次变更。旅游团在异国他乡，人生地不熟，只好听从境外导游的摆布。旅行结束后，赵某夫妇以旅行社未提供相应服务，损害其合法权益为由，要求旅行社赔偿其损失。

旅行社辩称，组团人数不足，由若干家旅行社将旅游者拼成一个团，是旅行社的通常做法，只要按约定准时出游，是否告知旅游者并没有实际意义；此次组团出境旅游，事先双方并没有约定派领队，因此，旅行社未派领队并不构成违约。

请你运用所学法律知识，回答下列问题：

在本案中，根据旅行社管理法律、法规，旅行社在组织出境旅游过程中，违反了有关法律、法规，未履行法定义务，应承担赔偿责任。请结合案例具体分析旅行社在本案中违反了哪些法定义务？

六、实际操作训练

王某大学毕业后，想在其就读的 A 市申请成立一家旅行社。

请问：为成立旅行社，王某应该怎样做？

第5章 导游人员法律制度

学习目标

知识目标	技能目标
①了解导游人员的概念和分类 ②掌握我国导游人员管理的五大制度 ③掌握导游人员的权利、义务及违反导游员义务的法律责任 ④熟悉领队的法律制度	①能够应用导游人员计分管理办法知识掌握扣分的尺度 ②能够辨析导游人员的违规行为,并应用法规进行处罚

知识结构

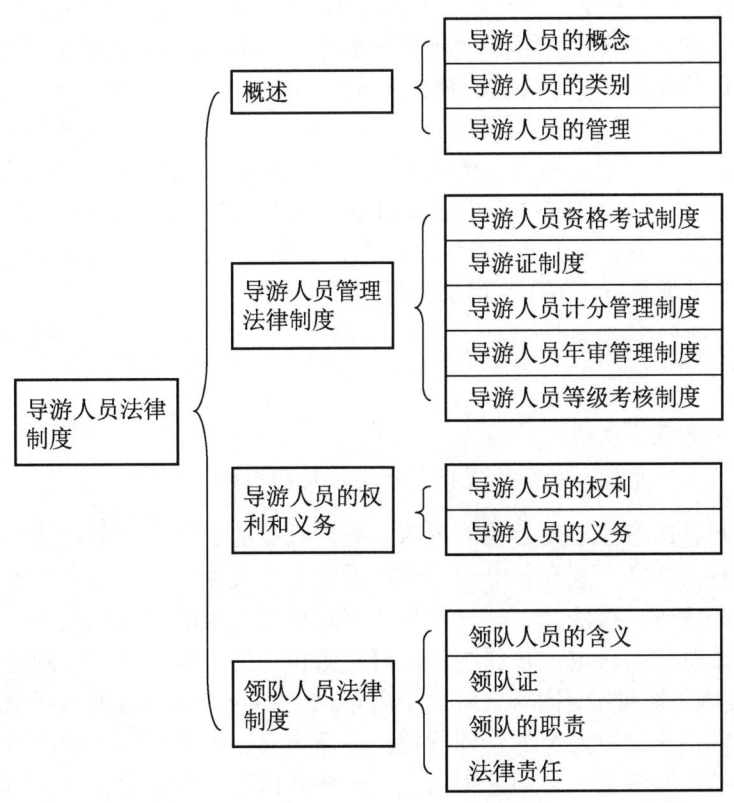

导入案例

等待迟归游客误时惹众怒　女导游被逼多次下跪

2006年10月5日上午7时,赵先生在上海体育场旅游集散中心购买了车票,和妻子踏上了无锡一日游的旅途。20岁出头、来自淮安的姑娘小李是无锡某旅游高校的大四学生,作为8号车的兼职导游,刚考出导游证的她干劲很足,一路上的讲解热情有加。

下午,由于3名游客临时变卦,不愿随团同行在鼋头渚坐船,小李左右为难,既不想得罪这3名游客,也不愿拖累大部队的行程。在3人的再三要求下,本着为游客服务态度的她放行了3人,并且约定了集合时间。没有想到此举成了之后闹剧的导火索。

下午5时,原本是该车返程回沪的截止时间,落下的3名散客并没有如约出现在鼋头渚的停车场,这让导游小李心急如焚,几次联系却都没有成功。几分钟过后,见导游还没有发车的意思,一些乘客开始坐不住了,要求导游给个说法。小李连声道歉,多次劝说他们稍等片刻,都没有奏效,一名穿红衣的中年妇女要求小李下车自己去等,让他们先返程回沪。遭到小李拒绝后,一些游客下车表示抗议。

半个小时后,几名游客更加不耐烦了,认为小李的道歉没有什么诚意,"还想靠眼泪来博取同情",好几个中年妇女连拉带拽地把小李赶下车后,要求小李联系旅行社,当场敲定赔偿数目。这让尚处在实习阶段的小李有点不知所措。为了保全自己的饭碗,在众人的指责中她下跪求饶,恳请大家手下留情。鼋头渚停车场上游人众多,这一幕招来了四面八方的旁观客,但几名50岁左右的妇女依然不依不饶地起哄,还高嚷着上海话辱骂小李"不要脸"。有游客看不下去了,替小李求情,却让这十来个中年女性游客给硬生生地顶了回去。一次、两次、三次……小李几次下跪还是没有打动她们,直到景点停车场的安保人员上前劝退人群,扶起泪流满面的小李,闹剧才得以收场。

(资料来源:中国新闻网.)

问题引入:

(1)导游人员有哪些权利?

(2)案例中几名中年妇女的行为侵犯了导游人员的何种权利?

导游是旅行社的窗口,旅游业的灵魂。导游人员的素质、服务质量直接影响旅游者的利益和旅行社的声誉,甚至影响一个城市乃至一个民族、一个国家的形象。因此,加强对导游人员的管理,以法律、法规的形式规定导游人员的权利、义务,从而把导游人员的管理纳入法制化的轨道,是旅游行政管理工作中的一项十分重要的内容。1987年11月14日,经国务院批准,国家旅游局于同年12月1日发布《导游人员管理暂行规定》,这是我国第一部关于导游人员的管理规定;之后十余年,我国旅游业的迅猛发展,导游人员的执业活动和对导游人员的管理出现了一些新问题。为了规范导游活动,保障旅游者和导游人员的合法权益,国务院于1999年5月14日修订发布了《导游人员管理条例》(本章简称《管理条例》),这是继1996年《旅行社管理条例》后,旅游行业的第二部行政法规;2001年12月26日,国家旅游局发布了《导游人员管理实施办法》,对《管理条例》进行进一步解释和细化;进入21世纪的第二个十年,中国的旅游业进入大众旅游的阶段,《旅游法》在2013年10月1日起实施,规定在包价旅游合同中必须载明导游服务费用,明确旅行社必须支付导游劳动报酬、缴纳社会保险费用的义务,从法律层面强化对导游合法权益的保护。

这一系列导游管理法规的发布,为我国导游人员队伍的建设和健康发展提供了依据,是我国旅游法制建设的重要组成部分。

5.1 概述

5.1.1 导游人员的概念

导游活动是随着人类消遣性旅游活动的出现而产生并逐渐发展的。从古代奴隶社会奴隶主的享乐旅行,到封建社会的帝王巡游、士人漫游、宗教旅行、公务旅行等,往往需要熟悉路径的人作"向导",他们不仅引路,还能介绍沿途的名胜和当地的风俗民情。这些"向导"提供了初期的导游服务,却在不自觉中成为导游人员的雏形。近代工业革命以后,英国人托马斯·库克最早将旅游与运输业直接挂钩,并于1845年成立了世界上第一家旅行社,职业导游应运而生。随后旅行社在欧洲和美洲等地的国家纷纷成立,招募导游人员,带领游客参观游览,从此导游工作开始成为一项社会职业。

根据《管理条例》第二条的规定,"导游人员是指依照本条例的规定取得导游证,接受旅行社委派,为旅游者提供向导、讲解及相关旅游服务的人员。"

导游人员的概念有3层含义。

(1) 依法取得导游证。这是成为导游人员的首要条件,只有参加导游人员资格考试合格,并取得导游证的人员,才能从事导游工作。在人们的日常生活中,有着各种各样的导游。例如,某单位组织员工外出旅游,由其本单位熟悉旅游目的地情况的某人充任导游。在这里,某人虽然也为其单位员工导游,但其并不是《管理条例》所称的导游,因其并没有依法取得导游证。所以,依法取得导游证的导游人员不同于日常生活中泛称的导游。

(2) 接受旅行社委派。导游人员带团必须接受旅行社委派,否则即使拥有合法的导游证,如果不是接受旅行社委派而担任导游工作,仍然属于私自带团,不属于《管理条例》中所称的导游。只有受旅行社委派的导游人员,其合法从业权才受法律的保护。

(3) 为旅行社提供向导、讲解及相关的旅游服务。所谓"向导",一般是指为他人引路、带路;而"讲解"则是指为旅游者解说、指点风光名胜;至于"相关旅游服务",一般是指为旅游者代办各种旅行证件,代购交通票据,安排旅游住宿、旅程就餐等与旅行游览有关的各种服务。

以上三条是构成导游人员的三要素,三者缺一不可,缺少任何一个要素,都不是导游人员。没有导游证带团,不论是否接受旅行社委派,都属于无证导游;没有受旅行社委派,即使有导游证带团,也属于私自承揽导游业务;既有导游证,又受旅行社委派,但不为旅游者提供向导、讲解及相关的旅游服务,这样的导游人员不称职。

导游人员带团必须取得导游证,否则就是非法。为此《旅游法》第102条规定:违反本法规定，未取得导游证从事导游活动的，由旅游主管部门责令改正，没收违法所得，并处1000元以上1万元以下罚款，予以公告。

阅读案例 5-1

《旅游法》实施后的首张罚单①

2013年10月1日，上海市一家旅行社带团女导游赵某，手持假导游证带团到苏州游玩，被苏州市旅游执法支队当场查获。赵某因持假证被依法罚款1000元，并没收违法所得。这是《旅游法》实施当日，全国开出的第一张罚单。

10月1日中午，苏州市旅游执法支队执法人员在狮子林景区发现，上海市某旅行社组织的来苏旅游团队，带团女导游赵某用的是一张假导游证，当即对其进行查处。赵某很快坦白，假导游证是自己从淘宝网上花300多元买的。她说，因为家庭经济困难，父亲患重病在家，想在国庆节兼职做导游，挣点钱补贴家用。鉴于赵某认错态度端正，家庭确有困难，执法人员按《旅游法》第一百零二条规定，从轻对其罚款1000元，没收非法所得。

5.1.2 导游人员的类别

1. 依据业务范围划分

依据导游人员的业务范围，导游人员可分为海外领队、全程陪同导游员(简称全陪)、地方陪同导游员(简称地陪)、景点景区导游人员。

(1)海外领队：指经国家旅游行政主管部门批准可以经营出境旅游业务的旅行社的委派，全权代表该旅行社带领旅游团从事旅游活动的工作人员。

(2)全陪：指受组团旅行社委派，作为组团社的代表，在外国领队(内宾团没有)和地方陪同导游人员的配合下实施接待计划，为旅游团(者)提供全程陪同服务的工作人员。

(3)地陪：指受接待旅行社委派，代表接待旅行社实施接待计划，为旅游团(者)提供当地旅游活动安排、讲解、翻译等服务的工作人员。

(4)景点景区导游人员：亦称讲解员。指在旅游景点、景区，如博物馆、自然保护区等为游客进行导游讲解的人员。这里导游人员不需要考取导游证，是景点、景区的工作人员，一般只负责讲解而不涉及其他事务。

2. 依据使用语言划分

依据使用语言，导游人员可以分为外语导游人员和中文导游人员。

(1)外语导游人员：指利用某种外国语言提供导游服务的导游人员。目前，我国的外语导游，有英语、法语、日语、德语、俄语、西班牙语、朝鲜语等语种。

(2)中文导游人员：指使用普通话、地方话或者少数民族语言，从事导游业务，为国内旅游者或回祖国大陆探亲的香港、澳门、台湾同胞、华侨、外籍华人，以及少数民族游客

---

①资料来源：李娌. 案例解读旅游法[M]. 北京：旅游教育出版社，2014.

提供相应旅游服务的导游人员。

3. 依据职业性质划分

依据职业性质，导游人员可分为专职导游人员和兼职导游人员。

(1)专职导游人员：指在一定时期内以导游工作为其主要职业的导游人员。目前，这类导游人员一般与旅行社订立劳动合同，是旅行社的正式员工，他们是我国导游队伍的主体。

(2)兼职导游人员：亦称业余导游人员，指不以导游工作为其主要职业，而利用业余时间从事导游工作的人员。兼职导游人员通常不属于某一家旅行社，而在导游服务公司注册，接受导游服务公司管理。

4. 依据持有的证书划分

依据持有的证书，导游人员可分为正式导游人员和临时导游人员。

(1)正式导游人员：指取得导游证、接受旅行社委派，为旅游者提供向导、讲解及相关旅游服务的人员。

(2)临时导游人员：指未取得导游证，但具有特定语种语言能力，旅行社因临时需要，按《管理条例》规定为其申请临时导游证，临时从事导游活动的人员。

5. 依据技术等级划分

依据技术等级，导游人员可以分为初级导游人员、中级导游人员、高级导游人员和特级导游人员。

即学即用

金姬是朝鲜族人，生长在吉林省延边地区。她的朝鲜语讲得非常好，对中国的历史文化也颇有研究，大学毕业后，经过考试获得了导游资格证书，进了北京一家大型国际旅行社。她工作认真负责，很受旅游者欢迎。在工作不到一年的时间里她带旅游团去家乡旅游，也在北京接待从家乡或从韩国来的旅游团。一天，一个同乡找她，说一些在北京工作的同乡组成了旅游团，希望由她带领前往韩国旅游。她向领导申请，领导没有满足她的要求。她很不高兴，去向领导理论，但领导只说了一句话就让她哑口无言。

请思考：
(1)领导说了一句什么话就让金姬哑口无言？
(2)金姬持有何种导游证？
(3)从实际工作情况看，金姬担任过哪几种不同性质的导游人员？

(资料来源：徐堃耿.导游实务[M].北京：中国人民大学出版社，2001.)

5.1.3 导游人员的管理

1. 旅游行政管理部门的管理

根据属地管理的原则，旅游行政管理部门对导游人员实行分级管理。国务院旅游行政管理部门负责全国导游人员的管理工作；省、自治区、直辖市旅游行政管理部分负责本行政区划内导游人员的管理工作，并根据国务院旅游行政管理部门的委托，行使相应的管理权。

2. 旅行社的管理

实例分析 5-1

导游违约，游客少看景点获赔

2014年4月上旬，某市一对夫妇报名参加了双飞5日游览张家界等地的旅游团。但两人随团游览时，导游并未按旅游合同上的安排游览天子山景点，当他们提出质疑时，导游称天子山景点还没有开发。回家后，他们向当地旅行社询问相关情况，得知天子山景点早已开发。为此，夫妇俩向开平区消协投诉，消协工作人员询问了相关情况后，立即与旅行社联系，经调解，旅行社赔偿夫妇二人1000元。

（资料来源：环渤海新闻网 http://www.huanbohainews.com.cn/，经整理）

问题：
(1)案例中的导游人员与旅行社是一种什么关系？
(2)旅行社为何要对导游违约行为承担违约责任？

分析：导游人员带团必须受到旅行社的委派。《管理条例》规定，取得导游人员资格证书的，经与一家旅行社订立劳动合同或者在导游服务公司登记，方可持所订立的劳动合同或者登记证明材料，向省、自治区、直辖市人民政府旅游行政部门申请领取导游证。2009年颁布的《旅行社条例》规定，旅行社聘用导游人员应当依法签订劳动合同。这表明，我国旅行社对导游人员的管理是通过订立劳动合同确定的，旅行社与导游人员之间是法人与法人工作人员的关系，相互之间存在一个内部管理的关系。因此，法人工作人员在执行职工过程中因其过错给法人造成财产损失时，有义务向法人承担赔偿责任；造成对第三人的损害则由法人承担赔偿责任。

5.2　导游人员管理法律制度

我国对导游人员的管理，主要有导游资格考试制度、导游证制度、导游人员计分管理制度、导游人员年审制度、导游人员等级考核制度。

5.2.1　导游人员资格考试制度

为保证导游队伍的素质，提高旅游业的形象，国家实行统一的导游人员资格考试制度。导游人员资格考试制度，是指欲从事导游职业者，必须具备规定的条件，参加全国统一的导游人员资格考试，成绩合格者获得国家统一颁发的导游人员资格证书，取得导游从业资格的制度。这项制度对有志从事导游工作的人员进行知识素质和能力水平的测试，保证通过考试的导游人员具备适应导游工作需要的基本知识与能力。

1. 导游人员资格考试的管理部门及其职责

国务院旅游行政管理部门负责制定全国导游人员资格考试的政策、标准，并对各地考试工作进行监督管理。

省级旅游行政管理部门负责组织、实施本行政区域内导游人员资格考试工作。直辖市、计划单列市、副省级城市负责本地区导游人员的考试工作。

坚持考试和培训分开、培训自愿的原则，不得强迫考生参加培训。

2. 导游人员资格考试的报考条件

依据《管理条例》规定，具备下列条件的人员可以参加导游人员资格考试。

1)国籍条件

报考者必须是中华人民共和国公民，报名时必须持有效证件报名，包括本人的户口簿和身份证。对国籍必须是本国公民的限制并不是我国特有的，其他国家也有类似的规定。导游人员必须是一名爱国者，"爱国"是合格导游人员的首要条件，这是要求导游人员国籍必须是本国公民的重要原因。

2)学历条件

报考者必须具有高级中学、中等专业学校或者以上学历。导游人员要向旅游者进行导游讲解，宣传祖国的大好河山、历史文化、风土人情、民俗风俗，必须要具备一定程度的文化基础。现行规定制定于1999年，在我国目前高考连年扩招、国家教育水平整体提升的情形下，这一立法所规定的学历门槛显然较低。

3)健康条件

报考者必须身体健康，报考者必须持县级以上人民医院出具的健康证明。一方面，导游人员与旅游者朝夕相处，不能有传染性疾病；另一方面，导游人员的工作特点要求他能走长路、会爬山，能够连续不间断地工作，各地变化的气候、水土、饮食都是对导游人员的考验，这要求导游人员必须有一个健康的身体。

4)知识条件

报考者必须有适应导游需要的基本知识和语言表达能力。

3. 导游员资格证书及其管理

同时具备上述四个条件的人员，可以参加导游人员资格考试，经考试合格的，由组织考试的旅游行政管理部门在考试结束之日起30个工作日内颁发证书。

"导游员资格证书"由国务院旅游行政管理部门统一印制，在中华人民共和国全国范围内使用。获得资格证3年未从业的，资格证自动失效。

图 5-1　国家旅游局导游员资格证书样本(封面)

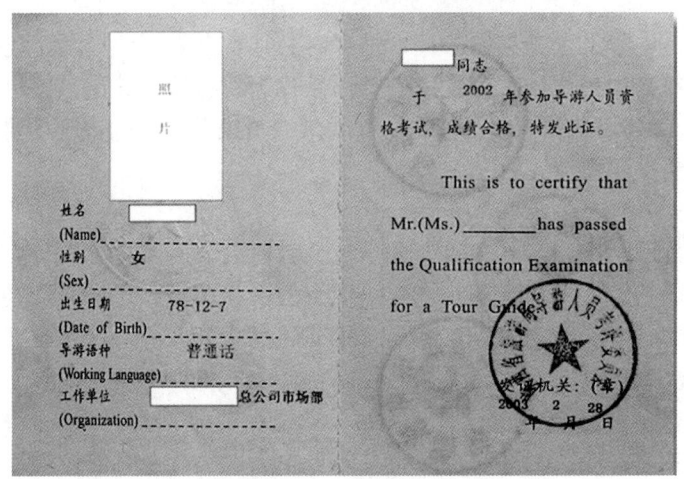

图 5-2　国家旅游局导游员资格证书样本(内页)

5.2.2　导游证制度

导游证制度，是指取得导游员资格证书的人员，符合《管理条例》中颁发导游证的条件，按照规定的程序取得导游证，方可从事导游活动的管理制度。

1. 导游证的含义与版式

1) 导游证的含义

《管理条例》规定："在中华人民共和国境内从事导游活动，必须取得导游证。"导游证是证明持证人已依法进行中华人民共和国导游注册，能够从事导游活动的法定证件。导游人员执业必须持有导游证，导游证既是导游人员身份的证明，又便于旅游者识别以及旅游行政管理部门监督检查。导游证由国务院旅游行政管理部门统一印制，在中华人民共和国全国范围内使用。

导游证与导游员资格证书是两种既有联系又有区别的证书。两者的联系是：导游员资格证书是取得导游证的必要前提，也就是说，要取得导游证，必须首先取得导游员资格证书。但是，取得导游员资格证书，并不意味着必然取得导游证。

导游证与导游员资格证书的区别在于以下几点。

(1)性质不同。导游员资格证书是标志某人具备从事导游职业资格的证书；而导游证则是标志国家准许某人从事导游职业的证书。前者是表明某人具备从事导游职业的资格，而后者表明某人获准从事导游职业。

(2)颁证机构不同。导游员资格证书是由国务院旅游行政部门或国务院旅游行政部门委托的省、自治区、直辖市人民政府旅游部门颁发；而导游证则是由省、自治区、直辖市人民政府旅游部门颁发。

(3)领取程序不同。导游员资格证书是在参加导游人员资格考试并合格后，向旅游行政部门领取；而导游证则必须是取得导游员资格证书，并与旅行社订立劳动合同或者在相关旅游行业组织注册后，方可向旅游行政部门领取。

(4)作用不同。导游员资格证书仅仅是表明持证人具备了从事导游职业的资格，但并不一定能实际从事导游职业；而导游证则表明持证人可以实际从事导游职业。前者是从业的资格；后者是从业的许可。

(5)期限不同。导游员资格证书期限的规定是：取得证书后3年未从业的，证书自动失效；取得导游证后，导游证有效，则证书长期有效。而导游证是有期限规定的，《管理条例》第八条第二款规定："导游证的有效期限为3年。"导游证持有人需要在有效期满后继续从事导游活动的，应当在有效期限届满3个月前，向省、自治区、直辖市人民政府旅游行政部门申请办理换发导游证手续。

2)导游证的版式

为了规范导游证的管理，国家旅游局修订并发布了《导游证管理办法》(以下称《管理办法》)，并于2002年4月1日起正式实行。

根据《管理办法》，导游证(2002版)为IC卡形式，卡内存储导游基本信息和违规积分情况等内容，并可以通过读卡机查阅卡内信息。导游证的正面有中英文对照的"导游证(CHINA TOUR GUIDE)"字样、导游等级、编号、姓名、语种等项目，中间为持证人近期2寸免冠照片。导游等级用不同颜色区分，初级为灰色、中级为粉米色、高级为淡黄色、特级为金黄色；背面印有注意事项和卡号。

导游证编号规则为"D-××××-××××××"，英文字母"D"是"导"字的拼音字母缩写，代表导游，前四位数字为省、城市、地区的标准国际代码，后六位数字为计数编码。不同等级的导游证卡号依各自顺序编号。导游证式样如图5-3所示。

2. 导游证的分类

根据《管理条例》的规定，导游证可以分为正式导游证和临时导游证。

1)正式导游证

正是导游证即导游证，持证人参加导游资格考试并合格后，取得导游员资格证书，经与旅行社订立劳动合同或者在导游服务公司登记，由省、自治区、直辖市人民政府旅游行政管理部门颁发导游证。

图 5-3　导游证式样

申请导游证的前提是必须参加导游人员资格考试并合格，从而取得导游员资格证书。在这前提下，申请导游证有两种途径。

(1)取得导游员资格证书，与旅行社订立劳动合同。通过这种途径获得导游证的人员是专职导游人员，是旅行社的正式员工，其与旅行社的关系是通过劳动合同的确定的。

(2)取得导游员资格证书，在相关旅游行业组织注册。通过这种途径获得导游证的人员可以是专职导游人员，也可以是兼职导游人员，但一般都不是旅行社的正式员工，而是在相关旅游行业组织注册后，当旅行社需要导游人员时，通过旅游行业组织临时聘用他们。这种聘用关系都是有一定期限的，往往是在旅游旺季，旅行社本社专职的正式导游人员数量不足时，通过旅游行业组织临时聘用导游人员；待旅游旺季结束，被聘用导游人员与旅行社之间的聘用关系随之结束。

2)临时导游证

临时导游证是指具有特定语种语言能力的人员，虽未取得导游员资格证书，但因旅行社需要聘请其临时从事导游活动，由旅行社向省、自治区、直辖市人民政府旅游行政部门申请领取的导游证。由此可见，领取临时导游证的条件：一是具有某种特定语种语言能力；二是旅行社需要聘请其临时从事导游活动。

正式导游证与临时导游证的主要区别如下。

(1)有无取得导游员资格证书。即正式导游证持有者是经过导游人员资格考试并合格，取得导游员资格证书者；而临时导游证的持有者是没有经过导游人员资格考试、没有取得导游员资格证书者。

(2)有无语种语言能力限制。即正式导游证的持有者无特定语种语言能力的限制，可以是具有特定语种语言能力的人员，也可以是不具有特定语种语言能力的人员；而临时导游证的持有者必须是具有特定语种语言能力的人员，否则便不具备领取临时导游证的条件。

(3)领取导游证的程序不同。申请领取正式导游证是由申请领取者个人向旅游行政部门领取；而临时导游证则是由旅行社根据需要向旅游行政部门申请领取。

(4)有效期限不同。正式导游证的有效期限为 3 年，临时导游证的有效期限最长不超过

3个月,即可以是数天,也可以是1个月或2个月,但最长不得超过3个月。此外,导游证有效期满后,可以申请办理换发导游证手续,而临时导游证有效期限届满后,不得延期。如需继续聘请,则必须由旅行社重新向旅游行政部门申请领取。

导游证和临时导游证可以由国务院旅游行政部门按规定样式规格统一制作,也可以由省、自治区、直辖市人民政府旅游行政部门按国务院旅游行政部门规定的样式、规格制作并颁发。

临时导游证有效期限最长不超过3个月的规定,目前尚有法律漏洞[①]。旅行社向旅游行政管理部门申领临时导游证时,没有规定临时导游证的申请人只能申领一次,还是可以连续申领。如果可以连续申领,申领人每年申领4次,年复一年,就可以解决不参加导游资格考试就可以带团的问题。

3. 不予颁发导游证的情形

《管理条例》规定,有下列情形之一的,不予颁发导游证。

(1)无民事行为能力或者限制民事行为能力的人员。导游人员要行使法定权利,承担法定义务,不具备完全民事行为能力的人员是不能从事导游工作的。

(2)患有传染性疾病的人员。传染性疾病是指由病原体侵入生物体,使生物体产生病理反应而引起的疾病。如肺结核、麻风病、天花、病毒性肝炎等。导游人员为旅游者提供向导、讲解及相关服务,在旅游中与旅游者朝夕相处,如果患有传染性疾病,就可能将其所患疾病传染给旅游者。

(3)受过刑事处罚的,过失犯罪的除外。受过刑事处罚,是指因其行为触犯国家刑法而受到刑罚制裁,这类人员不予颁发导游证。但《管理条例》在此规定有一个例外,即"过失犯罪除外"。

(4)被吊销导游证的(不超过3年的)。指曾经取得导游证的人员,因违反导游人员的相关法规,被旅游行政管理部门处以吊销导游证的处罚,后又参加导游人员资格考试并合格、取得导游员资格证书后,向旅游行政部门申请领取导游证的人。这类人员在导游执业中有过不良记录、受过被吊销导游证的处罚,所以需要加强惩戒。因此《旅游法》规定,违反本法规定被吊销导游证、领队证的导游、领队,自处罚之日起未逾3年的,不得重新申请导游证、领队证。

4. 导游证的管理

2002年4月1日实施的《导游证管理办法》,规定了导游证的领取、发放、变更等方面管理内容。

1)导游证的领取

领取人须持以下材料向所在旅游行政管理部门提出申请。

(1)申请人的导游员资格证书及其复印件、导游员等级证书及其复印件(原件仅供交验)。

(2)与旅行社订立的劳动合同及其复印件,或在导游服务中心登记的证明文件及其复印

---

①资料来源:黄恢月. 旅游法实务详解[M]. 北京:中国旅游出版社,2014.

件(原件仅供交验)。

(3)身份证及其复印件。

(4)按规定填写的《申请导游证登记表》。

2)导游证的发放

接受申请的所在地旅游行政管理部门通过导游管理网络核查申领人的申报材料、所服务旅行社和导游机构的合法性，核查申领人的导游执业档案有无违规记录；核查所提供劳动合同及其他证明的合法性。

经审核，发证机关应向符合规定条件的申请人颁发导游证，对不符合颁证条件的，要当面或以书面形式通知申请人；对申报材料不符合条件的，要求申请人进行补充和完善。

3)导游证的变更和换发

导游跨省或跨城市调动、姓名变更、等级变更，需更换导游证，原导游证作废。其他变更需更改导游证的相关内容，原导游证可继续使用。

持证人原导游证作废，须办理变更、换发手续。

(1)导游跨省或跨城市调动。导游跨省或跨城市调动，涉及发证机关和导游证编号的变更。原发证机关还须收回变更人原导游证、打孔作废，并在《申请导游证登记表》中注明"原证已收回""跨地变更""换发"字样。持原发证机关的证明和《管理办法》第五条所要求的四项材料，到新单位所在地旅游行政管理部门换领导游证。变更人的新导游证编号应按新单位所属地区编码和该地区导游排序重新编排、建档、登记。

(2)等级调整。持原导游证和身份证、导游员等级证书(原件及其复印件)、《申请导游证登记表》(一式3份，须注明"等级变更换发"字样)到原发证机关办理换领手续。

(3)调动所属单位的变更。在本地区内的所属单位变更，持原单位同意调出或解聘关系的证明材料、身份证、原导游证到原发证机关办理导游证变更手续，领取、填报《申请导游证登记表》(一式 3 份，须注明"单位变更"字样)，同时持《管理办法》第五条中所要求的四项材料，办理导游证。

(4)其他变更。其他变更程序可参照以上内容执行。

4)导游证的遗失、补发

(1)持证人带团时发生遗失。持证人带团时发现导游证遗失，应及时与原单位或委托旅行社联系，取得其单位开具的身份及遗失证明或复印件，并凭团队计划和日程表、遗失证件简要说明等材料完成行程。

(2)申请补发导游证。持证人应及时向所在单位报告、递交遗失证件简要情况，并持所属单位出具的遗失证明、身份证及其复印件、导游员资格证书及其复印件、导游员等级证书及其复印件到发证机关办理遗失补办手续：填写《申请导游证登记表》(一式 3 份)，注明"遗失补发"字样。持证人凭此《申请导游证登记表》到《中国旅游报》、省级日报联系办理登载"证件遗失作废声明"(内容包括导游证编号、姓名、卡号)事宜，自证件遗失作废声明登载之日起的 1 个月后，持登报启事、导游员资格证书、身份证、所在单位开具的证件丢失证明，到原发证机关补办导游证。

在申请补办期间，申请人不得从事导游活动。

导游证损坏的，持证人应持身份证(原件及复印件)、原导游证、导游员资格(等级)证书和填妥的《申请导游证登记表》(一式 3 份,须注明"损坏换发"字样),向原发证机关申请换发。

5)导游证的监督检查

持证人应接受旅游行政管理部门的检查,出示和提供有关材料。持证人违规使用导游证,旅游行政管理部门依据《管理条例》《导游人员管理实施办法》的规定作出相关处罚。其他组织和个人不得擅自扣留、销毁、吊销导游证。

5.2.3 导游人员计分管理制度

依据 2002 年 1 月 1 日起施行的《导游人员管理实施办法》,我国对导游人员实行计分管理。导游人员的计分管理,是指旅游行政管理部门为了加强对导游人员执业行为的动态管理,根据其在导游活动中违规行为的性质、情节轻重,予以扣分的一项管理制度。

1. 计分管理的部门和分工

《导游人员管理实施办法》规定,国务院旅游行政管理部门负责制定全国导游人员计分管理政策并组织实施、监督检查;省级旅游行政管理部门负责本行政区域内导游人员计分管理的组织实施和监督检查;所在地旅游行政管理部门在本行政区域内负责导游人员计分管理的具体执行。

导游人员计分管理由所在地旅游行政管理部门在本行政区域内负责具体执行,是导游人员"属地管理"的具体体现,是为了使计分管理落到实处,加强对导游人员在全国范围内的统一管理。甲地旅行社委派的导游人员带团到乙地为旅游者提供导游服务有违规行为时,乙地的旅游行政管理部门根据导游人员计分管理办法对其进行扣分处理,这样才能加强对导游人员的有效管理,否则计分管理制度就会形同虚设。

2. 计分管理的实施标准

导游人员计分办法实行年度 10 分制,根据其违规行为的性质、情节轻重分别扣除不同的分值。

1)扣除 10 分的行为

导游人员在导游活动中有下列情形之一的,扣除 10 分:有损害国家利益和民族尊严的言行的;诱导或安排旅游者参加黄、赌、毒活动项目的;有殴打或谩骂旅游者行为的;欺骗、胁迫旅游者消费的;未通过年审继续从事导游业务的;因自身原因造成旅游团重大危害和损失的。

2)扣除 8 分的行为

导游人员在导游活动中有下列情形之一的,扣除 8 分:拒绝、逃避检查,或者欺骗检查人员的;擅自增加或者减少旅游项目的;擅自终止导游活动的;讲解中掺杂庸俗、下流、迷信内容的;未经旅行社委派私自承揽或者以其他任何方式直接承揽导游业务的。

3)扣除 6 分的行为

导游人员在导游活动中有下列情形之一的,扣除 6 分:向旅游者兜售物品或购买旅游者物品的;以明示或者暗示的方式向旅游者索要小费的;因自身原因漏接漏送或误接误送旅游团的；讲解质量差或不讲解的；私自转借导游证供他人使用的；发生重大安全事故不积极配合有关部门救助的。

4) 扣除 4 分的行为

导游人员在导游活动中有下列情形之一的，扣除 4 分：私自带人随团游览的；无故不随团活动的；在导游活动中未佩戴导游证或未携带计分卡的；不尊重旅游者宗教信仰和民族风俗的。

5) 扣除 2 分的行为

导游人员在导游活动中有下列情形之一的，扣除 2 分：未按规定时间到岗的；10 人以上团队未打接待社社旗的；未携带正规接待计划的；接站未出示旅行社标识的；仪表、着装不整洁的；讲解中吸烟、吃东西的。

3. 计分管理的后果

导游人员 10 分分值被扣完后，由最后扣分的旅游行政执法单位暂时保留其导游证，出具保留导游证证明，并于 10 日内通报导游人员所在地旅游行政管理部门和登记注册单位。正在带团过程中的导游人员，可持旅游执法单位出具的保留证明完成团队剩余行程。

导游人员的 10 分分值扣完后，须暂停导游业务，接受旅游行政管理部门的培训，培训考核合格后，放能继续从事导游业务。

导游人员通过年审后，年审单位核销其遗留分值，重新输入初始分值。

导游人员计分管理不属于行政处罚的范畴。因此，对导游人员的违法、违规行为，除了按照计分管理办法扣除一定分值，还要依照其他相关法规给予处罚。例如，导游人员带团时没有佩戴导游证，旅游行政管理部门除按计分管理办法扣 4 分外，还应当依据《导游人员管理条例》进行责令改正，拒不改正的，处 500 元以下的罚款。

5.2.4　导游人员年审管理制度

导游人员的年审管理是指旅游行政管理部门对导游人员当年从事导游业务情况、扣分情况、接受行政处罚情况、游客反映情况等进行考评的制度。

1. 年审管理机关及其职责

国家对导游人员实行年度审核制度。导游人员必须参加年审。

国务院旅游行政管理部门负责制定全国导游人员年审工作政策，组织实施并监督检查。省级旅游行政管理部门负责组织、指导本行政区域内导游人员年审工作并监督检查。所在地旅游行政管理部门具体负责组织实施对导游人员的年审工作。

2. 年审培训及年审初评

导游人员必须参加所在地旅游行政管理部门举办的年审培训。培训时间应根据导游业务需要灵活安排。每年累计培训时间不得少于 56 小时。

旅行社或导游管理服务机构应为注册的导游人员建立档案，对导游人员进行工作培训和指导，建立对导游人员工作情况的检查、考核和奖惩的内部管理机制，接受并处理对导游人员的投诉，负责导游人员年审的初评。

3. 年审管理的实施

年审以考评为主，考评的内容应包括：当年从事导游业务情况、扣分情况、接受行政处罚情况、游客反映情况等。

考评等级为通过年审、暂缓通过年审和不予通过年审三种。一次扣分达到10分，不予通过年审；累计扣分达到10分的，暂缓通过年审；一次被扣8分的，全行业通报；一次被扣6分的，警告批评。

暂缓通过年审的，通过培训和整改后，方可重新上岗。

5.2.5 导游人员等级考核制度

为加强导游队伍建设，不断提高导游人员的业务素质，客观、公正地评价和选拔导游人才，调动导游人员的工作积极性，以及为旅行社向旅游者服务的等级化创造条件，国家旅游局在1994年发布了《关于对全国导游员实行等级评定的意见》和《导游员职业等级标准》，从而开始了我国导游人员等级考核评定工作。1999年的国务院颁发的《导游人员管理条例》把导游人员等级考核作为一项法定制度确定下来。2005年7月，国家旅游局根据这一制度，结合我国导游人员等级考核的实际情况，修改制定了《导游人员等级考核评定管理办法》。

1. 等级考核的管理部门及职责

1)国家旅游局等级考核的职责

国家旅游局负责导游人员等级考核评定标准、实施细则的制定工作，负责对导游人员等级考核评定工作进行监督检查。

国家旅游局组织设立全国导游人员等级考核评定委员会。该委员会负责组织实施全国导游人员等级考核评定工作。

2)省级旅游局等级考核的职责

省、自治区、直辖市和新疆生产建设兵团旅游行政管理部门组织设立导游人员等级考核评定办公室，在全国导游人员等级考核评定委员会的授权和指导下开展相应的工作。

2. 导游人员的等级划分

导游人员等级分为两个系列、四个等级。两个系列是指等级考核分为外语导游人员系列和中文导游人员系列；四个等级是指通过考核，将导游人员划分为初级、中级、高级、特级四个等级。

3. 等级考核的评定管理办法

1)评定原则

导游人员等级考核评定工作，遵循自愿申报、逐级晋升、动态管理的原则。即是否参加等级考核自愿；从初级导游人员开始由低到高，逐级晋升，不能越级申报；导游等级不搞终身制,实行动态管理,如有重大投诉或重大违规行为,一经核实,可以撤销其导游等级。

2)申报条件

凡通过全国导游人员资格考试并取得导游员资格证书,符合全国导游人员等级考核评定委员会规定报考条件的导游人员,均可申请参加相应的等级考核评定。

3)考核程序及内容

导游人员等级考核评定工作,按照"申请、受理、考核评定、告知、发证"的程序进行。

(1)初级导游人员的评定:获导游人员资格证书1年后,就技能、业绩和资历对其考核,合格者自动成为初级导游人员。

(2)中级导游人员的评定:中级导游人员的考核采取笔试方式。其中,中文导游人员考试科目为"导游知识专题"和"汉语言文学知识";外语导游人员考试科目为"导游知识专题"和"外语"。中级导游人员要求获得初级导游人员资格2年以后方可参评。

(3)高级导游人员的评定:高级导游人员的考核采取笔试方式,考试科目为"导游案例分析"和"导游词创作"。高级导游人员要求获得中级导游人员资格4年以后方可参评。

(4)特级导游人员的考核采取论文答辩方式。特级导游人员要求取得高级导游人员资格5年以后方可参评。

此外,参加省部级以上单位组织的导游技能大赛获得最佳名次的导游人员,报全国导游人员等级考核评定委员会批准后,可晋升一级导游人员等级。一人多次获奖只能晋升一次,晋升的最高等级为高级。

4)等级证书

导游员等级证书由全国导游人员等级考核评定委员会统一印制。导游人员获得导游员资格证书和中级、高级、特级导游员证书后,可通过省、自治区、直辖市和新疆生产建设兵团旅游行政管理部门申请办理相应等级的导游证。

5.3 导游人员的权利和义务

导游人员的权利,是指导游人员的法律权利,是导游人员依法享有的权能或利益,它表现为导游人员可以自己作出一定行为,也可以要求他人作出或不作出一定的行为。导游人员的义务,是指导游人员依法必须履行的责任。

权利和义务都是法律赋予的法律权利和法律义务,这里的导游人员的权利和导游人员的义务主要是依据《旅游法》及《管理条例》规定的权利和义务。

5.3.1 导游人员的权利

1. 人格尊严不受侵犯的权利

《管理条例》第十条规定:"导游人员进行导游活动时,其人格尊严应当受到尊重,其人身安全不受侵犯。导游人员有权拒绝旅游者提出的侮辱其人格尊严或者违反其职业道德的不合理要求。"

由此可见，导游人员在执行导游职务过程中，享有人格尊严不受侵犯的权利。所谓人格，从法律意义上讲，是指能够作为权利、义务主体的独立资格。人格权是民事主体具有法律意义上的独立人格而必须享有的民事权利，如生命、健康、名誉等。人格权是每一名公民和法人终身享有的权利，是法律赋予民事主体所享有的基本民事权利。因此，我国《宪法》第三十八条规定："中华人民共和国公民的人格尊严不受侵犯。禁止用任何方法对公民进行侮辱、诽谤和诬告陷害。"

导游人员在带团过程中，个别素质低下的旅游者对导游人员服务不满意，以及对各旅游接待部门服务不满意时，往往会直接迁怒于导游人员，发生侮辱、漫骂，甚至殴打导游人员的事件。这都属于对导游人员人身安全、人格尊严的侵犯。

此外，在旅行游览过程中，个别旅游者会对导游人员提出侮辱其人格尊严或者违反职业道德的不合理要求，比如在旅游中让导游人员讲黄色笑话，出境游中要求导游人员带其到色情场所等。对于这些无理要求，导游人员有权拒绝。

本章导入案例中几位客人的迟归引起众怒，几位中年妇女对导游小李的推搡、辱骂，甚至逼导游下跪的行为都属于侵犯导游人员人格尊严的行为。

2. 紧急情况调整、变更接待计划权

《管理条例》第十三条第二款规定："导游人员在引导旅游者旅行、游览过程中，遇有可能危及旅游者人身安全的紧急情形时，经征得多数旅游者的同意，可以调整或者变更接待计划，但是应当立即报告旅行社。"

根据该条法规的规定，导游人员在遇到危及旅游者人身安全的紧急情况时，有调整、变更接待计划的权利。导游人员行使这一权利时，必须符合下列条件。

(1)必须是在引导旅游者旅行、游览的过程中。也就是说，必须是在旅游活动开始后。在旅行、游览活动开始之前，导游人员不得行使这一权利。接待计划实际上相当于旅游合同，调整接待计划就是对旅游合同的变更。在旅游合同订立之后，旅游活动开始之前，如果出现不利于旅游活动的情形，需要调整或变更接待计划，即变更旅游合同时，应当由合同的当事人旅行社与旅游者进行协商，达成一致意见后，才能由旅行社调整或者变更旅游接待计划。

(2)必须是遇到可能危及旅游者人身安全的紧急情形时，导游人员才可以行使这一权利。例如导游带团途中，前方旅游目的地发生洪水、泥石流等自然灾害，如果还按原计划前往目的地，就可能威胁到旅游者的人身安全。因此，为了避免发生危险，导游人员就需要当机立断地调整或变更接待计划。

(3)必须是征得多数旅游者的同意。即在旅行游览中，遇有可能危及旅游者人身安全的紧急情形时，导游人员如果要调整或变更接待计划，必须要征得旅游团中多数旅游者的同意。这是因为，旅游接待计划即旅游合同订立后，双方就应当严格按照合同约定履行。如果需要调整或变更旅游计划，应当经过双方协商一致。值得注意的是：导游人员只要征得多数旅游者的同意，就可以调整或变更旅游接待计划，而不必得到全体旅游者的同意。

(4)必须立即报告旅行社。同理，调整或变更旅游接待计划时，还需要报告旅游合同另一方当事人旅行社。导游人员是受旅行社的委派带团执行旅游接待计划，调整或变更旅游接待计划并不是导游人员的职责权限。但是，由于导游人员在外独立执行带团任务的途中，遇到可能危及旅游者人身安全的紧急情形，为了避免旅游者人身安全发生危害，在征得多数旅游者同意后，导游人员必须报告旅行社，得到旅行社认可后，才可以依法调整或变更接待计划。

遇到危及旅游者人身安全的紧急情形时，导游有权调整计划[①]

2002年暑假，某旅行社接待一旅游团，行程是"昆明、大理、丽江、香格里拉十二日游"。双方协商后签订了旅游合同，并预收了团款。7月30日团队出发开始了云南之旅，一路上旅游活动都进展顺利。但是在8月7日到达丽江后，当地旅游行政部门通知，由于丽江上发生洪水，所以将严格控制前往香格里拉的旅游人数，以防不测。导游立即与游客协商，要求游客考虑改变旅游行程。可部分游客仍然坚持要一睹香格里拉的芳容。8月8日上午旅游团行至虎跳峡，当地旅游局通知前50千米处道路已经被洪水冲毁二十多米，无法通行。导游再次与游客协商建议另作旅行安排。可是，游客仍不肯作罢，表示不亲眼看到冲毁的道路，绝不回头。直到车行至被冲毁的那段路，大家看到现场状况才返回丽江古城。在这一过程中，导游一直向旅行社做汇报。最后，在返回昆明途中，经与游客协商，导游将放弃的景点改为游览玉龙雪山，弥补了游客未能如愿的"香格里拉之游"。

分析： 本案中，导游面对洪水冲垮道路的法定紧急情形时，遂将面临的可能危及旅游者人身安全的紧急情况告知旅游者，并征求大家的意见。最终客人看到冲垮道路后，调整了旅游行程。导游的做法符合法律规范。

3. 申请复议和行政诉讼的权利

导游人员在导游活动中因其合法权益受到损害可以向有关部门请求予以保护。这是导游人员在履行职务过程中权利受到法律保护的有力保障。

1) 申请复议权

申请复议权指导游人员对旅游行政管理部门的具体行政行为不服时依法享有复议权。例如以下几种情形。

(1) 对责令改正、罚款、没收违法所得、暂扣导游证、吊销导游证等行政处罚不服的。

(2) 认为符合法定条件，申领导游员资格证书和导游证，旅游行政管理部门拒绝颁发或不予答复的。

(3) 认为旅游行政管理部门违法要求导游人员履行义务的。

(4) 认为旅游行政管理部门侵犯导游人员人身权、财产权的。

(5) 法律、法规规定的其他可以申请复议的内容。

---

① 资料来源：裴春秀. 旅游法实例说[M]. 长沙：湖南人民出版社，2004. 经整理。

2) 起诉权

起诉权指导游人员对旅游行政管理部门的具体行政行为不服时，享有向人民法院提起行政诉讼的权利，具体内容同申请复议权的范围。

5.3.2 导游人员的义务

根据《旅游法》及《管理条例》规定，导游人员应该履行的义务主要有以下几方面。

1. 导游人员应当不断提高自身业务素质和职业技能

导游人员自身业务素质的高度，职业技能的优劣，直接关系到导游服务质量，也影响到能否为旅游者提供优质的导游服务。从现实情况看，越来越多的旅游者受过高等教育且旅游的经验越来越丰富，互联网的普及使用使得旅游者在外出旅游之前就对旅游目的地的情况有所了解。这些都需要导游人员不断提高自身业务素质和职业技能，来应对旅游经验日益丰富的旅游者。因此，《导游人员管理条例》明确将此作为导游人员的一项义务。

2. 导游人员进行导游活动，应当佩戴导游证

《旅游法》第四十一条第一款规定："导游从事业务活动，应当佩戴导游证。"

导游证是国家准许从事导游活动的法定证件。《旅游法》该款规定表明，导游人员进行导游活动时佩戴导游证，是导游人员一项法定义务，如果不履行这项义务，则应承担相应的法律责任。《导游人员管理条例》第二十一条规定："导游人员进行导游活动未佩戴导游证的，由旅游行政部门责令改正；拒不改正的，处五百元以下的罚款。"

3. 导游人员进行导游活动，必须经旅行社委派，不得私自承揽导游业务

《旅游法》第四十条规定："导游为旅游者提供服务必须接受旅行社委派，不得私自承揽导游业务。"

私自承揽导游业务有两种情况：一种是导游借旅行社的名义接团，但行为和旅行社没有关系，收入直接进入其个人账户，旅行社仅仅是个"幌子"；另一种是直接以个人名义而不是旅行社名义接团。

禁止导游私自承揽导游业务的原因有两方面：一方面在于导游没有承办旅游活动的资质。招徕、接待旅游者，为旅游者安排食宿等有偿服务的经营活动属于旅行社的经营范围，导游人员作为旅行社的雇员，只能接受旅行社的委派，为旅游者提供向导、讲解及相关服务，不得私自承揽导游业务。另一方面在于发生旅游事故时，导游人员作为自然人赔偿能力非常有限，对旅游者不利。

对于导游人员未经旅行社委派，私自承揽导游业务的，《旅游法》第一百零二条第二款规定："导游违反本法规定，私自承揽业务的，由旅游主管部门责令改正，没收违法所得，处一千元以上一万元以下罚款，并暂扣或者吊销导游证。"

实例分析 5-3

导游受熟客之请组织旅游活动受罚[①]

张导业务熟练,为人热情,深受游客好评,每次带团总是给游客留下深刻印象。某次旅游行程结束时,团员李先生告诉张导,过几天有一批重要客户过来旅游,请张导带他们游览。张导毫不犹豫就答应了。几天后游客如期而至,张导为他们提供了周到的服务,在旅游行程即将结束时,被当地旅游主管部门发现并查处。张导感到很委屈,最后将当地旅游主管部门告上法院,要求法院撤销旅游主管部门对他们的行政处罚。法院最后维持了旅游主管部门的处罚决定。

分析: 案例中张导应旅游者李先生之托,组织其朋友进行旅游活动,其行为属于未经旅行社委派,私自承揽导游业务,旅游主管部门的处罚是正确的。

4. 导游人员进行导游活动,应当自觉维护国家利益和民族尊严,不得有损害国家利益和民族尊严的言行

"爱国"是合格导游人员的首要条件,导游人员必须要热爱祖国、热爱社会主义,以自己的言行自觉维护国家利益和民族尊严。这是导游人员必须具备的政治条件和业务要求。尤其是在接待外国旅游者时,更应该注意自己的言行,自觉维护国家利益和民族尊严。

为此,《管理条例》第 20 条规定:"导游人员进行导游活动时,有损害国家利益和民族尊严的言行的,由旅游行政部门责令改正;情节严重的,由省、自治区、直辖市人民政府旅游行政部门吊销导游证并予以公告;对该导游人员所在的旅行社给予警告直至责令停业整顿。"

上述规定除了处罚导游之外,也对其所在的旅行社进行了处罚。因为我国对导游人员的管理包含旅行社对导游人员的管理,旅行社委派导游员从事导游活动,就有责任加强对其的教育和管理。因此,导游人员在进行导游活动时,有损害国家利益和民族尊严的言行时,旅行社也应该承担管束不严的责任。

5. 导游人员应当严格执行旅行社确定的接待计划,不得擅自增加、减少旅游项目或者中止导游活动

《旅游法》第四十二条第二款规定:"导游和领队应当严格执行旅游行程安排,不得擅自变更旅游行程或者中止服务活动。"

旅行社确定的接待计划,即旅游行程是旅游者和旅行社签订的旅游合同的一部分。因此,导游人员在接受旅行社委派进行导游活动时,应该按照合同全面履行的原则,严格执行旅游行程安排,不得擅自增加、减少旅游项目;否则,就有可能要承担违约责任。

当然,也有一个例外,就是导游遇到法定调整变更旅游行程的事由:即"导游人员在引导旅游者旅行、游览过程中,遇有可能危及旅游者人身安全的紧急情形时,经征得多数

[①] 黄恢月. 旅游法实务详解[M]. 北京:中国旅游出版社,2014.

旅游者的同意，可以调整或者变更接待计划，但是应当立即报告旅行社。"

但是，无论遇到何种情形，导游人员在进行导游活动时，均不得擅自中止导游活动。一般来说，中止导游活动必须具备以下条件。

一是必须在导游活动结束之前，也就是说，必须是在旅游接待计划执行完毕之前。导游活动的中止不是导游活动的终止，它必须是出现在执行旅游接待计划过程当中；如果旅游接待计划已经执行完毕，当然也就谈不到中止的问题。

二是必须是擅自中止。这是中止导游活动的最主要的特征。如果不是擅自中止导游活动，而是旅行社的决定或其他外部作用影响，致使导游人员中止导游活动，就不是"擅自中止导游活动"情形。

三是必须是彻底中止。这里所说的"彻底"中止，是指导游人员彻底放弃了原来的导游活动。如果导游人员因某种原因，暂时放弃了正在进行的导游活动，待该种原因消失后又进行了导游活动，这是导游活动的中断进行，而不是导游活动的中止。

以上三个条件必须同时具备，缺少其中任何一个，都不能认为是导游活动的中止。

《管理条例》第二十二条规定，导游人员擅自增加、减少旅游项目或者中止导游活动的，由旅游行政部门责令改正，暂扣导游证3~6个月；情节严重的，由省、自治区、直辖市人民政府旅游行政部门吊销导游证并予以公告。

6. 导游人员进行导游活动，不得向旅游者索要小费

《旅游法》第四十一条第二款规定："导游应当严格执行旅游行程安排，不得向旅游者索取小费。"

小费是旅游者额外支付给导游人员等旅游服务人员的费用，是游客对服务人员付出劳动的尊重，也表达出游客对导游服务工作的一种肯定和感谢之情。游客奖励导游小费，也是国际通行的做法，包括我国出境游的游客也大多尊重国外习俗付给国外导游人员小费。然而，我国的国情及长期沿袭下来的习俗使得我国游客还没有付小费的习惯。因此，我国法律对接受小费没有明文禁止，根据"法无禁止即可为"的原则，接受小费是允许的，但规定不得向旅游者索要小费。这样可以杜绝个别导游人员不以自己优质服务赢得旅游者的感谢或奖励，而是不择手段向旅游者索要小费，后者的做法给旅游业声誉造成恶劣影响。

对此，《管理条例》也有规定："导游人员不得以明示或暗示方式向旅游者索要小费。"所谓"明示的方式"，是指导游人员以语言、文字或者其他直接表达意思的方法向旅游者索要小费的形式；所谓"暗示的方式"，是指导游人员以含蓄的语言、文字或者示意的举动等间接表达意思的方式向旅游者索要小费的形式。

为惩治上述行为，《旅游法》第一百零二条第三款规定："导游、领队违反本法规定，向旅游者索取小费的，由旅游主管部门责令退还，处一千元以上一万元以下罚款；情节严重的，并暂扣或者吊销导游证、领队证。"

7. 导游人员进行导游活动，不得向旅游者兜售物品或者购买旅游者的物品

向旅游者兜售物品或者购买旅游者的物品，不属于导游人员的职责范畴，也与导游人员的身份不相称。导游人员是向旅游者提供向导、讲解及相关旅游服务的人员，这是

导游人员的工作职责，以服务人员的特定身份向旅游者兜售物品或者购买旅游者的物品，极易造成交易不公平或不公正，从而侵犯旅游者的权益，损害导游人员的形象，也极易引起纠纷。

为此，《管理条例》第二十三条规定，导游人员进行导游活动，向旅游者兜售物品或者购买旅游者物品的，由旅游行政部门责令改正，处1000元以上3万元以下的罚款；有违法所得的，并处没收违法所得；情节严重的，由省、自治区、直辖市人民政府旅游行政部门吊销导游证并予以公告；对委派该导游人员的旅行社给予警告直至责令停业整顿。

8. 导游人员进行导游活动，不得诱导、欺骗、强迫或者变相强迫旅游者购物或者参加另行付费旅游项目

"零负团费"等低价旅游活动是我国《旅游法》实施之前长期存在的顽疾，即个别旅行社通过低价的方式将游客组织起来，"卖"给导游，再由导游带到商家所设立的机构，骗取游客的钱。在这个过程中，导游通过诱导、欺骗、强迫或者变相强迫旅游者购物或者参加另行付费旅游项目欺骗旅游者消费。这种做法极大地侵犯了旅游者的利益，也扰乱了我国的旅游秩序。

为此，《旅游法》第四十二条第二款规定："导游和领队应当严格执行旅游行程安排，不得诱导、欺骗、强迫或者变相强迫旅游者购物或者参加另行付费旅游项目。"《管理条例》第二十四条规定："导游人员进行导游活动，欺骗、胁迫旅游者消费或者与经营者串通欺骗、胁迫旅游者消费的，由旅游行政部门责令改正，处一千元以上三万元以下的罚款；有违法所得的，并处没收违法所得；情节严重的，由省、自治区、直辖市人民政府旅游行政部门吊销导游证并予以公告；对委派该导游人员的旅行社给予警告直至责令停业整顿；构成犯罪的，依法追究刑事责任。"

实例分析 5—4

"宰人"的滑雪一日游

哈尔滨尚志市某旅行社推出了某滑雪场一日游项目，团费是160元，包括来回车费、滑雪场门票和滑雪用具，中午还有免费午餐，听起来很划算。第二天早晨5点45分，参团的游客上了旅行社的旅游大巴，滑雪场距离哈尔滨197千米，大约需要3个多小时。旅游车经过第一个高速公路服务区时，导游开始说话了。原来导游说滑雪只是这次出游的一个内容，此外还有两个参观体验活动。不过这可不是白送的，还要参观林海雪原，上山赏雪，需再交600元钱。游客大多数都不愿意去，导游则一遍遍地动员着不情愿的游客。冰天雪地里，旅游车已经跑出了100多千米，加上亲朋好友一起出来，也碍于情面，无奈之下，全车游客都购买了套票。

上午9点左右旅游车到了目的地，游客坐上了马拉爬犁，进了林海雪原。被形容是"人间仙境"的林海雪原一共有三个参观景点，第一个是景点是看东北三大怪的土房子，不到5分钟就转完了。再往前走100米左右就到了第二个景点——白桦林，在这里停留时间更短，一两分钟白桦林就算看完了；人们被催着去最后一个参观点——土匪窝。所谓土匪窝原来是一条十几米长的沟，上面覆盖着树干和稻草。这条土沟30秒左右就走完了。

游客们半个多小时就逛完了林海雪原，11点吃完午饭乘缆车上锅盔山。锅盔山高1300多米，空气新鲜，景色确实不错，可没有足够的时间停留，游客们慌慌张张照了几张相就要乘滑道车下山。12点众人终于见到滑雪场的大门，导游说门票和雪具包含在已经交过的团费里边，可没想到的是还有一笔花销——请教练。大多数的游客经不住劝说就这样聘请了教练，2小时的教练费240元。旅行社安排的滑雪时间是12点到下午2点，游客领完滑雪用具，穿戴整齐，寄存完衣物，走进滑雪场的时候已经是12点40分。教练讲解完要领差不多到了下午1点，游客跟着教练搭乘索道上了山。乘索道上山，滑行下山，初学者一趟下来要20多分钟。再想滑第二遍，时间已经不够了，只好在下面小坡道上活动一下。这时候，教练又开口了。原来，请教练，除了要交给滑雪场费用，还要再付给教练一笔小费。纠缠不过，除了前面的240元教练费，又付给教练200元的小费。去掉穿衣脱衣，借还雪具的时间，里里外外半个小时左右的滑雪时间，光教练费就用去了440元。晚上6点，旅游车回到了哈尔滨。

合算下来，12个小时里有6小时的车程，1小时的吃饭时间。参观景点和上山用去了3小时。减去进退场，借还雪具的时间，两个小时的滑雪时间，真正站在雪道上不过40分钟。除去原来说的160元团费之外，游客又掏了600元景点通票、240元教练费和200元小费，滑雪一日游一共花了1200元。

分析：案例中旅行社说团费160元，导游又额外增加游览项目，诱导游客另付了景点通票、教练费、小费共计1040元。该导游压缩游览时间，诱导、欺骗游客参加另行付费旅游项目，行为十分恶劣，应当受到处罚。

(资料来源：中央电视台《焦点访谈》栏目.宰人的滑雪一日游[EB/OL].(2014-03-22)[2015-10-19].http://news.cntv.cn/2014/03/22/VIDE1395489419211411.shtml.经整理改编)

9. 导游人员在引导旅游者旅行、游览过程中，应当就可能发生危及旅游者人身、财物安全的情况，向旅游者作出真实说明和明确警示，并按照旅行社的要求采取防止危害发生的措施

旅游是一种体验或者经历活动，在旅游过程中，有赏心悦目的体验，也可能会遇到危难的经历，尤其是在探险旅游中，可能危及旅游者人身、财物安全的情形往往是客观存在的。遇到这类情形，导游人员应当就可能发生危及旅游者人身、财物安全的情况，向旅游者作出真实的说明和明确的警示。说明和警示要真实、准确、通俗易懂，不致产生歧义；同时，导游人员要按照旅行社的要求采取防止危害发生的措施，否则导游人员和旅行社就要承担相应的法律责任。

《旅行社条例》第三十九条规定："旅行社对可能危及旅游者人身、财产安全的事项，应当向旅游者作出真实的说明和明确的警示，并采取防止危害发生的必要措施。"这项规定主要由导游人员来向旅游者说明。因此，《旅行社条例》规定："发生危及旅游者人身安全的情形，未采取必要的处置措施并及时报告的，对导游人员、领队人员处四千元以上二万元以下的罚款；情节严重的，吊销导游证、领队证。"

导游失职未警示，游客登山被冻伤①

某旅行社组织了一个赴长白山的旅游团，委派导游张某作为全程导游随团服务。在旅游团将要攀越天池的前一天，该团游客询问导游张某攀越天池是否要多添衣服，以适应天气变化。张某根据自己多次在这个季节游天池的经验，回答客人不必多添衣服，以便轻装上山。第二天，该团游客在张某的引导下上了天池，不料天气突然变化，天降大雪，气温骤然下降，张某急忙引导该团下山，但由于该团有些客人未带衣帽围巾等御寒之物，致使不少人耳、鼻及手脚严重冻伤，其中 6 人经医院诊断为重度冻伤。

分析：导游人员应当就可能发生危及旅游者人身、财物安全的情况，向旅游者作出真实说明和明确警示。案例中导游应该预见到长白山气候突变，提醒游客多添衣物，但张某没有让游客这样做，以致造成游客冻伤事故，应该承担责任。

10. 遵守职业道德，尊重旅游者的风俗习惯和宗教信仰，应当向旅游者告知和解释旅游文明行为规范，引导旅游者健康、文明旅游，劝阻旅游者违反社会公德的行为

导游人员进行导游活动时，应当遵守职业道德，着装整洁，礼貌待人，尊重旅游者的宗教信仰、民族习俗和生活习惯。导游人员进行导游活动时，应当向旅游者讲解旅游地点的人文和自然情况，介绍风土人情和习俗；不得迎合个别旅游者的低级趣味，在讲解、介绍中掺杂庸俗下流的内容。

我国已进入大众旅游的发展阶段，国内游、出境游蓬勃发展。但是，与此同时我们也要看到，部分游客的素质和修养还不高，公共场合大声喧哗、旅游景区乱刻字、过马路时闯红灯、随地吐痰等不文明行为经常发生，有损国人形象，影响也比较恶劣。提高公民的文明素质、树立中国游客的良好形象，是各级政府、各有关部门和有关企业的共同责任。因此，导游人员应当向旅游者告知和解释旅游文明行为规范，引导旅游者健康、文明旅游，劝阻旅游者违反社会公德的行为。

5.4 领队人员法律制度

领队人员是随着我国出境旅游的发展而产生的。1996 年颁布的《旅行社管理条例》第 24 条首次出现"出境旅游领队"；1997 年颁布的《中国公民自费出国管理暂行办法》中规定，团队须在领队带领下旅游；2002 年 7 月，国务院颁布《中国公民出国旅游管理办法》，

---

① 资料来源：《旅游法规案例精选与解析》编委会. 旅游法规案例精选与解析[M]. 北京：中国旅游出版社，2004. 经整理.

同年 10 月 28 日，国家旅游局依据管理办法，发布了《出境旅游领队人员管理办法》；2009年 5 月 1 日实施的《旅行社条例》也涉及对领队人员的管理；2013 年 10 月 1 日实施的《旅游法》中对领队人员的行为规范也做了具体规定。

5.4.1 领队人员的含义

领队人员的全称是出境旅游领队人员，是指依照《出境旅游领队人员管理办法》的规定取得出境旅游领队证(以下简称"领队证")，接受具有出境旅游业务经营权的旅行社(以下简称"组团社")的委派，从事出境旅游领队业务的人员。领队业务包括为出境旅游团提供旅途全程陪同和有关服务；作为组团社的代表，协同境外旅行社完成旅游计划安排；协调处理旅游过程中相关事务；等等。

领队受有出境权的旅行社的委派，服务对象是中国公民，工作的空间地点主要是境外，工作的任务主要是带领旅游者出入境、督促和配合境外旅行社完成旅游计划、维护旅游团成员的正当权益、处理旅游团在境外遇到的各种紧急事宜，以及保证旅游团在境外旅游的安全等。

5.4.2 领队证

领队人员是出境旅游团队的核心和旅游团的代言人。在旅游过程中，领队起着沟通国内组团社和境外接待方旅行社、沟通旅游者和旅游目的地国家导游人员之间桥梁的作用。因此，从事领队工作的人员，只有具备相应的条件，才能胜任领队工作。

1. 领队证的申领

《旅游法》第三十九条规定："取得导游证，具有相应的学历、语言能力和旅游从业经历，并与旅行社订立劳动合同的人员，可以申请取得领队证。"

1)领队证申领的条件

(1)取得导游证。领队必须是导游人员，必须取得导游证，没有导游证的人员是不能直接申领领队证的。

(2)具有相应的学历、语言能力和旅游从业经历。领队的工作地点主要在境外，因此需要具备相应的学历及相应的外语能力；领队要维护中国旅游者出境后的合法权益，处理旅游中的相关事务，所以需要积累一定的旅游从业经历，才能胜任这一工作。

(3)与旅行社订立劳动合同。获取领队证只能由与旅行社签订劳动合同的旅行社正式导游人员取得。这和导游证的取得有区别，取得导游证既可以通过和旅行社签订劳动合同，也可以通过行业协会注册。可见，领队证只颁发给与旅行社关系紧密的正式导游人员，而不颁发给通过行业协会注册、与旅行社关系相对松散的导游人员。领队证颁发给业务能力更专业的旅行社正式导游人员，实质上就是给出境旅游者提供了更专业的导游队伍，从而更好地保护了出境旅游者的权益。

2)领队证申领的程序

领队证由组团社向所在地的省级或经授权的地市级以上旅游行政管理部门申领，并提交下列材料：申请领队证人员登记表；组团社出具的胜任领队工作的证明；申请领队证人员业务培训证明。

旅游行政管理部门应当自收到申请材料之日起 15 个工作日内,对符合条件的申请领队证的人员颁发领队证,并予以登记备案。

2. 领队证的管理

(1)领队证由国家旅游局统一样式并制作,由组团社所在地的省级或经授权的地市级以上旅游行政管理部门发放。

(2)领队证不得伪造、涂改、出借或转让。

(3)领队证的有效期为 3 年。凡需要在领队证有效期届满后继续从事领队业务的,应当在届满前 6 个月由组团社向旅游行政管理部门申请登记换发领队证。

(4)领队人员遗失领队证的,应当及时报告旅游行政管理部门,并声明作废,然后申请补发;领队证损坏的,应及时申请换发。

(5)《旅游法》规定:吊销领队证的领队,自处罚之日起未逾 3 年的,不得重新申领领队证。

5.4.3 领队的职责

1.《出境旅游领队人员管理办法》对领队职责的一般性规定

(1)遵守《中国公民出国旅游管理办法》中的有关规定,维护旅游者的合法权益。

(2)协同接待社实施旅游行程计划,协助处理旅游行程中的突发事件、纠纷及其他问题。

(3)为旅游者提供旅游行程服务。

(4)自觉维护国家利益和民族尊严,并提醒旅游者抵制任何有损国家利益和民族尊严的言行。

2.《旅游法》对于归属于导游人员的领队人员共同职责的规定

领队人员也属于导游人员的,在《旅游法》中将领队人员与导游人员放在并重的位置,加强对其管理。其共同的职责有以下几方面。

(1)领队为旅游者提供服务必须接受旅行社委派,不得私自承揽导游和领队业务。

(2)领队从事业务活动,应当佩戴领队证,遵守职业道德,尊重旅游者的风俗习惯和宗教信仰,应当向旅游者告知和解释旅游文明行为规范,引导旅游者健康、文明旅游,劝阻旅游者违反社会公德的行为。

(3)领队应当严格执行旅游行程安排,不得擅自变更旅游行程或者中止服务活动,不得向旅游者索取小费,不得诱导、欺骗、强迫或者变相强迫旅游者购物或者参加另行付费的旅游项目。

3.《旅行社条例》对领队人员的专门职责规定

(1)发生危及旅游者人身安全的情形的,旅行社及其委派的领队人员应当采取必要的处置措施并及时报告旅游行政管理部门;在境外发生的,还应当及时报告中华人民共和国驻该国使领馆、相关驻外机构、当地警方。

(2)旅游者在境外滞留不归的,旅行社委派的领队人员应当及时向旅行社和中华人民共和国驻该国使领馆、相关驻外机构报告。旅行社接到报告后应当及时向旅游行政管理部门和公安机关报告,并协助提供非法滞留者的信息。

阅读案例 5—2

赴韩旅行团 19 人集体失踪[①]

2012 年 12 月 28 日,19 名中国旅游团成员从大连出发,搭乘国际客轮于 29 日上午抵达韩国仁川港。该旅游团成员在仁川市内一个小旅馆留宿一夜之后,次日上午全部失踪。负责领队的朝鲜族导游在确定这一情况后立即向警方报了案。此案中,19 名旅游者集体失踪,领队人员向警方报案,是正确的处理方式;此外,领队还应该向旅行社和中国驻韩国使领馆、相关驻外机构报告。

5.4.4 法律责任

(1)违反《旅游法》规定,未取得领队证从事领队活动的,由旅游主管部门责令改正,没收违法所得,并处 1000 元以上 1 万元以下罚款,予以公告。

(2)违反《旅游法》规定,领队私自承揽业务的,由旅游主管部门责令改正,没收违法所得,处 1000 元以上 1 万元以下罚款,并暂扣或者吊销领队证。

(3)违反《旅游法》规定,领队向旅游者索取小费的,由旅游主管部门责令退还,处 1000 元以上 1 万元以下罚款;情节严重的,暂扣或者吊销领队证。

(4)违反《旅游法》规定,被吊销领队证的领队,自处罚之日起未逾 3 年的,不得重新申请导游证、领队证或者从事旅行社业务。

(5)违反《旅行社条例》规定,领队人员有下列情形之一的,由旅游行政管理部门责令改正,对旅行社处 2 万元以上 10 万元以下的罚款;领队人员处 4000 元以上 2 万元以下的罚款;情节严重的,责令旅行社停业整顿 1 个月至 3 个月,或者吊销旅行社业务经营许可证、领队证:①发生危及旅游者人身安全的情形,未采取必要的处置措施并及时报告的;②旅行社组织出境旅游的旅游者非法滞留境外,旅行社未及时报告并协助提供非法滞留者信息的;③旅行社接待入境旅游的旅游者非法滞留境内,旅行社未及时报告并协助提供非法滞留者信息的。

本章小结

本章主要介绍了导游人员管理的法律制度,重点分析了导游人员的权利和义务,以及领队人员管理法律制度。

---

①资料来源:http://news.china.com/domestic/945/20130104/17610689.html。

导游人员管理的法律制度包括导游资格考试制度、导游证制度、导游人员计分管理制度、导游人员年审制度、导游人员等级考核制度。

导游人员的权利和义务包括导游人员的三大权利和十大义务。

领队人员管理法律制度，在解读领队人员概念、领队证的基础上，阐述了领队人员的职责及对领队人员违法违规行为的法律责任。

关键术语

1. **导游人员**：指依照本条例的规定取得导游证，接受旅行社委派，为旅游者提供向导、讲解及相关旅游服务的人员。

2. **导游证**：指参加导游资格考试并合格，取得导游员资格证书，经与旅行社订立劳动合同或者在导游服务公司登记，由省、自治区、直辖市人民政府旅游行政管理部门颁发导游证。

3. **临时导游证**：指具有特定语种语言能力的人员，虽未取得导游员资格证书，但因旅行社需要聘请其临时从事导游活动，由旅行社向省、自治区、直辖市人民政府旅游行政部门申请领取的导游证。

4. **导游人员的计分管理**：指旅游行政管理部门为了加强对导游人员执业行为的动态管理，根据其在导游活动中违规行为的性质、情节轻重，予以扣分的一项管理制度。

5. **导游人员的年审管理**：指旅游行政管理部门对导游人员当年从事导游业务情况、扣分情况、接受行政处罚情况、游客反映情况等进行考评的制度。

6. **导游人员的权利**：指导游人员的法律权利，是导游人员依法享有的权能或利益，它表现为导游人员可以自己作出一定行为，也可以要求他人作出或不作出一定的行为。

7. **导游人员的义务**：指导游人员依法必须履行的责任。

8. **领队人员**：全称是出境旅游领队人员，是指依照《出境旅游领队人员管理办法》的规定取得出境旅游领队证，接受具有出境旅游业务经营权的旅行社的委派，从事出境旅游领队业务的人员。

章前案例解析

【分析】

导游人员在执行导游职务过程中，享有人格尊严不受侵犯的权利。《管理条例》第十条规定："导游人员进行导游活动时，其人格尊严应当受到尊重。"案例几位中年妇女对导游小李的推搡、辱骂，甚至逼导游下跪的行为都属于侵犯导游人员人格尊严的行为。

【点评】

导游人员享有人格尊严不受侵犯的权利。尽管导游小李处理迟归的客人的方式欠妥，但自己的人格尊严不应受到侵犯。导游人员遇到个别素质较低的客人有推搡、辱骂行为时，不应下跪求饶、一味妥协，必要时可以报警以保护自己。

复习思考题

一、单项选择题

1. 导游人员进行导游活动未佩戴导游证，拒不改正的，可以处(　　)元以下的罚款。
   A. 300　　　　　B. 500　　　　　C. 1000　　　　　D. 2000

2. 导游人员私自承揽业务的，由旅游主管部门责令改正，没收违法所得，处(　　)的罚款。
   A. 500元以内　　　　　　　　　　B. 500元以上1000元以下
   C. 1000元以上10000元以下　　　　D. 5000元以内

3. 被吊销导游证、领队证的导游、领队，自处罚之日起未逾(　　)年的，不得重新申请导游证、领队证。
   A. 1　　　　　B. 3　　　　　C. 5　　　　　D. 10

二、多项选择题

1. 以下关于参加导游人员资格考试的人员必须具备的条件，正确的有(　　)。
   A. 中华人民共和国公民
   B. 大专或者以上学历
   C. 身体健康
   D. 适应导游需要的基本知识和语言表达能力
   E. 掌握1门外语

2. 按照导游人员计分管理办法，导游人员被扣8分的行为有(　　)。
   A. 拒绝、逃避检查，或者欺骗检查人员的
   B. 擅自终止导游活动的
   C. 有殴打或谩骂旅游者行为的
   D. 未通过年审继续从事导游业务的
   E. 擅自增加或者减少旅游项目的

3. 下列关于导游证的叙述，错误的有(　　)。
   A. 导游证可以由市级旅游部门颁发
   B. 导游证分为正式导游证和临时导游证
   C. 导游证表明持证人具备了从事导游职业的资格
   D. 导游证有效期限是3年
   E. 申请导游证的前提是必须取得导游员资格证书

三、简答题

1. 有哪些情形是不予颁发导游证的？
2. 导游人员有哪些义务？

四、案例分析

1. 2016年"五一"期间,某旅游行政管理部门的两位执法检查人员到某景区检查时,发现某外地旅行社导游人员李某在进行导游活动时,未佩戴导游证,遂上前询问,要求李某出示导游证。李某遂从包中掏出导游证。检查人员对其指出,进行导游活动应当佩戴导游证。李某对此批评不服,认为自己是外地旅行社的导游人员,当地旅游行政管理部门无权管理,由此发生争执。请你运用学法律法规知识,回答以下问题:

(1)导游人员李某能否拒绝当地旅游行政管理部门的管理?为什么?

(2)导游人员在导游活动中未佩戴导游证而拒不改正的,应当受到怎样的处罚?依据是什么?

2. 某高校外语系学生李某先后两次报名参加导游资格考试,均未合格。他急于从事导游工作,遂与某国际旅行社多次联系,希望能获得带团实习的机会。次年7月,正值旅游旺季,该旅行社导游不足,遂聘用李某充任导游人员。但李某在带团中被旅游行政管理部门查获,以其未经导游资格考试合格,擅自进行导游活动为由给予了罚款处罚。李对处罚不服,认为自己并非擅自进行导游活动,而是受旅行社聘用从事导游工作的,旅游行政管理部门处罚不当,遂向上一级旅游行政管理部门申请复议。

问题:

(1)李某的看法是否成立?有何依据?

(2)旅行社能否聘用李某从事导游工作?有何依据?应受何种处罚?

第6章 旅游住宿管理法律制度

学习目标

知识目标	技能目标
①了解旅游住宿业的发展历程 ②了解我国旅游住宿业的立法状况 ③了解旅游住宿业治安管理的法律规定 ④了解旅游饭店星级评定制度的有关内容	①熟悉饭店住宿合同 ②掌握饭店与旅客之间的权利义务关系 ③熟悉旅游饭店星级评定的标准和基本要求

知识结构

旅游住宿管理法律制度
- 旅游住宿业及其法律制度概述
  - 旅游住宿业的发展历程
  - 我国旅游住宿业有关法律、法规概述
- 饭店与旅客之间的权利义务关系
  - 饭店住宿合同
  - 饭店对旅客的权利和义务
- 旅游住宿业治安管理规定
  - 旅游住宿业治安管理概述
  - 旅游住宿业治安管理的主要内容
  - 违反旅游住宿业治安管理规定的处罚
- 旅游饭店星级评定制度
  - 旅游饭店星级评定制度概述
  - 旅游饭店星级评定制度的内容

> **导入案例**

酒店住宿财物被盗旅客损失由谁赔偿①

2010年7月6日，董先生入住天津市南开区一家酒店。7月8日9时许，董先生醒来后发现物品被盗，随即报案称，其有7000余元现金及价值3300元的手机被盗。公安机关调取酒店录像发现，当日凌晨4时左右，董先生回到酒店房间内，4时30分左右有一女子进入该酒店，并乘坐电梯到达5楼。该女子在5楼楼道里来回徘徊后并未撬门，直接进入董先生房间，几分钟后离开。

董先生认为，酒店对旅客没有尽到安全保障义务，致其财物被窃，应该承担赔偿责任。但酒店以已经提示贵重物品交付前台寄存为由，拒绝赔偿。2010年8月，董先生诉至法院，要求酒店赔偿其经济损失1万余元。

法庭上，被告酒店方表示，其在各个房间都放有服务指南，要求旅客将贵重物品及现金存放到前台，否则发生意外不予解决。董先生未按提示将贵重物品放置前台。另外，董先生在陈述被盗过程时，曾提到回来得太晚，在房间内看电视时睡着了，忘记关上房门，故失窃的责任在于董先生自己。

问题引入：
本案例中，董先生的诉讼请求能否得到支持？被告酒店是否尽到安全保障义务？

旅游住宿业是以夜为单位出租客房，以住宿服务为主，并为旅游者提供餐饮、商务、休闲等项服务的行业。旅游业的"食、住、行、游、购、娱"六要素中，有多项活动都发生在旅游住宿设施中。旅游住宿业是旅游业中非常重要的环节，与旅行社业、旅游交通业并称为旅游业三大支柱。

旅游住宿管理法律制度是调整旅游住宿业在设立、经营过程中发生的各种法律关系的法律规范。目前我国没有针对旅游住宿业的专门立法，主要适用的法律制度是《旅游法》及国务院有关部门制定的行政法规，如《住宿业管理办法》《旅馆业治安管理办法》《公共场所卫生管理条例》等。另外，饭店和旅客的法律关系还可以适用《中华人民共和国民法通则》(本章简称《民法通则》)、《中华人民共和国合同法》(本章简称《合同法》)、《中华人民共和国消费者权益保护法》等法律规定进行调整。

6.1 旅游住宿业及其法律制度概述

6.1.1 旅游住宿业的发展历程

旅游住宿业起源于古代罗马和中国的驿站。近代工业革命刺激了商务旅游及服务业的

---

①资料来源：《旅客住宿疏忽财物被盗酒店未尽安保义务被判赔偿》，找法网 http://china.findlaw.cn/xfwq/xiaofeiweiquananli/18903.html，网站最后访问日期：2011-07-06。经整理改编。

发展,传统的饭店经营有了很大改观,促进了近代饭店业的发展。20世纪中叶,随着大众旅游活动的普遍开展,旅游住宿业成为国际性的经营项目和许多国家重要的经济成分。从其发展历程来看,旅游住宿业经历了四个发展阶段。

1. 客栈时期

客栈的出现是社会生产力发展到一定阶段的产物,是随着商品生产和商品交换的发展而逐步发展起来的。最早期的客栈,可以追溯到人类原始社会末期和奴隶社会初期,是为适应古代国家的外交交往、宗教和商业旅行、帝王和贵族巡游等活动的要求而产生的。在欧洲社会,古希腊时期、古罗马时期,几乎所有的商路上都有专供人们集会和住宿的场所,由官方所办。在我国,商朝时就已经出现了官办的"驿站",春期战国时期,为了便利过往商旅,修建了一些简单的"客舍"和"驿站"。这些早期的客栈都属于饭店的雏形,其共同特点是:修建在交通要道附近;一般规模都很小,建筑简单,设备简易,价格低廉;服务项目很少,仅提供简单食宿、休息场所或车马等交通工具;管理上,以官办为主,也有部分民间经营的小店。

2. 大饭店时期

大饭店时期亦称大旅馆时期,主要是指从19世纪中期至20世纪初期这一时期内旅游住宿业的发展。随着资本主义经济的飞速发展,人们的生活方式发生了巨大的变化,休闲旅游活动在王室、贵族、富商等上层人士中变得日益普及,他们要求在旅游过程中的住宿地不仅能满足基本的住宿需要,更能够为他们提供不逊于居家的奢侈享受,因此专为上层统治阶级服务的豪华饭店应运而生。

一般认为,欧洲第一个真正可称之为大饭店的住宿设施是在德国的巴登建起的巴典国别墅。随后,欧洲许多国家大兴土木,争相修造豪华饭店。当时颇有代表性的饭店有1850年在巴黎建成的巴黎大饭店、1874年在柏林开业的恺撒大饭店、1876年在法兰克福开业的法兰克福大饭店和1889年开业的伦敦萨沃伊饭店等。19世纪末20世纪初,美国也出现了一些豪华饭店,其中在这些饭店中,瑞士籍饭店业主塞萨·里兹开办的饭店,可以说是大饭店时代最具有代表性的饭店。

大饭店的基本特点是:在地理位置上,大饭店主要建在繁华的大都市;规模宏大,建筑与设施豪华,装饰讲究;服务项目丰富,对服务工作和服务人员要求十分严格,讲究服务质量;饭店内部出现了专门管理机构,促进了饭店管理及其理论的发展。

3. 商业饭店时期

商业饭店时期亦称现代饭店时期,主要是指从20世纪初到20世纪中期这一旅游住宿业的发展时期。20世纪初,随着资本主义经济的发展,加之交通工具的进步,商务旅游和休闲旅游都日益普及,使得原有的简陋客栈和豪华大饭店都难以满足普通旅游者的需求,特别是商务旅游者的需求,于是一些以一般平民为服务对象的饭店便应运而生了。

20世纪初,世界上最大的饭店业主出现在美国,他就是埃尔斯沃思·米尔顿·斯塔特勒。1908年斯塔特勒在美国巴法罗建造了第一个由他亲自设计并用他的名字命名的斯塔特勒饭店，该饭店是专为旅行者设计的，适应了市场的需求，创造了一般平民所能负担的价格条件，但以提供世界上最佳服务为目标的新型饭店，开创了饭店业发展的新时代。

商业饭店的基本特点是：规模较大，设施设备完善，服务项目齐全，讲求舒适、清洁、安全和实用，不追求豪华与奢侈；价格合理，能为平民旅客接受；饭店经营者与拥有者逐渐分离，饭店经营活动完全商品化，讲究经济效益，以盈利为目的；饭店管理逐步科学化和效率化，注重市场调研和市场目标选择，注意训练员工和提高工作效率。

4. 新型饭店时期

新型饭店时期亦称旅游饭店时期。20 世纪中叶以来，随着世界范围内的经济复苏和繁荣，交通条件的改善，出现了世界范围的国际旅游热潮。旅游者的构成也由以商务旅游者为主，转向以休闲观光旅游者为主。社会需求的变化，促使旅游住宿业由此进入了现代饭店时期。

新型饭店的主要特点是：旅游市场结构的多元化促使饭店类型多样化，出现了诸如度假饭店、观光饭店、商务饭店、会员制俱乐部饭店等形形色色的饭店；市场需求的多样化引起饭店设施的不断变化，经营方式更加灵活；饭店产业的高利润加剧了市场竞争，使饭店与其他行业联合或走向连锁经营、集团化经营的道路；专业的饭店管理集团纷纷成立，使现代饭店管理日益科学化和现代化。

6.1.2 我国旅游住宿业有关法律、法规概述

旅游住宿业法律、法规是调整旅游住宿企业开设、经营中各种法律关系的法律规范的总和。旅游住宿业法律、法规的内容涉及民法、行政法、刑法等法律部门，这也必然导致各国对旅游住宿业的立法体例不甚统一。最早产生旅游住宿业法律、法规的国家是中世纪的英国。从各国立法状况来看，对旅游住宿业的专门性的立法并不多，主要侧重于适用民法的规定。我国与旅游住宿业相关的法律、法规主要有以下几类。

1. 法律

它是由我国最高国家立法机关——全国人民代表大会及其常务委员会制定、通过的。例如，《中华人民共和国食品卫生法》《中华人民共和国合同法》和《中华人民共和国旅游法》等。

2. 行政法规、行业规范

它是由国务院发布或政府主管部门依国务院授权制定并经国务院批准发布的规范性法律文件。例如，我国最早的旅游住宿业法规是在 1951 年 8 月 15 日由国务院颁布的《城市旅栈业暂行管理规则》，该规则于 1987 年 11 月 10 日废止，被公安部颁布的《旅馆业治安管理办法》所取代。《旅馆业治安管理办法》就旅游住宿饭店开办的手续，旅馆业经营者应遵循的事项及对违法行为的处罚做了规定，2011 年 1 月 8 日经第 588 号国务院令公布，对《旅馆业治安管理办法》部分条款做出修改，一直沿用至今。该办法是我国旅游住宿业治安管理的基本行政法规，也是我国旅游住宿业健康发展的重要法制保障。

此外，国务院、国家旅游局会同有关部门也先后颁布了一系列关于饭店经营、管理的规章、规范，如《中国旅游饭店行业规范》《中华人民共和国评定旅游涉外饭店星级的规定》《中华人民共和国评定旅游涉外饭店星级标准》《关于星级饭店价格的有关规定》《中华人民共和国旅游涉外饭店星级评定检查员制度》《饭店管理管理暂行办法》等，这些规章、规范的发布进一步完善了我国旅游住宿业的法律体系。

3. 地方性法规和规章

它由省、自治区、直辖市人民代表大会及其常务委员会制定，报全国人大常委会备案或批准，在本地区实施。这类法规由地方立法机关公布，仅限于其辖区内适用。

6.2 饭店与旅客之间的权利义务关系

在实践中，旅游饭店作为旅游法律关系的主体，必然会与其他法律主体发生联系，形成一定的权利义务关系。与旅游饭店发生权利义务关系的主体主要有旅客、旅行社、旅游饭店主管部门及其他平等的主体。旅游饭店和旅客之间的法律关系属于平等主体之间的权利义务关系，这种权利义务关系通常是基于合同关系而产生和终止的。

6.2.1 饭店住宿合同

饭店住宿合同是旅客租用饭店的客房，获得饭店的服务和饭店明确相互权利义务关系的协议。但在实践中，我们通常不会看到"饭店合同"，因为饭店合同往往以格式合同的形式出现，旅客在饭店登记住宿时就成立了，双方一般不会就此而专门签订协议。

1. 饭店住宿合同的主体

饭店住宿合同的主体一方是饭店，另一方是旅客，但是我们需要对"旅客"这一概念做出法律上的明确定义。当前的饭店形式多种多样，饭店不仅仅具有提供住宿这样单一的功能，许多饭店都可以提供住宿、餐饮、购物、娱乐等多项服务项目，人们来到饭店也不一定仅仅是为了住宿，也可能是因为其他诸种目的来到饭店接受服务。虽然饭店要对所有使用其设施、接受其服务的人员负有法定的或约定的义务，但是因为来宾的身份不同，饭店对来宾所承担的义务也不同。饭店住宿合同中的"旅客"指的是特定的租用饭店客房住宿并进行住宿登记的人员，这些人员才是法定意义上的旅客，这部分人才是饭店住宿合同的主体。为了以示区分，来饭店接受除住宿以外的其他服务的人员，我们称之为"非旅客"。

区分旅客和非旅客，有着重要的法律意义。饭店和旅客与非旅客之间的权利义务关系是有所不同的：饭店对非旅客的人身安全是一般性的照顾，对旅客是充分的、合理的照顾；非旅客的财物一般是自行保管，旅客的财物可以交由饭店保管；如发生损害，旅客和非旅客在主张权利时的举证责任不同。如果非旅客要求饭店承担责任，非旅客负有举证责任，应先证明饭店对损害负有责任。而旅客发生同类损失，饭店应先承担举证责任，证明饭店没有过失。

2. 饭店与旅客之间权利义务关系的产生

饭店与旅客之间权利义务关系基于住宿合同的成立而产生。《民法通则》规定"合同是当事人之间设立、变更、终止民事关系的协议"。《合同法》规定合同成立是指合同当事人经过要约和承诺两个阶段，意思表示一致，达成协议。据此，饭店和旅客之间权利义务关系的产生主要有两种情况：一是旅客直接来到饭店亲自登记住房，旅客预交住房押金，饭店向旅客交付房间钥匙，饭店住宿合同即告成立，于是产生了权利义务关系。另一种情况是旅客向饭店预订房间，此时，虽然旅客并未实际进住饭店，但只要饭店接受了旅客的订房要约，住宿合同亦告成立，权利义务关系随之产生。

3. 饭店与旅客之间权利义务关系的终止

住宿合同终止，饭店与旅客之间权利义务关系即告终止。饭店住宿合同的终止不外乎如下几种原因。

(1)旅客住宿期间届满。在此种情况下，饭店依照合同的约定提供了服务，旅客也支付了相应的费用，因为合同履行完成而自然终止了合同。

(2)依据《合同法》规定，饭店或旅客任何一方违反合同规定的义务，守约方有权利解除合同。

(3)因不可抗力原因致使饭店或旅客不能履行合同义务。

(4)旅客在住宿期间因为实施违法犯罪行为，不能如约支付住宿费用等原因被饭店驱逐的。

6.2.2 饭店对旅客的权利和义务

饭店的权利和义务同旅客的权利和义务是密切相关、不可分割的。饭店的权利往往通过旅客的义务体现出来，饭店的义务则是由旅客的权利加以限定的。因此，二者之间的权利义务关系一旦形成，就标志着一方在享有权利时，另一方则要负有义务；反之亦然。

1. 饭店对旅客的权利

1)在一定的条件下，拒绝接待旅客的权利

饭店是为公众提供服务的场所，因而只要旅客适于接待，就应提供适当的服务。对于前来住店的旅客，饭店不可无故拒绝入住。依据《中国旅游饭店行业规范》第八条的规定，在我国饭店拒绝接待旅客的合法理由有以下几种情况。

(1)携带危害饭店安全物品入店者。《旅馆业治安管理办法》第十一条规定："严禁旅客将易燃、易爆、剧毒、腐蚀性和放射性等危险物品带入旅馆。"对携带上述物品入店者，饭店可以劝阻，如旅客不听劝阻，饭店有权拒绝其入内。

(2)从事违法活动者。《旅馆业治安管理办法》第十二条规定："旅馆内，严禁卖淫、嫖宿、赌博、吸毒、传播淫秽物品等违法犯罪活动。"为了保障旅客的安全，维护饭店的声誉，饭店有权拒绝一切有违法行为的旅客入内。

(3)影响饭店形象者。如旅客携带宠物等饭店不接受的物品进入饭店，旅客有酗酒滋事等行为。

(4)无支付能力或曾有过逃账记录者。对于无支付能力或者拒绝支付饭店合理费用的旅客，饭店有权不予接待。对于曾有过逃账记录的人再次入店时，饭店也有权加以拒绝。

(5)饭店客满，无客房出租。饭店已经客满，无能力继续接待旅客时，饭店可以拒绝旅客。

(6)法律、法规规定的其他情况。

阅读案例 6-1

旅馆拒绝接待内宾为哪般

在旅馆订好床位，却因是中国人而被拒绝入住？2012 年"五一"期间，一段名为《北京一旅馆：中国人不得入住》的视频在网络上疯传，引发热议。这段视频成为假期的网络热点，在优酷网上点击超过 40 万次。随后又被改成各种充满情绪的标题，转载到各大网站。短短几天，这段视频吸引的总点击数已近百万次，"崇洋媚外"等愤怒指责不绝于耳。

2012 年 4 月 29 日，网友小顺在一家名为鑫茂青年旅舍的旅店被拒绝入住。视频中，小顺和朋友在前台与工作人员发生争吵，并多次质问"为什么不让中国人入住？"工作人员则辩解称有相关规定，但并没有拿出具体文件。鑫茂青年旅舍另一位工作人员称，该旅舍并未规定"只接待外国人"，也没有规定"中国人不能和外国人混住"。而在 Hostelworld 订票网站上可以看到，多家北京青年旅舍都写明"目前我们不提供内宾的床位"。

中国国际青年旅舍表示，青年旅舍是不分种族、性别、国籍、宗教信仰等的住宿场所，其旗下 192 家旅舍绝不允许以国籍来区别对待住客。但其旗下的北京兆龙青年旅舍明确表示，中国游客不能与外国游客混住同一房间，而另一家加盟旅店北平国际青年旅舍则表示无此规定。有网友质疑部分旅店认为外国游客花钱更大方。小顺说，国内青年旅舍长期存在歧视本国人问题，希望这段视频能引起社会对此的重视。

依据我国相关法律规定，因为入住旅客国籍的原因而拒绝接待旅客显然不符合饭店拒绝接待旅客的合法理由。鑫茂青年旅舍拒绝接待中国人的情况若属实，则是一种歧视性规定。

(资料来源：凤凰网·资讯频道. 北京一旅舍规定：拒绝中国人入住. http://news.ifeng.com/society/2/detail_2012_05_04/14310372_0.shtml，2012-05-04，经整理改编。)

2)要求旅客支付合理费用的权利

饭店提供的各项服务都是有偿的，饭店依照合同向旅客提供了住宿和其他服务，有权要求旅客支付给饭店合理的费用。但饭店收取的各种费用应当是合理的，收费标准不能违反国家的有关规定。如果旅客无力或拒绝支付给饭店合理的费用，饭店可以通过诉讼等方式实现自身的权益。在饭店收费方面，《中国旅游饭店行业规范》也做了相应的规定。

(1)饭店应当将房价表置于总服务台显著位置，供旅客参考。饭店如给予旅客房价折扣，应当书面约定。

(2)饭店应在前厅显著位置明示客房价格和住宿时间结算方法，或者确认已将上述信息用适当方式告知旅客。

(3)根据国家规定，饭店如果对客房、餐饮、洗衣、电话等服务项目加收服务费，应当在房价表或有关服务价目单上明码标价。

3)要求旅客遵守饭店规章制度的权利

旅游饭店出于保护他人和自身合法权益的原因，在饭店规章制度中有一些是对宾客行为的合理要求，如登记住店时查验旅客的身份证明、爱护饭店公共财物、遵守正常休息时间、不影响其他旅客的正常生活等。对于这些要求，饭店方可以在合法合理的范围内要求旅客遵守规定，如旅客不遵守规定，则饭店有权采取相应的处罚措施。

4)要求旅客赔偿饭店损失的权利

我国《民法通则》第一百一十七条规定："损坏国家的、集体的财产或者他人财产的，应当恢复原状或者折价赔偿。受害人因此遭受其他重大损失的，侵害人应当赔偿损失。"《中国旅游饭店行业规范》规定："饭店有义务提示旅客爱护饭店的财物。由于旅客的原因造成损坏的，饭店可以要求旅客承担赔偿责任。由于旅客原因，饭店维修受损设施、设备期间导致客房不能出租、场所不能开放而发生的营业损失，饭店可视其情况要求旅客承担责任。"根据以上法律规定，旅客由于自身原因造成饭店设施设备损坏的，饭店有权利要求旅客赔偿损失。

阅读案例 6—2

宠物弄脏酒店地毯，旅客需赔偿

2014年"五一"期间，游客迟女士和家人到蓬莱旅游，在某酒店入住时，由于迟女士的宠物狗的排泄物将酒店的地毯弄脏，退房时酒店方要收取迟女士清洗费200元，迟女士认为酒店收取的金额过高，双方协商无果，迟女士投诉至蓬莱市消费者协会。接诉后，消协工作人员当即展开调查与调解。酒店负责人称，酒店的规定是不允许旅客带宠物入住的，迟女士私自将宠物藏在包里带进酒店。宠物狗在房间排泄时，被酒店楼层的服务人员看见，而且迟女士未及时清理，污渍已经下渗。酒店用的是羊毛毯，要请专业人士来清理、消毒，故收取200元清洗费。

消费者协会工作人员认为：由于迟女士违反酒店规定私自带宠物入住，且弄脏了酒店的地毯，给酒店造成了损失，酒店索要清洗费有一定的合理性。经消协调解，酒店收取迟女士150元清理费，迟女士表示满意。

(资料来源：刘晓阳. 私带宠物弄脏酒店地毯，游客为此支付150元清洗费[N]. 烟台晚报，2014-05-07(A17). 经整理改编。)

2. 饭店对旅客的义务

1)履行住宿合同约定的义务

饭店与旅客之间的住宿合同一经成立，饭店就有义务按照合同约定向旅客提供客房及相应服务，否则视为饭店违约，要承担违约责任。《中国旅游饭店行业规范》对于饭店履行住宿合同做了相应规定:"饭店应当与旅客共同履行住宿合同,因不可抗力不能履行双方住宿合同的,任何一方均应当及时通知对方。双方另有约定的,按约定处理。""饭店由于出现超额预订而使预订旅客不能入住的,饭店应当主动替旅客安排本地同档次或高于本饭店档次的饭店入住,所产生的有关费用由饭店承担。"2013 年实施的《旅游法》也做了专项规定,《旅游法》第七十五条规定:"住宿经营者应当按照旅游服务合同的约定为团队旅游者提供住宿服务。住宿经营者未能按照旅游服务合同提供服务的,应当为旅游者提供不低于原定标准的住宿服务,因此增加的费用由住宿经营者承担;但由于不可抗力、政府因公共利益需要采取措施造成不能提供服务的,住宿经营者应当协助安排旅游者住宿。"

2)保障旅客人身安全的义务

提供安全的住宿环境,保证旅客住店期间的人身安全,是饭店的基本职责。旅客在饭店可能受到人身损害的原因很多,如设备故障、饮食问题、服务技能、火灾、第三方侵害等,其中如果因为饭店的原因造成旅客人身伤害,饭店要承担相应的民事责任。我国对旅客在饭店内遭受人身伤害的处理,主要适用于我国《民法通则》的有关规定。一般来说,如果是因为饭店的过错而使旅客遭受人身伤害,则由饭店承担相应的民事责任;如果是因为旅客自身的过错造成的人身伤害,则饭店不承担责任;如果是因为第三人的过错造成旅客的人身伤害,则先由饭店承担赔偿责任,然后由饭店向第三人追偿。

《中国旅游饭店行业规范》第十二、十三、十四条对于饭店保障旅客人身安全的义务也做了明确规定:"为了保护旅客的人身和财产安全,饭店客房房门应当装置防盗链、门镜、应急疏散图,卫生间内应当采取有效的防滑措施。客房内应当放置服务指南、住宿须知和防火指南。有条件的饭店应当安装客房电子门锁和公共区域安全监控系统。""饭店应当确保健身、娱乐等场所设施、设备的完好和安全。""对可能损害旅客人身和财产安全的场所,饭店应当采取防护、警示措施。警示牌应当中外文对照。"

为了保障旅客的人身安全,饭店应依法取得安全生产资质,严格执行有关安全技术规范标准及消防的规定,安装合格、安全的设备器材,并健全安全管理制度和事故应急预案。旅游饭店还应对从业人员开展经常性的应急救助技能培训,对产品和服务进行定期和不定期的安全检测和评估,采取必要措施防止危害发生。

3)保障旅客财物安全的义务

饭店对旅客随身带入饭店的财物也有安全保障的责任。《中国旅游饭店行业规范》对于饭店保护旅客一般物品及贵重物品的责任均做了规定。

(1)保护旅客一般物品的责任。

①饭店应当采取措施,防止旅客放置在客房内的财物灭失、毁损。由于饭店的原因造成旅客财物灭失、毁损的,饭店应当承担责任。

②饭店保管旅客寄存在前厅行李寄存处的行李物品时,应当检查其包装是否完好、安全,询问有无违禁物品,并经双方当面确认后,给旅客签发行李寄存牌。

③旅客在餐饮、康乐、前厅行李寄存处等场所寄存物品时,饭店应当当面询问旅客寄存物品中有无贵重物品。旅客寄存的物品中如有贵重物品的,应当向饭店声明,由饭店员工验收并交饭店贵重物品保管处免费保管;旅客事先未声明或不同意核实而造成物品灭失、毁损的,如果责任在饭店一方,饭店按照一般物品予以赔偿;旅客对寄存物品没有提出需

要采取特殊保管措施的，因为物品自身的原因造成毁损或损耗的，饭店不承担赔偿责任；由于旅客没有事先说明寄存物品的情况，造成饭店损失的，除饭店知道或者应当知道而没有采取补救措施的以外，饭店可以要求旅客承担相应的赔偿责任。

(2)保护旅客贵重物品的责任。

①饭店应当在前厅处设置有双锁的旅客贵重物品保险箱。贵重物品保险箱的位置应当安全、方便、隐蔽，能够保护旅客的隐私。饭店应当按照规定的时限，免费提供住店旅客贵重物品的保管服务。

②饭店应当对住店旅客贵重物品的保管服务做出书面规定，并在旅客办理入住登记时予以提示。

③旅客寄存贵重物品时，饭店应当要求旅客填写贵重物品寄存单，并办理相关手续。

④饭店客房内设置的保险箱仅为住店旅客提供存放一般物品之用。对没有按规定将贵重物品存放在饭店前厅贵重物品保险箱内，而造成客房里旅客的贵重物品灭失、毁损的，如果责任在饭店一方，可视为一般物品予以赔偿。

⑤如无事先约定，在旅客结账退房离开饭店以后，饭店可以将旅客寄存在贵重物品保险箱内的物品取出，并按照有关规定处理。饭店应当将此条规定在旅客贵重物品寄存单上明示。

⑥旅客如果遗失饭店贵重物品保险箱的钥匙，除赔偿锁匙成本费用外，饭店还可以要求旅客承担维修保险箱的费用。

(3)保护旅客车辆及车内物品的责任。

①饭店应当保护停车场内饭店旅客的车辆安全。由于保管不善，造成车辆灭失或者毁损，饭店承担相应责任，但因为旅客自身的原因造成车辆灭失或者毁损的除外。双方均有过错的，应当各自承担相应的责任。

②饭店应当提示旅客保管好放置在汽车内的物品。对汽车内放置的物品的灭失，饭店不承担责任。

百万"路虎"酒店停车场内深夜被砸，责任由谁来负？

热爱旅游的杨先生是承德人，平日里非常喜欢和朋友开车自驾游。2012年7月16日，在结束了大连的旅程后，杨先生与朋友驱车来到沈阳。可令他万万没有想到的是，自己的爱车居然在下榻酒店的停车场内遭了"黑手"。

杨先生表示，他对酒店还有个要求就是得有停车场，因为他爱车是价格超过150万元的路虎揽胜吉普车。在办理了入住手续之后，杨先生就与朋友们去欣赏沈阳的夜景了，直到凌晨2点才返回酒店。可令杨先生万万没有想到的是，早上9点当他准备提车离开时，竟然发现左后车窗的玻璃被人砸碎。经过检查杨先生发现自己刚买了不到两个月的价值1.2万元的"苹果"笔记本电脑和"中华"牌香烟被窃贼偷走。"我这一下子损失得有两万元，而且就这车玻璃在4S店配一块不算工时费就得4000多……"杨先生郁闷地说。但因为一

些个人原因,他的车目前只上过交强险,尚未购买商业险。因此,杨先生的爱车被砸只能自己"买单"。

据了解,杨先生入住的沈阳玫瑰大酒店的停车场白天有人值守,但是晚上无人看管。酒店方面只是在停车场的位置贴上了"免费停车,车损自负"的告示。酒店方面认为停车场属于免费停车,无人看管导致的损失不应该由酒店负责,酒店能做的是给顾客退还房费进行补偿。对于酒店方面给出的赔偿方案,杨先生表示对于酒店的处理方式不能接受:"毕竟我们是消费者,而且停车场是酒店的,我们的车放在停车场,酒店应该给予起码的保护,而对于我的损失的赔偿实在是太微不足道了。虽然把电脑放在车里我们有一点的责任,但是酒店方面至少要给予我们全部损失的60%的赔偿。"

(资料来源:沈阳网.沈阳玫瑰大酒店停车场内百万"路虎"深夜被砸.http://news.syd.com.cn/content/2012-07/18/content_26259084.htm,2012-07-18.经整理改编。)

分析:

商家所特定的服务性质,决定了他们为客户保管财物是一种法定的义务,他们提供的免费停车场是服务的一个内容。免费不等于免责,既然是一项服务,因服务不到位、不周全而导致丢车,就理应赔偿。另外,"车损自负"的免责声明应是双方共同认定才可生效,由商家或停车场经营者单方面告之是无效的,属变相推诿责任。

本案中,尽管商家与消费者之间没有形成车辆保管合同关系,但双方已经存在的消费合同(就餐、购物、住店合同等)而产生的合同附随义务,是《合同法》所保护的合同权利义务之一。根据附随义务的过错责任特征,商家应该对因自己未能尽到管理责任而使消费者免费停放的车辆损失承担相应的过错责任。商家对车辆的管理责任,也应包括必要的提示和引导,常规的看管、巡查,发现异常情况时进行必要的询问、核查、拦阻和报警等。此外,《中国旅游饭店行业规范》也规定:"饭店应当保护停车场内饭店旅客的车辆安全。由于保管不善,造成车辆灭失或者毁损的,饭店承担相应责任","饭店应当提示旅客保管好放置在汽车内的物品。对汽车内放置的物品的灭失,饭店不承担责任"。所以本案中车辆的被砸应该由饭店承担责任,但是对于旅客在车内放置物品的灭失,其责任不应由饭店承担。

4)尊重和保障旅客人权的义务

人权通常是指普遍的人类权利。人权作为民事主体的基本权利,通常包含生命健康权、自由权、尊严权、安全权等多项内容。尊重和保护人权是《中华人民共和国宪法》明确规定的内容。根据我国法律规定,对旅客人身和财产实施检查或者搜查,只能由法律赋予权力的人员按照法定程序来进行,其他任何机关、团体和个人是无权搜查的。因此,饭店是不得非法搜查旅客的身体和财物的。

人权也包括隐私权。隐私,是个人生活方面不愿意让他人知道的秘密,实质是公民在一定范围内自由决定个人活动的权利。公民隐私权受法律的保护,因此,饭店未经法定程序,不得公开旅客的隐私。饭店的客房一经出租,客房的使用权即属于旅客,成为旅客的私人区域,未经旅客许可外人不得进入客房。《中国旅游饭店行业规范》规定:"饭店应当保护旅客的隐私权。除日常清扫卫生、维修保养设施设备或者发生火灾等紧急情况外,饭店员工未经旅客许可不得随意进入旅客下榻的房间。"

6.3 旅游住宿业治安管理规定

6.3.1 旅游住宿业治安管理概述

社会秩序安定，治安状况良好，是旅游业发展的基本条件之一，旅游安全始终都是旅游者和旅游经营者需要关注的重要问题。旅游饭店是保障旅游者人身安全和财产安全的重要场所，也是特别容易发生旅游安全事故的场所，所以说旅游饭店的治安管理，对旅游业的发展至关重要。1987年11月10日经国务院批准，公安部发布了《旅馆业治安管理办法》(以下简称《办法》)，这是我国旅游住宿业治安管理的基本行政法规，为我国旅游住宿业的健康发展提供了法制保障。

《办法》第二条规定："凡经营接待旅客住宿的旅馆、饭店、宾馆、招待所、客货栈、车马店、浴池等(以下统称旅馆)，不论是国营、集体经营，还是合伙经营、个体经营、中外合资、中外合作经营，不论是专营还是兼营，不论是常年经营，还是季节性经营，都必须遵守本办法。"因此，所有旅游住宿经营单位，在开办、经营过程中都要遵守《办法》，以保障行业的良好发展环境和旅游者的生命、财产安全，维护社会秩序安定。

6.3.2 旅游住宿业治安管理的主要内容

1. 对开办旅游住宿企业的治安管理规定

《办法》规定，开办旅馆，其房屋建筑、消防设备、出入口和通道等，必须按照《中华人民共和国消防条例》的规定设置，并具备必要的防盗安全设施。这一规定在于保障旅馆业的正常经营，保障旅客的生命与财产安全。

为了掌握旅游住宿企业的情况，加强治安管理，《办法》规定，申请开办住宿企业，应当经主管部门审查批准，由当地公安机关签署意见，向工商行政管理部门申请登记，领取营业执照后方可营业。经批准开业的住宿企业，如有歇业、转业、合并、迁移、改变名称等情况，应当在工商行政管理部门办理变更登记后3日内，向当地的县、市公安局、公安分局备案。

2. 对旅游住宿企业经营中的治安管理规定

《办法》规定，旅游住宿企业的经营，必须遵守国家法律，建立各项安全管理制度，设置治安保卫组织或者指定安全人员。在经营旅游住宿企业的过程中，具体的管理要求有以下几点。

(1)旅馆接待旅客住宿必须登记。为加强治安管理，旅馆接待旅客住宿必须查验旅客的身份证件，并要求旅客按规定的项目如实登记。在接待境外旅客住宿时，除了履行上述规定外，旅馆还应当在24小时内向当地公安机关报送住宿登记表。

(2)旅馆要制定旅客财物保管措施。为保障旅客的财产安全，减少治安案件的发生，住宿企业必须设置旅客财物保管箱、保管柜或保管室、保险柜，并指定专人负责保管工作。对旅客寄存的财物，要建立严格完备的登记、领取和交接制度。对旅客遗留的物品应妥善保管，并按照旅客的地址，设法将遗留物品归还原主；如果遗留物主人不明，则应当揭示招领，经招领 3 个月后仍然无人认领的，登记在册，并送当地公安机关按拾遗物品处理。

(3)旅馆有义务举报违法犯罪分子。旅馆工作人员发现违法犯罪分子，形迹可疑的人员和被公安机关通缉的罪犯，应当立即向当地公安机关报告，不得知情不报或隐瞒包庇。

(4)严禁旅客将易燃、易爆、剧毒、腐蚀性和放射性等危险物品带入旅馆。如发现旅客将违禁物品或可疑物品带入旅馆，必须加以制止并及时报告公安机关处理，以避免安全事故的发生。

(5)旅馆内，严禁卖淫、嫖宿、赌博、吸毒、传播淫秽物品等违法犯罪活动。旅馆绝不能对卖淫、嫖宿、赌博、吸毒、传播淫秽物品等违法犯罪活动袖手旁观，一经发现必须及时向当地公安机关报告。

(6)旅馆内，不得酗酒滋事、大声喧哗，影响他人休息，旅客不得私自留客住宿或者转让床位。旅馆必须为所有住店旅客提供一个良好的休息环境，所以对于个别旅客的酗酒滋事、大声喧哗及其他影响他人休息的行为必须严加制止。从保护所有旅客人身、财物安全出发，旅馆在旅客住宿时也要向客人做出必要的说明，防止旅客私自留客住宿或者转让床位。

3. 旅馆内开办娱乐服务场所的治安管理规定

目前许多旅馆已经成为集住宿、餐饮、娱乐、休闲、健身等综合服务于一身的场所，其中旅游星级饭店按照规定必须要提供上述服务项目。对此，《办法》规定，在旅馆内开办舞厅、音乐茶座等娱乐服务场所的，除执行《办法》有关规定外，还应当按照国家和当地政府的有关规定管理。旅馆内开办娱乐服务场所的治安管理，主要依托的行政法规是国务院在 1999 年 3 月 26 日发布的《娱乐场所管理条例》。2006 年 3 月 1 日国务院重新修订公布了《娱乐场所管理条例》，全面加强了对娱乐场所的管理。该条例对娱乐场所的设立、经营方面的治安管理都做了全面的规定，这些规定是旅馆开办娱乐场所必须遵循的。关于旅馆内开办娱乐服务场所的治安管理规定可见本书第 11 章 11.4 节。

4. 公安机关对旅馆治安的管理职责

作为旅游住宿业治安管理的主管部门，公安机关依法负有以下职责。
(1)指导、监督旅馆建立各项安全管理制度和落实安全防范措施。
(2)协助旅馆对工作人员进行安全业务知识的培训。
(3)依法惩办侵犯旅馆和旅客合法权益的违法犯罪分子。

公安人员到旅馆执行公务时，应当出示证件，严格依法办事，要文明礼貌待人，维护旅馆的正常经营和旅客的合法权益。旅馆工作人员和旅客应当予以协助，同心协力，共同维护和搞好旅游住宿业的治安管理工作。

6.3.3 违反旅游住宿业治安管理规定的处罚

根据规定，对违法旅馆业治安管理办法的行为，由公安部门或公安部门会同其他行政管理部门依照有关规定处理。

(1)开办旅馆未经公安机关审查批准，也未向工商行政管理部门申请登记，未领取营业执照的，公安机关和工商行政管理部门可以酌情给予行政处罚或罚款。

(2)旅馆工作人员发现违法犯罪分子、形迹可疑人员和被公安机关通缉的罪犯,未向当地公安机关报告,知情不报或隐瞒包庇的,公安机关可酌情给予行政处罚或罚款,情节严重构成犯罪的,依法追究刑事责任。

(3)旅馆负责人参与违法犯罪活动的,其所经营的旅馆已经成为犯罪活动场所的,公安机关除依法追究其刑事责任外,还应当会同工商行政管理部门依法对其进行处理。

(4)旅馆对住宿旅客不按规定登记的,致使旅客将易燃、易爆、剧毒、腐蚀性和放射性等危险物品带入旅馆的,在旅馆内从事卖淫、嫖宿、赌博、吸毒、传播淫秽物品等违法犯罪活动的,依照《中华人民共和国治安管理处罚条例》的有关规定,处罚有关人员。发生重大事故,造成严重后果构成犯罪的,依法追究刑事责任。

实例分析 6-2

旅馆容留卖淫,相关责任人员应受罚

一对夫妻为获取不法收入,容留他人在自家经营的旅馆卖淫,并从中抽取提成,终获刑罚。2014 年 5 月 4 日,陕西省定边县人民法院公开宣判了这起案件,以容留卖淫罪分别判处被告人牛世来有期徒刑 5 年、户彩梅有期徒刑 3 年,缓刑 4 年。

牛世来与妻子户彩梅在定边县开设了一家旅馆,后二人在一次偶然的机会中发现,经常进出自家旅馆的人中有人有卖淫嫌疑。为了招揽生意多挣点钱,2013 年 7 月至 8 月底,二人为卖淫者在其经营的招待所内提供场所,多次容留他人卖淫,并从卖淫者每次的收入中抽取提成 10 元。当二人正为这样做起来不费事儿又挣钱的"生意"沾沾自喜时,卖淫者被公安机关抓获,夫妻二人的罪行也被供述出来,双双领刑。

(资料来源:中国法院网·陕西频道. 在自家旅馆容留他人卖淫夫妻双双获刑罚. http://www.chinacourt.org/article/detail/2014/05/id/1288163.shtml, 2014-05-06. 经整理改编。)

分析:

本案中被告人牛世来、户彩梅为招揽生意,在其经营的旅馆内为卖淫者提供场所,多次容留他人从事卖淫活动,情节严重,其行为侵犯了社会治安管理秩序,构成容留卖淫罪,公诉机关指控其罪名及犯罪事实成立。在共同犯罪中,被告人牛世杰起主要作用,系主犯;被告人户彩梅起辅助作用,系从犯,依法应当从轻处罚。法院遂对二人作出如上判决。

另根据《旅馆业治安管理办法》的第 12 条规定:"旅馆内,严禁卖淫、嫖宿、赌博、吸毒、传播淫秽物品等违法犯罪活动。"因此旅馆绝不能对卖淫、嫖宿、赌博、吸毒、传播淫秽物品等违法犯罪活动袖手旁观,一经发现必须及时向当地公安机关报告,这是旅馆应尽的义务。

6.4 旅游饭店星级评定制度

6.4.1 旅游饭店星级评定制度概述

对旅游饭店进行星级评定,是国际饭店行业管理的惯例。旅游饭店星级评定标准的建

立，其目的是通过一定的标志区分不同等级的饭店，达到旅游饭店管理的标准化和规范化。在我国，国家旅游局参照国际标准，结合我国国情，于1988年8月制定发布了《中华人民共和国评定旅游涉外饭店星级的规定》(以下简称《评定星级的规定》)及《中华人民共和国评定旅游涉外饭店星级标准》(以下简称《评定星级标准》)，开始实施旅游饭店星级评定制度，并先后颁布了一系列关于饭店星级评定的规范。

近年来，随着新型饭店的不断涌现，旅游住宿业的大环境发生了很大的变化，这使得《评定星级的规定》及《评定星级标准》中的一些内容必须做出调整，才能适应旅游住宿业市场环境的变化，于是国家旅游局和国家质量监督检验检疫总局于2003年6月2日修订发布了《旅游饭店星级的划分与评定》(GB/T 14308—2003)，该项制度被2011年1月1日颁布的《旅游饭店星级的划分与评定》(GB/T 14308—2010)(以下简称《划分与评定》)所取代。此外，为增强饭店星级评定与复核工作的规范性和科学性，国家旅游局还发布了《〈旅游饭店星级的划分与评定〉(GB/T 14308—2010)实施办法》(以下简称《办法》)。《划分与评定》与《办法》共同构成了旅游饭店星级评定制度的完整体系。

6.4.2 旅游饭店星级评定制度的内容

1. 旅游饭店的定义

《划分与评定》以"旅游饭店"取代"旅游涉外饭店"，明确规定了"旅游饭店"的定义。旅游饭店就是以间(套)夜为单位出租客房，以住宿服务为主，并提供商务、会议、休闲、度假等相应服务的住宿设施，按不同习惯可能也被称为宾馆、酒店、旅馆、旅社、宾舍、度假村、俱乐部、大厦、中心等。

2. 星级划分及标志

用星的数量和颜色表示旅游饭店的星级。旅游饭店星级分为五个级别，即一星级、二星级、三星级、四星级、五星级(含白金五星级)。最低为一星级，最高为五星级。星级越高，表示饭店的等级越高。

星级标志由长城与五角星图案构成，用一颗五角星表示一星级，两颗五角星表示二星级，三颗五角星表示三星级，四颗五角星表示四星级，五颗五角星表示五星级，五颗白金五角星表示白金五星级。预备星级是星级的补充，其等级与星级相同。对于开业不足一年的饭店，可以申请预备星级，其有效期为一年。

图6-1 五星级饭店标志牌

3. 星级评定的组织机构和责任

1)国家级星级评定机构

国家旅游局设全国旅游星级饭店评定委员会(以下简称为"全国星评委")。全国星评委是负责全国星评工作的最高机构，其主要职责和权限包括以下几方面。

(1)执行饭店星级评定工作的实施办法。

(2)授权和督导地方旅游饭店星级评定机构的星级评定和复核工作。

(3)对地方旅游饭店星级评定机构违反规定所评定和复核的结果拥有否决权。

(4)实施或组织实施对五星级饭店的星级评定和复核工作。

(5)统一制作和核发星级饭店的证书、标志牌。

(6)按照《饭店星评员章程》的要求聘任国家级星评员,监管其工作。

(7)负责国家级星评员的培训工作。

2)省级星级评定机构

各省、自治区、直辖市旅游局设省级旅游星级饭店评定委员会(简称"省级星评委")。省级星评委报全国星评委备案后,根据全国星评委的授权开展星评和复核工作。省级星评委的主要职责包括以下几方面。

(1)贯彻执行并保证质量完成全国星评委部署的各项工作任务。

(2)负责并督导本省内各级旅游饭店星级评定机构的工作。

(3)对本省副省级城市、地级市(地区、州、盟)及下一级星级评定机构违反规定所评定的结果拥有否决权。

(4)实施或组织实施本省四星级饭店的星级评定和复核工作。

(5)向全国星评委推荐五星级饭店并严格把关。

(6)按照《饭店星评员章程》的要求聘任省级星评员。

(7)负责副省级城市、地级市(地区、州、盟)星评员的培训工作。

3)地区级星级评定机构

副省级城市、地级市(地区、州、盟)旅游局设地区旅游星级饭店评定委员会(简称"地区星评委")。地区星评委在省级星评委的指导下,参照省级星评委的模式组建。地区星评委的主要职责包括以下几方面。

(1)贯彻执行并保证质量完成全国星评委和省级星评委布置的各项工作任务。

(2)负责本地区星级评定机构的工作。

(3)按照《饭店星评员章程》的要求聘任地市级星评员,实施或组织实施本地区三星级及以下饭店的星级评定和复核工作。

(4)向省级星评委推荐四、五星级饭店。

4. 星级申报及星级标志使用

1)星级申报要求

饭店星级评定遵循企业自愿申报的原则。凡在中华人民共和国境内正式营业一年以上的旅游饭店,均可申请星级评定。经评定达到相应星级标准的饭店,由全国旅游饭店星级评定机构颁发相应的星级证书和标志牌。星级标志的有效期为三年。

2)星级标志使用要求

(1)饭店星级标志应置于饭店前厅最明显位置,接受公众监督。饭店星级标志已在国家工商行政管理总局商标局登记注册为证明商标,其使用要求必须严格按照《星级饭店图形证明商标使用管理规则》执行。任何单位或个人未经授权或认可,不得擅自制作和使用。同时,任何饭店以"准×星""超×星"或者"相当于×星"等作为宣传手段的行为均属违法行为。

(2)饭店星级证书和标志牌由全国星评委统一制作、核发。标志牌工本费按照国家相关部门批准的标准收取。

(3)每块星级标志牌上的编号,与相应的星级饭店证书号一致。每家星级饭店原则上只可申领一块星级标志牌。如星级标志牌破损或丢失,应及时报告,经所在省级星评委查明属实后,可向全国星评委申请补发。

星级饭店如因更名需更换星级证书,可凭工商部门有关文件证明进行更换,同时必须交还原星级证书。

5. 星级评定的标准和基本要求

《办法》要求饭店星级评定依据《划分与评定》进行,具体要求如下。

(1)《划分与评定》附录 A"必备项目检查表":该表规定了各星级必须具备的硬件设施和服务项目。要求相应星级的每个项目都必须达标,缺一不可。

(2)《划分与评定》附录 B"设施设备评分表"(硬件表,共 600 分):该表主要对饭店硬件设施的档次进行评价打分。三、四、五星级规定最低得分线:三星级 220 分、四星级 320 分、五星级 420 分,一、二星级不做要求。

(3)《划分与评定》附录 C"饭店运营质量评价表"(软件表,共 600 分):该表主要评价饭店的"软件",包括对饭店各项服务的基本流程、设施维护保养和清洁卫生方面的评价。三、四、五星级规定最低得分率:三星级 70%、四星级 80%、五星级 85%,一、二星级不做要求。

申请星级评定的饭店,如达不到以上要求及最低分数或得分率,则不能取得所申请的星级。

星级饭店强调整体性,评定星级时不能因为某一区域所有权或经营权的分离,或因为建筑物的分隔而区别对待。饭店内所有区域应达到同一星级的质量标准和管理要求。否则,星评委对饭店所申请星级不予批准。

饭店取得星级后,因改造发生建筑规格、设施设备和服务项目的变化,关闭或取消原有设施设备、服务功能或项目,导致达不到原星级标准的,必须向相应级别星评委申报,接受复核或重新评定。否则,相应级别星评委应收回该饭店的星级证书和标志牌。

6. 星级评定检查程序

根据《办法》规定,一、二、三星级饭店的评定检查工作应在 24 小时内完成,四星级饭店的评定检查工作应在 36 小时内完成。一星级到四星级饭店的评定程序,各级星评委需按照相应职责和权限,参照五星级饭店评定程序执行。五星级饭店评定程序如下。

(1)申请。申请评定星级的饭店应在对照《划分与评定》充分准备的基础上,向地区星评委和省级星评委逐级递交星级申请材料。

(2)推荐。省级星评委按照《划分与评定》的要求,于 1 个月内对申请饭店进行星评工作指导。对符合申请要求的饭店,以省级星评委名义向全国星评委递交推荐报告。

(3)审查与公示。全国星评委在接到省级星评委推荐报告和饭店星级申请材料后,应在

1个月内完成资格审定、报告核实等工作，并将通过资格审查的饭店，在中国旅游网和中国旅游饭店业协会网站上同时公示。对未通过资格审查的饭店，全国星评委应下发正式文件通知省级星评委。

(4)宾客满意度调查。对通过星级资格审查的饭店，全国星评委可以根据工作需要安排宾客满意度调查，并形成专业调查报告，作为星评工作的参考意见。

(5)星评员检查。全国星评委发出《星级评定检查通知书》，委派2～3名国家级星评员，以明察或暗访的形式对申请星级的饭店进行评定检查。五星级饭店的评定检查工作应在36～48小时内完成，四星级饭店的评定检查工作应在36小时内完成，一、二、三星级饭店的评定检查工作应在24小时内完成。检查未通过的饭店，应根据全国星评委反馈的有关意见进行整改。全国星评委接到饭店整改完成申请重新检查的报告后，于1个月内再次安排评定检查。

(6)审核。检查结束后1个月内，星评委应根据检查结果对申请星级的饭店进行审核。

(7)批复。对于经审核认定达到标准的饭店，星评委应做出批准其为星级旅游饭店的批复，并授予星级证书和标志牌。对于经审核认定达不到标准的饭店，星评委应做出不批准其为星级旅游饭店的批复。

(8)申诉。申请饭店如果对星评过程及结果持有异议，可直接向国家旅游局申诉。国家旅游局根据调查结果予以答复，并保留最终裁定权。

(9)抽查。国家旅游局根据《国家级星评监督员管理规则》，派出星评监督员随机抽查星级评定情况，对星评工作进行监督。一旦发现评定过程中存在不符合程序的现象或检查结果不符合标准要求的情况，国家旅游局可对星级评定结果予以否决，并对执行该任务的星评员进行处理。

7. 星级评定复核制度

为督促已获星级的饭店持续达标，星级复核是星级评定的重要组成部分，其责任划分完全依照星级评定的责任分工。星级复核分为年度复核和三年期满的评定性复核。年度复核工作由饭店对照星级标准自查自纠，并将自查结果报告相应级别星评委，由星评委根据自查结果进行抽查。评定性复核工作由各级星评委派星评员以明察或暗访的方式进行。

对严重降低或复核认定达不到标准相应星级的饭店，旅游饭店星级评定机构将按以下办法处理。

(1)根据情节轻重给予签发警告通知书、通报批评、降低或取消星级的处理，并在相应范围内公布处理结果。

(2)凡在一年内接到警告通知书3次以上或通报批评2次以上的饭店，应降低或取消其星级，并向社会公布。

(3)被降低或取消星级的饭店，自降低或取消星级之日起一年内，不予恢复或重新评定星级；一年后，方可重新申请星级。

(4)已取得星级的饭店如发生重大事故，造成恶劣影响，其所在地旅游饭店星级评定机构应立即反映情况或在权限范围内做出降低或取消星级的处理。

饭店在接到警告通知书、通报批评、降低星级的通知后，必须认真整改并在规定期限内将整改情况报告处理机构。全国星评委保留对各星级饭店复核结果的最终处理权。国家旅游局国家级星评监督员随机抽查年度复核和评定性复核情况，对复核工作进行监督，并可对星级复核结果予以否决。经旅游饭店星级评定机构决定提升或降低、取消星级的饭店，应将原星级证书和标志牌交还授予机构，由旅游饭店星级评定机构做出更换或没收的处理。

本章小结

本章概括性介绍了旅游住宿业发展的四个阶段，以及我国旅游住宿业有关法律、法规的构成。重点阐述了饭店与旅客之间的权利义务关系，旅游住宿业治安管理规定及旅游饭店星级评定制度。

饭店对旅客的权利主要有：在一定条件下，拒绝接待旅客的权利；要求旅客支付合理费用的权利；要求旅客遵守饭店规章制度的权利；要求旅客赔偿饭店损失的权利。饭店对旅客的义务主要有：履行住宿合同约定的义务；保障旅客人身安全的义务；保障旅客财物安全的义务；尊重和保障旅客人权的义务。

1987年公安部发布的《旅馆业治安管理办法》，是我国旅游住宿业治安管理的基本行政法规。各类型旅馆的开办、经营必须遵守该办法的规定。旅馆内开办娱乐服务场所的治安管理，主要依托的行政法规是国务院在1999年3月26日发布的《娱乐场所管理条例》。

在我国，根据《旅游饭店星级的划分与评定》(GB/T 14308—2010)的规定，旅游饭店划分为从一星级到五星级五个等级。饭店的星级从饭店的必备项目、设备设施、运营质量几方面进行全面考察从而确定。

关键术语

1. **饭店住宿合同**：是旅客租用饭店的客房，获得饭店的服务，和饭店明确相互权利义务关系的协议。但在实践中，我们通常不会看到"饭店合同"，因为饭店合同往往以格式合同的形式出现，旅客在饭店登记住宿时就成立了，双方一般不会就此而专门签订协议。

2. **饭店对旅客的权利**：在一定条件下，拒绝接待旅客的权利；要求旅客支付合理费用的权利；要求旅客遵守饭店规章制度的权利；要求旅客赔偿饭店损失的权利。

3. **饭店对旅客的义务**：履行住宿合同约定的义务；保障旅客人身安全的义务；保障旅客财物安全的义务；尊重和保障旅客人权的义务。

4. **旅游饭店**：以间(套)夜为单位出租客房，以住宿服务为主，并提供商务、会议、休闲、度假等相应服务的住宿设施，按不同习惯可能也被称为宾馆、酒店、旅馆、旅社、宾舍、度假村、俱乐部、大厦、中心等。

5. **旅游饭店星级划分**：用星的数量和颜色表示旅游饭店的星级。旅游饭店星级分为五个级别，即一星级、二星级、三星级、四星级、五星级(含白金五星级)。最低为一星级，最高为五星级。星级越高，表示饭店的等级越高。

章前案例解析

【分析】

本案被告作为提供酒店服务的经营者，对入住旅客具有安全保障义务。《中国旅游饭店行业规范》第十五条规定："饭店应当采取措施，防止客人放置在客房内的财物灭失、毁损。"被告对凌晨进入酒店的人员没有加以询问，确未尽到安全保障义务，对于原告因物品失窃造成的损失应承担一定的责任。但是本案的原告对于物品的失窃也负有一定的责任，原告虽称未看到被告的服务指南，但酒店内放置服务指南系该行业的要求，查看、使用服务指南也是旅客的基本常识。原告没有妥善保管好其物品，对于因失窃造成的损失也负有相应的责任。

【点评】

本案例所反映的是饭店是否尽到了保障旅客财物安全的义务。旅客一旦入住饭店，即与饭店形成合同关系，基于这种合同关系，采取措施保障旅客的财物安全成为饭店的应尽的义务。《中国旅游饭店行业规范》对于保护旅客财物安全方面饭店应尽的责任也做了明确规定。但是旅客本身也应该对于自己财物的保管尽到责任，如果因为旅客自身的原因造成财物在饭店遭到损毁、灭失，饭店是不会承担责任的。

知识链接 6—1

饭店的责任期间

在饭店住宿合同有效期间内，饭店应当对旅客承担责任，合同的有效期间当然是饭店的责任期间。但是在客人结账后离开饭店有一段用于运行李、等车的"合理时间"，如果旅客在此期间受到人身伤害，是否属于发生在合同的责任期间内呢？在普通法上认为，在此期间，旅客具有"潜在的客人身份"，应视为饭店和旅客之间的合同关系仍然存在，饭店也要对旅客负"潜在的责任"，该责任持续到旅客真正离开饭店。

目前，我国没有对这个问题的明确规定和相关案例，如果受害的旅客不能以合同为由提起权利要求，则可以侵权为由向相关侵权人员索赔。

(资料来源：韩玉灵. 旅游法教程[M]. 北京：高等教育出版社，2003)

复习思考题

一、选择题

1. 在一定条件下，饭店有拒绝接待旅客的权利，根据《中国旅游饭店行业规范》的规定，在( )的情况下，饭店不应该拒绝接待旅客。
   A. 饭店客满　　　　　　　　　　B. 旅客携带烟花爆竹入住
   C. 旅客有逃账记录　　　　　　　D. 旅客来自不发达国家

2. 饭店对于旅客的( )不负有安全保障的责任。
   A. 放置在客房内的财物　　　　　B. 寄存在饭店的财物
   C. 停在饭店停车场的汽车　　　　D. 汽车内放置的物品

3. 饭店在申请五星级星级评定时，在硬件设施方面的最低得分应该是( )分。
   A. 220　　　　B. 320　　　　C. 420　　　　D. 520

二、判断题(对的打"√",错的打"×")

1. 最早产生旅游住宿业法律法规的国家是中世纪的英国。(　　)
2. 饭店住宿合同往往以非格式合同的形式存在。(　　)
3. 饭店内所有区域都达到同一星级的质量标准和管理要求,星评委才会对饭店所申请星级予以批准。(　　)

三、名词解释

1. 旅游饭店
2. 饭店住宿合同

四、简答题

1. 饭店对旅客的权利主要包括哪些内容?
2. 饭店对旅客的义务主要包括哪些内容?
3. 在旅游住宿企业经营中治安管理规定的主要内容有哪些?
4. 在我国,旅游饭店星级评定的范围和依据是什么?

五、案例分析

顾客住宿摔伤谁之过

2012年12月3日,张先生在宜昌某酒店入住,在洗手间不慎滑倒受伤入院治疗。后来张先生要求宾馆负责赔偿住院费用,可宾馆方认为此乃其自身不小心所致,不愿承担赔偿责任。

事件回顾:旅客酒店内滑倒入院

"啪!"的一声,在酒店洗手间倒水的张先生,脚刚迈出就重重滑倒。"当时重重地磕了一下。"他当时感到一阵剧痛,随后就前往当地医院就诊。经诊断,张先生左手血管神经损伤,经治疗花了医药费6100多元。张先生说,他只是来宜办事,12月5日就要离开,在此期间,他多次找到宾馆负责人,要求负责赔偿住院费用,可宾馆方一直不予理睬。

宾馆说法:滑倒多为拖鞋使用不当

宜昌大部分酒店、宾馆,包括一些连锁旅馆,房间里都准备了一次性拖鞋,基本上都摆放在床头柜下面。有的一次性拖鞋前端为全封闭,有的则没有封闭,可以露出脚趾。然而,在这些提供一次性拖鞋的宾馆,仅有部分宾馆张贴了"小心跌倒"的提示语。

"摔倒这种事情难以界定,一些人在家里也会摔倒啊。"张先生所入住的宾馆负责人表示,旅客摔倒很多时候是由于旅客不小心所致,不能就此认定都是一次性拖鞋惹的祸。虽然一般提供的一次性拖鞋多数鞋底表面过硬且光滑,穿进卫生间容易滑倒摔伤,但在地毯或干燥地板上行走是没有问题的。

(资料来源:朱延筠.顾客住宿摔伤谁之过.腾讯大楚网,http://hb.qq.com/a/20121214/000717.htm, 2012-12-14.经整理改动。)

问题:

(1)本案中,宾馆对张先生摔倒一事是否要承担赔偿责任?

(2)宾馆在保障入住旅客的人身安全方面应该尽到哪些义务?

六、实际操作训练

某地新成立一大型酒店,酒店集住宿、餐饮、康乐于一体,酒店负责人雄心勃勃,意欲将酒店打造成本地一流的大酒店。可是负责人也知道酒店的档次不是由广告宣传决定的,而是由酒店的星级决定,遂决定申请将该酒店评定为五星级酒店。但是因为是第一次申请星级评定,对评定事宜完全不了解,遂决定向专业人士咨询。作为专业人士,请帮助酒店负责人进行星级评定申请。

训练项目:

(1)请说明五星级酒店的星级评定检查程序是怎样的?

(2)请说明五星级酒店的评定标准有哪些?

第7章 旅游服务合同法律制度

学习目标

知识目标	技能目标
①了解调整旅游服务合同的适用法律 ②了解旅游服务合同订立程序 ③熟悉旅游服务合同解除的方式与规则	①掌握旅游服务合同相关的基本法律术语 ②掌握旅游服务合同履行时各类情势的处理规则及相关者的法定义务 ③掌握旅游服务合同变更的相关法律规定 ④掌握旅游服务合同解除的条件及法定义务 ⑤掌握旅游服务合同的违约责任

知识结构

旅游服务合同法律制度
- 概述
  - 旅游服务合同的概念
  - 旅游服务合同的体系
  - 旅游服务合同订立的基本原则
  - 旅游服务合同的内容
  - 旅游服务合同的形式
- 旅游服务合同的订立与效力
  - 旅游服务合同的订立
  - 旅游服务合同的效力
- 旅游服务合同的履行与变更
  - 旅游服务合同的履行
  - 旅游服务合同的变更
- 旅游服务合同的解除与终止
  - 旅游服务合同的解除
  - 旅游服务合同的终止
- 旅游服务合同的违约责任
  - 违约责任的构成要件
  - 违约责任的承担方式
  - 违约的免责事由

旅游合同格式条款约定不明[①]

某组团社组织游客赴华东四晚五日游。其中,双方所签旅游合同对于住宿的约定为"全程三星"。因市中心饭店的客房紧俏,且房价高,各地的地接社均把饭店安排在了郊区,致使旅游团每到一地,几乎都要乘坐 1 个多小时的旅游车才能到达饭店。旅游者对此已经向组团社和地接社表达了强烈的不满,要求在行程的最后一站在市中心住宿,但仍被安排在郊区住宿。有旅游者因此拒绝上车,地接社以安排在郊区并未违约为由,不接受旅游者的要求。经长时间交涉,部分旅游者忍无可忍,拒绝入住饭店,自己在市中心一家三星级饭店开房入住,要求地接社支付房费;且因地接社没有满足旅游者提出的要求,旅游者拒绝按时返程。

问题引入:

依据相关法律规定,该团旅游者拒绝入住地接社安排的饭店,地接社是否应为旅游者支付其自行安排住宿的房费?因地接社未满足旅游者提出的要求,旅游者是否有权拒绝返程?

旅游者出门旅游是一项牵涉方方面面的复杂的综合性活动,各利益相关者的合法权益的保护成为旅游过程中重要的法律问题。随着我国法律体系的逐步健全和公民法律意识的逐步提高,广大旅游者和旅游经营者越来越注意通过依法签订旅游合同来厘清双方之间的权利义务关系,保障各自的合法权益。

7.1 概述

旅游服务合同法律制度是对调整旅游者与旅游经营者之间设立、变更、终止民事权利义务关系的一系列法律规范的总称。1999 年 3 月 15 日第九届全国人民代表大会第二次全体会议通过、1999 年 10 月 1 日起施行的《中华人民共和国合同法》(以下简称《合同法》)是调整、规范旅游服务合同双方当事人关系的基础性法律。同时,《中华人民共和国民法通则》(1987 年 1 月 1 日起施行,以下简称《民法通则》)、《中华人民共和国消费者权益保护法》(1994 年 1 月 1 日起施行,以下简称《消费者权益保护法》)、《中华人民共和国担保法》(1995 年 10 月 1 日起施行,以下简称《担保法》)等在调整旅游服务合同方面也可以发挥一定作用。此外,诸如《旅行社条例》(2009 年 5 月 1 日起施行)及其实施细则(2009 年 5 月 3 日起施行)、《最高人民法院关于审理旅游纠纷案件适用法律若干问题的规定》(2011 年 11 月 1 日起施行)等法规制度,亦有关于旅游接待服务合同的专门性规定。最终,本着民事规范与行政规范并重的原则,依据我国实行社会主义市场经济与法治政府的基本要求,《中华

---

① 资料来源:黄恢月,《合同格式条款约定不明后果分析》,新浪博客:黄恢月旅游法与纠纷处理,发表日期: 2014-08-22 。http://blog.sina.com.cn/huangtiedan。经改动整理。

人民共和国旅游法》(2013 年 10 月 1 日起施行，以下简称《旅游法》)第五章专设 19 条法规对旅游服务合同进行了创新性的立法规范，明确并细化了旅游市场主体间的权利义务关系，对旅游服务合同的订立、履行、变更、转让、解除以及违约责任等内容做了全面系统的规定。

图 7-1　旅游服务合同更新

[图片来源：王若静. 旅游合同更新：倒逼盈利模式升级[N]. 重庆商报〈数字版〉，2014-04-21(B09).]

7.1.1　旅游服务合同的概念

合同，又名契约。依据《合同法》第二条的界定，合同是指"平等主体的自然人、法人、其他组织之间设立、变更、终止民事权利义务关系的协议。"旅游服务合同是发生在特定行业领域内的合同，顾名思义，是指与旅游相关的服务合同。这一概念是我国《旅游法》在综合各国立法经验和我国的旅游业发展实际的基础上创造出来的。

7.1.2　旅游服务合同的体系[①]

"旅游服务合同"是《旅游法》首先提出的、中国独有的有名合同[②]。旅游服务合同体系既包括传统民法中所称的包价旅游合同，也包括旅游经营者根据旅游者的具体要求为其安排旅游行程的旅游安排合同，还包括旅游经营者接受旅游者的委托为其提供代订交通、住宿、餐饮、游览、娱乐等旅游服务的委托代理合同，以及为旅游者定制旅游行程设计、提供旅游信息咨询等服务的相关旅游服务合同。其中，包价旅游合同是最为典型的旅游服务合同。

所谓"包价旅游合同"，是指旅游经营者与旅游者之间签订的以旅游服务为内容的合同。理论上来讲，包价旅游合同有广义和狭义之分。广义的包价旅游合同既包括旅游者与旅游经营者之间签订的旅游服务合同，如旅游者与旅行社、景区签订的旅游服务合同；也包括旅游经营者之间签订的合同，如旅行社与酒店签订的旅游服务合同。狭义的包价旅游合同，仅指旅游者与旅游经营者之间签订的、由旅游经营者提供旅游服务、旅游者支付报酬的合同，包括所谓的"包价旅游合同"和"单项旅游服务合同"。最狭义的包价旅游合同概念，所指向的旅游服务仅指"安排旅程及提供交通、膳宿、导游或其他有关之服务"，至于"仅代订机票或饭店之自助式旅游服务"的经营者与旅游者签订的合同，则属于委托合同。[③]

---

①资料来源：杨富斌. 中华人民共和国旅游法释义[M]. 北京：中国法制出版社，2013：158-160.
②说明：依据法律是否对合同赋予特定名称，可将合同分类为"有名合同"与"无名合同"。
③资料来源：邱聪智. 新订债法各论(中)[M]. 姚志明，校订. 北京：中国人民大学出版社，2006：96.

《旅游法》第五章所论旅游服务合同，以包价旅游合同为典型，以其他旅游服务合同为辅，形成了较为完整的旅游服务合同体系。

7.1.3 旅游服务合同订立的基本原则

旅游服务合同订立的基本原则，是指合同的当事人在订立合同活动中应当遵循的基本原则。依据《合同法》的相关规定，订立旅游服务合同应当遵循以下六项原则。

(1)平等原则。《合同法》第三条规定："合同当事人的法律地位平等，一方不得将自己的意志强加给另一方。"即旅游服务合同当事人双方的法律资格、民事权能与身份均为平等。无论旅游服务合同当事人的"身份"有何差别，他们在合同关系中的法律地位均平等，一方不得将自己的意志强加给另一方。

(2)自愿原则。《合同法》第四条规定："当事人依法享有自愿订立合同的权利，任何单位和个人不得非法干预。"即旅游服务合同的当事人有权自由缔结合同、选择相对方，有权自主决定合同内容、形式及争议解决方式等。对于旅游服务当事人的合同自由权利，任何组织和个人不得非法干预，但这并不排除法律在某些情况下对当事人的上述权利作出必要的限制。例如，《合同法》第二百八十九条规定："从事公共运输的承运人不得拒绝旅客、托运人通常、合理的运输要求。"

(3)公平原则。《合同法》第五条规定："当事人应当遵循公平原则确定各方的权利和义务"。即旅游服务合同当事人应当遵循公平原则确定各方的权利、义务和责任，不得滥用权利，不得欺诈；对于显失公平的旅游服务合同，一方当事人有变更或者撤销合同的权利。

(4)诚实信用原则。《合同法》第六条规定："当事人行使权利、履行义务应当遵循诚实信用原则。"即要求旅游服务合同的当事人应当诚实不欺、恪守信用，善意地行使权利和履行义务，在追求自身利益的同时兼顾他人和社会的利益。

(5)合法与公序良俗原则。《合同法》第七条规定："当事人订立、履行合同，应当遵守法律、行政法规，尊重社会公德，不得扰乱社会经济秩序，损坏社会公共利益。"

(6)法律约束力原则。《合同法》第八条规定："依法成立的合同，对当事人具有法律约束力。当事人应当按照约定履行自己的义务，不得擅自变更或解除合同。""依法成立的合同，受法律保护。"即旅游服务合同当事人应依约履行各自义务，非依法律规定或者取得相对人同意，不得擅自变更或解除合同，否则需承担法律责任。

7.1.4 旅游服务合同的内容

旅游服务合同的内容是指将当事人权利及义务关系具体化的各项条款。正确的旅游服务合同内容是当事人行使旅游合同权利、承担旅游合同义务的法律依据。关于合同内容的基本要求为：合同内容必须明确具体，不得含糊不清；必须清楚地规定合同期限，包括合同有效期限和履行期限；尽量减少乃至消除留待以后确定的事项和问题等。《旅游法》以包价旅游合同为典型，对旅游服务合同的内容作出了如下明确要求。

1. 包价旅游合同依法必须具备的内容

《旅游法》第五十八条规定："包价旅游合同应当采用书面形式，包括下列内容：①旅行社、旅游者的基本信息；②旅游行程安排；③旅游团成团的最低人数；④交通、住宿、餐饮等旅游服务安排和标准；⑤游览、娱乐等项目的具体内容和时间；⑥自由活动时间安排；⑦旅游费用及其交纳的期限和方式；⑧违约责任和解决纠纷的方式；⑨法律、法规规定和双方约定的其他事项。订立包价旅游合同时，旅行社应当向旅游者详细说明前款第二项至第八项所载内容。"

鉴于《旅行社条例》作为行政法规无法发挥民事法律规范的功能，且仅做原则性规定并不利于《旅游法》的贯彻实施，只有明确规定包价旅游合同的具体内容，才能在此基础上要求旅行社承担对合同具体内容的说明义务，因此，《旅游法》第五十八条对包价旅游合同的具体内容做了详细列举，使之实施具有较强的可操作性。

为与《旅游法》其他条款的规定相协调，第五十八条删除了《旅行社条例》第二十八条第(九)项、第(十)项关于"旅行社安排的购物次数、停留时间及购物场所的名称"和"需要旅游者另行付费的游览项目及价格"的规定，以及第(十一)项关于"解除或者变更合同的条件和提前通知的期限"的规定，增加了关于旅游团成团的最低人数的内容的要求。

《旅游法》第五十八条关于包价旅游合同内容的规定属于强制性规定，而非推荐性规定。旅行社与旅游者签订包价旅游合同必须包括其所规定的相应内容，否则即应根据《旅行社条例》的相关规定承担相应的行政责任。造成旅游者损失的，还应承担相应的民事赔偿责任。

2. 包价旅游合同应当提供旅游行程单

旅游行程单，是旅行社就所提供的包价旅游服务的具体说明文件，其法律性质类似于产品生产者、销售者提供给购买者、使用者的产品说明书。《旅游法》第五十九条特别强调规定："旅行社应当在旅游行程开始前向旅游者提供旅游行程单。旅游行程单是包价旅游合同的组成部分。"旅游行程单应载明旅行社所提供的具体旅游服务的时间、地点、内容及顺序等信息，是旅行社对其自身所应承担的包价旅游合同旅游服务义务的具体化承诺。作为包价旅游合同的组成部分，旅游行程单不仅是旅行社严格如约履行旅游合同的依据，也是其违约时考量其应该承担的责任的重要凭证。

3. 包价旅游合同应当载明的其他信息

包价旅游合同内还应当载明包价旅游产品的代理信息、接待业务的委托信息及导游服务费用信息。

1)包价旅游产品的代理信息

《民法通则》第六十三条第一款规定："公民、法人可以通过代理人实施民事法律行为。"旅行社委托其他旅行社代理营销包价旅游服务产品，既是法律规定范围内的可行行为，也是旅行社行业建立垂直分工体系的必然趋势。

依据《旅游法》第六十条第一款，"旅行社委托其他旅行社代理销售包价旅游产品并与旅游者订立包价旅游合同的，应当在包价旅游合同中载明委托社和代理社的基本信息。"其中，所谓"委托社"是指委托其他旅行社代理销售包价旅游产品的旅行社；所谓"代理社"是指接受委托为其他旅行社销售包价旅游产品的旅行社。代理社依法在授权范围内为

委托社的旅游服务产品进行销售、缔约；同时遵循代理的显名原则，委托社或代理社还应在旅游合同中向旅游者公开包价旅游合同的相对方(即代理社或委托社)的相关信息，如许可证编号、地址、联系方式等内容。实践中，代理社原则上必须将《委托招徕授权书》与许可证、营业执照一起放置于经营服务场所的显要位置，明示其为委托招徕。

2)接待业务的委托信息

基于旅游活动的跨地域特征，旅行社为降低经营成本、发挥目的地旅行社在旅游接待方面的优势，履行包价旅游合同时一般均按照"组团社—地接社"模式运营。为保障和尊重旅游者的信息知悉权，《旅游法》第六十条第二款规定："旅行社依照本法规定将包价旅游合同中的接待业务委托给地接社履行的，应当在包价旅游合同中载明地接社的基本信息。"

3)导游服务费用信息

导游人员作为旅行社一方的工作人员，在旅行社与旅游者签订的旅游服务合同中处于履行辅助人的地位，而非合同当事人。作为旅行社的雇佣人员，导游人员提供旅游服务后依法应获取应得报酬。为保护导游人员合法权益，便于导游人员依法要求旅行社履行导游服务费的支付义务，《旅游法》第六十条第三款规定："安排导游为旅游者提供服务的，应当在包价旅游合同中载明导游服务费用。"

7.1.5　旅游服务合同的形式

旅游服务合同的形式是指合同当事人之间订立合同的方式，是合同当事人意思表示一致的外在表现形式，是旅游服务合同内容的载体。《合同法》第十条规定："当事人订立合同，有书面形式、口头形式和其他形式。"具体而言，旅游服务合同主要有如下形式。

1. 书面形式

主要指合同书、信件和数据电文(包括电报、电传、传真、电子数据交换和电子邮件)等可以有形地表现所载内容的形式。它是明确旅游服务合同双方当事人权利义务的书面证据，便于当事人主张权利。《合同法》第十条还规定："法律、行政法规规定采用书面形式的，应当采用书面形式。当事人约定采用书面形式的，应当采用书面形式。"《旅游法》第五十八条对"包价旅游合同应当采用书面形式"的规定，其非常重要的目的之一就在于：保留证据、降低纠纷解决的难度以及提醒旅游服务的当事人审慎对待等。实践中，"一日游"几乎不会签订书面合同，也因此造成旅游者被欺被宰权益受损而求偿不便的局面。为保证"一日游"的旅游者也能获得相当的保护，《旅游法》提出其亦适用书面形式的要求。

2. 口头形式

主要指旅游服务当事人只以口头语言为意思表示订立合同，而不用文字表达协议内容的合同形式。口头形式的旅游服务合同订立迅速、简单，但主张权利时很难举证。

3. 其他形式

主要指除书面和口头形式之外的其他形式，如推定形式和默认形式。

实践中，由于旅游活动所牵涉的环节比较多，而且在不同的环节对旅游服务的要求也不尽相同,容易发生争执,因此除了包价旅游合同外,其他类型的旅行社与旅游者签订的旅游服务合同,一般也不宜采用口头、推定和默认这三种形式,而是应尽量采用书面形式,以利于发生纠纷时取证维权。

7.2 旅游服务合同的订立与效力

7.2.1 旅游服务合同的订立

《旅游法》第五十七条规定:"旅行社组织和安排旅游活动,应当与旅游者订立合同。"旅游服务合同的订立,又称为旅游服务合同的签订,是指当事人之间经过平等协商,就旅游服务合同的内容达成一致并依法签订协议的法律行为。

1. 旅游服务合同的订立程序

合同的订立是旅游服务合同关系确立的前提和基础。《合同法》第十三条规定:"当事人订立合同,采取要约、承诺方式。"可见,合同的程序应当包括要约与承诺两个主要阶段。

1)旅游服务合同要约

(1)要约的概念。

旅游服务合同的要约,又称发价、发盘、出价、出盘或报价等,是订立合同所必须经过的程序。《合同法》第十四条规定:"要约是希望和他人订立合同的意思表示。"可见,旅游服务合同的要约是一方当事人以订立合同为目的,向对方当事人所作的意思表示。发出要约的人称为"要约人",接收要约的人称为"受要约人"。

(2)要约的有效条件。

旅游服务合同的要约通常都具有特定的形式和内容等条件。不具备这些条件,要约在法律上不能成立,也不能产生法律效力。旅游服务合同要约的有效条件主要包括以下五点。

①要约必须是由具有订约能力的特定人作出的意思表示。

要约的提出旨在与他人订立合同,并唤起相对人的承诺。因此要约人必须是订立旅游服务合同的具有行为能力的一方当事人。《合同法》第九条第一款规定:"当事人订立合同,应当具有相应的民事权利能力和民事行为能力。"因此,无行为能力人或依法不能独立实施某种行为能力的限制行为能力人发出欲订立合同的要约,不应产生行为人预期的效果。

②要约的内容必须具体确定。

根据《合同法》第十四条的规定,旅游服务合同的要约必须"内容具体确定"。所谓"具体",指旅游服务合同当事人所发出的要约,其内容必须包含足以使合同成立的必要条款,如旅游服务内容、价款、时间、地点及执行人等。如果不能包含合同的主要条款,则承诺人难以作出承诺,即使作出了承诺,也会因不具备相应条款致使合同无法成立。所谓"确定",指旅游服务合同当事人所发出的要约,内容必须明确,不能含混不清。要约内容应使受要约人能正确理解要约人的真实含义,否则便无法作出承诺。

③要约必须具有订立合同的意图。

要约人发出具体确定的要约内容后,还必须明确表达订约意图。《合同法》第十四条规定:要约必须"表明经受要约人承诺,要约人即受该意思表示约束。"实践中,要判断要约人所发出的要约是否具有订约意图并且成为一项有效的要约,往往根据要约所实际使用的语言、文字及其他情况来判断。一般而言,决定订约即意味着要约人并不是"打算"或"正在考虑"订约,而是具有明确的订约意图,一经受要约人承诺即可产生合同。

④要约必须向要约人希望与之缔结合同的受要约人发出。

要约人向谁发出要约也就是希望与谁订立合同。要约只有向要约人希望与之订立合同的受要约人发出才能够唤起受要约人的承诺。一般而言,要约相对人原则上是特定的人,仅在某些例外情况下才可以向不特定的当事人发出。如某旅行社所发布的某地"一日游"广告,内容具体明确,详细列明了一日游的景点、线路、价款、接送方式及旅行社名称与联系方式,并含有订立合同的愿望及受广告拘束的意思表示,则该旅游广告即构成要约。

⑤要约必须送达受要约人。

要约只有在送达受要约人以后才能为受要约人所知悉并对其产生实际约束力。《合同法》第十六条规定:"要约到达受要约人时生效。采用数据电文形式订立合同,收件人指定特定系统接收数据电文的,该数据电文进入该特定系统的时间,视为到达时间;未指定特定系统的,该数据电文进入收件人的任何系统的首次时间,视为到达时间。"如果旅游服务合同要约在发出后,因传达要约的信件丢失或没有传达,则不能认为要约已经送达。当然,对话要约不存在送达问题,只要求要约人将要约的内容告知受要约人,且使其明确了解要约内容即可。

(3)要约的撤回和撤销。

要约的撤回,是指要约在发生法律效力之前,要约人欲使其不发生法律效力而取消要约的意思表示。在要约生效之前,要约人可以撤回要约。《合同法》第十七条规定:"撤回要约的通知应当在要约到达受要约人之前或者与要约同时到达受要约人。"

要约的撤销,是指要约人在要约生效以后,将该项要约取消,使要约的法律效力归于消灭的意思表示。《合同法》第十八条规定:"撤销要约的通知应当于受要约人发出承诺通知前到达受要约人。"

撤销与撤回不同,撤销是对生效的要约而言,而撤回是对还没发生法律效力的要约而言。撤回要约一般不需要承担任何责任;撤销要约给对方造成损失的,需要赔偿。依据《合同法》第十九条,有下列情形之一的,要约不得撤销:要约人确定了承诺期限或以其他形式明示要约不可撤销;受要约人有理由认为要约是不可撤销的,并已经为履行合同做了准备工作。

(4)要约的失效。

旅游服务合同的要约一经生效,要约人即受到要约的拘束,不得随意撤销或对要约加以限制、变更和扩张。否则,要约人要承担相应的法律责任。但要约失效则另当别论。

所谓要约失效,是指要约丧失了法律约束力,即不再对要约人和受要约人产生法律约束。要约失效以后,受要约人也丧失了承诺的能力,即使其向要约人表示了承诺,也不能导致合同的成立。依据《合同法》第二十条,有下列情形之一的,要约失效:拒绝要约的通知到达要约人;要约人依法撤销要约;承诺期限届满,受要约人未作出承诺;受要约人对要约的内容作出实质性变更。

知识要点提醒

要约与要约邀请的区别

要约与要约邀请不同。要约是希望和他人订立合同的意思表示；要约邀请又称引诱要约，是希望他人向自己发出要约的意思表示。要约邀请具有如下特点：首先，要约邀请是一方邀请对方向自己发出要约，而非像要约那样是由一方向他人发出订立合同的意思表示。其次，要约是当事人旨在订立合同的意思表示，一经承诺即可订立合同；而要约邀请则是当事人订立合同的预备行为，即在发出要约邀请时当事人仍处于订约的准备阶段。最后，要约在发出后，对要约人和受要约人都产生一定的约束力。若要约人违反了有效的要约，应承担法律责任。要约邀请只是引诱他人发出要约，其既不能因相对人的承诺而成立合同，也不因相对人作出某种承诺而约束要约人。如何区别要约与要约邀请，在实践中极为复杂。一般而言，是否具有缔约目的，是要约与要约邀请的主要区别。《合同法》第十五条规定：生产厂家与经营者寄送的价目表、拍卖公告、招标公告、招股说明书、商业广告等为要约邀请；而商业广告的内容符合要约规定且明确表示具有订约意图的，则视为要约。

2)旅游服务合同承诺

(1)承诺的概念。

旅游服务合同的承诺又叫接受提议，根据《合同法》第二十一条的规定："承诺是受要约人同意要约的意思表示。"作出承诺的受要约人称为承诺人。

(2)承诺的有效条件。

旅游服务合同的受要约人如果完全同意要约人提出的主要条件，那么承诺一经作出并送达要约人，便将导致合同的成立。依据相关法律，承诺必须具备如下条件，才能产生法律效力。

①承诺必须以与要约人订立合同为目的，由受要约人向要约人作出。

在订立合同的过程中，必须在要约人与受要约人之间发生要约与承诺，这保证了旅游服务合同的相对性。值得注意的是，并非所有旅游者都需要亲自参与订立合同的过程。《最高人民法院关于审理旅游纠纷案件适用法律若干问题的规定》第二条即承认以单位、家庭等集体形式与旅游经营者订立旅游服务合同的形式。

②承诺的内容应当与要约的内容一致。

要产生成立旅游服务合同的法律效果，承诺就必须在内容上与要约相一致。如果受要约人并没有完全同意要约人提出的主要条件，而是对要约内容作出实质性变更的话，则意味着其拒绝了要约人的要约，受要约人的意思表示不构成承诺，而是形成了一项反要约或新要约。

③承诺必须在承诺期限内作出。

如果要约规定了承诺期限，则受要约人应当在规定的期限内作出承诺；如果没有规定承诺期限，则应当在合理期限内作出。逾期的承诺不是承诺，而是一项新的要约。

④承诺的传递方式必须符合要约的规定。

《合同法》第二十二条规定："承诺应当以通知的方式作出，但根据交易习惯或者要约表明可以通过行为作出承诺的除外。"通常，旅游服务合同的承诺主要以口头通知和书面通知的方式作出。

(3)承诺的生效、撤回与迟延。

《合同法》第二十六条规定："承诺通知到达要约人时生效。承诺不需要通知的，根据交易习惯或者要约的要求作出承诺的行为时生效。"

旅游服务合同的承诺与要约一样，可以撤回。承诺的撤回，指受要约人在承诺生效之前将其取消的行为。《合同法》第二十七条规定："撤回承诺的通知应当在承诺通知到达要约人之前或者与承诺通知同时到达要约人。"承诺可以撤回，但不能撤销。因为承诺生效，则合同成立；如果允许撤销，等于赋予承诺人任意撕毁合同的权利。

旅游服务合同的承诺迟延，指受要约人未在承诺期间内发出的承诺，属于迟到承诺。《合同法》第二十八、二十九条规定：其一，受要约人超过承诺期限发出承诺的，除要约人及时通知受要约人该承诺有效的以外，迟到的承诺不发生承诺的效力，为新要约；其二，受要约人在承诺期限内发出承诺，按照通常情形能够及时到达要约人，但因其他原因承诺到达要约人时超过承诺期限的，除要约人及时通知受要约人因承诺超过期限不接受该承诺的以外，该承诺有效。

3)旅游服务合同成立

旅游服务合同成立是指合同当事人经过要约和承诺两个阶段，意思表示一致，达成协议。原则上讲，承诺生效时合同即告成立。根据实践中合同订立时的不同情形，《合同法》对旅游服务合同成立的具体认定时间规定如下：当事人采用旅游服务合同书形式订立合同的，该合同自双方当事人签字或者盖章时成立，且双方签字或者盖章的地点就是合同成立的地点；当事人采用信件、数据电文等形式订立合同的，可以在合同成立之前要求签订确认书，则签订确认书时合同成立；法律、行政法规规定或者旅游服务合同当事人约定采用书面形式订立合同，当事人未采用书面形式但一方已经履行主要义务，对方接受的，该合同成立；采用合同书形式订立旅游服务合同，在签字或者盖章之前，当事人一方已经履行主要义务，对方接受的，则该合同成立。

实例分析 7-1

旅游广告是否为要约[1]

某旅行社于某年4月在某市晚报上刊登了"海南、云南、北海、厦门、重庆双飞五日游"广告，定为每周二、六发团，报名方式为：首先，电话咨询线路；其次，传真签订旅游合同；再次，指定银行账户存款；最后，10人以上可以上门服务；等等。报社排版时错将每人旅游费用人民币2400元排成240元。外地游客李某电话咨询，问道："一切都按报纸上刊登的广告内容办吗？"旅行社接待人员给予了肯定回答，并告之开户银行账号和出发时间。随后，李某将240元人民币汇至指定账号，请年假在旅游团出发前抵达旅行社。

---

[1]资料来源：杨富斌，王天星. 旅游法学案例[M]. 北京：中国旅游出版社，2006：170-172. 经整理改编。

当李某得知旅游费用为2400元,而非240元时,其立即提出退团,并要求旅行社退还240元且双倍赔偿,同时承担其路费、误工费。因协商不成,遂以旅行社涉嫌欺诈为由诉至人民法院。

问题:

该旅行社所刊登的旅游广告属于要约吗?为什么?旅行社能否满足李某赔偿要求?

分析:

本案中,分析旅行社所刊登的旅游产品广告的内容与意思表示,应属一般商业广告。《合同法》第十五条规定:寄送的价目表、拍卖公告、招标公告、招股说明书、商业广告等为要约邀请。据此认定旅行社所刊登广告应为要约邀请。游客欲参加组团旅游,还需与旅行社洽谈,经过要约、承诺阶段签订旅游合同后,方可与旅行社建立旅游服务合同的法律关系。

另因广告中所刊登的旅游费用属报社误排,旅行社本身无主观过错;且按常识,240元人民币也无法完成"海南、云南、北海、厦门、重庆双飞五日游",因此旅行社涉嫌欺诈的诉讼理由不成立,但旅行社未能将报社排版错误及时通知旅游者,存在过错,应承担一定赔偿责任。游客李某未经仔细核对,贸然出行,其自身也有一定责任。所以,旅行社在退还李某240元旅游费及路费、误工费后,无须承担其他赔偿责任。

2. 旅游服务合同订立时旅行社的提示与告知义务

旅游活动大多具有一定的风险性,即使日常生活中应该能够注意到的风险,在旅游过程中也可能被放大,增加旅游者遭受人身、财产损害的概率。加之,旅游者跨地域旅游,亦可能因为法律、风俗等差异招致一些不必要的麻烦。诸如此类,作为旅游信息的较全掌握者,旅行社在与旅游者订立旅游合同时,依法应当履行如下提示和告知义务。

1)提示旅游者投保人身意外伤害保险

《旅游法》第六十一条规定:"旅行社应当提示参加团队旅游的旅游者按照规定投保人身意外伤害保险。"

包价旅游合同中,旅游者必须亲身参与合同的履行才能领受旅行社所提供的旅游服务。而包价旅游合同的履行因旅游服务的跨地域性、外界影响因素的不确定性等,往往容易引发旅游意外事故,致使旅游者人身权益受损。旅游者所遭受的人身损害,如因他人应负责的原因引起的,一般可通过他人的损害赔偿责任填补;但因不可抗力等客观原因引起的人身损害,则往往无法通过损害赔偿获得救济,而有必要通过投保的方式分散风险。鉴于我国旅游者投保人身意外保险的意识有待提高的现实,《旅游法》特规定由旅行社提示参团旅游者投保人身意外伤害保险,以期逐渐树立并提升旅游者的保险意识。值得注意的是,旅行社提示的旅游者范围是参加团队旅游的旅游者,而非所有旅游者;且旅行社仅负有提示投保的义务,而不负有自行代为投保的义务。

2)告知旅游者相关注意事项

《旅游法》第六十二条规定:"订立包价旅游合同时,旅行社应当向旅游者告知下列事项:①旅游者不适合参加旅游活动的情形;②旅游活动中的安全注意事项;③旅行社依法可以减免责任的信息；④旅游者应当注意的旅游目的地相关法律、法规和风俗习惯、宗教禁忌，依照中国法律不宜参加的活动等；⑤法律、法规规定的其他应当告知的事项。在包价旅游合同履行中，遇有前款规定事项的，旅行社也应当告知旅游者。"

在签订旅游服务合同时及在合同履行中，对在整个旅游过程中有可能危及旅游者人身、财产安全的旅游风险以及可能对旅游者产生不利影响的法律风险，旅行社及其履行辅助人均负有以恰当方式准确分明、通俗易懂地告知旅游者的法定义务，以使旅游者保持警惕。

值得注意的是，依据相关法律，旅行社对整个旅游活动均负有告知义务。旅行社不能以某项服务由特定履行辅助人提供而拒绝承担告知义务。例如，不能因为景区游览安全注意事项应由景区负责告知义务，旅行社就可以免于承担因为景区未履行告知义务而造成的违约责任。从理论上讲，履行辅助人是协助旅游经营者履行包价旅游合同的。履行辅助人对旅游者的告知也属于其协助旅行社履行包价旅游合同的范畴。换言之，履行辅助人的告知即为旅行社的告知；履行辅助人未告知、未警示也意味着旅行社未告知、未警示。同时，旅游者也负有防范自己人身、财产安全免受不必要侵害的义务。旅行社在明确告知旅游者相关安全注意事项及不适合参加的旅游活动、并采取了危害防范措施后，旅游者仍违反安全注意规定，执意参加不适合自身参加的旅游活动，导致旅游过程中发生人身、财产损害的，其损害应由旅游者自身承担。当然，旅游者自甘冒险，旅行社未采取避免损害发生的措施的，应根据具体案情，审慎地认定双方当事人在导致最终损害中的原因比例，以决定责任和责任范围。①

7.2.2 旅游服务合同的效力

旅游服务合同的效力，也称旅游服务合同的生效，是指旅游服务合同的法律约束力，即迫使合同的当事人必须按照依法成立的旅游服务合同的约定履行义务的强制力量。已经签订的旅游服务合同是否有效，直接关系到旅游服务合同能否履行、当事人的合法权益能否获得法律的有效保护。因此，确认旅游服务合同是否有效十分必要。

1. 旅游服务合同的有效

《合同法》第八条规定："依法成立的合同，对当事人具有法律约束力。"意即，旅游服务合同要有法律约束力，必须具备合同成立的法定条件。依据《合同法》《民法通则》，并结合相关旅游法律法规的规定，旅游服务合同生效必须具备如下法定条件：①旅游服务合同的主体必须具备法定资格；②旅游服务合同当事人的意思表示真实；③旅游服务合同的内容不违反法律或社会公共利益，合同条款必须合法而完备；④旅游服务合同的形式与成立程序必须合乎法定要求；⑤旅游服务合同必须是在合同的起始时间和解除时间之间，即只有在生效时间内的合同才是有效合同；⑥旅游服务合同必须由法定代表人或其授权的合格代理人签字。

由上可见，旅游服务合同的成立与合同的生效是两个不同的概念。旅游服务合同的成立仅是当事人意思表示一致的结果，合同成立不等同于合同生效；旅游服务合同的生效需要具备法定的条件。依法成立的旅游服务合同，自合同成立时起即告生效；附生效条件的

---

①资料来源：杨富斌. 中华人民共和国旅游法释义[M]. 北京：中国法制出版社，2013：180-183.

合同，自条件依法成就时生效。

2. 旅游服务合同的无效[①]

旅游服务合同的无效是相对于合同的有效而言的，是指旅游服务合同虽然已经成立，但因缺乏生效要件而自始就不具有法律约束力。

1)旅游服务合同无效的要件

依据《合同法》第五十二条及相关法律、法规的规定，有下列情形之一的，旅游服务合同可判定为无效：①旅游服务合同订立的当事人不具备相应主体资格；②旅游服务合同主要条款不全或不明确、不具体；③旅游服务合同为采用欺诈、胁迫等非法手段订立的合同；④旅游服务合同为以合法形式掩盖非法目的的合同；⑤旅游服务合同为恶意串通，损害国家、集体或者第三人利益的合同；⑥旅游服务合同为损害社会公共利益的合同；⑦旅游服务合同为违反法律、行政法规的强制性规定的合同；⑧旅游服务合同中提供格式合同的一方免除自身主要责任、加重对方责任、排除对方主要权利的；⑨旅游服务合同生效时间未到或合同已经撤销、解除或终止的；⑩旅游服务合同未由法定代表人或其授权的合格代理人签字，或者签字者不是法定代表人或其授权的合格代理人的。

2)旅游服务合同的无效条款

无效条款，是指合同中约定的违反法律规定或当事人意志、没有法律约束力的条款，包括无效的责任条款和无效的免责条款。责任条款是指当事人在旅游服务合同中约定的当事人应当承担的未来责任的条款。例如，要求旅游者承担过重责任的条款。免责条款是指当事人在旅游服务合同中约定的排除或者限制一方当事人未来责任的条款。《合同法》第五十三条规定，造成对方人身伤害的以及因故意或者重大过失造成对方财产损失的免责条款属于法定无效条款。例如，旅游服务合同中约定旅游者在旅游过程中"伤亡责任自负"的条款即属于无效条款。此外，个别条款无效，并不影响其他合同条款或者整个旅游服务合同的法律效力。

7.3 旅游服务合同的履行与变更

7.3.1 旅游服务合同的履行

旅游服务合同的履行，是指旅游服务合同生效后，当事人按照合同的约定，依法承担合同义务、实现各自权利的行为过程。旅游服务合同的履行是合同法律效力的重要体现，是实现合同目的的重要手段。旅游服务合同的当事人在合同履行过程中，应当遵循合同履行的原则，并遵照合同履行的相应法律规则。

1. 旅游服务合同履行的原则

旅游服务合同履行的原则，"是指导合同履行并适用于合同履行全部领域的特有原

---

①资料来源：田勇. 旅游法规概论[M]. 广州：华南理工大学出版社，2005：144.

则"[①]。一般认为，当事人履行旅游服务合同时，应秉承如下原则。

1)适当履行原则

适当履行原则，是指当事人应当按照旅游服务合同的约定或者法律的规定，全面、适当地履行合同。因此，适当履行原则又被称为正确履行原则或全面履行原则。《合同法》第六十条规定："当事人应当按照约定全面履行自己的义务。"这是适当履行原则在法律上的表述。

依法，旅游服务合同的当事人应当按照合同规定的标的及质量、数量，由适当的主体在适当的履行期限、地点，以适当的方式，全面完成合同义务的履行。《旅游法》第六十九条第一款即规定："旅行社应当按照包价旅游合同的约定履行义务，不得擅自变更旅游行程安排。"

旅游服务合同当事人是否适当履行了合同，是决定当事人是否承担违约责任的界限。在旅游服务合同的各类纠纷中，旅行社不能适当履行合同义务的纠纷占很大比例，包括"不履行"和"不完全履行"，均违反了合同的适当履行原则，应承担违约责任。

2)协作履行原则

协作履行原则，是指旅游服务合同一方当事人不仅应履行自己的义务，而且还应当协助对方履行义务。旅游服务合同是双务合同，一方当事人履行合同义务，另一方当事人应为其履行进行必要的协作，包括通知、协助、保密等义务。只有旅游经营者的给付行为，没有旅游者的受领给付和积极配合，合同目的亦难以实现。只有旅游服务合同当事人相互配合，合同才能得到适当履行。例如，旅游者有向旅行社提供个人正确信息资料的义务，旅行社亦有对旅游者个人信息资料予以保密的义务。

3)经济合理原则

经济合理原则，是指在旅游服务合同的履行过程中，合同的双方当事人应讲求经济效益，在合理维护各方合法权益的基础上，付出最小的成本，取得最佳的合同利益。经济合理原则要求旅游服务合同当事人在履行合同时，既要考虑自己一方的利益，也要兼顾考虑他人利益以及国家、社会的利益。[②]

一般而言，按照双方当事人的约定所订立的旅游服务合同，其内容本身已经充分地考虑到了各自的利益。因此，当事人按照约定履行了合同，也就体现了经济合理的原则。但是，因客观情况的变化或者当事人约定的不详，旅游服务合同的履行也会有不尽符合经济合理原则之处。在这种情况下，就要求旅游服务合同当事人应遵循经济合理原则履行合同，维护对方的利益。《旅游法》第六十七条第一款规定，因不可抗力等因素导致旅游服务"合同不能完全履行的"，为减少不必要的旅游成本(含人身、财产损失等)，"旅行社经向旅游者作出说明，可以在合理范围内变更合同"。此规定即体现了合同履行的经济合理原则。

4)情势变更原则

情势变更原则，是指因不可归责于双方当事人的原因发生了不可预见的情势变更，致使旅游服务合同履行的基础丧失或动摇，若继续维持合同原有效力则显失公平，所以允许

---

①资料来源：王利明，房绍坤，王轶. 合同法[M]. 北京：中国人民大学出版社，2002：175.
②资料来源：王利明，房绍坤，王轶. 合同法[M]. 北京：中国人民大学出版社，2002：178.

变更或解除合同的原则。

旅游活动对外部环境具有很强的依赖性，极易受到来自天气、交通、政治、经济等多种因素的影响，以致若继续按照旅游服务合同预先约定的内容履行，往往会产生违反常理、公平的后果。因此，《旅游法》第五章对旅游合同的相应变更、解除做了较为详细的规定。

图 7-2　旅游服务合同的履行问题

(资料来源：黄嵘. 旅游合同 14 项内容少不得[J/OL]. 厦门网电子报，2009-04-18，
http://www.xmnn.cn/dzbk/xmrb/20090418/200904/t20090418_969262.htm.)

2. 旅游服务合同履行时各类情势的处理规则

1) 旅游服务合同约定不明时的处理规则

已经生效的旅游服务合同可能存在着条款约定不明或理解有异的情况，致使合同履行起来比较困难。对此，《合同法》规定了两种主要途径使条款不明的合同尽可能明朗化。

(1) 通过补缺性规定使不明条款明确化。

《合同法》第六十一条规定："合同生效后，当事人就质量、价款或者报酬、履行地点等内容没有约定或者约定不明确的，可以协议补充；不能达成补充协议的，按照合同有关条款或者交易习惯确定。"

(2) 通过对合同的合法解释使理解有异的合同条款明朗化。

《合同法》第六十二条规定："当事人就有关合同内容约定不明确，依照本法第六十一条的规定仍不能确定的，适用下列规定：①质量要求不明确的，按照国家标准、行业标准履行；没有国家标准、行业标准的，按照通常标准或者符合目的的特定标准履行。②价款或者报酬不明确的，按照订立合同时履行地的市场价格履行；依法应当执行政府定价或者政府指导价的，按照规定履行。③履行地点不明确，给付货币的，在接受货币一方所在地履行；交付不动产的，在不动产所在地履行；其他标的，在履行义务一方所在地履行。④履行期限不明确的，债务人可以随时履行，债权人也可以随时要求履行，但应当给对方必要的准备时间。⑤履行方式不明确的，按照有利于实现合同目的的方式履行。⑥履行费用的负担不明确的，由履行义务一方负担。"

2) 不可抗力影响旅游行程的处理规则

因为对外在环境影响的高度敏感，旅游服务合同的履行常常会发生些变故，因而非常有必要明确变故发生后的处理规则。这其中如何处置不可抗力对旅游行程造成的影响显得尤为重要。

对"因不可抗力或者旅行社、履行辅助人已尽合理注意义务仍不能避免的事件,影响旅游行程的,"《旅游法》第六十七条第三、四款明确处理规则如下:首先,在"危及旅游者人身、财产安全"的情况下,"旅行社应当采取相应的安全措施,因此支出的费用,由旅行社与旅游者分担。"其次,在"造成旅游者滞留"的情况下,"旅行社应当采取相应的安置措施。因此增加的食宿费用,由旅游者承担;增加的返程费用,由旅行社与旅游者分担。"

实例分析 7-2

恼人的台风[①]

王某参加 Z 旅行社的旅游团去 F 国旅游,返程时受台风影响,航班被取消,全团游客滞留机场。王某等部分游客要求 Z 旅行社免费或垫付安排住宿,Z 旅行社认为按照双方签订的旅游合同,由于台风等不可抗力造成旅游者滞留增加的食宿费用须由游客承担。王某等部分游客情绪激动,集体到我驻 F 国使馆上访,后经使馆工作人员调解,事件才得以平息。

问题:

游客因台风滞留于机场,旅行社应承担何种责任?旅游者的垫付要求是否合法?

分析:

首先,《旅游法》明确规定:因不可抗力造成旅游者滞留的,旅行社应当采取相应的安置措施。因此增加的食宿费用,由旅游者承担;增加的返程费用,由旅行社与旅游者分担。其次,旅行社与旅游者订立包价旅游合同时,旅行社应当向旅游者告知旅行社依法可以减免责任的信息。再次,旅游者在旅游活动中,应当遵守有关法律法规和合同约定。在旅游活动中或在解决纠纷时,旅游者不得损害他人合法权益,包括当地居民、其他旅游者、旅游经营者和旅游从业人员的合法权益,如强行霸机、人为拖延时间造成整团行程受阻、人为扩大损失等行为。最后,旅行社应加强对领队的教育培训,遵守职业道德,提高服务水平,遇突发事件应冷静面对、积极协调,避免事件扩大升级。

3. 旅游服务合同履行时各相关者的法定义务

1)承揽接待者的法定义务

现实中,旅游合同的履行往往采用"组团社—地接社"履行模式。针对在此模式下履行包价旅游合同时,组团社与地接社各自应当履行的法定义务,《旅游法》第六十九条第二款明确规定:"经旅游者同意,旅行社将包价旅游合同中的接待业务委托给其他具有相应资质的地接社履行的,应当与地接社订立书面委托合同,约定双方的权利和义务,向地接社提供与旅游者订立的包价旅游合同的副本,并向地接社支付不低于接待和服务成本的费用。

---

①资料来源:《2013 旅游服务警示第 16 号:遇不可抗力请依法理性维权》,国家旅游局官网,http://www.cnta.gov.cn/html/2014-08/2014-08-14-16-34-32163.html,2013-10-21。经整理改编。

地接社应当按照包价旅游合同和委托合同提供服务。"

前述法律规定中虽使用了"委托"与"委托合同"的表述，但并不意味着组团社与地接社就包价旅游合同履行所签的合同为委托合同。关于组团社与地接社之间在包价旅游合同履行时的法律关系的属性，旅游业界存在着不同理解，有承揽合同说、委托合同说等。承揽合同重结果，必然强调工作成果的取得，无结果即无报酬；委托合同重过程，无从强调一定结果的取得。①因此，从包价旅游合同履行的角度来看，组团社与地接社之间的法律关系是以地接社完成组团社委托的旅游接待工作为支付其报酬的前提的，二者之间的关系无疑应属于承揽合同。从旅游者、组团社与地接社三方关系的视角来看，旅游者与组团社之间签订的包价旅游合同为主承揽合同，组团社与地接社之间签订的委托接待合同为次承揽合同。②

根据前述法律规定，旅游服务合同承揽履行时，各方应承担的法定义务可以概括如下：①组团社在选择旅游服务合同履行的承揽对象时，应当选择具有相应资质的地接社；②组团社与地接社应采取书面形式订立承揽履行合同，并明确约定双方的权利和义务；③组团社应当向地接社提供与旅游者订立的包价旅游合同副本；④组团社应当向地接社支付不低于接待和服务成本的费用；⑤地接社应当如约完成承揽的旅游服务合同的接待工作。

2)委托服务者的法定义务

《旅游法》第七十四条规定："旅行社接受旅游者的委托，为其代订交通、住宿、餐饮、游览、娱乐等旅游服务，收取代办费用的，应当亲自处理委托事务。因旅行社的过错给旅游者造成损失的，旅行社应当承担赔偿责任。旅行社接受旅游者的委托，为其提供旅游行程设计、旅游信息咨询等服务的，应当保证设计合理、可行，信息及时、准确。"这是《旅游法》对旅行社在履行旅游委托合同时应承担的相应法定义务的立法性规范。

旅游委托合同，是指旅行社接受旅游者的委托，为其提供旅游信息咨询与行程设计及代订交通、食宿、游览、娱乐等旅游服务，旅游者支付代办费用的委托合同。旅游委托合同只能发生在双方相互信任的特定人之间。没有当事人双方相互的信任和自愿，旅游委托合同关系就难以成立与巩固。基于此，依据《旅游法》第七十四条的规定，旅行社"应当亲自处理委托事务"，未经旅游者同意，不得转托他人处理受托的旅游事务。

履行旅游委托合同时，旅行社必须在旅游者的授权范围内为其代办所委托的相关旅游事务；当然，旅行社所接受委托事务的范围必须是旅游者有权实施的行为，且为不违反法律或社会公共利益与社会公德的行为。

旅游委托合同的标的是旅行社的劳务。旅游者应当向为其代办旅游委托事务的旅行社支付相应的劳务报酬。原则上，旅行社是以旅游者的名义和费用为旅游者处理委托的旅游事务的。"因此，旅行社代订交通、住宿、餐饮、游览、娱乐等旅游服务的法律后果，直接归旅游者承担。"③同时，因旅行社的过错给旅游者造成损失的，旅行社依法应当承担赔偿责任。

3)住宿经营者的法定义务

《旅游法》第七十五条规定："住宿经营者应当按照旅游服务合同的约定为团队旅游者

---

①资料来源：韩世远. 合同法[M]. 北京：高等教育出版社，2010：483.
②资料来源：杨富斌. 中华人民共和国旅游法释义[M]. 北京：中国法制出版社，2013：218.
③资料来源：杨富斌. 中华人民共和国旅游法释义[M]. 北京：中国法制出版社，2013：249.

提供住宿服务。住宿经营者未能按照旅游服务合同提供服务的，应当为旅游者提供不低于原定标准的住宿服务，因此增加的费用由住宿经营者承担；但由于不可抗力、政府因公共利益需要采取措施造成不能提供服务的，住宿经营者应当协助安排旅游者住宿。"这是《旅游法》对住宿经营者在履行包价旅游合同时应承担的相应法定义务的立法性规范。

首先，旅行社通过与住宿经营者签订合同，约定由住宿经营者向旅游者提供相应旅游服务，住宿经营者由此在旅游者与旅行社所签的旅游服务合同中扮演着签约社的履行辅助人角色。由此，旅游者与住宿经营者之间的法律关系，可以界定为旅游服务合同中债权人与债务人履行辅助人之间的关系。基于此种法律关系，旅游者依法可以要求住宿经营者根据旅游服务合同中的约定提供住宿服务。

其次，考虑到住宿服务的特殊性以及旅游者身处异地对住宿休憩之需求的必要性，为最有效地保障旅游者利益，对于"住宿经营者未能按照旅游服务合同提供服务的"情况，法律要求住宿经营者继续依约提供旅游服务，且其标准不得低于原定标准，"因此增加的费用由住宿经营者承担"。

最后，由于不可抗力、政府因公共利益需要采取措施，造成住宿经营者不能如约提供住宿服务的，虽然住宿经营者没有可归责的事由，本应免除其违约责任，但出于对旅游者合法权益的保护，《旅游法》规定，在此情况下住宿经营者依然"应当协助安排旅游者住宿"。

7.3.2 旅游服务合同的变更

旅游服务合同一旦生效对双方当事人都具有约束力，任何一方当事人不得随意改变。但是由于客观情况的变化给当事人履行合同带来一定影响，法律也规定，可以依法变更旅游服务合同，以更好地实现当事人的利益和订立合同的目的。旅游服务合同的变更包括旅游服务合同内容的变更和旅游服务合同主体(当事人)的变更。

1. 旅游服务合同内容的变更

旅游服务合同内容的变更，指已经成立的旅游服务合同尚未履行或未全部履行完毕之前，由合同当事人依法对原合同部分内容所进行的修改或补充。变更旅游服务合同的内容必须具有法定变更的事由，必须是以原合同有效为基本前提，经由当事人协商一致作出的合乎法律规定的变更。

1)旅游服务合同内容变更的特征

①变更是在有效的原合同尚未履行或未全部履行完毕之前进行的；没有原合同，也就不存在变更问题。②变更是对原合同内容的部分而非全部变动；全部变更即属于订立新合同。③变更并不影响原合同中未变更内容的有效性。④在当事人未达成变更协议之前，原合同仍然有效。⑤变更内容约定不明确的变更，推定为未变更。

2)因客观原因导致的包价旅游合同内容变更

《旅游法》第六十七条第一款规定："因不可抗力或者旅行社、履行辅助人已尽合理注意义务仍不能避免的事件，影响旅游行程的，"如果"合同不能完全履行的，旅行社经向旅游者作出说明，可以在合理范围内变更合同；旅游者不同意变更的，可以解除合同。"

值得注意的是，因不可抗力或者旅行社、履行辅助人已尽合理注意义务仍不能避免的事件而变更旅游服务合同内容的，应当征得旅游者的同意，且旅游者的同意必须是自愿的。因旅游者遭受旅行社、履行辅助人及其他旅游者的胁迫而表示同意的旅游服务合同的变更，属于无效变更。在部分旅游者同意变更、部分旅游者不同意变更时，旅行社依法应当仅对同意变更行程的旅游者根据变更后的行程履行旅游合同，因此产生的费用，根据《旅游法》第六十七条第二款，"因此增加的费用由旅游者承担，减少的费用退还旅游者"；对于不同意变更的，则应当根据前述法律规定，解除旅游服务合同。

3)因旅游者要求导致的包价旅游合同内容变更

根据旅游者的具体要求安排旅游行程的包价旅游，一般称之为"自由行"或"自助游"。这种旅游方式赋予了旅游者以极高的自由度，由其自行安排旅游行程，旅行社据其要求为之提供交通、住宿、游览等旅游服务。与传统包价旅游相比，虽然旅行社并不提供全程旅游服务，但在法律性质、旅行社责任及旅游纠纷的处理方面，"自由行"本质上仍属于包价旅游。

在"自由行"包价旅游中，旅行社并不享有决定权，反而是旅游者增强了安排旅游行程的自主性。在这种情况下，若是仍然严格遵循"合同应当严守"、任何一方当事人均不得随意改变旅游合同约定内容的合同法原则，无疑将有悖于旅游者自由出游的初衷。为体现此种新型包价旅游合同的特殊性，《旅游法》特别允许旅游者变更包价旅游合同的行程安排。同时为避免旅游者滥用此项权利，《旅游法》第七十三条特别规定："旅行社根据旅游者的具体要求安排旅游行程，与旅游者订立包价旅游合同的，旅游者请求变更旅游行程安排，因此增加的费用由旅游者承担，减少的费用退还旅游者。"

2. 旅游服务合同主体的变更

旅游服务合同主体的变更，又称旅游服务合同的转让，是指旅游服务合同当事人依法将合同规定的权利与义务全部或部分转让给第三人的民事法律行为。其主要特征是：向第三人转让；合同主体发生变化；合同内容不变。

1)旅游服务合同主体变更的一般类型

依据《合同法》相关法律规定，因合同变更转让对象的不同，旅游服务合同的主体变更可分为三种类型：债权让与、债务承担与合同权利义务的概括移转。

(1)债权让与。债权让与是不改变合同关系的内容，债权人(旅游者)通过让与合同将其债权转移于第三人享有的行为。债权人(旅游者)转让合同权利，不需要经债务人(旅行社)同意，但是必须通知债务人(旅行社)。《合同法》第八十条规定："债权人转让权利的，应当通知债务人。未经通知，该转让对债务人不发生效力。"债务人(旅行社)接到权利转让通知后，转让行为即生效，权利的受让人成为新的债权人(新的旅游者)，享有和原债权人(原旅游者)同样的权利。但因合同性质及双方约定权利等依法不能转让的，不得实施债权让与。

(2)债务承担。债务承担是不改变合同关系的内容，债务人(旅行社)将合同债务全部或部分地移转给第三人承担的行为。按照承担后原债务人(原旅行社)是否免责为标准，可以分为免责的债务承担和并存的债务承担。所谓免责的债务承担，是指第三人取代原债务人(原旅行社)的地位而承担全部债务，使债务人(旅行社)脱离债的关系的债务承担方式。所谓并存的债务承担，又称附加的债务承担，或重叠的债务承担，指第三人加入原存的债务关系之中，与原债务人(旅行社)一起向债权人承担债务的现象。《合同法》第八十四条规定：

"债务人将合同义务全部或者部分转移给第三人的,应当经债权人同意。"旅游服务合同实务中经常发生的转让旅游者现象(旅行社所谓的"并团""拼团"),其法律属性多属于债务承担,应当征得旅游者的同意。假如旅行社无视法律规定,不征得旅游者的同意,其转让无效,可以追究旅行社的违约责任。

(3)合同权利义务的概括转移。合同权利义务的概括移转,指原合同当事人一方经对方同意,将其合同权利义务一并移转给第三人,由第三人概括地继受这些权利义务。《合同法》第八十八条规定,"当事人一方经对方同意,可以将自己在合同中的权利和义务一并转让给第三人。"

2)旅游服务合同主体变更的特殊形式①

《旅游法》第六十四条规定:"旅游行程开始前,旅游者可以将包价旅游合同中自身的权利义务转让给第三人,旅行社没有正当理由的不得拒绝,因此增加的费用由旅游者和第三人承担。"这是对旅游者运用替换权变更旅游服务合同主体的法律规范。

旅游者替换权,也称旅游者变更权,是指旅游者在旅游行程开始前的合理期间内,决定由第三人替换其参加旅游活动的权利。该权利在旅游者与旅游经营者签订包价旅游合同之后立即享有,除非包价旅游合同对旅游者主体做了特别要求或者合同当事人之间有相反的约定,否则不能予以限制。

亦即,在行程开始前,如不违背包价旅游合同对旅游主体的特殊要求(如探险旅游对旅游者的身体健康要求)、不违反法律的强制性规定(如对使用团体签证的旅游团的出入境限制)、不违反国家机关禁令(如公检法机关对特定人员的限制出境禁令)以及该包价旅游合同未做相反性规定,则自旅游者以单方意思表示发布替换旅游合同主体的通知到达旅游经营者时,旅游服务合同的主体变更即告生效。

旅游者运用替换权变更旅游服务合同主体后,可能会发生旅游费用的增加或者减少。对于增加的费用(如改签费、自然单间费和旅游经营者帮助旅游者寻找替换者所花费的广告费、电话费及可能给替换者的折扣等),旅游者及第三人应当向旅游经营者补交。增加的费用应具备两个属性:其一,必要性,即只要旅游者发生替换,该费用就必然增加;其二,事实性,即增加的费用在事实上已经发生,而无关其是否已实际支付。增加费用的范围,仅指旅游经营者因此所支付的成本费用,而不能向旅游者收取办理旅游者替换的报酬,不能借此盈利。

7.4 旅游服务合同的解除与终止

7.4.1 旅游服务合同的解除

1. 旅游服务合同解除的概念

旅游服务合同的解除是指在合同依法成立后而尚未全部履行前,当事人一方基于法律规定或当事人约定行使解除权而使合同关系归于消灭的一种法律行为。

---

①资料来源:杨富斌. 中华人民共和国旅游法释义[M]. 北京:中国法制出版社,2013:190-196.

2. 旅游服务合同解除的方式

旅游服务合同的解除可以分为三种方式：协议解除、约定解除及法定解除。

1) 协议解除

旅游服务合同的协议解除是指在合同依法成立后而尚未全部履行前，当事人通过协商而解除合同。《合同法》第九十三条第一款规定："当事人协商一致，可以解除合同。"旅游服务合同的协议解除无须事先设定任何条件，只要当事人协商一致即可解除合同。实践中，很多旅游服务合同的解除都是通过旅游者与旅游经营者的协商而实现的。

2) 约定解除

旅游服务合同的约定解除是指在合同依法成立后而尚未全部履行前，当事人基于双方约定的事由行使解除权而解除合同。约定解除的基本特点为：当事人在旅游服务合同中事先约定解除合同的条件；当解除合同的条件成就时，当事人单方即可行使解除权以解除合同而无须经过相对人同意。

3) 法定解除

旅游服务合同的法定解除是指在合同依法成立后而尚未全部履行前，当事人基于法律规定的事由行使解除权而解除合同。法定解除的基本特点为：由法律直接规定解除合同的条件；当法定解除条件具备时，当事人单方即可行使解除权以解除合同。《合同法》及《旅游法》对合同解除的条件都作出了明确规定。

3. 旅游服务合同解除的规则

依照《合同法》的相关规定，旅游服务合同的解除应当遵循如下规则。

(1) 旅游服务合同当事人一方按照合同约定的条件或者按照法定的情形解除旅游服务合同，应当以书面形式履行通知的义务。自旅游服务合同解除通知到达对方时生效。对方若有异议的，可以请求人民法院或者仲裁机构确认解除合同的效力。

(2) 法律、法规规定解除旅游合同应当办理批准、登记手续的，应当依法办理有关手续。

(3) 旅游服务合同的解除不影响当事人要求赔偿的权利，不影响合同中约定的清算条款，不影响约定的解决争议的条款。

(4) 法律、法规规定或者当事人没有约定解除权行使期限，经对方催告后在合理期限内不行使的，该权利消灭。例如，旅游者未及时提供相关旅游证明证件，经旅游经营者催告，在合理期限内仍不予协助的，旅游经营者可以解除旅游服务合同。

(5) 旅游服务合同解除后，尚未履行的，终止履行；已经履行的，根据履行情况和合同性质，当事人可以要求恢复原状、采取其他补救措施，并有权要求赔偿相应损失。

4. 旅游服务合同的法定解除条件

1) 旅游服务合同的一般法定解除条件

《合同法》第九十四条的规定，有下列情形之一的，旅游服务合同当事人可以解除合同。"①因不可抗力致使不能实现合同目的；②在履行期限届满之前，当事人一方明确表示或者以自己的行为表明不履行主要债务；③当事人一方迟延履行主要债务，经催告后在合理期限内仍未履行；④当事人一方迟延履行债务或者有其他违约行为致使不能实现合同目的；⑤法律规定的其他情形。"

2) 旅游服务合同的特殊法定解除条件

鉴于旅游活动的特殊性，《旅游法》针对旅游服务合同的解除，规定了如下4项特殊法定解除条件。

(1) 旅游者行使任意解除权的。

"旅游者任意解除权，是指旅游者在旅游行程结束前，无须阐述理由，可以随时解除包价旅游合同的权利。"[①]旅游者任意解除权的赋予，是以承揽合同中定作人的任意解除权为依据的。包价旅游合同中的旅游者，其法律地位相当于承揽合同的定作人。而根据《合同法》第268条的规定，定作人享有随时解除合同的权利，以此类推，旅游者亦享有任意解除权。

赋予旅游者任意解除权的根本理由在于，旅游者的人身自由不受限制，即旅游者的人身自由不受强制性法律规范之外的限制，不受其他民事主体的限制。旅游者以追求身心愉悦为出游目的，以其人身作为接受旅游经营者服务的受体。无论出于何种理由，旅游者不愿继续接受旅游服务，并不违反强制性的法规，如果不赋予其拒绝接受旅游服务、解除旅游合同的权利，则是对消费者应有自由权利的无视，也是对其人身自由的限制，与现代社会公民自由权的基本原则相违背，同时也与旅游活动追求身心愉悦的目的背道而驰。即便是对奉行"整团出入境"管理的出境旅游团队，《中国公民出国旅游管理办法》第十一条第四款亦规定："旅游团队出境后因不可抗力或者其他特殊原因确需分团入境的，领队应当及时通知组团社，组团社应当立即向有关出入境边防检查总站或者省级公安边防部门备案。"亦即，出境游中，旅游者亦被赋有合同解除权，只要按时返回国内，即不违反法规规定。

(2) 未达约定人数不能成团的。

《旅游法》第六十三条规定："旅行社招徕旅游者组团旅游，因未达到约定人数不能出团的，组团社可以解除合同。……因未达到约定人数不能出团的，组团社经征得旅游者书面同意，可以委托其他旅行社履行合同。旅游者不同意的，可以解除合同。……"

(3) 因旅游者原因致合同无法继续履行的。

依据《旅游法》第六十六条的相关规定，旅游者有下列情形之一的，旅行社可以解除合同。

"①患有传染病等疾病，可能危害其他旅游者健康和安全的；②携带危害公共安全的物品且不同意交有关部门处理的；③从事违法或者违反社会公德的活动的；④从事严重影响其他旅游者权益的活动，且不听劝阻、不能制止的；⑤法律规定的其他情形。"

(4) 因不可抗力等因素致合同无法履行的。

《旅游法》第六十七条第一款规定："因不可抗力或者旅行社、履行辅助人已尽合理注意义务仍不能避免的事件，影响旅游行程的，按照下列情形处理：合同不能继续履行的，旅行社和旅游者均可以解除合同。合同不能完全履行的，旅行社经向旅游者作出说明，可以在合理范围内变更合同；旅游者不同意变更的，可以解除合同。"

---

①资料来源：杨富斌. 中华人民共和国旅游法释义[M]. 北京：中国法制出版社，2013：196.

5. 旅游服务合同解除时当事人的法定义务

旅游服务合同解除时，当事人亦应履行相关法定附随义务，若违反，应当承担违约责任。

1) 通知义务

旅行社因未达到约定成团人数不能出团而解除旅游服务合同的，应该对旅游者旅行相关通知义务。依据《旅游法》第六十三条第一款的规定，"境内旅游应当至少提前七日通知旅游者，出境旅游应当至少提前三十日通知旅游者。"

2) 协助义务

首先，旅行社应协助因人数未达约定而不能成团的旅游者实现其旅游权。《旅游法》第六十三条第二款规定："因未达到约定人数不能出团的，组团社经征得旅游者书面同意，可以委托其他旅行社履行合同。组团社对旅游者承担责任，受委托的旅行社对组团社承担责任。"

其次，旅游行程中解除合同的，旅行社应当协助旅游者返程。《旅游法》第六十八条规定："旅游行程中解除合同的，旅行社应当协助旅游者返回出发地或者旅游者指定的合理地点。由于旅行社或者履行辅助人的原因导致合同解除的，返程费用由旅行社承担。"

最后，在旅游行程中，由于公共交通的原因造成旅游者人身、财产损失的，旅行社应当协助旅游者向公共交通经营者索赔。《旅游法》第七十一条第二款规定："……由于公共交通经营者的原因造成旅游者人身损害、财产损失的，由公共交通经营者依法承担赔偿责任，旅行社应当协助旅游者向公共交通经营者索赔。"

3) 退费义务

(1)对因人数未达约定而解除合同的旅游者，组团社应当向其退还已收取的全部费用。《旅游法》第六十三条第三款规定："因未达到约定的成团人数解除合同的，组团社应当向旅游者退还已收取的全部费用。"

(2)对行使任意解除权解除旅游服务合同的旅游者，旅行社亦应向其退还合理费用。依据《旅游法》第六十五条的规定："旅游行程结束前，旅游者解除合同的，组团社应当在扣除必要的费用后，将余款退还旅游者。"

(3)对因其自身原因(如身患传染性疾病、携带危险品拒不交出、从事违法无德活动及严重影响其他旅游者权益等)，无法继续履行旅游合同而致合同解除的旅游者，旅行社应为其退还合理费用。《旅游法》第六十六条第二款明确规定，因前述规定情形解除合同的，"组团社应当在扣除必要的费用后，将余款退还旅游者"。

(4)因不可抗力或者旅行社、履行辅助人已尽合理注意义务仍不能避免的事件，影响旅游行程的，《旅游法》第六十七条第二款规定："合同解除的，组团社应当在扣除已向地接社或者履行辅助人支付且不可退还的费用后，将余款退还旅游者"。

4) 赔偿义务

旅游者因其自身原因(如身患传染性疾病、携带危险品拒不交出、从事违法无德活动及严重影响其他旅游者权益等)，无法继续履行旅游合同而致合同解除，并给旅行社造成损失的，应当依法对旅行社予以赔偿。《旅游法》第六十六条第二款即有规定，因前述规定情形解除合同，"给旅行社造成损失的，旅游者应当依法承担赔偿责任。"当然，旅行社因自身原因给旅游者造成了损失，合同解除，旅行社亦需赔偿旅游者相应损失。

7.4.2 旅游服务合同的终止

1. 旅游服务合同终止的概念

旅游服务合同的终止,又称旅游服务合同的消灭,是指旅游服务合同的当事人结束合同权利义务关系的状况。

2. 旅游服务合同终止的原因

旅游服务合同终止的原因,是指能够引起合同终止的法律事实。没有能引起终止的法律事实,旅游服务合同即不能消灭。

我国《合同法》第九十一条将合同终止的原因归纳为下列 7 项:①债务已经按照约定履行;②合同解除;③债务相互抵销;④债务人依法将标的物提存;⑤债权人免除债务;⑥债权债务同归于一人;⑦法律规定或者当事人约定终止的其他情形。

概括而言,旅游服务合同终止的原因基本可以分为如下几类。

1)基于合同目的达到而终止

旅游服务合同的目的达到,意即旅游者的旅游利益得到了满足,债权得到了实现,合同也即终止。如包价旅游团结束了全部旅游行程,合同即告终止。

2)基于当事人的意思而终止

旅游服务合同当事人之间的权利义务关系,可依当事人的意思而终止。当事人的意思可以是当事人一方的意思,也可以是当事人双方协商一致的意思表示。

3)基于法律的直接规定而终止

旅游服务合同虽然是当事人之间的权利义务关系,但在法律直接规定合同终止情形时,合同也归于终止。例如,旅游者丧失行为能力、旅游法人的终止等,即属于基于法律的直接规定而终止合同。

3. 旅游服务合同终止的效力

旅游服务合同终止的效力表现为如下几个方面。

(1)旅游服务合同当事人之间的权利义务消灭,债权人(如旅游者)不再享有债权,债务人(如旅行社)也不再负担债务。

(2)债权的担保及其他从属的权利义务消灭。例如,旅游保证金债权、旅游违约金债权等,随旅游服务合同关系的消灭而消灭。

(3)合同终止后的附随义务。根据我国《合同法》第九十二条对附随义务的规定,旅游服务合同的权利义务终止后,当事人还应当遵循诚实信用原则,根据交易习惯履行通知、协助、保密等义务。

7.5 旅游服务合同的违约责任

旅游服务合同的违约责任,也称违反旅游服务合同的民事责任,是指旅游服务合同当事人一方在不履行或不完全履行合同所规定的义务时,依据法律规定或合同约定所应承担的民事责任。

图 7-3 《旅游法》规范下的旅游服务违约需担责

(图片来源:王晓丁,《旅游新合同"国版"出炉将在哈尔滨市推行》,2014-04-19,网易网,http://travel.163.com/14/0419/08/9Q6955M600063JSA.html。)

7.5.1 违约责任的构成要件[①]

旅游服务合同违约责任的构成要件是指违约当事人应具备何种条件才应承担违约责任。

构成违约责任,在客观上需要有旅游服务合同当事人未履行或未完全履行合同约定的行为。但是,违约行为并不是违约责任的唯一构成要件。因为在违约行为发生后,违约当事人并不是在任何情况下都应当承担违约责任。如果其具有法定的和约定的免责事由,则虽然其实施了违约行为,也不一定承担违约责任。

在现代合同法中,通常还采纳了过错推定的归责原则。所谓过错推定,即指原告在证明被告构成违约以后,如果被告不能证明自己对此违约没有过错,则在法律上应推定被告具有过错,并应承担违约责任。

7.5.2 违约责任的承担方式

依据《合同法》与《旅游法》的相关规定,旅游服务合同违约责任的承担方式主要有以下 5 种。

1. 继续履行

继续履行又称强制履行,是指旅游服务合同的违约方根据对方当事人的请求继续履行合同规定的义务的违约责任形式。

《旅游法》第七十条规定:"旅行社不履行包价旅游合同义务或者履行合同义务不符合约定的,应当依法承担继续履行、采取补救措施或者赔偿损失等违约责任"。这项规定即明确了继续履行作为旅游违约责任的首要承担方式。

2. 采取补救措施

采取补救措施,是指矫正旅游服务合同的不适当履行、使履行缺陷得以消除的具体措施。如果当事人履行合同不符合约定的,应当按照当事人的约定承担违约责任。对违约责

[①]资料来源:王利明,房绍坤,王轶. 合同法[M]. 北京:中国人民大学出版社,2002:264-266.

任没有约定或者约定不明确的，按照《合同法》第六十一条的规定仍不能确定的，对损害方根据标的的性质以及损失的大小，可以合理选择要求对方承担修理、更换、重做、退货、减少价款或者报酬等违约责任。例如，旅行社受旅游者委托为其设计的旅游路线，若未达到合同约定标准，旅游者有权要求旅行社为其修正设计或重新设计旅游路线。

3. 赔偿损失

赔偿损失，也称违约损害赔偿，是指"违约方式因不履行或不完全履行合同义务而给对方造成损失，依法或根据合同规定应承担赔偿对方当事人所受损失的责任"。①

《旅游法》对旅游活动中及旅游纠纷解决时的损害赔偿事由规定如下：

(1)关于旅行社的损害责任赔偿。①组团社自身违约的责任赔偿。《旅游法》第七十条规定："旅行社不履行包价旅游合同义务或者履行合同义务不符合约定的，……造成旅游者人身损害、财产损失的，应当依法承担赔偿责任。旅行社具备履行条件，经旅游者要求仍拒绝履行合同，造成旅游者人身损害、滞留等严重后果的，旅游者还可以要求旅行社支付旅游费用一倍以上三倍以下的赔偿金。由于旅游者自身原因导致包价旅游合同不能履行或者不能按照约定履行，或者造成旅游者人身损害、财产损失的，旅行社不承担责任。在旅游者自行安排活动期间，旅行社未尽到安全提示、救助义务的，应当对旅游者的人身损害、财产损失承担相应责任。"②地接社、履行辅助人违约的责任赔偿。《旅游法》第七十一条规定："由于地接社、履行辅助人的原因导致违约的，由组团社承担责任；组团社承担责任后可以向地接社、履行辅助人追偿。由于地接社、履行辅助人的原因造成旅游者人身损害、财产损失的，旅游者可以要求地接社、履行辅助人承担赔偿责任，也可以要求组团社承担赔偿责任；组团社承担责任后可以向地接社、履行辅助人追偿。……"

(2)关于旅游者的损害责任赔偿。《旅游法》第七十二条规定："旅游者在旅游活动中或者在解决纠纷时，损害旅行社、履行辅助人、旅游从业人员或者其他旅游者的合法权益的，依法承担赔偿责任。"这是对旅游活动中或旅游纠纷解决时，旅游者采用过激手段"过度维权"的法律约束和限制，以期逐渐引导与规范旅游者理性维权。

对于损害赔偿的金额限制，《合同法》第一百一十三条说明："当事人一方不履行合同义务或者履行合同义务不符合约定，给对方造成损失的，损失赔偿额应当相当于因违约造成的损失，包括合同履行后可以获得的利益，但不得超过违反合同一方订立合同时预见到或者应当预见的因违反合同可能造成的损失。"

实例分析 7—3

自由活动时受伤的游客②

游客 M 先生参团到香港旅游，在自由活动期间，不小心被小车压过脚面，导致左脚受

---

①资料来源：马俊驹，余延满. 民法原论[M]. 北京：法律出版社，2005.
②参见黄恢月，《旅行社是否应为游客自由活动损害负责？》，新浪博客：黄恢月旅游法与纠纷处理，发表日期：2014-09-29，http://blog.sina.com.cn/s/blog_62dd8c250102v271.html，经改动整理。

到轻微损伤，后被及时送医治疗。游客 M 先生向旅行社提出，要求旅行社承担其医疗费用，理由是参加旅游团队期间，旅行社应当为游客的损害承担赔偿责任。而旅行社则以游客是因自由活动受伤为由，拒绝承担其医疗费用。最后旅行社被游客 M 先生投诉至旅游主管部门。

本案中，旅行社是否应为自由活动期间游客 M 先生所受伤害承担责任？为什么？

分析：

首先，《旅游法》第七十条规定："在旅游者自行安排活动期间，旅行社未尽到安全提示、救助义务的，应当对旅游者的人身损害、财产损失承担相应责任。"据此，在游客自由活动期间，旅行社如果已履行了相关注意义务，就不应当承担相应责任。此处所指旅行社所应当尽到的注意义务包括：第一，在自由活动开始前，旅行社应当告知游客，有关旅游目的地的情况。第二，当游客在自由活动期间受到伤害向旅行社求助时，旅行社应当予以及时救助。

其次，《最高人民法院关于审理旅游纠纷案件适用法律若干问题的规定》第十九条第二款规定："……自行安排活动期间，包括旅游经营者安排的在旅游行程中独立的自由活动期间、旅游者不参加旅游行程的活动期间以及旅游者经导游或者领队同意暂时离队的个人活动期间等。"在这三种自由活动期间，旅行社都应当履行相应的注意义务，即告知和救助义务。

最后，按照《旅游法》的相关规定，在旅游者自由活动期间，如果旅行社没有履行相关的注意义务，就要为此承担相应的责任。特别要注意，是"相应责任"，而不是"全部责任"。如果游客人身、财产受到损害，不能简单地说，因为参加了旅游团，旅行社就要无条件地全部承担责任游客的损失，旅行社只应当为没有履行注意义务部分承担责任。其理由是，个人是自己权益的最好维护者，游客作为完全民事行为能力人，在整个旅游行程中，也应当履行相关的注意义务，为保护自己人身财产权益承担责任，而不能简单地把全部责任推给旅行社。即使不在自由活动期间，游客也应当履行注意义务，保护自己的人身财产安全。

4. 违约金

违约金是指旅游服务合同当事人不履行合同债务时，根据法律规定和合同约定向对方当事人支付的一定数额的金钱。违约金有法定违约金和约定违约金之分。

我国现行《合同法》《旅游法》并未规定法定违约金，违约金由当事人约定。但是，我国《合同法》对约定违约金采取干预主义。原则上，违约金一般视为违约造成损失的赔偿金。因此，对于约定违约金低于或过分高于因违约造成的损失，当事人可以请求人民法院或者仲裁机关适当增加或者减少。

5. 支付定金

《合同法》第一百一十五条规定："当事人可以依照《担保法》约定一方向对方给付定金作为债权的担保。债务人履行债务后，定金应当抵作价款或者收回。给付定金的一方不履行约定的债务的，无权要求返还定金；收受定金的一方不履行约定的债务的，应当双倍返还定金。"我国《合同法》规定的定金在法律性质上属于违约定金，是由于当事人一方过错造成

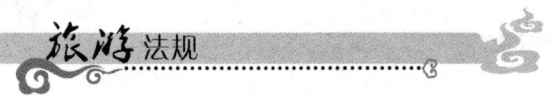

合同不能履行时，所承担的一种责任形式。定金责任只适用于不能履行或其他根本违约行为，一般的轻微违约行为不适用定金责任。当事人既约定违约金，又约定定金的，一方违约时，对方可以选择适用违约金或者定金条款。定金数额有最高额的限制。根据《担保法》第九十一条的规定，"定金的数额由当事人约定，但不得超过主合同标的额的百分之二十。"

实践中，旅游者与旅游经营者签订合同时约定交纳一定数量的定金，即是为了保证双方依约履行各自的权利义务。假如任何一方违反约定，都需承担相应的定金责任。旅游者违约的情形下，旅游经营者有权扣除定金作为对旅游者的惩罚；假如旅游经营者不能履行约定，则必须按照定金的双倍数额，返还旅游者。

7.5.3 违约的免责事由

旅游服务合同违约的免责事由，是指有违约行为的当事人，有权主张无须因此承担或无须全部承担违约责任的原因和理由，具体包括约定免责事由与法定免责事由。

1. 约定免责事由

约定免责事由，是指当事人在合同中预先约定的可以免除责任的事由。约定免责事由必须是合法的，否则无效。

2. 法定免责事由

法定免责事由，是指法律规定的免除责任的事由。《合同法》第一百一十七条第一款规定："因不可抗力不能履行合同的，根据不可抗力的影响，部分或者全部免除责任，但法律另有规定的除外。"可见，不可抗力即属于法定的免责事由。

依据《合同法》，所谓不可抗力是指"不能预见、不能避免并不能克服的客观情况"。不能预见，是指旅游服务合同当事人在订立合同时，受当时主客观条件限制，对合同履行过程中可能发生的不利的客观情况无法预见；不能避免，是指旅游服务合同当事人对于可能出现的意外情况尽管采取了及时、合理的措施，但是在客观上仍无法避免其发生；不能克服，是指当事人没有能力克服。

法律对不可抗力的免责效力是有时间限制的，意即不可抗力必须是发生在旅游服务合同订立之后、履行完毕之前。旅游服务合同当事人延迟履行后发生不可抗力则不能免除责任。同时，《合同法》第一百一十八条规定："当事人一方因不可抗力不能履行合同的，应当及时通知对方，以减轻可能给对方造成的损失，并应当在合理期限内提供证明。"否则，旅游服务合同的违约方不能就不可抗力因素部分或者全部免除违约责任。

知识链接

旅游费用事项

根据国家旅游局和国家工商行政管理总局共同制定的各旅游合同示范文本的规定，旅游费用主要包括：①交通费；②住宿费；③餐费(不含酒水费)；④旅行社统一安排的景区景点的第一道门票费；⑤行程中安排的其他项目费用；⑥导游服务费和旅行社(含地接旅行社)的其他服务费用。出境旅游合同还包括必要的签证、签注费用(旅游者自行办理的除外)。

旅游费用不包括：①旅游者投保的个人旅游保险费用；②合同约定需要旅游者另行付费项目的费用；③合同未约定由旅行社支付的费用；④行程中发生的旅游者个人费用。出境旅游合同不包括境外小费。

本章小结

本章在厘清旅游服务合同相关法律术语的基础上，重点对旅游服务合同的订立与效力、履行与变更、解除与终止及违约责任等知识点所涉及的法理及法律规则进行了深度解读。

旅游合同的订立反复经历要约与承诺两个程序。旅游合同的订立与效力是两个不同的概念，订立是指双方当事人意思表示一致，旅游服务合同成立；效力则是指依法成立的旅游服务合同具有的法律约束力。订立的旅游服务合同有无效和有效之分。

履行旅游服务合同需根据不同情势依法处理，旅游服务合同履行的相关者承担相应法定义务。旅游服务合同的变更包括主体变更与内容变更。为维护旅游者的公民人身自由权与愉悦身心的出游目的，法律赋予旅游者以合同主体替换权与合同任意解除权。但是，旅游者仍需依法理性维权，否则即需承担相应法律责任。旅游经营者需依法如约履行合同，除非有不可抗力等免责因素致合同无法如约履行，否则，违约的旅游经营者需承担相应的违约责任。

关键术语

1. **合同**：指平等主体的自然人、法人、其他组织之间设立、变更、终止民事权利义务关系的协议。
2. **旅游服务合同**：是指发生在特定行业领域内的合同，即与旅游相关的服务合同。
3. **包价旅游合同**：指旅游经营者与旅游者之间签订的以旅游服务为内容的合同。
4. **旅游服务合同的要约**：又称发价、发盘、出价、出盘或报价等，是订立合同所必须经过的程序。
5. **旅游服务合同的承诺**：又叫接受提议，指受要约人同意接受要约的条件以订立合同的意思表示。
6. **旅游者任意解除权**：指旅游者在旅游行程结束前，无须阐述理由，可以随时解除包价旅游合同的权利。
7. **不可抗力**：不能预见、不能避免并不能克服的客观情况。

章前案例解析

【分析】

所谓格式条款，是指当事人为了重复使用而预先拟定、并在订立合同时未与对方协商的条款。旅游服务合同中同样存在格式条款。通常情况下，旅游行程均由旅行社自己制作，属于格式条款范畴，而且旅行社和游客之间权利义务的约定，主要体现在旅游行程中，如游客的吃、住、行、游等服务要素的标准和档次，都在旅游行程中得到最为直接的反映。

《旅游法》第五十八条规定："包价旅游合同应当包括对于交通、住宿、餐饮等旅游服务安排和标准的书面约定。"依照法律规定，秉承诚实信用原则，旅行社不仅应当告知游客住宿饭店的标准，而且还必须告知该饭店名称及位置，即合同约定的饭店既要有标准，更要有名称、地址。本案中，旅行社在合同中将住宿条件笼统陈述为"全程三星"，虽已说明游客在旅游服务过程中住宿的饭店为三星级标准，但没有具体标明三星级饭店所在的地理位置，旅行社不论提供市区还是郊区的饭店，只要该饭店是三星级，似乎旅行社的服务就是按约提供的。但就游客权益而言，即使是同一星级，住宿在市区或者郊区的舒适度和便捷度却相差甚远。因此，即使是约定"全程三星"，游客权益的实现尚存很大变数，仍然属于权利义务约定不明的范畴。

《合同法》第四十一条规定："对格式条款的理解发生争议的，应当按照通常理解予以解释。对格式条款有两种以上解释的，应当作出不利于提供格式条款一方的解释。格式条款和非格式条款不一致的，应当采用非格式条款。"本案中，旅行社和游客对于住宿饭店的看法，均有其合理性；但当旅行社和游客就三星级饭店的地理位置发生争议时，由于有关住宿标准的格式条款提供者为旅行社，应当做出有利于游客的解读，即旅行社和游客为应当在郊区还是在市区三星级饭店住宿发生争议时，只要游客提出要求在市区任何一家三星级饭店住宿，这都不过分。因此，游客要求旅行社承担市区三星级饭店的住宿费用合理。

但是，旅行社的违约与游客拒绝返程之间，不存在因果关系。游客拒绝返程的行为，属于人为扩大了其自身损失。因此扩大的损失部分，应当由游客自己承担。

【点评】

为使旅游活动能顺利达成最初所设定的愉悦身心的目的，旅游者在与旅行社签订旅游服务合同之时，应认真审视了解合同的内容。对合同中的格式条款内容有不同意见或补充说明时，旅游者需与旅行社协商签订补充条款，以此明确规范旅行社与旅游者的权利义务。同时，旅游者在出游遇到旅游纠纷时，也应依法理性维权。

复习思考题

一、选择题

1. 下列关于要约的别称说法，错误的是(　　)。
   A. 发价　　　　B. 发盘　　　　C. 出盘　　　　D. 包价
2. 当事人履行旅游服务合同时，应秉承的原则有(　　)。
   A. 适当履行　　B. 协作履行　　C. 经济合理　　D. 情势变更
3. 下列(　　)情形，旅游服务合同当事人可以解除合同。
   A. 因不可抗力致使不能实现合同目的
   B. 在履行期限届满之前，当事人一方明确表示或者以自己的行为表明不履行主要债务
   C. 当事人一方迟延履行主要债务，经催告后在合理期限内仍未履行
   D. 当事人一方迟延履行债务或者有其他违约行为致使不能实现合同目的

二、判断题(对的打"√"，错的打"×")

1. 要约必须是由具有订约能力的特定人作出的意思表示。(   )
2. 因不可抗力造成旅游者滞留的，旅行社应当采取相应的安置措施。因此增加的食宿费用，由旅行社与旅游者分担。(   )
3. 旅行社应当提示并协助参加团队旅游的旅游者按照规定投保人身意外伤害保险。(   )

三、名词解释

1. 要约
2. 承诺
3. 不可抗力
4. 旅游者替换权
5. 旅游者任意解除权

四、简答题

1. 旅游服务合同订立的基本原则有哪些？
2. 具备哪些情形，旅游服务合同可被判定为无效？
3. 订立包价旅游合同时，旅行社应当向旅游者告知哪些事项？
4. 旅游服务合同的违约责任有哪些？

五、案例分析

被滞留的游客

2014年8月9日，泰国都市航空公司(City Airways)由普吉岛飞往我国香港地区的E8256航班因机况原因被泰国航空管理当局禁止起飞，造成9日、10日、11日准备赴香港的近300名中国游客滞留普吉岛。经中国驻泰国领事人员协调，泰国都市航空公司向滞留游客提供了饮水、餐食及住宿。到12日，已有部分游客自行购票回国。13日，普吉府旅游体育局协调安排滞留游客226人分两批赴曼谷回国，费用由都市航空公司承担。

经了解，泰国都市航空公司(City Airways)是一家小型航空公司，主要经营廉价航空业务，抗风险能力较弱。

(资料来源：《2014旅游服务警示第4号：游客滞留境外，组团社应积极协助》，国家旅游局官网，http://www.cnta.gov.cn/html/2014-8/2014-8-14-16-34-32163.html，2014-08-14.)

问题：本案中的组团社对游客滞留事件负有何种法律义务与责任？为什么？

第8章 旅游安全管理法律制度

学习目标

知识目标	技能目标
①了解旅游安全管理工作的方针、体制、原则及管理结构	①掌握旅游安全事故的处理
②理解旅游安全事故的概念及其分类	②熟悉外国旅游者伤亡事故的处理程序
③了解旅游经营中的安全管理规定	③熟悉风险性旅游项目的安全管理
④理解旅游保险法律制度	④掌握旅游保险合同涉及的主要内容
⑤了解食品卫生安全管理的内容及方法	⑤掌握食品卫生安全的基本要求
⑥了解食品安全法立法目的、适用范围	⑥掌握食品及食品安全的概念
⑦了解食品安全监督机构	⑦掌握食品安全风险监测与评估制度
⑧理解食品安全舆论和社会监督	⑧熟悉食品生产经营的法律规范
⑨理解食品安全事故分级	⑨掌握食品安全处置的原则与程序
	⑩掌握旅游团食物中毒事件处置的原则与程序

知识结构

旅游安全管理法律制度
- 旅游安全管理概述
  - 旅游安全管理工作的方针及原则
  - 旅游安全管理机构及其职责
  - 旅游安全事故的处理
- 旅游经营中的安全管理规定
  - 游乐园（场）安全管理
  - 风险性旅游项目的安全管理
- 旅游保险法律制度
  - 旅游保险的概念、类型及其特点
  - 旅游保险合同
- 食品安全法律制度
  - 食品安全法概述
  - 食品安全的监督管理
  - 食品生产经营法律规范
  - 食品安全事故处置

第8章 旅游安全管理法律制度

> **导入案例**

井冈山索道轿厢坠落，1人被甩出遇难[①]

2014年4月12日上午，井冈山杜鹃山景区索道因机械故障致使一轿厢松落，导致厢内1人死亡，4人受伤。219名游客滞留在索道上近5个小时才全部获救。

井冈山市应急办有关负责人介绍说，12日10时20分，井冈山杜鹃山景区索道有一轿厢在运行中因机械故障松落，厢内1人死亡，4人受伤，伤员暂无生命危险。由于索道停运，致使219名游客滞留在索道轿厢内。

据介绍，事故发生后，当地紧急组织调集周边地区消防、卫生、特警等救援力量数百人赶赴现场施救。吉安市及井冈山市主要领导到达景区现场指挥。在组织特警就近成功解救出60余名游客后，经过周密研究，在确保安全的前提下，16时30分缆车恢复运行。截至17时30分，被困游客已全部获救。

问题引入：

依据相关法律，从旅游行政管理部门及旅游经营者的角度来谈谈如何加强旅游安全管理工作？

旅游安全是旅游发展的先决条件，早在1984年通过的《海牙旅游宣言》就宣布"旅游者的安全和保护及对他们人格的尊重是发展旅游业的先决条件，各国应根据其法律制度的不同程序，建立一套保护旅游者的法律。"基于对旅游安全问题严重性的认识，世界各国也纷纷建立了相应的旅游安全管理方面的法令制度。

8.1 旅游安全管理概述

旅游安全是旅游领域内的常见问题，也是重要的问题。为了使我国旅游安全管理工作规范化和制度化，国家旅游局自1990年2月发布了《旅游安全管理暂行办法》，1993年4月先后发布了的《重大旅游安全事故报告制度试行办法》和《重大旅游安全事故处理程序试行办法》，1994年1月又发布了《旅游安全管理暂行办法实施细则》等一系列旅游安全规章制度。2013年10月1日实施的《旅游法》也包括关于旅游安全的篇章，正式以立法形式将旅游安全管理制度固定下来。

8.1.1 旅游安全管理工作的方针及原则

根据《旅游安全管理暂行办法》的规定，旅游安全管理工作应当贯彻"安全第一、预防为主"的方针，坚持"统一指导、分级管理、以基层为主"的原则。

[①]资料来源：王楠，《井冈山索道一轿厢松落致使1人死亡4人受伤被困游客获救》，新华网·浙江频道，http://www.zj.xinhuanet.com/newscenter/rb/2014-04/13/c_1110218575.htm，网站最后访问日期：2014-04-13。经整理改编。

所谓"安全第一",指的是在旅游行政管理、旅游经营服务工作中,无论是旅游管理部门,还是旅游经营单位,或旅游从业人员都应该以维护旅游者的利益作为工作的中心,都必须始终把安全工作放在头等重要的地位。

所谓"预防为主",是指在旅游行政管理、旅游经营服务工作中,国家旅游行政管理部门、旅游经营单位和旅游从业人员,要会同有关管理部门、旅游相关行业和旅游相关人员,采取积极的安全防范措施,彻底清除不安全隐患。

所谓"统一指导、分级管理、以基层为主"的原则,是指由各级人民政府在宏观上统一负责旅游安全工作,各级旅游行政管理部门应当在地方人民政府的统一领导下,在上级旅游行政管理部门及相关部门的指导下,在旅游者安全保障工作中履行服务、协调和监管职责。

8.1.2 旅游安全管理机构及其职责

根据《旅游法》及《旅游安全管理暂行办法实施细则》的相关条例规定,我国的旅游安全管理机构主要是指县级以上人民政府、各级旅游行政管理部门、旅游经营单位的安全管理部门,这些部门依据"统一指导、分级管理、以基层为主"的原则负责旅游安全工作,其具体职责如下。

1. 县级以上人民政府旅游安全管理工作的职责

(1)县级以上人民政府统一负责旅游安全工作。县级以上人民政府有关部门依照法律、法规履行旅游安全监管职责。

(2)国家建立旅游目的地安全风险提示制度。旅游目的地安全风险提示的级别划分和实施程序,由国务院旅游主管部门会同有关部门制定。县级以上人民政府及其有关部门应当将旅游安全作为突发事件监测和评估的重要内容。

(3)县级以上人民政府应当依法将旅游应急管理纳入政府应急管理体系,制定应急预案,建立旅游安全事故应对机制。突发事件发生后,当地人民政府及其有关部门和机构应当采取措施开展救援,并协助旅游者返回出发地或者旅游者指定的合理地点。

2. 国家旅游行政管理部门旅游安全管理工作的职责

(1)制定国家旅游安全管理规章,并组织实施。

(2)会同国家有关部门对旅游安全实行综合治理,协调处理旅游安全事故和其他安全问题。

(3)指导、检查和监督各级旅游行政管理部门和旅游企事业单位的旅游安全管理工作。

(4)负责全国旅游安全管理的宣传、教育工作,组织旅游安全管理人员的培训工作。

(5)协调重大旅游安全事故的处理工作。

(6)负责全国旅游安全管理方面的其他有关事项。

3. 县级以上(含县级)地方旅游行政管理部门旅游安全管理工作的职责

(1)贯彻执行国家旅游安全法规。

(2)制定本地区旅游安全管理的规章制度,并组织实施。

(3)协同工商、公安、卫生等有关部门,对新开业的旅游企事业单位的安全管理机构、规定制度及其消防、卫生防疫等安全设施、设备进行检查,参加开业前的验收工作。

(4)协同公安、卫生、园林等有关部门,开展对旅游安全环境的综合治理工作,防止对旅游者敲诈、勒索、围堵等不法行为的发生。

(5)组织和实施对旅游安全管理人员的宣传、教育和培训工作。

(6)参与旅游安全事故的处理工作。

(7)受理本地区涉及旅游安全问题的投诉。

(8)负责本地区旅游安全管理的其他事项。

4. 旅游经营者旅游安全管理工作的职责

(1)设立安全管理机构,配备安全管理人员。

(2)建立安全规章制度,并组织实施。

(3)建立安全管理责任制,将安全管理的责任落实到每个部门、每个岗位、每个职工。

(4)接受当地旅游行政管理部门对旅游安全管理工作的行业管理和检查、监督。

(5)把安全教育、职工培训制度化、经常化;培养职工的安全意识,普及安全常识,提高安全技能;对新招聘的职工,必须经过安全培训,合格后才能上岗。

(6)新开业的旅游企事业单位,在开业前必须向当地旅游行政管理部门申请对安全设施设备、安全管理机构、安全规章制度的检查验收,检查验收不合格者,不得开业。

(7)坚持日常的安全检查工作,重点检查安全规章制度的落实情况和安全管理漏洞,及时消除不安全隐患。

(8)对用于接待旅游者的汽车、游船和其他设施,要定期进行维修和保养,使其始终处于良好的安全技术状况。在运营前进行全面检查,严禁带故障运行。

(9)对旅游者的行李要有完备的交接手续,明确责任,防止损坏或丢失。

(10)在安排旅游团队的游览活动时,要认真考虑可能影响安全的诸项因素,制订周密的行程计划,并注意避免司机处于过分疲劳状态。

(11)负责为旅游者投保。

(12)直接参与处理涉及单位的旅游安全事故,包括事故处理、善后处理及赔偿事项等。

(13)开展登山、汽车、狩猎、探险等特殊旅游项目时,要事先制定周密的安全保护预案和急救措施,重要团队需按规定报有关部门审批。

8.1.3 旅游安全事故的处理

1. 旅游安全事故的概念及其分类

旅游安全事故是指突然发生,造成或可能造成旅游者人身伤亡和财产损失,或严重社会危害,需要采取应急处置措施予以应对的自然灾害、事故灾难、公共卫生事件和社会安全事件。根据《旅游安全管理暂行办法实施细则》的规定,将旅游安全事故分为轻微、一般、重大和特大事故四个等级。

(1)轻微事故是指一次事故造成旅游者轻伤,或经济损失在 1 万元以下者。

阅读案例 8-1

7 名北京游客赴台游受轻伤①

2010 年 4 月 20 日下午发生在台湾地区阿里山公路的车祸中,7 名北京游客仅受轻伤,在接受医院检查后已经重返旅途,行程并未因此而受到影响,他们仍将按原计划于 25 日返京。国旅总社出境游相关负责人表示,这支赴台游的团队由 27 名(含领队)北京游客组成。4 月 20 日下午,当团队结束了在阿里山的游览后,游客根据当地景区要求分批乘坐接驳车下山。7 名游客与领队乘坐的首辆接泊车在下山途中与一辆休旅车发生车头擦撞,事故并不严重,所涉及的游客和领队都到医院进行了检查,并无大碍。

(2)一般事故是指一次事故造成旅游者重伤,或经济损失在 1 万至 10 万(含 1 万)元者。

阅读案例 8-2

旅游大巴侧翻致游客骨折②

2013 年 5 月 6 日晚,一辆载有 24 人的旅游大巴在隆安县古潭乡振义村路段发生侧翻,事故造成 7 名香港游客骨折,其他游客为挫伤、擦伤等轻微伤。

(3)重大事故是指一次事故造成旅游者死亡或旅游者重伤致残,或经济损失在 10 万至 100 万(含 10 万)元者。

阅读案例 8-3

男子坠下香山缆车殒命③

2013 年 9 月 16 日 12 时 25 分左右,一名 59 岁的男子从香山的下行缆车上坠下。随行妻女见状立即拨打 120 急救电话,急救人员赶到后经初步检查,男子的四肢基本没有骨折现象,但是在做心肺复苏时发现男子前胸骨折严重,生命体征已经消失。随后急救人员将男子送往 316 医院进行救治,但该男子仍不治身亡。

在乘坐缆车入口处,索道的进站口挂有"乘坐吊椅示范说明"的公告牌,上面有乘坐缆车的具体 10 项规定。其中第三条明确规定,"乘坐缆车之后,必须放下护栏,严禁在乘

---

①资料来源:《阿里山车祸游客周日返京 7 名北京游客受轻伤》,搜狐网·旅游频道,http://travel.sohu.com/20100422/n271680421.shtml,网站最后访问日期:2010-04-22。经整理改编。
②资料来源:《2013 上半年旅游安全意外事件回顾》,乐途旅游网·乐途视点,http://www.lotour.com/news/20130513/1240886.shtml,网站最后访问日期:2010-05-13。经整理改编。
③资料来源:《男子坠下香山缆车殒命妻女坐在后面缆车上》,新华网·新闻频道,http://news.xinhuanet.com/overseas/2013-09/17/c_125400890.htm,网站最后访问日期:2010-09-17。经整理改编。

坐缆车时抬起护栏。"香山下的商铺员工称，缆车的护栏扣无法固定，游客可以自行抬起，显然安全措施实施不到位。

(4)特大事故是指一次事故造成多名旅游者死亡，或经济损失在100万元以上，或性质特别严重，产生重大影响者。

阅读案例 8—4

陕西华山特大踩踏事故①

每年农历3月15日，是华山玉泉院传统的古会。2001年确定古会在4月7日召开，为期3天，期间玉泉院免收门票，华山西山门半价售票。此前，华山旅游发展总公司在周围地市做了电视广告宣传。4月8日古会达到高潮，游客猛增至6万多人。10时40分许，在玉泉院通往华山西山门的人行涵洞内发生游人拥挤踩踏，酿成了17人死亡、5人受伤的惨剧，其中大多数是老人和儿童。据有关医院证实，遇难者都是因为胸部挤压窒息死亡。5月15日，国务院对包括这一事故在内的陕西省三起特大安全事故的县处级以上有关责任人作出处理，并通报全国。

2. 旅游安全事故处理的一般程序

依据《旅游安全管理暂行办法》第九条的规定，当旅游安全事故发生后，相关负责单位应按照以下程序处理。

(1)陪同人员应当立即上报主管部门，主管部门应当及时报告归口管理部门。即事故发生之后，现场有关负责人员应立即向本单位和当地旅游行政管理部门报告。旅游行政管理部门根据事故的性质向归口管理部门报告，协同调查事故。根据1993年国家旅游局发布的《重大旅游安全事故报告制度试行办法》的规定，重大、特大旅游安全事故发生后，当地旅游行政管理部门应立即向当地人民政府报告，同时应该向国家旅游局报告。

(2)会同事故发生地的有关单位严格保护现场。在事故发生地的相关负责人员，包括导游、领队、游客等都有义务配合公安机关及其他相关部门保护事故现场，做好调查工作。

(3)协同有关部门进行抢救、侦查。旅游安全事故发生后，相关人员要积极配合救援、公安部门实施游客救援及事故侦查工作，妥善处理善后事宜。

(4)有关单位负责人应及时赶赴现场处理。有关单位负责人是指相关旅游企业、事故发生地和组团社所在地旅游行政管理部门的负责人。这些负责人应在事故发生后及时赶赴事故现场指挥，对旅游安全事故进行妥善处理。

---

① 资料来源：《严肃处理华山"4·8"特大安全事故其他责任人》，人民网·时政频道，http://www.people.com.cn/GB/shizheng/19/20010520/469375.html，网站最后访问日期：2001-05-20。经整理改编。

3. 重大旅游安全事故的处理程序

1)重大旅游安全事故报告制度

重大旅游安全事故发生后，事故报告单位应按照《重大旅游安全事故报告制度试行办法》履行报告程序，报告内容如下。

(1)事故发生后的首次报告内容。

①事故发生的时间、地点。

②事故发生的初步情况。

③事故接待单位及与事故有关的其他单位。

④报告人的姓名、单位和联系电话。

(2)事故处理过程中的报告内容。

①伤亡情况及伤亡人员姓名、性别、年龄、国籍、团名、护照号码。

②事故处理的进展情况。

③对事故原因的分析。

④有关方面的反映和要求。

⑤其他需要请示或报告的事项。

(3)事故处理结束后，报告单位做出的报告内容。

①事故经过及处理。

②事故原因及责任。

③事故教训及今后的防范措施。

④善后处理过程及赔偿情况。

⑤有关方面及事故家属的反映。

⑥事故遗留问题及其他。

2)重大旅游安全事故的处理程序

重大旅游安全事故发生后，需按照《重大旅游安全事故处理程序试行办法》的要求做好有关事故处理工作。具体处理程序如下。

(1)重大旅游安全事故发生后，报告单位应立即派人赶赴现场，组织抢救工作，保护事故现场，并及时报告当地公安部门。报告单位如不属于事故责任方或责任方的主管部门，应按照事故处理领导小组的部署做好有关工作。

(2)有伤亡情况的，应立即组织医护人员进行抢救，并及时报告当地卫生部门。

(3)伤亡事故发生后，报告单位应在及时组织救护的同时，核查伤亡人员的团队名称、国籍、姓名、性别、年龄、护照号码以及在国内外的保险情况，并进行登记。有死亡事故的，应注意保护好遇难者的遗骸、遗体。对事故现场的行李和物品，要认真清理和保护，并逐项登记在册。

(4)伤亡人员中有海外游客的，责任方和报告单位在对伤亡人员核查清楚后，要及时报告当地外事办和中国旅游紧急救援协调机构；由后者负责通知有关方面。中国旅游紧急救援协调机构在接到报告后，还应及时通知有关国际急救组织；后者做出介入决策后，有关地方要协助配合其开展救援工作。在海外游客伤亡人员确定无误后，有关组团旅行社应及时通知有关海外旅行社,并向伤亡者家属发慰问函电。

(5)在伤亡事故的处理过程中,责任方及其主管部门要认真做好伤亡家属的接待、遇难者的遗体和遗物的处理以及其他善后工作。

(6)责任方及其主管部门要妥善处理好对伤亡人员的赔偿问题。

(7)事故处理结束后,报告单位要和责任方及其他有关方面一起,认真总结经验教训,进一步改进和加强安全管理措施,防止类似事故的再次发生。

4. 特大旅游安全事故的处理程序

对特别重大旅游安全事故的调查处理,适用国务院发布的《生产安全事故报告和调查处理条例》①(以下简称《条例》)的有关内容。根据这一条例,当特别重大事故发生后,应按照以下程序处理。

1)特大旅游安全事故的报告

当特别重大旅游安全事故发生后,应逐级上报至国务院安全生产监督管理部门和负有安全生产监督管理职责的有关部门。国务院安全生产监督管理部门、负有安全生产监督管理职责的有关部门及省级人民政府接到发生特别重大事故报告后,应当立即报告国务院。

安全生产监督管理部门和负有安全生产监督管理职责的有关部门逐级上报事故情况,每级上报的时间不得超过2小时。

2)特大旅游安全事故的现场救援、保护

(1)事故发生单位负责人接到事故报告后,应当立即启动事故相应应急预案,或者采取有效措施,组织抢救,防止事故扩大,减少人员伤亡和财产损失。

(2)事故发生地有关地方人民政府、安全生产监督管理部门和负有安全生产监督管理职责的有关部门接到事故报告后,其负责人应当立即赶赴事故现场,组织事故救援。

(3)事故发生后,有关单位和人员应当妥善保护事故现场及相关证据。

(4)事故发生地公安机关根据事故的情况,对涉嫌犯罪的,应当依法立案侦查,采取强制措施和侦查措施。

3)特大旅游安全事故的调查

特别重大事故由国务院或者国务院授权有关部门组织事故调查组进行调查。

事故调查组应当自事故发生之日起60日内提交事故调查报告;特殊情况下,经负责事故调查的人民政府批准,提交事故调查报告的期限可以适当延长,但延长的期限最长不超过60日。

4)特大旅游安全事故的处理

特大旅游安全事故发生后,负责事故调查的人民政府应当自收到事故调查报告之日起30日内做出批复,特殊情况下,批复时间可以适当延长,但延长的时间最长不超过30日。

---

①《生产安全事故报告和调查处理条例》第四十六条指出,本条例自2007年6月1日起施行。国务院1989年3月29日公布的《特别重大事故调查程序暂行规定》和1991年2月22日公布的《企业职工伤亡事故报告和处理规定》同时废止。

有关机关应当按照人民政府的批复，依照法律、行政法规规定的权限和程序，对事故发生单位和有关人员进行行政处罚，对负有事故责任的国家工作人员进行处分。

事故发生单位应当按照负责事故调查的人民政府的批复，对本单位负有事故责任的人员进行处理。负有事故责任的人员涉嫌犯罪的，依法追究刑事责任。

阅读案例 8-5

西藏旅游大巴翻下悬崖致 44 人死亡①

2014 年 8 月 9 日下午，西藏自治区尼木县境内 318 国道 4740—4741 处发生一起特大交通事故，一辆旅游大巴车与迎面开来的一辆越野车、一辆皮卡货车相撞。三辆车上共有 55 人，全力抢救无效死亡 44 人，其余 11 人受伤。

事故发生路段位于雅鲁藏布江边的山谷地带，旅游大巴车在撞击后坠入路边深达 10 余米的悬崖下、雅鲁藏布江边，车子车轮朝天，车体严重变形。

在救援现场，由武警、公安消防、医务人员等人员组成的救援队伍携带救援设备，第一时间赶到事故现场奋力抢险救人。但是，由于载人最多的大巴车翻落在陡崖下、雅鲁藏布江边，地形复杂，救援难度很大。

事发时，核载 55 人的大巴车上，共有司乘人员和游客 50 人，游客分别来自安徽、上海、山东、河北等地；越野车上有 4 人；皮卡车上有 1 人。

即学即用

根据所学知识思考，以上实例中的旅游安全事故属于哪一等级的旅游安全事故？怎样处理该等级的旅游安全事故？

5. 外国旅游者在华旅游期间发生伤亡事故的处理程序

阅读案例 8-6

德国医生代表团天津遇车祸，导致 6 死 14 伤②

2012 年 10 月 1 日，北京市旅游委证实，当日上午，由浙江中旅组团、北京青旅接待的一德国医生代表旅游团，在京津塘高速天津武清泗村店附近发生车祸导致起火，车上共有 19 名德国籍游客，1 名导游，1 名司机。目前，车祸已造成 6 人死亡，14 人受伤。

武清人民医院向陪护伤员的翻译付德超了解到，出事中巴车上的游客来自德国南部的

---

① 资料来源：《西藏旅游大巴翻下悬崖致 44 人死亡》，凤凰网·凤凰资讯频道，http://news.ifeng.com/a/20140810/41513404_0.shtml，网站最后访问日期：2014-08-10。经整理改编。
② 资料来源：《德国医生代表团天津遇车祸 6 死 14 伤乘客砸窗逃生》，凤凰网·凤凰资讯频道，http://news.ifeng.com/mainland/special/jinghugaosuchehuo/content-3/detail_2012_10/02/18030328_0.shtml，网站最后访问日期：2012-10-02。经整理改编。

巴伐利亚州和巴登符腾堡州，他们于昨晨飞抵首都机场后，即坐车前往天津，准备开始在中国的旅行，谁知不幸遭遇事故。

随着涉外旅游活动的广泛开展，外国旅游者的旅游伤亡事故也经常发生。根据《旅游安全管理暂行办法》第十条的规定，处理外国旅游者重大伤亡事故时，应当注意下列事项。

1) 外国旅游者伤亡事故的处理程序

(1) 立即通过外事管理部门通知有关国家驻华使馆和组团单位。

(2) 为前来了解、处理事故的外国使领馆人员和组团单位及伤亡者家属提供方便。

(3) 与有关部门协调，为国际急救组织前来参与对在国外投保的旅游者(团)的伤亡处理提供方便。

(4) 对在华死亡的外国旅游者严格按照外交部发布的《外国人在华死亡后的处理程序》的有关规定办理。

2) 外国旅游者在华死亡后的处理程序

根据《外国人在华死亡后的处理程序》规定，外国旅游者在华死亡后的处理程序如下。

(1) 死亡的确定。因健康原因自然死亡的，为正常死亡；因意外事故或突发事件死亡的，为非正常死亡。

(2) 通知外国驻华使、领馆及死者家属。外国人在华正常死亡，在通报公安机关和地方外办后，由接待或聘用单位负责通知；如死者在华无接待或聘用单位，由有关省、自治区、直辖市公安厅(局)负责通知。凡属非正常死亡的，由案件查处机关负责通知。

(3) 尸体解剖。正常死亡者或死因明确的非正常死亡者，一般无须做尸体解剖。若死者家属或其所属国家驻华使、领馆要求解剖，我方可同意，但必须有死者家属或其所属国家驻华使、领馆有关官员签字的书面要求。死因不明的非正常死亡者，为查明死因，需进行解剖时，由公安、司法机关按有关规定办理。

(4) 出具证明。正常死亡，由县级或县级以上医院出具"死亡证明书"。非正常死亡，由公安机关的法医出具"死亡鉴定书"。

(5) 对尸体的处理。对在华死亡外国人的尸体，可在当地火化，亦可运回其国内。处理时，应尊重死者家属或所属国家驻华使、领馆的意愿。

(6) 遗物的清点和处理。清点死者遗物应有死者家属或其所属国家驻华使、领馆官员和我方人员在场。如家属或者驻华使、领馆官员明确表示不能到场时，可请公证处人员到场，并由公证员将上述人员不能到场的事实和原因注明。

(7) 写出《死亡善后处理情况报告》。死者善后事宜处理结束后，由接待或聘用单位写出《死亡善后处理情况报告》。无接待或聘用单位的，由处理死者善后事宜的公安机关或者司法机关写出。

8.2 旅游经营中的安全管理规定

根据《旅游法》及《旅游安全管理暂行办法实施细则》的相关条例规定，旅游安全管理工作的一项重要原则就是"以基层为主"，旅游经营单位作为旅游安全管理工作的最基层单位，在旅游安全工作中对于游客的安全承担着最为直接和重要的责任。

8.2.1 游乐园(场)安全管理

2010年10月14日，国家质量监督检验检疫总局发布了《游乐园(场)服务质量》(GB/T 16767—2010)，进一步加强了对游乐场所的安全管理。具体规定如下。

1. 安全管理机构与安全管理人员

1)安全管理机构

游乐园(场)应建立安全管理机构，负责安全管理工作。安全管理机构应至少履行下列职责。

(1)建立健全安全管理制度体系。

(2)制定安全操作规程。

(3)确定各级、各岗位安全责任人及其职责。

(4)落实各项安全措施，组织安全检查。

(5)制定突发事件的应急预案，并定期组织实施演习。

(6)组织员工的安全培训及对游客的安全宣传。

2)安全管理人员

(1)游乐园(场)应设专职安全主任一人，并根据园区的规模设置足够的专职和兼职安全管理员，负责全游乐园(场)的安全管理工作。

(2)游乐园(场)应按管理层级设置安全责任人，并赋予相应的安全管理责任。基层岗位的安全责任人应结合自身岗位情况落实本岗位安全规章、制度和操作规范，并应承担安全隐患巡查及上报、游客流量监控、紧急情况下的疏散救援，以及承担对安全设施、灭火器材和安全标志的维护保养等工作。

2. 安全基本要求

1)从业人员要求

(1)上岗与培训。游乐园(场)应制订安全培训计划，对员工进行各类岗位安全培训；游乐园(场)从业人员应经过相应培训，掌握本岗位专业知识，并经考试合格后才能上岗。

(2)安全防护。劳动防护用品的配备应符合《个体防护装备选用规范》(GB/T 11651—2008)，并有专人监督、教育从业人员按照使用规则佩戴和使用；员工上岗前应按岗位要求检查劳动防护用品的佩戴和使用情况。

(3)安全操作。在游乐活动开始前，应向游客介绍安全知识、安全注意事项和游乐活动规则，指导游客正确使用游乐设施，掌握游乐活动的安全要领；对外籍游客的安全讲解和培训应使用外语，并用图文表示；在游乐过程中，应密切注视游客安全状态，关注游乐设施运行状况；因遇突发恶劣天气或游乐设施机械故障抢修而造成设施临时停运时，应有应急、应变措施，并及时向游客公告；游乐园(场)应当向参与特种惊险游乐项目游玩的游客推荐投保人身意外伤害保险。

2)游客安全

(1)对游客身体条件有要求的，或不适合某种疾病患者参加的游乐活动，应在该项活动入门处以"警告"方式予以公布。

(2)应婉拒不符合乘坐条件的游客参与相应游乐活动。

3)员工安全

(1)未持有专业技术上岗证的，不得操作园区内电气设备设施。

(2)员工着装、头发、佩戴的首饰应符合安全要求；高空或工程作业时应佩戴安全帽、安全绳等安全防护设备，并应严格按安全规章作业。

4)安全检查

(1)游乐园(场)应制定游乐设施、文化娱乐设施和水上乐园等安全检查制度。

(2)游乐设施应进行日、周、月、节假日前和旺季开始前的例行检查，还应每年全面检修一次，超过安全检验有效期的游乐设施不得运营载客。严禁设备带故障运转。

(3)游乐设施每天运营前应进行例行安全检查，并经安全检查人员签字确认后才能投入运营。

(4)不定期的安全检查，每周不少于一次，检查发现的隐患和问题应及时做好记录，并视情节轻重签发限期整改通知或处罚通知。

5)食品安全

(1)游乐园(场)应建立符合国家卫生部要求的食品安全管理制度。

(2)从事食品加工、销售的工作人员应取得健康证才能上岗。

(3)餐厅经营应取得卫生许可证，食品采购应建立索证制度，从正规合法渠道采购，并保持新鲜。

(4)发现食物中毒现象，就近工作人员应在第一时间通知医务室，并将严重患者及时送医院救治，并按有关规定上报当地防疫部门。

6)用电和消防安全

(1)游乐园(场)应制定用电、防火安全管理制度与操作规范，相关人员应严格遵守。

(2)应建立健全消防组织，定期或不定期地组织消防安全检查，及时消除隐患。

7)园内交通安全

(1)游览道路上行驶的游览车应按园区规定线路行驶，限速10千米/小时，在交叉路口和行人多的情况下应缓行。

(2)驾驶员、操作员应认真做好车辆使用前后的日常安全检查及维护保养工作，确保车况良好，并认真填写记录。

(3)车辆起步前，驾驶员应观察乘客的安全状况，并提醒乘客注意安全。

(4)当车辆发生事故时，驾驶员应保护好事故现场，及时报告安全管理部门，协助调查事故原因，按有关规定妥善处理。

(5)开园前10分钟至闭园期间，禁止游览车以外的机动车辆在游览道路行驶。

(6)救护车、消防车进园时，沿途工作人员应积极主动地疏导游客，消除路障，保障车辆顺利通行。

8)节庆活动安全

(1)节庆活动的安全工作应遵循"谁承办,谁负责"的原则。

(2)节庆活动举办前,承办单位应制定相应的安全应急预案。

(3)游乐园(场)活动举办区域应有安全通道和安全出入口,并设置清晰、明显的安全引导标志。

(4)节庆活动期间,游乐园(场)接待游客人数超过园区设计容量时,应及时向有关部门报告,并启动应急预案,采取有效措施疏导游客。

9)高度危险作业安全

(1)游乐园(场)在营业期间不得进行高度危险作业。

(2)因特殊情况需高度危险作业时,应事先征得游乐园(场)安全管理部门审批同意后才能实施,安全管理部门应派专业技术人员到作业现场进行安全监督管理。

(3)高度危险作业应聘请专业机构和专业人员进行操作。

阅读案例 8—7

过山车卡壳,拷问游乐园安全隐患[①]

2011年1月24日12时55分,上海松江区欢乐谷"绝顶雄风"过山车运行至60米最高点时,突然发生机械故障,25名游客被困半空中达半个多小时。

1月25日,上海欢乐谷园区里游客寥寥,部分游乐设施在下午4时前就已停止运营。"镇园之宝"——"绝顶雄风"过山车前,只有零星几位游客在排队,每轮启动都需要等待20分钟左右才能凑够人数。

"绝顶雄风"过山车的工作人员称,1月24日发生的故障现已完全排除,1月25日一整天的运营也没有出现任何问题。

"我今天已经坐了两次啦!"一名刚刚从"绝顶雄风"过山车上走下来的初中生说。

"还是不太敢玩。"在被问到是否听说了1月24日发生的故障,一名游客说,"听说是因为系统太'安全'了。"他听说,前几次故障,都是机器太灵敏所致。

早在2009年8月6日,"绝顶雄风"首次向游客开放,在运行了3小时后突遇故障。事故发生时,乘坐跌落式过山车的游客正好回到终点,但发现过山车的底板无法正常收回,游客也下不了车。事故原因是,乘客口袋里的一个笔帽掉入过山车底板的插件内,导致设备短路,一只零件被烧坏。

而此次"卡壳",距离试运营已经过去一年半的时间,原因又在何处呢?上海欢乐谷负责人解释道,"绝顶雄风"自开园以来运行较为稳定,开园初期遇第一次故障,此次是第二次故障。该次故障经技术人员检测,是由顶部传感器故障所致。该传感器故障初步判断与上海近期雨雪低温天气有关——由于上海近来一直雨雪低温,导致传感器突然损坏,造成系统报警、保护性停机。

[①]资料来源:《上海过山车卡壳拷问游乐园安全隐患》,中国新闻网,http://www.chinanews.com/sh/2011/01-26/2811666.shtml,网站最后访问日期:2011-01-26。经整理改动。

8.2.2 风险性旅游项目的安全管理

高风险旅游项目具有强烈的刺激性、挑战性和体验性，对崇尚冒险、追求新奇的旅游者具有强大的吸引力，但其安全系数低、风险性大，产生安全事件的概率要高于普通旅游形式。《旅游法》第四十七条规定，"经营高空、高速、水上、潜水、探险等高风险旅游项目，应当按照国家有关规定取得经营许可。"

1. 高风险旅游项目的类别

《旅游法》首次正式提出高风险旅游项目的概念，并将其概括为5个种类，即高空、高速、水上、潜水、探险。

(1)高空类项目主要包括滑翔伞、热气球、动力伞等空中项目。

(2)高速类项目主要包括轮滑、滑雪、卡丁车以及大型游乐设施等速度类项目。

(3)水上类主要包括摩托艇、游艇、水上飞伞以及水上游乐设施等水域类项目。

(4)潜水类项目主要指旅游者穿戴潜水服、氧气瓶等潜入水下的观光、休闲项目，以及水下游艇等水下旅游项目。

(5)探险类项目包括穿越高山、峡谷、暴走以及蹦极、攀岩等项目。

2. 国家对高风险旅游项目有许可规定的，有关经营者应当取得许可

1)高空旅游项目安全管理

高空旅游项目一般依照《中华人民共和图民用航空法》的规定，由国务院民用航空主管部门及其设立的地区民用航空管理机构实施许可和监管。

国家体育总局的《航空体育运动管理办法》规定，滑翔机、载人气球、飞艇等民用航空器由民用航空部门审批和管理，降落伞、滑翔伞等航空运动器材由体育部门审批；《滑翔伞运动管理办法》规定，对滑翔伞俱乐部、飞行等进行审批或验收。

2)高速旅游项目安全管理

高速旅游项目一般是依托游乐设备等特种设备来实施的旅游项目。《特种设备安全监察条例》规定，大型游乐设施的制造、使用、维修、检测、监督检查等均由特种设备安全监督管理部门来负责。经国务院批准执行的特种设备目录，对动力驱动、利用柔性绳索牵引箱体等运载工具运送人员的机电设备客运索道，包括客运架空索道、客运缆车、客运拖牵索道等，以及用于经营目的，承载乘客游乐的设施，其范围规定为设计最大运行线速度不小于2米/秒，或者运行高度距地面不小于2米的载人大型游乐设施，包括观览车、滑行车、架空游览车等十三大类，提出了要求。

3)水上旅游项目安全管理

水上旅游项目包括水域和海域两种水上空间。《海上交通安全法》《水路运输管理条例》《内河交通安全管理条例》等对快艇等水上高危旅游项目做出了规定。交通运输部的《游艇安全管理规定》对游艇所有人自身用于游览观光、休闲娱乐等活动的游艇航行、停泊以及俱乐部等进行了规范。

4)高危险性体育项目安全管理

一些大众化的高危险性体育项目，也属于高风险旅游项目。《全民健身条例》规定高

危险体育项目属于特许经营项目,其条件包括相关体育设施符合国家标准,具有达到规定数量的取得国家职业资格证书的社会体育指导人员和救助人员,具有相应的安全保障制度和措施;其目录由国务院体育主管部门会同有关部门制定、调整并经国务院批准后公布。

5)探险旅游项目安全管理

探险旅游一般是依托山地环境所进行的高风险活动。《国内登山管理办法》规定,对西藏自治区5000米以上和其他省、自治区、直辖市3500米以上独立山峰的登山活动进行审批;攀登7000米以上山峰,登山活动发起单位应当在活动实施前三个月向国家体育总局申请特批。

3. 高风险旅游项目实施责任保险制度

考虑到高风险旅游项目的风险程度及发生事故的概率较高,《旅游法》第五十六条规定,"国家根据旅游活动的风险程度,对旅行社、住宿、旅游交通以及本法第四十七条规定的高风险旅游项目等经营者实施责任保险制度。"

目前,对于高风险旅游项目经营者如何投保责任险还没有具体规定,有关部门应尽快出台配套办法予以明确和细化。

8.3 旅游保险法律制度

在发达国家,旅游保险业务开展得十分广泛,旅游保险解除了旅游者的后顾之忧,从而使旅游业获得进一步的发展。中国的旅游保险业务起步相对较晚,从20世纪80年代中期开始,国内的各保险公司逐渐推出旅游保险业务,使旅游保险逐渐成为中国旅游业发展的重要一环。

8.3.1 旅游保险的概念、类型及其特点

1. 旅游保险的概念

1)保险的概念

《中华人民共和国保险法》第二条规定,保险是指投保人根据合同约定,向保险人支付保险费,保险人对于合同约定的可能发生的事故因其发生所造成的财产损失承担赔偿保险金的责任,或者当被保险人死亡、伤残、疾病或者达到合同约定的年龄、期限时承担给付保险金责任的商业保险行为的一种法律制度。

2)旅游保险的概念

旅游保险是指旅游者或旅游经营者(各类旅游企业)向保险公司投保,根据不同的险别和标准交纳保险费,与保险公司订立保险合同,使旅游者或旅游经营者在旅游活动过程中因遭受各种意外事故、危险而造成的人身及财产损失得到经济补偿。

2. 旅游保险的类型

旅游保险可以按不同标准,划分为以下类型。

(1)根据参加旅游保险的被保险人的国籍、身份,可分为涉外旅游保险和国内旅游保险。旅游者在本国境内旅游的保险称为国内旅游保险;外国人、无国籍人到本国境内旅游的保险为涉外旅游保险。

(2)根据旅游保险范围,可分为广义旅游保险和狭义旅游保险。广义旅游保险包括旅游者的游览观光保险、旅客铁路旅行保险、旅客航空旅行保险、旅客公路旅行保险等;狭义旅游保险是针对旅游者游览活动的保险。

(3)根据参加保险对象的不同,可分为旅游人身保险和旅游财产保险。以旅游者人身为保险对象的称为旅游人身保险;以旅游者携带的财物为保险对象的称为旅游财产保险。

(4)根据旅游保险责任的不同,可分为旅游意外事故保险和旅游责任保险。旅游意外事故保险通常由旅游者个人投保,但也可由旅游者所在旅行团或组团社为其投保;旅游责任保险通常由旅游企业投保。

(5)根据旅游保险成立方式的不同,可分为强制保险和自愿保险。凡属以国家强制性规定为依据必须投保的称为强制保险,它对投保人、保险人的行为具有强制性约束力;凡属双方通过合同确定的保险称为自愿保险,即是否参加保险由投保人自行决定,是否接受投保由保险人决定。

3. 旅游保险的特点

旅游保险与其他保险相比较,具有如下特点。

(1)短期性。旅游保险相对于其他保险而言,保险期限是很短的。如在乘坐各种交通工具时,保险期限是从购票登上交通工具时起,至抵达目的地离开交通工具时止。在这种情况下,近距离的旅行的保险期限只需要几个小时,远距离的旅行的保险期限也只需要几天。

(2)强制保险与自愿保险相结合。旅游保险合同的种类繁多,如旅行社责任保险对于旅行社而言属于强制保险;旅游意外保险对于旅游者个人来说,是自愿投保的。

(3)财产保险与人身保险相结合。保险根据保险标的的不同,分为财产保险和人身保险,两种保险所依据的原则和具体规定也有所不同,一般而言,投保时要根据具体情况投保财产或人身险。

8.3.2 旅游保险合同

1. 旅游保险合同的概念

旅游保险合同,是投保人与保险人约定在旅游活动中的保险权利和义务关系的协议,是指旅游保险关系双方当事人之间签订的一方缴纳保险费,另一方在保险标的遭受法律规定或者当事人约定的保险事故时,承担经济补偿责任或者履行给付义务的一种协议。

2. 旅游保险合同的主体、客体及内容

1)旅游保险合同的主体

保险合同的主体主要包括保险合同的当事人和保险合同的关系人。

保险合同的当事人一般是指保险人、投保人、被保险人。

(1)所谓保险人,又称承保人,是指依法成立的,在保险合同成立时有权收取保险费,并于保险事故发生时承担赔偿责任的人,也即经营保险事业的组织。在旅游保险合同中,保险人与其他保险合同一样是各个保险公司。

(2)所谓投保人,是指对保险标的具有保险利益,向保险人申请订立保险合同,并负有支付保险费义务的人。投保人可以是自然人,也可以是法人。在旅游保险合同中,投保人可以是各个旅游企业,也可以是旅游者个人或团体。

(3)所谓被保险人,是指保险事故发生时,遭受损害、享有赔偿请求权的人。被保险人与投保人既可以是同一人,也可以是不同的人。根据合同性质的差异,旅游保险合同中的被保险人既可以是旅游者,也可以是旅游企业。

在保险合同中,除了合同的当事人之外,还有保险合同的关系人,它主要是指受益人,又称保险金受领人,是指由投保人或者被保险人在保险合同中指定的,于保险事故发生时,享有赔偿请求权的人。受益人可以是投保人、被保险人,也可以是第三人。

2)旅游保险合同的客体

保险合同的客体,又称保险标的,是指保险合同双方当事人权利和义务指向的对象。我国《保险法》规定:"保险标的是指作为保险对象的财产及其有关利益或者人的寿命和身体。"由此可见,保险标的可分为两类:一是财产及其有关利益;二是人的寿命和身体。在旅游保险合同中,财产保险主要包括财产损失保险、责任保险、信用保险等形式。人身保险通常以人身意外伤害保险的形式存在。

3)旅游保险合同的内容

保险合同的内容,即保险合同双方当事人的权利和义务。基于旅游活动的特殊性,旅游保险合同与其他保险合同的内容有所不同,它的基本内容主要包括以下几种条款。

(1)当事人、关系人。旅游保险合同的当事人采用记名与不记名两种形式。双方共同签署的合同和保险单式的合同都采用记名形式。票证形式的保险合同除飞机票、火车票之外,其他都不记载被保险人的姓名。

(2)保险责任和除外责任范围。旅游保险合同确定保险人的保险责任和责任免除有两方面根据:一是根据保险法和旅游保险合同的基本条款;二是根据双方当事人协商附加的条款。

(3)保险期限。此条款约定保险公司对约定的损害事实承担赔偿责任的时间范围。由于旅游活动分为涉外旅游活动和国内旅游活动,旅游保险也可以分为涉外旅游保险和国内旅游保险。

这两种旅游保险的保险期间是不同的:涉外旅游以一个旅游周期为一个旅游保险期,涉外旅游以20天为准,超过期间的,另行支付保险费;国内旅游保险期一般以天为计算单位,一个旅程为一个保期,超过保险期的天数,另加保险费。①

特定旅游保险,以旅游者进入旅游景点到走出旅游景点时作为一个旅游保险期。

(4)保险费。此条款约定投保人根据不同的险别需要向保险人交纳的费用。旅游者的人身保险费和财产保险费的收取标准是不同的。在人身保险中,涉外旅游保险费和国内旅游保险费的收费标准不同。

---

①资料来源:裴春秀.旅游法实例说[M].长沙:湖南人民出版社,2004:229.

(5)保险金额。此条款约定在旅游保险事故发生时,保险人应当赔偿(或支付)的最高金额。保险金额所涉及的赔偿项目主要包括旅游者意外受伤的赔偿费、治疗和医药费、死者遗体处理费、行李赔偿费等。涉外旅游保险金额和国内旅游保险金额的规定不同。

3. 旅游保险合同中的除外责任范围

旅游保险合同中的除外责任,是指根据保险法的规定和旅游保险合同的基本条款,保险人不承担责任的情况。

1)旅游人身保险中的除外责任

疾病、分娩、晕车(船、飞机);自杀、故意自伤、殴斗、犯罪行动;酗酒、药物中毒、麻醉;爬车、跳车;战争或军事行动;擅自改变规定的旅游路线不乘坐指定的交通工具;轻微擦伤或医疗费在 5 元以下的部分。

2)旅游财产保险中的除外责任

因战争、军事冲突或敌对行动引起的损失;因没收、征用、罢工或暴动引起的损失;被保险人自己的故意行为或重大过失引起的损失;直接或间接由于核反应、核辐射和放射性污染引起的损失;因财物的物质变化、自然发热、自燃引起的损失;因当局下令焚毁引起的损失。

4. 旅游保险合同的形式

在保险业务实践中,保险合同主要以 3 种形式出现。

(1)保险协议形式。由投保人和保险人共同协商议定保险合同的主要条款,签章后保险合同成立。此种形式的主要特点是双方当事人必须在同一个合同书上签名盖章方可生效。在旅游保险中,以协议形式存在的保险合同并不普遍。

(2)保险单形式。由投保人向保险公司提交投保申请书,由保险公司签发保险单,保险合同成立。保险单形式的保险合同是旅游保险合同中最为常见的形式。

(3)保险票证形式。由运输部门出售的旅客乘坐交通工具的票据或旅游景点出售的门票,也是保险合同的一种形式,但必须以交通运输企业或旅游景点经营单位与保险公司签订的保险合同为基础。

5. 旅游保险合同的成立、生效和终止

1)旅游保险合同的成立

旅游保险合同的成立是指旅游保险合同当事人就有关合同事项意思表示一致。由于旅游保险合同的形式不同,其成立也有三种不同的情况:凡是以保险协议形式的合同,自合同签字或盖章时起,合同成立;凡以保险单形式形成的合同,以保险公司签发保险单之日为合同成立的时间;凡以保险票证形式形成的合同,在游客购买票证后开始成立。

2)旅游保险合同的生效

旅游保险合同的生效,是指旅游保险合同在何种情况下发生保险效力,保险人在何种情况下开始对被保险人承担保险责任,被保险人在何种情况下发生的意外事故,才能获得保险赔偿。

旅游保险合同的生效，必须同时具备两个条件：一是旅游保险合同已经成立；二是被保险人已经开始旅行游览。旅游保险合同成立的情况不同，旅游保险合同的生效时间也不同。

3) 旅游保险合同的终止

旅游保险合同的终止，是指旅游保险合同的当事人依据法律的规定或旅游保险合同本身使生效的保险合同失去效力的行为。已终止的保险合同不再继续履行。导致旅游保险合同终止的情形有以下几种。

(1) 自然终止。凡旅游保险合同时限届满，保险人的保险责任即告终止。

(2) 因合同解除而终止。在签订旅游保险合同时，双方明确自然终止前解除该合同的条件，当规定的解除条件出现时，该保险合同的效力终止。

(3) 义务履行完毕终止。根据保险单的规定，保险人承担的赔偿责任履行完毕(支付部分或最高赔偿金)而终止。

(4) 因被保险人放弃旅游而终止。

6. 旅游保险合同的索赔与理赔

1) 索赔的程序

旅游保险事故发生后，投保人或被保险人应将事故发生的时间、地点、原因以及其他有关情况以最快的方式通知保险人，并提出索赔要求。索赔要求是有时效限制的，如果投保人或被保险人在规定的期间内不行使索赔请求权，则该请求权因时效届满而消灭。

投保人或被保险人提出索赔请求后，还应采取积极措施，协助保险人的理赔工作。索赔需提供的单证主要包括以下几项。

(1) 保险单。

(2) 账册、收据、发票、装箱单等保险标的原始单据。

(3) 出险证明书、损失鉴定证明等证明损失原因及程度的单据。如为人身保险还应出具死亡或伤残等的证明。

(4) 保险标的所受损失的清单及施救整理费用的原始单证。

2) 理赔的程序

保险人在接到理赔申请书以后，应根据保险合同的约定及时审查，同时，应派人到事故现场实地调查或者邀请专家对事故进行分析。理赔的程序如下。

(1) 立案检查。

保险人在接到出险通知后，应编号立案。立案时，应将被保险人姓名、保险单号码、出险的时间、地点、原因以及损失约数等详细记录下来，并请被保险人填写出险通知书(一式两份)。根据被保险人报送的出险通知书，抄录有关保险单副本和批本一份，以便查勘；了解承保的有关情况，做到心中有数。

(2) 责任审核。

责任审核是指保险人根据立案检查所获得的有关资料，以确定是否承担保险责任。

(3) 核算给付金额及给付保险金。

保险人给付金额包括实际损失和用于施救、诉讼等项合理费用两部分。在核算给付金额时，实际损失和合理费用分别计算，每项金额不得超过合同规定的保险金额。

8.4 食品安全法律制度

中国素有"民以食为天"之说,在旅游业六要素(食、住、行、游、购、娱)中,"食"即位居首位。常言亦道,"食以安为先",足可见人们对食品安全的重视程度。世界卫生组织(WHO)在《全球食品安全战略草案》中指出:"食品安全可增进健康,同时也是一个基本的人权问题。"《中国消费者协会2013年旅游餐饮调查报告》显示,旅游者选择餐厅时,"80.24%的消费者选择最看重食材的质量和新鲜度",这直接体现了旅游者对于食品安全问题的关注与看重。完善食品安全法制建设、加强食品安全监督管理是确保旅游者食品安全权益的有效渠道。

8.4.1 食品安全法概述[①]

《中华人民共和国食品安全法》(以下简称《食品安全法》),是保护公众(包括旅游者)食品安全权益的一部重要法规,其于2009年2月28日由第十一届全国人民代表大会常务委员会第七次会议通过,并于2009年6月1日起施行。《食品安全法》施行的同时,《中华人民共和国食品卫生法》即行废止。随后,为强化监管职责,细化原则规定,《中华人民共和国食品安全法实施条例》(以下简称《食品安全法实施条例》)又于2009年7月20日被公布施行。

图 8-1 《食品安全法》重拳保卫餐桌

1. 《食品安全法》基本术语的释义

1)食品的概念

《食品安全法》规定:"食品,指各种供人食用或者饮用的成品和原料以及按照传统既是食品又是药品的物品,但是不包括以治疗为目的的物品。"按此规定,食品包括3个主要部分。

(1)经过加工能够直接食用的各种食物,如面制品、豆制品、水果、茶叶等。

(2)尚未经加工制作的食物原料,如粮食、油料、肉类、蛋类、蔬菜、水产品等。

(3)按照传统既是食品又是药品的物品,但是不包括以治疗为目的的物品,如甘草、山楂、乌梅、木瓜、百合、枸杞子、葛根等。

---

①资料来源:全国人民代表大会常务委员会法制工作委员会,信春鹰. 中华人民共和国食品安全法释义[M]. 北京:法律出版社,2009:1-2,143-145.

之所以做出关于第(3)点的规定，主要是为了将"食品"和"药品"区分开来。我国《药品管理法》规定："药品，是指用于预防、治疗、诊断人的疾病，有目的地调节人的生理机能并规定有适应症或者功能主治、用法和用量的物质，包括中药材、中药饮片、中成药、化学原料药及其制剂、抗生素、生化药品、放射性药品、血清、疫苗、血液制品和诊断药品等。"我国中医药学历史悠久，"食药同源、食药同用"沿袭至今。在传统中医药实践中，一些物品既是药品又具有相当长的食用历史。对于如何界定这类物品，《食品安全法》第五十条规定："按照传统既是食品又是中药材的物质的目录由国务院卫生行政部门制定、公布"，只有目录里的物质才属于食品，目录之外的中药材属于药品。俗语"是药三分毒"，所以《食品安全法》明确规定"生产经营的食品中不得加入药品"。

为进一步依法规范对食药同源的物质的管理，2014年10月国家卫生计生委将原《禁止食品加药卫生管理办法》修订为《按照传统既是食品又是中药材物质目录管理办法》，指出目录以外的物质如需开发作为食品原料时，应当按照《新食品原料安全性审查管理办法》有关规定进行安全性评估并申报。

2)食品安全的概念

《食品安全法》规定："食品安全，指食品无毒、无害，符合应当有的营养要求，对人体健康不造成任何急性、亚急性或者慢性危害。"这是本法对食品安全的基本要求，其中主要包括3个主要方面。

(1)基于食品的安全性，要求食品应当"无毒、无害"。"无毒、无害"，是指正常人在正常食用状态下摄入可食状态的食品，对人体健康不会造成危害。但是无毒、无害不是绝对的。一方面，任何一种食品，即使其成分对人体是有益的，但若是食用过量或食用条件不当，也会对人体造成损害，如食盐过量就会中毒；另一方面，人体存在差异，食品的安全性也会因人而异，如水产品、坚果类对多数人都是安全的，但是部分人食用后却会产生过敏反应。而且某些食品中的毒害物质也无法尽除，因此允许其少量含有，但不得超过国家规定的限量标准。

(2)符合各类食品各自应当有的营养要求。不同的食品，其营养要求是不同的，但都必须满足两个条件：首先，食品中应该具备一定的人体所需的营养物质，如蛋白质、碳水化合物、脂肪、维生素、矿物质和其他可供代谢的有机物；其次，食品所含的营养成分的消化吸收率和维持人体正常生理功能的作用必须达到一定的标准。

(3)食品的食用结果必须保证对人体健康不造成任何危害，包括急性、亚急性或者慢性危害。食品安全不是一时一刻的要求，更应重视食品对人体健康的长效保障。

阅读案例 8—8

美味背后的安全隐患[①]

螃蟹，是很多公众居家、旅游时喜欢食用的美味。然而，螃蟹虽然营养丰富，味道鲜

---

①资料来源：王晓鸥，《感冒发烧吃螃蟹易腹泻》，新浪网，http://eat.sina.com.cn/art/2006-10-25/052923615.shtml。网站最后访问日期：2014-04-29。经整理改编。

美,但一些脾胃虚寒,特别是患有心血管疾病的人是不适宜吃螃蟹的。因为螃蟹含胆固醇较多,每100克蟹肉中含胆固醇235毫克,每100克蟹黄中含胆固醇460毫克。冠心病、动脉硬化症、高血压病、高血脂症等病症患者,食用含胆固醇过高的食物,会加重心血管病的发展。同时,患有感冒症状的人,也不适宜食用螃蟹。中医理论认为,螃蟹是水生动物,属于"寒性",感冒发烧的病人食用后,极易引起腹痛、腹泻,致使感冒加重。此外,因螃蟹中含有异种蛋白质会产生过敏反应,有过敏体质的人食用后,会引发全身红疹、瘙痒难忍,严重者可致过敏性休克。因此,公众居家、出游,选择食用螃蟹时,必须充分考虑自身的体质体况是否合宜,以免因贪一时口舌之味而伤害自己。

2. 食品安全的监督管理

1)食品安全监督机构

《食品安全法》规定,国务院设立高层次的议事协调机构"食品安全委员会"以协调、指导食品安全的监督管理工作;"国务院卫生行政部门承担食品安全综合协调职责",国务院质量监督、工商行政管理和国家食品药品监督管理部门依法"分别对食品生产、食品流通、餐饮服务活动实施监督管理。""县级以上地方人民政府统一负责、领导、组织、协调本行政区域的食品安全监督管理工作"。

2)食品安全的舆论监督和社会监督

食品安全是基本民生问题。食品安全的大环境需要全社会共同努力和积极参与。舆论监督具有事实公开、传播快速、影响广泛、揭露深刻、导向明显、处置及时等特性和优势,是重要的监督渠道。新闻媒体是推进食品安全舆论监督的重要力量。《食品安全法》规定:"新闻媒体应当开展食品安全法律、法规以及食品安全标准和知识的公益宣传,并对违反本法的行为进行舆论监督。"但值得注意的是,新闻媒体在对食品安全进行舆论监督时,应该对所发布的信息负责,做到真实、客观、公正、全面,而不应该一味地夸张渲染,危言耸听,避免对社会公众造成误导和不必要的恐慌,避免给正常生产经营的食品企业带来不实的抹黑和不必要的损失。

《食品安全法》还鼓励社会组织、公民个人对食品安全的社会监督,"任何组织或者个人有权举报食品生产经营中违反本法的行为",且不需要提供诉讼意义上的证据。此项规定最大程度上鼓励了社会组织和公民个人对食品安全进行广泛的社会监督。

阅读案例 8—9

舆论监督失真之殇[①]

媒体行使舆论监督之权对食品安全予以监督报道时,必须真实、客观、公正、全面,否则不仅会误导消费者,更有可能伤害正常生产经营的企业甚至整个食品产业。

---

①资料来源:根据如下两条信息源综合整理编写:其一,于维军,《兼谈正确发挥媒体在食品安全中的舆论监督作用》,中国质量新闻网,2012-01-10,http://www.cqn.com.cn/news/zgjyjy/519413.html。其二,赵恩泽,《更正》,人民网,2014-05-20,http://society.people.com.cn/n/2014/0520/c1008-25039407.html。

例如，2014年5月14日，人民网刊发了题为《地沟油去哪儿了？起底京畿地沟油黑色产业链》的报道，其中，记者不慎将嘉里油脂化学(天津)工业有限公司误报为嘉里粮油(天津)有限公司，由此给益海嘉里集团造成了不良影响。5月20日，相关记者以个人名义在人民网首页更正致歉。

不仅在国内，国外媒体也存在对中国食品类产品的失真报道。

例如，越南媒体曾根据我国媒体对部分有问题水果的质量监督报道，添油加醋，渲染成中国水果皆"有毒"，严重影响了中国水果的对越出口。无独有偶，日本媒体亦曾针对中国农产品、食品中药物残留问题，做了很多不客观或夸大的报道，致使中国食品在日本曾面临着"消费者不敢买、销售商不敢卖、进口商不敢进"的尴尬局面，严重影响了我国农产品在日本市场上的竞争力。

重视食品安全信息的报道，且科学、准确传播信息，也是媒体应履行的社会责任。

3. 食品生产经营法律规范

1)食品生产经营的许可制度

我国的食品生产经营实行行政许可制度。《食品安全法》规定："国家对食品生产经营实行许可制度。从事食品生产、食品流通、餐饮服务，应当依法取得食品生产许可、食品流通许可、餐饮服务许可。"《食品安全法实施条例》细化规定："食品生产许可、食品流通许可和餐饮服务许可的有效期为3年。"

食品生产经营许可制度是国家对食品安全进行监管的重要手段。通过行政审批，严格食品生产经营的资质要求，禁止不具备生产经营条件的企业和个人从事食品的生产经营，确保食品生产经营的源头安全。

2)对食品生产经营人员的健康管理

为从源头确保食品安全，《食品安全法》对食品生产经营人员的健康管理作出了明确规定，要求"食品生产经营人员每年应当进行健康检查，取得健康证明后方可参加工作。"同时强调："患有痢疾、伤寒、病毒性肝炎等消化道传染病的人员，以及患有活动性肺结核、化脓性或者渗出性皮肤病等有碍食品安全的疾病的人员，不得从事接触直接入口食品的工作。"

3)食品生产经营的安全标准制度

《食品安全法》规定："食品生产经营应当符合食品安全标准。"我国的食品安全标准分为国家标准、地方标准和企业标准3个层级。《食品安全法》第二十一条第一款规定："食品安全国家标准由国务院卫生行政部门负责制定、公布，国务院标准化行政部门提供国家标准编号。"同时，《食品安全法》第二十五条申明："国家鼓励食品生产企业制定严于食品安全国家标准或者地方标准的企业标准。"为保障食品安全标准的执行力度及公众的知晓权，《食品安全法》还明确规定："食品安全标准是强制执行的标准"，"食品安全标准应当供公众免费查阅。"

4)食品生产经营的标识管理制度

为便于旅游消费者在选择购买时能清楚地了解食品概貌，判断食品的安全性、新鲜度及适应性,《食品安全法》第四十九条规定:"食品经营者应当按照食品标签标示的警示标志、警示说明或者注意事项的要求,销售预包装食品。"依据《食品安全法》第四十二条,预包装食品的包装标签应当标明的事项包括:名称、规格、净含量、生产日期;成分或者配料表;生产者的名称、地址、联系方式;保质期;产品标准代号;储存条件;所使用的食品添加剂在国家标准中的通用名称;生产许可证编号等。《食品安全法》第四十八条要求:"食品和食品添加剂的标签、说明书应当清楚、明显,容易辨识",且"不得含有虚假、夸大的内容,不得涉及疾病预防、治疗功能。"

5) 食品召回追溯制度

《食品安全法》规定:"国家建立食品召回制度。"所谓"食品召回",《食品召回管理规定》将其界定为:"食品召回,是指食品生产者按照规定程序,对由其生产原因造成的某一批次或类别的不安全食品,通过换货、退货、补充或修正消费说明等方式,及时消除或减少食品安全危害的活动。"根据食品召回的启动程序,食品召回可以分为生产经营者主动召回和监管部门强制召回两种。对于强制召回的食品,食品安全各监管部门要将其相关情况"记入食品生产经营者食品安全信用档案。"

8.4.2 食品安全事故处置

1. 食品安全事故的分级

所谓"食品安全事故",《食品安全法》将其界定为:"指食物中毒、食源性疾病、食品污染等源于食品,对人体健康有危害或者可能有危害的事故。"

《国家食品安全事故应急预案》按食品安全事故的性质、危害程度和涉及范围,将食品安全事故划分为4级。

(1) 特别重大食品安全事故(Ⅰ级):事故危害范围跨越省级行政辖区,并有进一步扩大趋势的;超出一省处置范围的;需要报请国务院或国务院授权部门负责处置的。

(2) 重大食品安全事故(Ⅱ级):事故危害严重,影响范围涉及省内两个以上市级行政区域的;造成伤害人数100人以上,并出现死亡病例的;造成10例以上死亡病例的;在全国性或地区性重大活动、重要会议造成伤害人数50人以上的。

(3) 较大食品安全事故(Ⅲ级):事故影响范围涉及市级行政区域内2个以上县级行政区域,给人民群众饮食安全带来严重危害的;造成伤害人数100人以上或出现死亡病例的。

(4) 一般食品安全事故(Ⅳ级):事故影响范围涉及县级行政区域内2个以上乡镇,给大众饮食安全带来严重危害的;造成伤害人数30人以上、100人以下,未出现死亡病例的。

食品安全事故发生后,按照预案的规定,卫生行政部门应依法组织对事故进行分析评估,核定事故级别。

2. 食品安全事故的处置原则

《国家食品安全事故应急预案》明确食品安全事故的处置须秉承以下4项原则。

(1) 以人为本,减少危害。把保障公众健康和生命安全作为应急处置的首要任务,最大程度减少食品安全事故造成的人员伤亡和健康损害。

(2) 统一领导，分级负责。按照"统一领导、综合协调、分类管理、分级负责、属地管理为主"的应急管理体制，建立快速反应、协同应对的食品安全事故应急机制。

(3) 科学评估，依法处置。有效使用食品安全风险监测、评估和预警等科学手段；充分发挥专业队伍的作用，提高应对食品安全事故的水平和能力。

(4) 居安思危，预防为主。坚持预防与应急相结合，常态与非常态相结合，做好应急准备，落实各项防范措施，防患于未然。

3. 食品安全事故的处置程序

食品安全事故的处置程序可分为以下4个步骤。

1) 第一时间应急处置

《食品安全法》规定："发生食品安全事故的单位应当立即予以处置，防止事故扩大。"实践经验表明，食品安全事故发生后，处在第一线的事故发生单位若能快速采取得当、有效的应对措施，可以在最短时间内控制事态发展，最大限度内减少事故损失。一般来讲，事故发生单位第一时间的应急处置措施包括：①采取措施立即停止可能导致食品安全事故的食物及原料的食用和使用；②密切注意已经食用可能导致事故的食物的人员，一旦出现不适，立即送医抢救；③保护食品安全事故发生的现场，控制和保存可能导致事故的食物及原料、工具、设备等，以便有关部门采集、分析。

2) 及时向上报告

我国对食品安全事故的处置实施逐级报告制度。《食品安全法》规定："事故发生单位和接收病人进行治疗的单位应当及时向事故发生地县级卫生行政部门报告。""接到报告的县级卫生行政部门应当按照规定向本级人民政府和上级人民政府卫生行政部门报告。"《国家食品安全事故应急预案》特别指出：必要时，可以直接向国务院和国务院卫生行政部门报告。

食品安全事故报告按事故处置阶段分为初级报告、阶段报告和总结报告。其中，《国家食品安全事故应急预案》将初次报告时间限定为"自事故发生之时起2小时内"；总结报告应在事故处理结束后10日内做出。《食品安全法》强调："任何单位或者个人不得对食品安全事故隐瞒、谎报、缓报，不得毁灭有关证据。"

食品安全事故的及时上报，可以促使及时启动相应级别的食品安全事故应急预案。

3) 启动事故响应预案

食品安全事故发生后，根据事故性质、特点和危害程度，卫生行政部门应依法评估事故级别，并启动相应级别的事故应急预案。

核定为特别重大的食品安全事故，由国务院卫生行政部门会同食品安全办向国务院提出启动Ⅰ级响应的建议，经国务院批准后，成立国家特别重大食品安全事故应急处置指挥部，统一领导和指挥事故应急处置工作。此外，重大、较大、一般食品安全事故，分别由事故所在地省、市、县级人民政府组织成立相应应急处置指挥机构，统一组织开展本行政区域事故应急处置工作。

根据《国家食品安全事故应急预案》的规定，启动应急预案后，各级食品安全事故应急指挥机构，应立即组织有关部门，依照有关规定采取下列应急处置措施，以最大程度减轻事故危害。

(1)开展应急救援。卫生行政部门有效利用医疗资源,组织指导医疗机构开展食品安全事故患者的救治。

(2)查找事故原因。卫生行政部门及时组织疾病预防控制机构开展流行病学调查与检测,相关部门及时组织检验机构开展抽样检验,尽快查找食品安全事故发生的原因。对涉嫌犯罪的,公安机关及时介入,开展相关违法犯罪行为侦破工作。《食品安全法实施条例》强调:"有关单位和个人应当配合食品安全事故调查处理工作,按照要求提供相关资料和样品,不得拒绝。""任何单位或者个人不得阻挠、干涉食品安全事故的调查处理。"

(3)强制封存可疑食品污染源。农业行政、质量监督、检验检疫、工商行政管理、食品药品监管、商务等有关部门应当依法强制性就地或异地封存事故相关食品及原料和被污染的食品用工具及用具,待卫生行政部门查明导致食品安全事故的原因后,责令食品生产经营者彻底清洗、消毒被污染的食品用工具及用具,消除污染。

(4)召回、销毁被污染食品。对确认受到有毒有害物质污染的相关食品及原料,农业行政、质量监督、工商行政管理、食品药品监管等有关监管部门应当依法责令生产经营者召回、停止经营及进出口并销毁。检验后确认未被污染的应当予以解封。

(5)做好信息发布工作。及时组织研判事故发展态势,并向事故可能蔓延到的地方人民政府通报信息,提醒做好应对准备。事故可能影响到国(境)外时,及时协调有关涉外部门做好相关通报工作。

4)事故的后期处置

食品安全事故的救治与原因调查告一段落后,事故的后期处置需要做好以下4项工作。

(1)消除事故影响。事发地人民政府及有关部门要积极稳妥、深入细致地做好善后处置工作,消除事故影响,恢复正常秩序。

(2)做好保险理赔。食品安全事故发生后,保险机构应当及时开展应急救援人员保险受理和受灾人员保险理赔工作。

(3)做好受害赔偿。造成食品安全事故的责任单位和责任人应当按照有关规定对受害人给予赔偿,承担受害人后续治疗及保障等相关费用。

(4)追究事故责任。对迟报、谎报、瞒报和漏报食品安全事故重要情况或者应急管理工作中有其他失职、渎职行为的,依法追究有关责任单位或责任人的责任;构成犯罪的,依法追究刑事责任。

4. 食品安全事故应急预案的制定

食品安全事故应急预案,是指经过一定程序制定的开展食品安全事故应急处理工作的事先指导方案。制定食品安全事故应急预案,目的是建立健全食品安全事故的救助体系和运行机制,规范和指导应急处理工作。《食品安全法》规定:"国务院组织制定国家食品安全事故应急预案。"最新的《国家食品安全事故应急预案》经修订后,于 2011 年 10 月 5 日发布施行。对于地方各级的食品安全事故应急预案的制定,《食品安全法》要求,县级以上地方人民政府应当根据上级人民政府的应急预案以及本地区的实际情况,依法依规制定本行政区域的应急预案,并报上一级人民政府备案。为将食品安全事故的处置机制落实到一线，及时消除食品安全事故隐患，《食品安全法》同时要求："食品生产经营企业应当制定食品安全事故处置方案"。

阅读案例 8-10

××酒店食品安全事故应急预案[①]

为了有效应急处置酒店餐饮可能发生的食品安全事故，确保事故处理工作高效、有序地进行，最大程度地减轻事故造成的损失，切实保障宾客的生命安全，维护酒店和社会稳定，特制定本方案。

1. 领导机构与职责

1）机构设置

(1)酒店成立食品安全工作领导小组：(人员构成略)

(2)领导小组下设办公室，全面负责日常工作及领导小组交办的事宜。

(3)医疗救护组：当发生食品安全事故时，应立即向就近医疗机构发出医疗求援，拨打"120"医疗急救电话，及时果断将发病人员送到医院抢救，并主动向医疗人员报告发病情况，做好秩序维护等工作。

2）机构职责

(1)领导小组职责。

统一指挥酒店食品卫生安全事故处理，协调各方力量进行应急救援，控制事态发展。统一组织事故善后处理工作，落实整改措施。定期组织酒店食品卫生安全工作总结、研讨，形成评估和反馈意见，并负责对酒店食品安全工作的年度考核与评价。

(2)办公室职责。

①下发上级有关文件和本办拟订的各项文件、通知，指导下属相关部门或人员实施应急处理预案；②接到食品安全事故报告后，立即向领导小组(组长)报告，随时掌握应急处理进展情况，协调各方关系，具体负责人员调度，组织后勤保障，保障应急处理工作的有序进行；③根据工作计划和领导小组的指示，在酒店有计划、有组织地开展食品安全的宣传、预防工作，并组织人员对开展工作的情况进行定期和不定期的检查，及时向领导小组反馈检查情况，提出阶段性工作建议。

2. 日常工作开展

(1)完善制度。在卫生局下发有关制度和工作意见的基础上，对本酒店食品卫生安全制度进行全面修订完善。

(2)强化督查。在领导小组的具体指导下，由办公室牵头，以各项食品卫生制度落实为重点，结合酒店其他安全工作，进行定期和不定期的督查，督查结果以通报形式反馈到酒店。

(3)落实职责。酒店总经理为酒店食品安全第一责任人，安全监督员为直接责任人，餐

---

①资料来源：《食品卫生安全应急预案》，百度文库，网站最后访问日期：2014-04-30，http://wenku.baidu.com/view/f8c7eb25af45b307e87197b1.html。经改动整理。

饮管理者和从业者分别在其岗位职责内负责，总经理统筹考核，实行酒店食品安全事故责任追究制。

(4)加强教育。加强对广大从业者(从业者必须取得培训合格证和体检合格证方可上岗)的食品卫生知识的宣传教育，通过举办专题培训班、知识讲座等形式，丰富食品安全与卫生知识，增强食品安全与卫生意识，提高自觉性和责任感。

(5)添置设备。酒店要对照配备标准，逐步完善和提高食品卫生设施的配备。

3. 事故应急处理

(1)报告制度。食品卫生安全事故发生后必须及时报告。具体为：①发现宾客少量(5人以下)轻度症状(如呕吐、腹泻)及时打举报电话向酒店监督小组报告，再由监督小组逐级报告；②发现较严重食品安全事故(指出现严重食物中毒症状者或出现5人以上相同症状的群体发病情况，下同)，应立即向领导小组(组长)报告，由领导小组向上级卫生部门及当地政府报告，同时立即启动酒店食品安全事故应急预案。在事故处理中根据实际情况建立定时报告制度。

(2)救援措施。一旦发生较严重酒店食品卫生安全事故，由酒店总经理负责救援指挥。总经理应当机立断，立即启动酒店应急预案，按照预备方案，各就各位，组织救援行动。初步摸清症状，群体发病的还应彻查事故原因，排查发病人员，并建立动态性名册，防止遗漏。

(3)医疗求援。酒店发生较严重食品卫生安全事故，应立即向就近医疗机构和卫生防疫部门发出医疗求援，并拨打"120"医疗急救电话。要及时果断将发病人员送到医院抢救。主动向医疗人员报告发病情况，做好秩序维护等工作。

(4)病源保护。酒店发生较严重食品安全事故后，应立即封存厨房菜肴样品、可疑食品，以便及时查找致病原因。

(5)人员调度。事故应急处理人员由领导小组组长统一调度，办公室具体安排，必要时可向卫生防疫部门抽调人员支援事故处理。明确分工，落实职责，听从指挥，确保到位。

(6)信息公开。保障广大宾客及各员工在事故发生和处理过程中的知情权，及时、准确做好信息公开，并如实向上级部门汇报，不瞒报、谎报。及时澄清谣传，避免不必要的误解。

4. 事故责任追究

(1)对导致事故发生的相关责任人进行严肃追究。

(2)对事故中瞒报、谎报和不及时上报的行为进行严肃追究。

(3)对事故处理中的玩忽职守、推诿扯皮等影响应急方案顺利实施的行为进行严肃追究。

5. 旅游团食物中毒事件的应急救援处置①

根据《食品安全法》的解读，食物中毒是"指食用了被有毒有害物质污染的食品或者食用了含有毒有害物质的食品后出现的急性、亚急性疾病。"食物中毒事件属于食品安全事故之一。旅游团因为人员众多、就餐统一，加之某些旅游目的地就餐环境监管不到位，往往成为食物中毒事件的易发、高发之所。旅游团食物中毒，不仅会给旅游者带来身体伤害，影响

---

①资料来源：黄恢月，《旅游者食物中毒赔偿纠纷及其处理》，山东省平阴县旅游局网站，http://lyj.pingyin.gov.cn/contents/1450/28058.html，发布日期：2011-01-26。经整理、增删编写。

其旅游行程；同时，事件若处置不当，还会损害旅游餐饮企业、旅游目的地的社会形象。

1)旅游团食物中毒事件的处置难点

(1)食物中毒不能轻易确定。旅游者由于舟车劳顿、体力消耗过大，身体抵抗力容易下降；加之，由于旅游者水土不服，或者对旅游目的地食物不适应，特别是内地旅游者赴沿海旅游，对当地的海鲜等食物不适应，容易产生肠胃不适，出现疑似食物中毒症状。所以，除非有卫生监督部门出具的权威结论，否则不能随便认定是食物中毒。

(2)中毒的食物来源难以确定。旅游者的食物来源有两个，一是旅行社安排的餐厅提供的食物，另一个是旅游者在旅游途中自己购买的食物。由于食物中毒一般发生在饭后几个小时以后，甚至更长时间之后。到底是旅游餐厅食物有毒或变质，还是旅游者在其他地方购买的有毒或变质食物引起的食物中毒，常常会成为一个难以清晰认定的难题。

2)旅游者食物中毒事件的处置原则

(1)必须确定旅游者是肠胃不适还是食物中毒。肠胃不适是旅游者身体原因，食物中毒原因则在食物，两者责任归属不同，必须由卫生监督部门做出明确检测鉴定。因为医院是医疗机构，不是食品鉴定机构，法律严格规定，医院不得出具是否属于食物中毒的鉴定证明。所以医疗部门的治疗诊断不能作为食物中毒的依据，检测报告应当由卫生监督部门出具。

(2)必须确定旅游者食物中毒的来源。食物来源关系到旅行社和餐馆是否承担赔偿责任，因此明确食物来源至关重要。如果食物来源不能明确，旅行社承担责任就在所难免。

(3)必须明确旅游者食物中毒的餐馆提供者。如果旅游者的中毒食物来源于旅行社提供的餐馆，旅游者既可以选择以侵权为由向餐馆索要赔偿，也可以选择以违约为由向组团旅行社索要赔偿。如果证明食物不是来源于旅行社提供的餐馆，旅行社不承担赔偿责任，旅游者的损失要么由旅游者自己承担，要么要求提供食物的商家承担。

3)旅游团食物中毒事件的处置程序

国家旅游局所发《旅游突发公共事件应急预案》对旅游团食物中毒事件的处置程序，规定如下。

(1)事故报告。旅游团队在行程中发生重大食物中毒事件时，随团导游人员应立即与卫生医疗部门取得联系争取救助，同时向所在地旅游行政管理部门报告。

(2)查找毒源。事发地旅游行政管理部门接到报告后，应立即协助卫生、检验检疫等部门认真检查团队用餐场所，找出毒源，采取相应措施。

(3)协调救援。事发地旅游行政管理部门在向上级旅游行政管理部门报告的同时，应向组团旅行社所在地旅游行政管理部门通报有关情况，并积极协助处理有关事宜。国家旅游局在接到相关报告后，应及时协调相关地区和部门做好应急救援工作。

旅游团疑似食物中毒事件发生时的应对措施

1. 导游人员(领队)应及时把旅游者送往医院

只要疑似食物中毒事件发生，导游人员(领队)要在第一时间协助把旅游者送往医院救治，防止旅游者病情恶化。

2. 导游人员(领队)要在第一时间取证

疑似食物中毒事件发生后，导游人员(领队)要协助旅游者取得呕吐物、排泄物的样本，以便向卫生监督部门提供，用于检测是否属于食物中毒。

3. 导游人员(领队)要及时报告

导游人员(领队)首先要向卫生监督管理部门报告，请求他们前来取样鉴定；同时还要向旅行社负责人报告，获得处理的意见和方案。如果旅游者在境外，还要向我国使领馆报告。

实例分析 8-1

凌晨时分的"食物中毒"[①]

某个参加"三天两夜游"的32人旅游团飞抵某海滨城市，完成第一天白天的旅游行程后，在全陪导游小鲁及地陪小商的带领下，到当地某海鲜酒楼用晚餐。席间，平常很少接触海鲜的游客们大吃海鲜，大饱口福。晚餐后游客们直接赶赴所下榻的星级酒店。小鲁和小商安顿好游客，交代完第二天的行程和起床用早餐的时间后，也各自回住处休息。

凌晨2点多，小鲁被酒店前台接待员的电话叫醒，得知团内有八九个游客突然感到腹胀腹痛，有的还伴有恶心呕吐、腹泻不止等症状。小鲁赶紧起床前去查看。根据游客的反映及自己所看到的状况，小鲁分析可能是游客们当晚食用了不新鲜的海鲜而致食物中毒。由于初次带团到此地，情况不熟，加之半夜三更，小鲁一时有些无措，只好联系地陪小商。

半个小时后，在小商的安排下，身感不适的游客被送往医院。天亮时分，又陆续有十二三位游客因上吐下泻被送往医院。经医生抢救治疗后，游客们的身体状况虽已无大碍，但却元气大伤，后期旅游行程无奈只得取消。该团游客对此深表不满，申请赔偿。

问题：

(1)本案例中客人们的症状是否属于"食物中毒"？判断依据是什么？

(2)旅游团发生"食物中毒"事件的处置程序是什么？

(3)本案例中的事件若属于"食物中毒"旅游安全事故，依据相关法律，应如何确立游客赔偿的责任人？

分析：

(1)所谓食物中毒是"指食用了被有毒有害物质污染的食品或者食用了含有毒有害物质的食品后出现的急性、亚急性疾病。"因水土不服、食物过敏等因素也会引起呕吐、腹泻等类似食物中毒的症状，因此不能草率判定本案客人们的症状即是食物中毒。但因症状相似，可以预判为疑似食物中毒，并迅速采取相应救治措施。待卫生监督机构做出监测报告后，再判定是否确诊食物中毒，以便于赔偿处置。

(2)旅游团客人发生疑似食物中毒，随团导游人员首先要立即与卫生医疗部门取得联

[①] 资料来源：编者以"2012年全国导游人员资格考试模拟试题"中的案例分析题为源，整理改编。

系，争取救助，同时向所属旅行社、所在地旅游行政管理部门报告。其次，协助卫生、检验检疫等部门认真检查团队用餐场所，找出毒源，采取相应措施。最后，在事件发生地旅游、卫生行政管理部门的指挥下，参与协调救援。

(3)首先确定毒源，若为旅行社所安排的海鲜酒楼的食物问题，则由该酒楼承担赔偿责任，旅行社因推介不当，也需承担连带责任；若为游客独自在外用餐所致，旅行社不承担赔偿责任，旅游者需向食物提供者索赔。

本章小结

本章概括性介绍了旅游安全及旅游保险的相关法律概念、类型及其适用情况，重点阐释了旅游安全事故的分类及处理程序，旅游保险相关法律、条例的主要内容，以及食品安全的法制建设和食品安全监管制度。

旅游安全是旅游领域内的常见问题，也是旅游发展的先决条件。旅游安全事故主要包括轻微、一般、重大、特大事故四种类型。旅游安全事故处理的一般程序是：逐级报告，保护现场，抢救、侦查，负责人现场处理，写出事故调查报告。重大旅游安全事故的处理程序，按照《重大旅游安全事故报告制度试行办法》和《重大旅游安全事故处理程序试行办法》进行。

特大旅游安全事故的处理程序，按照《生产安全事故报告和调查处理条例》进行。

旅游安全事故的发生会对旅游者的出游造成阻碍，旅游保险制度则解除了旅游者进行旅游的后顾之忧。旅游保险制度依托于《中华人民共和国保险法》及《旅行社投保旅行社责任保险规定》，在厘清旅游保险特殊性的基础上，阐明了旅游保险合同的主体、客体及内容，并对旅游保险合同的索赔、理赔进行了着重阐释。

食品安全监管制度包括食品安全风险监测制度、食品安全风险评估制度及食品安全的舆论与社会监督制度。

食品安全生产经营的相关法律规范包括对食品生产经营人员的健康管理、食品生产经营许可制度、食品生产经营的安全标准制度、食品生产经营的标识制度及食品召回追溯制度。其中食品生产经营的标识制度涵盖预包装食品及食品添加剂两个方面。

食品安全事故处置的相关法律规范部分，首先解读了"食品安全事故"这一法律术语，然后明确阐释了食品安全事故的处置程序，并对旅游团中常常出现的食品安全事故——食物中毒处置的法律规范进行了介绍和剖析。

关键术语

1. **旅游安全事故**：指突然发生，造成或可能造成旅游者人身伤亡和财产损失，或严重社会危害，需要采取应急处置措施以应对的自然灾害、事故灾难、公共卫生事件和社会安全事件。
2. **轻微事故**：指一次事故造成旅游者轻伤，或经济损失在1万元以下者。
3. **一般事故**：指一次事故造成旅游者重伤，或经济损失在1万至10万(含1万)元者。

4. **重大事故**：指一次事故造成旅游者死亡或旅游者重伤致残，或经济损失在 10 万至 100 万(含 10 万)元者。

5. **特大事故**：指一次事故造成旅游者死亡多名，或经济损失在 100 万元以上，或性质特别严重，产生重大影响者。

6. **旅游保险**：指旅游者或旅游经营者(各类旅游企业)向保险公司投保，根据不同的险别和标准交纳保险费，与保险公司订立保险合同，使旅游者或旅游经营者在旅游活动过程中因遭受各种意外事故、危险而造成的人身及财产损失得到经济补偿。

7. **旅游保险合同**：是投保人与保险人约定在旅游活动中的保险权利和义务关系的协议，是指旅游保险关系双方当事人之间签订的一方缴纳保险费，另一方在保险标的遭受法律规定或者当事人约定的保险事故时，承担经济补偿责任或者旅行给付义务的一种协议。

8. **食品**：指各种供人食用或者饮用的成品和原料以及按照传统既是食品又是药品的物品，但是不包括以治疗为目的的物品。

9. **食品安全**：指食品无毒、无害，符合应当有的营养要求，对人体健康不造成任何急性、亚急性或者慢性危害。

10. **食品安全事故**：指食物中毒、食源性疾病、食品污染等源于食品，对人体健康有危害或者可能有危害的事故。

11. **食物中毒**：指食用了被有毒有害物质污染的食品或者食用了含有毒有害物质的食品后出现的急性、亚急性疾病。

章前案例解析

【分析】

旅游安全管理工作并不是旅游经营企业需要单独承担的职责，根据《旅游法》及《旅游安全管理暂行办法实施细则》的相关条例规定，我国的旅游安全管理机构主要是指县级以上人民政府、各级旅游行政管理部门、旅游经营单位的安全管理部门，这些部门依据"统一指导、分级管理、以基层为主"的原则负责旅游安全工作。

国家旅游行政管理部门及地方旅游行政管理部门都负有旅游安全管理的相应职责。国家旅游行政管理部门需要从宏观上制定全国的旅游安全管理规章制度，负责监督指导全国的旅游安全管理工作。地方旅游行政管理部门主要负责制定本地区旅游安全管理的规章制度，负责本地区旅游安全管理的各项工作。

旅游经营者则是负责旅游安全管理工作的最基层单位，也是第一线单位，按照《旅游安全管理暂行办法实施细则》的规定，承担起自己的相应职责。

【点评】

近年来旅游景区安全事故频发，大部分事故发生的主要原因就在于旅游安全管理工作流于形式，安全管理程序执行不到位。特别是有许多旅游经营单位只在上级部门进行检查时，才按照安全管理法律及规章制度的要求进行旅游安全管理，在事故发生后才进行整改，置游客的生命财产安全于不顾。

本案给我们的经验教训是，对于旅游安全事故，首先要预防，这要求各级旅游行政部门及旅游经营单位严格按照"安全第一,预防为主"的方针,尽到自己旅游安全管理工作的相应职责,把旅游者的安全放在首位;其次在事故发生后,一定要尽职尽责妥善处理,将旅游安全事故的损失降到最小限度。

复习思考题

一、选择题

1. 美国游客约翰来华旅游期间,突然心脏病发作,送医抢救无效后死亡。根据《外国人在华死亡后的处理程序》规定,该美国游客的死亡归类应该是(　　)。
   A. 正常死亡　　　　　　　　　B. 非正常死亡
   C. 突发死亡　　　　　　　　　D. 不明原因死亡

2. 游览道路上行驶的游览车应按园区规定线路行驶,限速(　　)千米/小时。
   A. 5　　　　　　　　　　　　B. 10
   C. 15　　　　　　　　　　　　D. 20

3. 在旅游保险合同中,保险人是指(　　)。
   A. 旅游者　　　　　　　　　　B. 旅行社
   C. 保险公司　　　　　　　　　D. 旅游团

4. (　　)组织制定国家食品安全事故应急预案。
   A. 国家卫生行政部门　　　　　B. 出入境检验检疫部门
   C. 国家工商行政管理部门　　　D. 国务院

5. (　　)有权利举报食品生产经营中违反食品安全法的行为,有权向有关部门了解食品安全信息,对食品安全监督管理工作提出意见和建议。
   A. 国家公职人员　　　　　　　B. 相关监督管理部门
   C. 任何组织和个人　　　　　　D. 新闻媒体

二、判断题(对的打"√",错的打"×")

1. 旅游安全管理工作应当贯彻"安全第一,预防为主"的方针。(　　)
2. 根据《旅游法》的规定,高风险旅游项目包括高空、高速、水上、潜水、探险五个项目。(　　)
3. 旅游保险合同中的投保人必然就是旅游者。(　　)
4. 患有活动性肺结核疾病的人不得从事食品生产经营工作。(　　)

三、名词解释

1. 旅游安全事故
2. 旅游保险
3. 食品安全
4. 食品安全事故

四、简答题

1. 旅游安全事故是如何分类的？旅游安全事故的基本处理程序是什么？
2. 简述旅游保险合同的主体、客体、内容。
3. 发生食品安全事故，启动事故响应预案后，应该采取哪些措施以最大程度减少损失？
4. 发生食物中毒的处理程序是什么？

五、论述题

论述怎样加强风险性旅游项目的安全管理。

六、实际操作训练

阳朔热气球爆炸，4名荷兰游客摔死

2009年10月14日上午，广西荔浦县境内发生一起热气球燃烧坠毁事故，造成4人死亡，3人受伤，其中4名死者和1名伤者是荷兰籍游客。

据安全生产监督管理等部门初步调查，14日6:30左右，发生事故的热气球从广西阳朔县红旗码头起飞，上面载着2名中国男性驾驶员和5名荷兰籍游客，游客为3名男士、2名女士。7:45左右热气球飞到荔浦县马岭镇德安村山面屯上空，在降落过程中，发生倾斜，热气球上的气瓶发生漏气燃烧，热气球失控上升，后热气球燃烧坠毁，从热气球上摔落至山坡上的2名男士、2名女士当场死亡，均为荷兰籍游客。另外掉在树上的2名中国男性驾驶员和1名荷兰籍男性游客幸免于难。

14日上午10:30，山面屯山坡上的事故现场已经拉起了警戒线，搜救人员用塑料薄膜盖住了死者的尸体，近百名政府工作人员在现场维持秩序。

事故发生后，阳朔县要求县内所有与热气球等飞行器有关的单位停业并排查安全隐患，停止所有热气球等的飞行活动。由安监、公安等部门组成的事故原因调查小组随之启动调查；事故善后小组处理善后工作。

(资料来源：《阳朔热气球爆炸4名荷兰游客摔死均年近6旬》，搜狐网，http://news.sohu.com/20091015/n267364965.shtml，网站最后访问日期：2009年10月15日。经整理改动。)

训练项目：

(1)根据相关法律，本案中发生的热气球安全事故属于哪一等级的旅游安全事故？
(2)在本案中的旅游安全事故发生后，相关责任单位依法应该如何处理？
(3)本案中的4名死者和1名伤者是荷兰籍游客，根据相关法律应该怎样处理外国旅游者伤亡事故？

第9章 旅游资源管理法律制度

学习目标

知识目标	技能目标
①了解旅游资源保护与管理的各类适用法律、法规	①掌握旅游资源相关的基本法律术语
②了解各类旅游资源的法定管理机构	②掌握旅游景区管理的一般性法律规范
③理解各类旅游资源管理的方针或原则	③熟悉风景名胜区与自然保护区的设立条件与程序
④理解各类旅游资源的类别、等级与区域划分	④掌握文物与世界遗产保护的基本法律制度
	⑤掌握各类旅游资源保护与管理的法律禁令与责任

第9章 旅游资源管理法律制度

知识结构

```
旅游资源管理
法律制度
├── 概述
│   ├── 旅游资源的概念
│   ├── 旅游资源保护的行政管理
│   ├── 旅游资源保护的措施
│   └── 旅游资源保护的制度
├── 旅游景区管理法律制度
│   ├── 旅游景区的概念
│   ├── 旅游景区的开放条件
│   ├── 利用公共资源建设的景区的收费
│   ├── 旅游景区的收费价格及公示
│   ├── 景区旅游者接待的流量控制
│   ├── 景区、住宿经营者与实际经营者的连带责任
│   └── 旅游景区的质量等级评定
├── 风景名胜区管理法律制度
│   ├── 风景名胜区的概念与等级
│   ├── 风景名胜区的部门管理
│   ├── 风景名胜区的设立
│   ├── 风景名胜区的规划
│   ├── 风景名胜区的保护
│   ├── 风景名胜区的利用与经营管理
│   └── 风景名胜区的法律责任
├── 自然保护区管理法律制度
│   ├── 自然保护区的概念
│   ├── 自然保护区的等级
│   ├── 自然保护区的区域构成
│   ├── 自然保护区的建立条件与审批程序
│   ├── 自然保护区的管理
│   └── 自然保护区的法律责任
└── 文物保护法律制度及世界遗产的保护
    ├── 文物的概念、分类与保护范围
    ├── 文物保护的方针、机构与经费
    ├── 文物资源的法律保护
    ├── 文物保护单位的法律保护
    ├── 违反文物保护法的法律责任
    └── 世界遗产的国际保护
```

导入案例

游黄山摔伤致残[①]

2009年7月,来自南京的S女士报名参加了某旅行社组织的黄山3日游。7月13日,S女士随旅游团在黄山景区游览,下山沿台阶行至紫光阁时,一脚踩空跌倒。这处台阶靠山崖一侧没有护栏,S女士当即滚落山底。滚落过程中S女士身体连续与山石碰撞,受伤严重。黄山景区救护队接到求救后,立即派出救援人员将S女士从山底救起送医抢救。经医院确诊,S女士颅骨骨折、右胫腓骨骨折、腹部闭合伤、脾破裂,同时全身软组织挫裂伤。后虽历经两次手术,S女士身体仍有损伤。经鉴定,其"右胫腓骨骨折遗留右膝关节功能丧失50%以上,构成九级伤残。"因协商赔偿不成,S女士遂以"未尽到告知和安全防护责任"为由,将黄山旅游发展股份有限公司诉至法院,索赔医疗费、残疾赔偿金,精神抚慰金等总额20.88万元,其中伤残赔偿金10.53万元。针对S女士的诉讼请求,黄山旅游公司认为,S女士没能提供任何证据证明他们存在过错,他们对经营场所提供的安全保障义务已经达到了合理限度,景区所有旅游设施都是完全符合国家的相关强制性规定的;S女士受伤完全是因为她下山时注意力不集中,一脚踏空摔倒所致,景区不承担损害赔偿责任。

问题引入:
本案中,黄山旅游公司是否存在过错?S女士的诉讼请求是否于法有据?是否合理?法院依法应如何裁决?

旅游资源是招徕旅游者的核心吸引物,是旅游业发展的生命线,也是一个国家或地区旅游业发展的重要物质基础。为确保旅游业的健康、可持续发展,我国陆续制定了一系列保护旅游资源的法律、法规,逐渐将旅游资源的开发、保护与利用纳入了科学的法制监管范畴。

9.1 概述

我国对旅游资源的保护十分重视,国家立法机关和行政机关制定并发布了一系列法律、法规,地方立法机关和行政机关也根据各自具体情况制定了一些地方性的法律、法规,为我国旅游资源的保护与管理提供了自上而下的法律保障。

其中,最主要的有《中华人民共和国自然保护区条例》(1994年12月1日起施行)、《中华人民共和国文物保护法》(2002年10月28日颁布施行)、《旅游规划通则》(GB/T 18971—2003)(2003年5月1日实施)、《旅游资源分类、调查与评价》(GB/T 18972—2003)(2003年5月1日实施)、《旅游景区质量等级的划分与评定》(修订)(GB/T 17775—2003)(2005年1月

[①]资料来源:根据"江苏旅游诚信网·维权案例·景区投诉"所载案例资料整理改编。网址:http://www.jslycx.gov.cn/2012/09/6198.html,网站最后访问日期:2014年3月25日。

1 日实施)、《风景名胜区条例》(2006 年 12 月 1 日起施行)、《旅游资源保护暂行办法》(2007 年 9 月 4 日发布实施)、《历史文化名城名镇名村保护条例》(2008 年 7 月 1 日起施行)等,这些都是对旅游资源保护与管理的专门性法律与规定。同时,《旅游法》(2013 年 10 月 1 日起施行)在其第三章、第四章及第九章内,均有多项条款规范旅游资源的开发、保护与管理。

此外,根据旅游资源属性的不同,还有《中华人民共和国环境保护法》《中华人民共和国森林法》《中华人民共和国草原法》《中华人民共和国海洋环境保护法》等,也从不同领域对旅游资源的保护与管理作出了相关规定。

9.1.1 旅游资源的概念

何谓旅游资源？旅游实业界及学术界曾经从不同角度对此做过有益的探讨,提出过不同的概念表述。为规范法律界定,2004 年 10 月 28 日,国家质量监督检验检疫总局在其所发布的《旅游景区质量等级的划分与评定》(修订)(GB/T 17775－2003)中对旅游资源的概念进行了权威解读:旅游资源是指"自然界和人类社会凡能对旅游者产生吸引力,可以为旅游业开发利用,并可产生经济效益、社会效益和环境效益的各种事物和因素。"基于此界定,2007 年 9 月 4 日,国家旅游局在其所发布的《旅游资源保护暂行办法》中,又做了进一步细化解读,认为旅游资源"包括已开发的各类自然遗产、文化遗产、地质、森林、风景名胜、水利、文物、城市公园、科教、工农业、湿地、海岛、海洋等各类旅游资源,也包括未开发的具有旅游利用价值的各种物质和非物质资源。"

由此可以看出,对旅游资源的法律界定,有几点需要特别注意。

(1)旅游资源既包括已开发的各类资源,也包括具有潜在旅游开发利用价值的各类资源。

(2)旅游资源既可以是自然界存在的、物质的资源,也可以是人类文化创造的、非物质的资源。

(3)旅游资源要有实用价值,要对旅游者有吸引力,能够激发旅游者的旅游动机。

(4)旅游资源要能给旅游业界带来经济效益。

其实,旅游资源是一个发展的概念,随着国民经济水平的提高和旅游业的深层发展,人们对旅游资源的内涵的认识和理解将会更加深刻,旅游资源的范围将会不断扩大。

9.1.2 旅游资源保护的行政管理

《旅游资源保护暂行办法》第三条、第四条、第五条、第六条明确规定,各级旅游行政管理部门必须高度重视旅游资源的保护与管理工作,切实履行自己的职责,坚持严格保护、开发服从保护的原则,实现协调监管、合理利用、科学发展的目标。

其中,国务院旅游行政管理部门负责全国旅游资源的普查、分类、定级、公告及相关保护工作,各地旅游行政管理部门负责本地区的旅游资源的普查、分类、定级、公告及相关保护工作。《旅游资源保护暂行办法》尤其指出,"旅游资源普查是旅游资源保护的基础,县级以上旅游行政管理部门应依据本办法和《旅游资源分类、调查与评价》等国家标准做好本地区的旅游资源普查工作,向社会公布,并适时补充、更新相关信息,作为开展旅游资源保护、制定旅游产业发展规划的基础数据库。"

同时,"各级旅游行政管理部门应与同级人民政府的环保、建设、土地、林业、文化、水利等部门密切合作,承担推进本地区旅游资源保护工作的责任。"

9.1.3 旅游资源保护的措施

旅游资源的保护是个系统工程,需要在宣传、教育、资金、人力及管理等方面进行全方位的努力。《旅游资源保护暂行办法》对旅游资源保护的措施细化强调如下四点。

1. 宣传教育

旅游资源保护不到位的一个重要原因是旅游经营者、民众及游客的资源保护意识薄弱。《旅游资源保护暂行办法》第七条规定:"各级旅游行政管理部门应加强对旅游资源保护的宣传工作,不断增强旅游经营者、民众和游客的旅游资源保护意识。旅行社、旅游景区、导游人员应担负起教育游客在旅游活动中保护旅游资源的职责。"第十一条还指出,各级旅游行政管理部门根据需要,还可以设立本地的"旅游资源保护公益宣传大使",在本部门备案,并向社会公布。

2. 社会参与

旅游资源的保护工作需要调动全社会力量参与。《旅游资源保护暂行办法》第八条规定:"任何社会团体和个人都有权利和义务依法从事旅游资源保护工作。对于发现的旅游资源破坏事件,任何团体和个人都有义务及时向当地旅游部门举报。"

3. 资金保障

旅游资源保护的资金可以从政府与社会两方面保障与筹集。《旅游资源保护暂行办法》第九条规定:"各级旅游行政管理部门应确保旅游资源普查工作的资金。"第十条规定:"鼓励社会团体、个人通过捐赠等方式依法设立旅游资源保护基金,专门用于旅游资源保护,任何单位和个人不得侵占、挪用。海外社会团体、个人通过捐赠等方式在我国设立旅游资源保护基金,依照我国相关法律、法规等规定办理。"

阅读案例 9-1

大山包自然保护区接受社会捐赠的办法[①]

为进一步推进大山包自然保护区生态环境保护和旅游资源开发,促进和规范接受用于黑颈鹤的保护和生态补偿的社会捐赠,保障捐赠者和保护区双方的权益,云南省大山包黑颈鹤国家级自然保护区管理局于2009年12月20日出台了《云南大山包黑颈鹤国家级自然保护区接受社会捐赠的管理办法》。该办法规定,"捐赠方式可分为货币捐赠和实物捐赠;

---

①资料来源:《云南大山包黑颈鹤国家级自然保护区接受社会捐赠的管理办法》,湿地中国网,http://www.shidi.org/sf_0A97854F7FE1438287BD6376DE64DF8F_151_ynsd.html,网站最后访问日期 2014/07/07。

指定用途捐赠和非指定用途捐赠；冠名捐赠和非冠名捐赠等。具体捐赠方式根据捐赠者的意愿，由保护区管理局和捐赠者协商确定。"同时，该办法还针对捐赠的途径、项目，捐赠资金的管理和捐赠鸣谢方式等给出了具体规定。

4. 有序开发

为保障旅游资源开发的有序与可控，《旅游资源保护暂行办法》第十五条至第十八条做出如下规定。

(1)依法从事旅游资源开发活动的单位或个人，在取得有关部门的立项和建设许可后，应及时到旅游资源所在地的旅游行政管理部门备案，并提前制定专项的开发保护方案。

(2)当地旅游行政管理部门有责任向备案的旅游资源开发单位或个人，提供本地的旅游业发展基本情况、发展预期等相关信息，并做好企业发展的有关业务指导工作。

(3)各级旅游行政管理部门应建立辖区内的旅游资源开发情况资料库，收集、登记旅游资源开发建设单位、建设规模、运营情况等信息，并将可以公开的信息及时向社会公布。

(4)开展旅游资源的招商开发活动，应提供全面和可信的项目立项、土地审批、资源保护等方面的信息，严禁虚假宣传，旅游行政管理部门应加强相关监督检查。

最后，《旅游资源保护暂行办法》第二十条强调："严禁任何单位和个人在未经开发的旅游资源区域开展旅游经营活动。"在指定区域内开展科学研究、体育运动、探险等非营利性活动的，"应提前向所在地旅游行政管理部门报告备案，包括活动目的、人数、停留天数、相应联系方式及预采取的旅游资源保护措施等内容。"

9.1.4 旅游资源保护的制度

1. 专家咨询报告制度

旅游资源保护必须杜绝非专业、"拍脑袋"决策。《旅游资源保护暂行办法》第十三条规定："设立旅游资源保护咨询专家组，建立旅游资源保护专家咨询报告制度。专家组由各级旅游行政管理部门负责组建，并向社会公布。所聘专家应包括涉及旅游资源各种类型各方面的专家。专家组为旅游资源保护工作提供咨询、建议、发表评论，并在每个五年规划的末期，提交本时期的《旅游资源保护报告》，由各级旅游行政管理部门向社会发布。"

2. 编制资源保护规划制度

《旅游资源保护暂行办法》第十四条规定："各级旅游行政管理部门应协调处理好旅游资源保护和旅游发展之间的关系。单独编制旅游资源保护规划，并将旅游资源保护规划的主要内容纳入本地的旅游业发展规划。旅游资源保护规划的编制应选择具有相应资质的旅游规划编制单位承担。"

3. 保护情况通报制度

《旅游资源保护暂行办法》第二十一条规定："建立旅游资源保护情况通报制度。各级旅游行政管理部门对本地区发生的重大破坏旅游资源事件应及时报告同级人民政府和上级旅游行政管理部门。经过批准后，及时向社会通报旅游资源破坏事件的相关情况，正确引导舆论，接受社会各界监督。"

9.2 旅游景区管理法律制度

随着旅游业的蓬勃发展，旅游景区逐渐发展成为我国旅游资源的主要体现形式、旅游产品的主要载体和旅游者达成旅游体验的核心所在。为规范旅游景区的管理，提升旅游者的旅游满意度，我国先后出台了调整、规范旅游景区管理的多部法律、法规及质量评定标准，主要分为国家和地方两个层面。国家颁行的法律、法规中既有专项的法律法规(如《中华人民共和国自然保护区条例》)，也有其他法律、法规中涉及景区保护和经营的条款(如《中华人民共和国环境保护法》《中华人民共和国大气污染防治法》)；既包括一些实施细则和管理办法(如《中华人民共和国考古涉外工作管理办法》)，也包括民事方面的一些法律(如《中华人民共和国民法通则》《中华人民共和国物权法》)。地方性的法律、法规，既有关于本行政区域内旅游管理的一般性法规(如《北京市旅游管理条例》)，也有关于本行政区域内特定景区的保护条例(如《甘肃敦煌莫高窟保护条例》)。

因关于风景名胜区、自然保护区及文物保护的法律、法规会在其后有专节阐释，所以本节仅以《旅游法》及《旅游景区质量等级的划分与评定》(修订)为主，就旅游景区管理的一般性法律调整予以说明。

9.2.1 旅游景区的概念

所谓旅游景区，依据《旅游景区质量等级的划分与评定》(修订)，是指"以旅游及其相关活动为主要功能或主要功能之一的空间或地域"，即"具有参观游览、休闲度假、康乐健身等功能，具备相应旅游服务设施并提供相应旅游服务的独立管理区。该管理区应有统一的经营管理机构和明确的地域范围。包括风景区、文博院馆、寺庙观堂、旅游度假区、自然保护区、主题公园、森林公园、地质公园、游乐园、动物园、植物园及工业、农业、经贸、科教、军事、体育、文化艺术等各类旅游景区。"

为简便起见，《旅游法》将如上所有这些地方均简称为"景区"，其第一百一十一条第二款规定："景区，是指为旅游者提供游览服务、有明确的管理界限的场所或者区域。"根据这一规定，旅游景区是指已经开发、利用的，具有明确的游览服务设施及管理界限的旅游资源。那些没有明确的游览服务设施，没有明确的管理界限的场所或区域则不属于景区。

9.2.2 旅游景区的开放条件[①]

《旅游法》首次从立法层面确立了旅游景区的开放条件。其第四十二条阐明，"景区开放应当具备下列条件，并听取旅游主管部门的意见：①有必要的旅游配套服务和辅助设施；②有必要的安全设施及制度，经过安全风险评估，满足安全条件；③有必要的环境保护设

---

①资料来源：杨富斌、苏号朋. 中华人民共和国旅游法释义[M]. 北京：中国法制出版社，2013：120-124.

施和生态保护措施；④法律、行政法规规定的其他条件。"

1. 旅游配套服务和辅助设施条件

所谓"旅游配套服务"，是指景区为帮助旅游者实现更好、更方便的旅行和游览，享受旅游带来的乐趣而向其提供的各种服务，具体包括接待服务(含票务、闸口、咨询、投诉处理等服务)、解说服务(含导游讲解服务及印刷品、语音导览器、标识牌等游客自助讲解服务)以及食、住、行、娱、购等其他配套服务。所谓"旅游辅助设施"，则是指为适应旅游者在景区旅行游览中的需要，方便向其提供服务而建设的各种旅游服务设施，是景区旅游服务不可或缺的物质基础。将必要的旅游配套服务和辅助设施作为景区开放的必备条件，有助于适应游客需求，提升游客在景区的旅游体验和满意度。

2. 旅游安全条件

没有安全就没有旅游业的发展。旅游安全是旅游者的必然诉求，景区健全的旅游安全保障是旅游者出游的强力定心丸。所谓"景区安全设施"，是指景区在提供旅游产品和服务的过程中，将危险、有害因素控制在安全范围内，以及减少、预防和消除危害所应有的设备和采取的措施。所谓"景区安全制度"，是指为了保障旅游者以及景区工作人员的人身、财产安全，预防各类安全事故而制定的管理制度，包括景区食品、交通、消防等方面的安全管理制度，以及景区安全预警、应急救援等制度。所谓"安全风险评估"，则是指从风险管理角度，运用科学的方法和手段，系统地分析景区安全所面临的威胁及其存在的脆弱性，评估安全事件一旦发生可能造成的危害程度，提出有针对性地抵御威胁的防护对策和整改措施，设立景区安全预警系统。旅游景区必须具备法律所规定的安全条件，才能够为旅游者提供较为充分的安全保障。

阅读案例 9—2

鼓浪屿风景名胜区公众聚集场所应急疏散总体预案①

为进一步做好公众聚集场所的安全保卫工作，确保在旅游高峰期、大型旅游节庆和其他公众聚集活动的安全、有序，并在面临突发事故时，做到统一指挥，及时、有效地整合人力、物力、信息等资源，实施有效的控制和扑救，最大程度地减少人员伤亡和财产损失，特制定本预案。

一、适用范围

本预案适用于旅游高峰期、大型旅游节庆和其他公众聚集活动出现紧急情况时人员的疏散和应急救援工作。

二、公众聚集场所存在的安全隐患及重点防范部位

(一)安全隐患

1. 旅游高峰期(黄金周)旅游景点、轮渡码头人员聚集拥挤引发的踩踏造成人员伤亡事故。

---

①资料来源：根据百度文库《景区游客人员应急疏散总体预案》整理改编。

2. 大型旅游节庆和其他公众聚集活动，如：举办各类文艺演出、体育比赛、展览、游园等，因人员拥挤引发的踩踏或室内火灾、崩塌等事故引起的人员烧伤、窒息、踩踏等事故。

(二)重点防范部位

1. 轮渡码头、轮渡广场。
2. 日光岩百米高台。
3. 鼓浪屿音乐厅。
4. 体育场。

三、组织领导和职责分工

(一)组织领导

成立管委会应急工作指挥部，成员如下：(略)

(二)职责分工

本预案启动后，各指挥部成员必须坚守岗位，服从指挥。其职责如下：

1. 总指挥：当公众聚集场所出现紧急情况时，确定启动本预案，进行全方位的指挥。在我委无力解除险情的情况下，应及时请求上级部门或驻岛部队、单位支援。总指挥外出时，替代总指挥的为按顺序的一名副总指挥。

2. 副总指挥：接通知(报告)后立即到达现场，按分工对人力、物力、财力资源进行调度，组织人员进行疏导、分流、抢险工作。

3. 机关党委、办公室：及时掌握信息，向指挥部报告险情进展及处置情况；按指挥部要求协调有关部门进行抢险排险；做好后勤保障工作。

4. 市场处：加强与轮渡公司、各景点及举办大型节庆活动单位的联系，及时向指挥部、办公室反馈抢险排险情况；联系医疗单位，做好救护保障；组织做好宣传、解释工作。

5. 管理处：协调外援力量，如鼓浪屿派出所、驻岛部队、单位共同参与抢险排险工作。

6. 财务处：负责抢险排险资金的安排、调度；协助办公室做好后勤保障工作。

7. 规划处：负责市政设施的恢复，环境卫生保洁。

8. 执法大队、旅游质监所：加强节假日(黄金周)公众聚集场所的巡查，发现异常，及时向管委会有关部门或值班领导报告，参与人员疏导分流和抢排险工作。

9. 轮渡公司：为主负责厦门轮渡码头、鼓浪屿轮渡码头人员的疏导分流工作。

10. 各景点：为主负责本景点内人员的疏导分流和抢、排险工作。

四、处置措施

(一)旅游高峰期(黄金周)旅游景点、轮渡码头人员疏导分流

1. 轮渡公司、各旅游景点应制定重点防范部位紧急情况人员疏散预案，并定时进行实战演练和修订。各单位应急工作小组要组织有关人员进行抢险、救护培训，以备遇有事故能按岗位各尽其责，迅速、准确地完成抢险、救护工作。

2. 各部门、各单位应于节前(黄金周前)将本单位值班(带班)领导名单报管委会办公室备案，管委会办公室汇总平衡后排出"管委会节假日领导带班和各部门人员值班表"分发至各部门。各部门人员要严格按值班表安排准时到岗值班，不得擅自替岗、调班。

3. 各旅游景点应坚持 12 小时领导带班、办公室人员值班，后勤管理人员要充实到各

票口或关键岗位。门票班要调配好人员,确保游客入园畅通。带班领导每隔2小时与管委会值班领导和门票班联系一次,在主要路口、票口、险要地段,增派保安人员维持秩序和疏导游客。在险要地段,应限制游客的容纳人数,引导游客分批游览。监控室密切注意各监控点的客流情况,一旦发现有阻塞现象,立即报告带班领导,同时广播引导分流。带班领导接到报告后,应迅速派员赶往阻塞地进行疏导。出现紧急情况时,通知门票班立即停止售票,并立即报告管委会值班领导,启动本预案。

4. 管委会市场处值班人员要密切注意景区的客流情况,每隔2小时与轮渡公司、各景点联系一次,了解游客上岛人数,一旦游客量剧增,应立即报告管委会带班领导,组织有关人员在轮渡码头及旅游主干道对游客进行疏导,并利用电子显示屏、电视、广播等对游客进行疏导宣传。如情况异常,由带班领导报告总指挥,决定是否启动本预案。

5. 本预案启动后,由办公室通知指挥部各成员迅速到岗,由指挥部统一指挥。各成员单位按职责各司其职,同时启动各单位相关的应急预案。

6. 发生险情时,管委会主要领导、各部门负责人应在现场指挥调度。视险情发生地点,以轮渡公司、各景点、执法大队、旅游质监所人员为主,并调动各部门人员充实到人员密集的地方,协助进行人员疏导分流。如本系统人员力量不足,无法排除险情,指挥部应及时向上级有关部门和驻岛部队、单位求援,以争取以上单位的增援。

7. 一旦发生安全事故,管委会安全工作指挥部应迅速组织应急小分队进行抢险、救护工作,并向110报警。若发生重特大安全事故,管委会主要领导还应立即向市政府有关部门报告。

(二)大型旅游节庆和其他公众聚集活动人员的疏导分流(略)

实用小窍门

景区设立安全预警系统的注意事项[①]

景区应成立安全管理小组。小组成员应选择对景区管理业务熟悉的专业人员和管理人员,要求其能对外界环境反应机敏,能够及时地制定出应对安全危机的紧急措施。景区应对安全管理小组的成员建立完善的激励机制,并将此激励机制的运行与景区安全预警系统的运行紧密衔接,以保证在这些专业人员的主动负责下获得最佳的运行效果。此外,景区还应注重模拟演练,以提升景区对抗旅游安全危机事件的反应速度和应对能力。

3. 生态环保条件

旅游是否会对生态环境产生负面影响,开发旅游的利与弊究竟孰大孰小,很大程度上取决于旅游发展的具体过程中是否体现了科学管理。基于此,《旅游法》对景区的开放条件从生态环境保护的层面提出了明确要求。在开放之前,景区必须具备以下环保条件:①景

---

①资料来源:杨富斌、王天星、韩玉灵,《旅游景区经营管理中的法律问题》,中国旅游出版社,2006年版,第102页。经整理改动。

区内应当安置数量充足、布局合理、洁净美观的厕所及分类垃圾桶,并配备专人及时清理;②采取必要措施保护景区内的动植物,保障其正常的生存环境不受旅游活动的破坏;③设置环保标语、印发环保宣传册、开展环保宣传,强化旅游者的环保意识;④设置景区环境监测部门,随时监测景区环境质量,定期排查景区环保隐患;⑤建设景区垃圾处理厂或中转站,配备污水处理设施、完善排水系统。景区必备的环保设施及管理措施,是旅游者获得高质量旅游体验以及景区实现可持续发展的基础保障。

阅读案例 9—3

黄山风景区的生态建设与环保工作①

近些年来,黄山风景区通过不断探索,推出了一系列节能减排措施,诸如改变燃料结构、车辆统一换乘、外迁办公和生活区、净菜净物上山、垃圾洗涤下山、开发绿色环保旅游纪念品、运用节能技术和设备、创建"绿色饭店"和 ISO 14000 国家示范区等。通过实施减排措施,景区内酒店人均用水量减少了 6.5%,人均用电量减少了 17.78%,人均柴油消耗量减少了 5.12%,人均汽油消耗量减少了 47.36%,人均液化气消耗量减少了 33.33%。2010 年年底,黄山风景区入选首批"全国低碳旅游实验区",发表了《中国风景名胜区"绿色生活、低碳发展"黄山宣言》。2012 年,黄山风景区更新换代了新国线营运车辆,推广山上酒店自助餐,宾旅馆逐步取消了"六小件"一次性用品,进一步细化减排举措。

黄山风景区先后建成了温泉、天海两个空气质量自动监测站,完成了温泉、天海、玉屏楼等污水处理设施的升级改造,建设了西海和北大门两个污水处理站,对全山污水实行"统治统管",确保污水达标排放。同时,还编制实施了《黄山风景名胜区环境卫生专项规划》,组建了一支近 200 人的环卫队伍,形成区域、路段责任制卫生清扫保洁网络:悬崖、沟谷中的垃圾,配备专职放绳工攀崖拾捡;游道沿途、游人集散地设置垃圾回收池(箱)近 1500 个,实行全山垃圾袋装化;建成 6 个垃圾处理场,做到日产日清,实现无害化处理率 100%。全山宾馆饭店、职工食堂全部安装餐饮油烟净化设备,做到油烟达标排放。建立了游客换乘中心,配备环保型车辆,减少汽车尾气对空气的污染。对全山旅游公路、停车场、游人集散地实施生态硬化处理,减少了扬尘污染。

4. 其他法规规定的条件

本条规定是针对不同类型、不同区域的景区开放条件所提出来的特别要求。诸如不同类型、区域的风景名胜区,自然保护区,文物保护单位,历史文化名城、名镇、名村等,因其各自在某些方面的独特性,其在开放条件上都须有特定要求。对此,除《旅游法》外,其他相关法律、行政法规等亦有针对性的规定与要求,相关景区开放必须遵从这些法律、法规的要求。

---

①资料来源:方立华,《黄山风景区运用"加减乘除"法推进景区生态建设和环保工作》,"中国黄山风景名胜区"官网,发布日期 2012-04-24。网站最后访问日期:2014-04-05。经删节整理改编。http://www.chinahuangshan.gov.cn/huangshanbeautyspot/xwzx/jqyw/webinfo/2012/04/1333243391519767.htm。

对于不符合如上开放条件而接待旅游者的,《旅游法》第一百零五条第一款规定,"由景区主管部门责令停业整顿直至符合开放条件,并处二万元以上二十万元以下罚款。"

9.2.3 利用公共资源建设的景区的收费

公共资源是指自然生成或自然存在的资源,它能为人类提供生存、发展、享受的自然物质与自然条件。在我国,公共资源属于非私有资源,属于国家所有(即全民所有)或集体所有[①]。所谓"利用公共资源建设的景区",是指政府利用国家所有或集体所有的资源,如国家所有的自然资源、地方财政部门拨付的款项、政府有关部门征集的捐款等,来建设的为旅游者提供游览服务、有明确的管理界限的场所或者区域。利用公共资源建设的景区,具有公益属性,任何垄断或独占公共资源,对公共资源景区擅自定价的行为都是对社会公共利益的侵害。基于此,《旅游法》对利用公共资源建设的景区的收费总体上采取严格抑制的态度。针对利用公共资源建设的景区的门票及收费问题,《旅游法》第四十三条作出了以下四点明确规定。

1. 利用公共资源建设的景区的定价机制

《旅游法》第四十三条规定,"利用公共资源建设的景区的门票以及景区内的游览场所、交通工具等另行收费项目,实行政府定价或者政府指导价,严格控制价格上涨。"

我国的公共资源由人民政府代表公众进行管理。对利用公共资源建设的景区的门票及另行收费项目实行政府定价[②]或者政府指导价[③],就是由县一级以上的各级人民政府的物价部门和业务主管部门,根据自己的定价权限和旅游市场现状,确定门票和另行收费项目的价格,或者划定允许的价格浮动范围,指导景区定价。其中规定由政府定价的景区门票和另行收费项目的价格,属于强制性行政定价,未经价格主管部门批准,任何单位和个人都无权变动。

2. 利用公共资源建设的景区的定价程序

《旅游法》第四十三条规定,利用公共资源建设的景区的门票以及景区内的游览场所、交通工具等另行收费项目,"拟收费或者提高价格的,应当举行听证会,征求旅游者、经营者和有关方面的意见,论证其必要性、可行性。"

利用公共资源建设的景区的门票若要收费或者提高价格的,须召集旅游者、经营者及包括景区当地居民、当地商家等在内的与景区利益相关的人员,举行定价听证会,论证其必要性和可行性。依据《政府制定价格听证办法》的相关规定[④],利用公共资源建设的景区的门票收费及调价听证会,"参加人"的人数和人员的构成比例由政府价格主管部门根据听

---

① 参见《宪法》第六条、第九条以及《物权法》第四十一条、第五十八条等的相关规定。
② 政府定价:是指"由政府价格主管部门或者其他有关部门,按照定价权限和范围制定的价格。"参见《价格法》(自1998年5月1日起施行)第三条。
③ 政府指导价:是指"由政府价格主管部门或者其他有关部门,按照定价权限和范围规定基准价及其浮动幅度,指导经营者制定的价格。"参见《价格法》(自1998年5月1日起施行)第三条。
④ 参见《政府制定价格听证办法》(自2008年12月1日起施行)第四、五、七、九条的规定。

证项目的实际情况确定,其中旅游者人数"不得少于听证会参加人总数的五分之二"。听证会设"代表政府价格主管部门专门听取听证会意见"的听证人3~5名;听证会的主持人由听证人中政府价格主管部门的工作人员兼任。景区门票收费或涨价听证会应当遵循"公开、公平、公正、效率"的原则举行,允许旁听和新闻报道(但涉及国家秘密或者商业秘密的除外),充分听取各方面的意见。

3. 利用公共资源建设的景区的收费渠道

《旅游法》第四十三条第二款规定,"利用公共资源建设的景区,不得通过增加另行收费项目等方式变相涨价;另行收费项目已收回投资成本的,应当相应降低价格或者取消收费。"

对于利用公共资源建设的景区,景区管理部门可以酌情设立另行收费项目,如景区内由私人投资建设的娱乐设施、展览设施等。但是,景区不得通过增加另行收费项目等方式变相涨价。对于已经收回投资成本的另行收费项目,其所收费用仅用于项目的保养维护,因此应当相应降低价格,甚至取消项目收费。

4. 利用公共资源建设的景区的公益开放

《旅游法》第四十三条第三款规定,"公益性的城市公园、博物馆、纪念馆等,除重点文物保护单位和珍贵文物收藏单位外,应当逐步免费开放。"

由于公益性的城市公园、博物馆、纪念馆等,本质上属于社会公共资源,是国家所有或者集体所有的社会公共设施,使用政府公共财政开支,因此,应当逐步免费向社会公众开放。不过,对于其中的重点文物保护单位和珍贵文物收藏单位,因其资源稀缺,管理成本较大,通过收取费用一则可以获取部分维护保养费用,二则也有助于维护游客的游览秩序,因此可以不在免费开放之列,而是按照政府定价或者政府指导价收取一定费用。

对于利用公共资源建设的景区出现违反《旅游法》第四十三条的行为的,《旅游法》第一百零六条还规定:"景区违反本法规定,擅自提高门票或者另行收费项目的价格,或者有其他价格违法行为的,由有关主管部门依照有关法律、法规的规定处罚。"发现景区有此类违法行为的,旅游者可以向有关主管部门举报;价格主管部门亦有职责主动查处,并有权依法责令违法的景区管理部门立即改正。

北京地区免费开放的博物馆、纪念馆①

北京地区的中国国家博物馆、军事博物馆、中国美术馆、首都博物馆、北京自然博物馆、中国长城博物馆、北京人民艺术剧院戏剧博物馆、中国人民抗日战争纪念馆、老舍纪念馆及曹雪芹纪念馆等博物馆与纪念馆均免费对游客开放。

---

① 资料来源:北京网·北京旅游住宿·博物馆免费开放参观指南,http://ly.beijing.cn/bwgmfkf/。网站最后访问日期:2014年3月29日。

9.2.4 旅游景区的收费价格及公示

知悉真情权是旅游者的基本权利。旅游者有权知悉旅游产品和服务的价格。为维护旅游者的价格知悉权,维护旅游市场的健康秩序,《旅游法》第四十四条特别对旅游者最为关心、景区经营中最易招致游客不满的收费价格及公示做出了以下三点规定。

1. 景区收费价格的醒目公示

《旅游法》第四十四条第一款规定,"景区应当在醒目位置公示门票价格、另行收费项目的价格及团体收费价格。景区提高门票价格应当提前六个月公布。"

景区对于其门票价格、另行收费项目的价格及团体收费价格等依法应当明码标价,并且在便于旅游者查看到的位置以醒目的价格标牌形式予以公开展示,以增加景区收费的透明度和公示效果,满足游客的价格知悉权。

此外,因为景区门票价格是旅游者选择出游目的地、安排交通食宿及提前购票等的重要参考因素,所以景区若要提高门票价格,依法应当在正式实施新的门票价格收费标准之前,至少要提前6个月就向社会公众公布已经听证核准的提价标准,以便旅游者从容安排行程。实行淡、旺季差价的景区,也要提前公布执行的时间。

阅读案例 9—5

山东日照景区收费公示规范[①]

2013年3月,山东省日照市价格监督检查局对日照市景区明码标价形式进行了统一规范。按照规范要求,日照市景区公示牌标题,统一使用"×××景区门票价格及服务收费公示"。旅游景区公示采用中英文双语标示,其范围和内容包括:普通门票的价格;特殊群体或优惠门票价格(老、幼、残疾人、军人等);景区内所有服务收费价格,是否通票、联票并注明价格;导游服务价格;收费公示栏监制单位:日照市价格监督检查局;价格举报电话:12358;服务投诉电话;与景区配套的停车场按"日价〔1999〕126号文"的规定进行公示;景区价格管理与服务承诺公示牌(内含景区发生的价格和服务纠纷的解决措施)。

2. 景区(点)门票的合并出售

《旅游法》第四十四条第二款规定,"将不同景区的门票或者同一景区内不同游览场所的门票合并出售的,合并后的价格不得高于各单项门票的价格之和,且旅游者有权选择购买其中的单项票。"

购买门票是旅游者进入依法收费的景区游览的基本前提。将不同景区的门票或者同一景区内不同游览场所的门票进行合并出售(一般称为"通票"或"联票"),省掉了游客逐一购买的麻烦,本是方便游客之举;但是,此举同样不能侵犯旅游者的价格知悉权及选择

[①]资料来源:《日照将统一景区门票价格公示牌注明举报电话》,http://www.sd.xinhuanet.com/travel/2013-03/15/c_115040376.htm 新华网•山东频道。网站最后访问日期:2014年3月29日。

权。旅游者有权知悉通票价格具体包含哪些景区或景点的门票收费，并且有权选择是否购买景区或景点的通票(或联票)，景区不得强制旅游者购买。即便是游客选择购买通票(或联票)，其价格亦不得高于各单项景区或景点的门票价格之和。

3. 景区核心游览项目暂停开放与服务的收费公示

《旅游法》第四十四条第三款规定，"景区内的核心游览项目因故暂停向旅游者开放或者停止提供服务的，应当公示并相应减少收费。"

核心游览项目一般是旅游者游览景区的重点期待之所在，也是景区门票等收费的重要组成部分。减少了景区内核心游览项目的开放与服务，实际上减少了景区对客服务的分量与质量，减损了旅游者的旅游期望与体验。因此，在景区核心游览项目因故暂停开放与服务期间，景区需要在旅游者容易看到的景区内的醒目位置或景区网站上对暂停开放的项目、缘由及起讫时间等予以公示说明，并根据该核心项目在景区全部游览与服务项目中所占的比重，酌情减少景区门票等的收费标准。

旅游者发现景区存在违反价格公示及收费标准的行为的，可以向旅游投诉处理机构或者价格主管部门投诉。受理机构可以依据《旅游法》第一百零六条及《中华人民共和国价格法》的相关规定责令违法的景区管理部门予以改正，并酌情处罚。

实例分析 9-1

嵩县所有 A 级景区全年免票[①]

2014年4月25日，河南省嵩县旅游局在其官方网站发布了全县所有 A 级景区对全国游客免票的信息。因嵩县景区属于生态旅游资源，为确保休养生息，全年只开放6个月，所以免票活动时间为开放期2014年5月1日至10月31日。免票景区含嵩县境内的5A景区白云山、4A景区天池山、4A景区木札岭及3A景区卧龙谷。免票活动方案为以7天为一个周期，将开放期分成26周，主体上以一个外部省份搭配一个本省城市的方式，分时段轮流对来自不同区域的游客实施免票优惠。具体优惠方案中，河南的城市在当年"五一"期间不能享受免票优惠，5月1日至5月7日期间对陕西省和邯郸市的游客免票，其余时间如7月3日至7月9日对应辽宁省和平顶山市免票、10月2日至10月8日对应北京市和临汾市免票等。免票方案一出，即引起社会公众的广泛热议。对此，河南嵩县旅游局局长范小红表示，这一免票方案是基于景区生态环保和景区承受能力的考虑，在前两年免票方案的基础上微调形成的；同时也是希望在游人特别多的时候，尽可能将这些资源让给外来游客，争取让中国所有省份的游客都能免费欣赏到嵩县的美景。

分析：门票经济一直是近年来中国旅游景区发展的胶着点，也是每到法定假日民众出游时热议和不满的话题。从未来发展趋势来看，景区要实现经济、社会及生态三者整体效益的最大化，免票经营是趋势之一。但就现在国情及嵩县前两次所实施的免票政策的效果来看，

[①]资料来源：根据嵩县旅游局官方网站"5A 嵩县旅游网"(http://www.hnsxly.com.cn/news/newnr.asp?id=3138)及新华网、凤凰网等关于嵩县5A景区免票的信息与报道整理分析而成。

在特定时间段对全国所有游客同时实施免票策略，确实会造成景区游人爆棚、景区秩序混乱、景区生态破坏、游客满意度骤降等负面效果。嵩县本次所实施的免票方案虽尚未尽善尽美，但对最大程度地还惠于游客及保障景区的最佳接待状态来讲，无疑是一次有益的尝试。

9.2.5 景区旅游者接待的流量控制

由于受区域道路交通状况、周边食宿接待条件、景区内部空间大小及环境质量脆弱度等因素的影响，在一段时间内，在维持景区正常运行的前提下，每个景区所能容纳的旅游者接待规模都存在着一个最大极限值。这个最大极限值，即是景区旅游者的最大承载量，其一般由景区主管部门(如景区所在地的旅游或文物行政机构)聘请相关专家，经科学估算和实践验证而得出。超过这个最大承载量，不但会加速旅游服务设施损毁，造成景区资源不堪重负；还会使景区人满为患，导致景区管理失序，旅游者的旅游美感体验贬值、负面失望情绪爆发，继而折损景区的形象美誉度，影响景区的可持续发展。基于此，《旅游法》第四十五条特别规定："景区接待旅游者不得超过景区主管部门核定的最大承载量。景区应当公布景区主管部门核定的最大承载量，制定和实施旅游者流量控制方案，并可以采取门票预约等方式，对景区接待旅游者的数量进行控制。旅游者数量可能达到最大承载量时，景区应当提前公告并同时向当地人民政府报告，景区和当地人民政府应当及时采取疏导、分流等措施。"

实践中，景区旅游者接待的流量控制和超量预警公告并不尽如人意。种种原因之下，各大知名旅游景区常常超量接待，尤其是时逢法定小长假，"黄金周"每每变身"黄金粥"，景区处处人满为患，让旅游者苦不堪言。对此，《旅游法》第一百零五条第二款规定："景区在旅游者数量可能达到最大承载量时，未依照本法规定公告或者未向当地人民政府报告，未及时采取疏导、分流等措施，或者超过最大承载量接待旅游者的，由景区主管部门责令改正，情节严重的，责令停业整顿一个月至六个月。"

阅读案例 9-6

深圳市 A 级旅游景区游客日接待最大承载量①

深圳市文体旅游局委托深圳生态旅游开发研创中心，开展了全市旅游景区承载量核定工作，确立深圳华侨城旅游度假区、观澜湖休闲旅游度假区等 12 家的标准体系，科学测算了每一家旅游景区的游客日最大承载量，并于 2013 年 9 月 30 日面向社会公众予以发布。

在深圳首批旅游景区承载量名单中，锦绣中华民俗村最大承载量为 76900 人，是深圳市 A 级景区中承载量最大的景区。此外，观澜湖休闲旅游度假村最大承载量为 7900 人，世界之窗为 75200 人，欢乐谷为 57900 人，海上田园为 61300 人，明思克航母世界为 17000 人，仙湖植物园为 33300 人，野生动物园为 60300 人，地王观光为 1300 人，光明农场大观

---

① 资料来源：《深圳发布首批 12 家 A 级旅游景区游客最大承载量名单》，"深港在线"网，http://sz.szhk.com/2013/10/01/282855369460072.html。网站最后访问日期：2013 年 3 月 29 日。

园为18200人，金沙湾海滨旅游度假区为36100人等。

在发布景区游客最大承载量的同时，深圳市文体旅游局针对旅游景区游客最大承载量的管理和控制，还向全市A级旅游景区提出了要求：在旅游景区的官方网站、售票处、入口处等明显位置公布游客最大承载量的核定数据，制定园区旅游者流量的控制方案；及时发布园区游客动态数据、园区影像等信息，指引游客的游览行为，有效地疏导和分流游客；制定景区游客最大承载量的控制管理应急预案，当游客量达到最大承载量的80%时，景区要向社会和即将入园的游客发出预警提示；当游园游客达到最大承载量的90%时，必须向辖区人民政府和市文体旅游局报告；当游园游客超过景区最大承载量时，应立即停止售票。

9.2.6 景区、住宿经营者与实际经营者的连带责任

景区、住宿经营者为充分利用自有资源，丰富经营项目，满足旅游者更多需求，获取更多效益，常常将其部分经营项目或场地交由他人(即实际经营者)从事多种类型(如餐饮、住宿、交通、商业、娱乐等)的经营管理。实践中，如果旅游者因实际经营者的经营行为而权益受损，实际经营者赔偿能力欠缺，或者为逃避责任而不知所踪，景区、住宿经营者又以与旅游者无服务合同为由，敷衍搪塞、拒绝赔偿，旅游者的索赔维权将会变得十分困难。

本着最大程度保障旅游者合法权益的原则，《旅游法》第五十四条规定："景区、住宿经营者将其部分经营项目或者场地交由他人从事住宿、餐饮、购物、游览、娱乐、旅游交通等经营的，应当对实际经营者的经营行为给旅游者造成的损害承担连带责任。"本条所称"连带责任"，指景区、住宿经营者对因实际经营者的经营行为而给旅游者造成的损害承担连带赔偿责任。意即，权益受损的旅游者，既可以向实际经营者索赔，也可以向授权经营的景区、住宿经营者要求给付全额赔偿，且对方不可以拒绝。景区、住宿经营者任何一方全额赔偿后，即意味着旅游者求偿权力的消灭。同时，支付赔偿费用的景区、住宿经营者还可以向实际经营者要求追偿。本条的规定，较为全面、明确地规定了景区、住宿经营者与实际经营者之间的连带责任，有效地解决了权益受损的旅游者求偿难的问题。

9.2.7 旅游景区的质量等级评定

目前我国大多数旅游景区的管理尚处于相对粗放的状态，其服务功能、服务质量、管理水平与生态环境保护力度与国际水平相比尚有一定差距。着力规范和有效实施景区的质量等级评定是改变我国景区管理落后状态，推动景区管理迈上新台阶的有效途径。

1. 评定的标准

2004年10月28日，国家质量检验检查监督总局发布了《旅游景区质量等级的划分与评定》(修订)，并于2005年1月1日起开始实施，代替了之前于1999年开始实施的《旅游景区质量等级的划分与评定》(GB/T 17775—1999)。《旅游景区质量等级的划分与评定》(修订)总结了国内景区质量评定的实际情况和管理经验，借鉴了国内外的有关资料和技术规程，是目前最为贴合我国旅游景区发展实际的质量等级评定标准。2005年8月5日，国家旅游局公布施行了《旅游景区质量等级评定管理办法》，细化了旅游景区质量评定的实

施标准,规范了旅游景区质量等级的评定程序,开始全面推行旅游景区质量等级评定工作。

2. 评定的范围与原则

《旅游景区质量等级的划分与评定》(修订)适用于我国接待海内外旅游者的各类以自然景观及人文景观为主的旅游景区。

《旅游景区质量等级评定管理办法》第四条细化说明:"凡在中华人民共和国境内,正式开业从事旅游经营业务一年以上的旅游景区,包括风景区、文博院馆、寺庙观堂、旅游度假区、自然保护区、主题公园、森林公园、地质公园、游乐园、动物园、植物园及工业、农业、经贸、科教、军事、体育、文化艺术等旅游景区,均可申请参加质量等级评定。"

需要注意的是,旅游景区质量等级评定,是指对具有独立管理和服务机构的旅游景区进行评定,对园中园、景中景等内部旅游点,不进行单独评定。

旅游景区质量等级评定工作,遵循自愿申报、分级评定、动态管理、分类指导的原则。

3. 质量等级与标志

旅游景区的质量等级划分为五级,由高到低依次是 AAAAA(5A)、AAAA(4A)、AAA(3A)、AA(2A)、A(1A)级旅游景区。旅游景区质量等级的标牌、证书由全国旅游景区质量等级评定委员会统一制作,由相应评定机构颁发。旅游景区质量等级标牌,须置于旅游景区主要入口最明显位置,并在对外宣传资料中正确标明其等级。

4. 质量等级的划分依据与评定方法

旅游景区质量等级的确定,按照"服务质量与环境质量评分细则""景观质量评分细则"的评价得分,并结合"游客意见评分细则"的得分进行综合评定。

其中,围绕服务质量与环境质量的测评内容分为八大项,包括旅游交通、游览购物、景区卫生、邮电服务、经营管理、游客满意率、资源和环境保护等,总分为1000分;围绕景观质量的测评内容分为两大项,包括旅游资源吸引力和市场吸引力,总分为100分。

5. 评定的组织与权限

1)评定的组织机构

国家旅游局负责全国旅游景区的质量等级评定工作。国家旅游局组织设立全国旅游景区质量等级评定委员会,由其负责全国旅游景区质量等级评定工作的组织和管理。

各省级旅游局组织设立本地区旅游景区质量等级评定委员会,并报全国旅游景区质量等级评定委员会备案。根据全国旅游景区质量等级评定委员会的委托,省级旅游景区质量等级评定委员会进行相应的旅游景区质量等级评定工作的组织和管理。

2)评定的权限

3A级、2A级、1A级旅游景区由全国旅游景区质量等级评定委员会委托各省级旅游景区质量等级评定委员会负责评定。

4A级旅游景区由省级旅游景区质量等级评定委员会推荐,全国旅游景区质量等级评定委员会组织评定。实际操作中,4A级旅游景区评定权限已经下放,由省级旅游景区质量等级评定委员会评定。

5A级旅游景区从4A级旅游景区中产生。被公告为4A级旅游景区一年以上的方可申报5A级旅游景区。5A级旅游景区由省级旅游景区质量等级评定委员会推荐,全国旅游景区质量等级评定委员会组织评定。

6. 评定的检查人员

旅游景区质量等级评定的现场工作由具有相应资质的检查员担负。检查员分为国家级检查员和地方级检查员。国家级检查员由全国旅游景区质量等级评定委员会聘任。地方级检查员由省级旅游景区质量等级评定委员聘任。旅游景区质量等级评定检查员要接受旅游景区的监督,不得徇私舞弊。有违规行为的检查员将被取消检查员资格。

7. 质量等级的创建与评定

旅游景区的星级评定按照"创建、申请、评定、公告"的程序进行。

参加创建质量等级的旅游景区要按照国家标准和评定细则的要求,制订创建计划,并进行自检。自检结果达到相应等级标准后,填写《旅游景区质量等级评定报告书》,向当地旅游景区质量等级评定机构提出评定申请。经当地旅游景区质量等级评定机构审核同意,向上一级旅游景区质量等级评定机构推荐参加相应质量等级的正式评定。

旅游景区质量等级评定机构审核旅游景区的参评资质后,委派评定小组赴旅游景区进行现场评定。评定小组采取现场检查、资料审核、抽样调查等方式进行现场评定工作。

现场评定符合标准的旅游景区,由负责评定的旅游景区质量等级评定机构批准其质量等级,并向社会公告。

8. 质量等级的监督检查与复核

各级旅游景区质量等级评定机构对所评旅游景区要进行监督检查和复核。监督检查采取重点抽查、定期明查和不定期暗访以及社会调查、听取游客意见反馈等方式进行。

旅游景区质量等级复核工作主要由省级质量等级评定委员会组织和实施。全国质量等级评定委员会有计划、有重点地进行复核。

各级旅游景区质量等级全面复核至少每三年进行一次。

9. 质量等级复核不达标的处罚

经复核达不到要求的,或被游客进行重大投诉经调查情况属实的旅游景区,按以下方法做出处理。

(1)由相应质量等级评定委员会根据具体情况,做出签发警告通知书、通报批评、降低或取消等级的处理。对于取消或降低等级的景区,需由相应的评定机构对外公告。

(2)旅游景区接到警告通知书、通报批评、降低或取消等级的通知后,须认真整改,并在规定期限内将整改情况上报相应的等级评定机构。

(3)凡被降低、取消质量等级的旅游景区,自降低或取消等级之日起一年内,不得重新申请新的资质等级。

9.3 风景名胜区管理法律制度

风景名胜区是我国旅游资源中自然景观与人文景观高度集中的具有典型意义的精华所在。为了加强对风景名胜区的管理，有效保护和合理利用风景名胜资源，我国先后出台、修订的主要法规有：《风景名胜区建设管理规定》(原建设部发布，1993年12月20日起施行)、《风景名胜区管理处罚规定》(原建设部发布，1995年1月1日起施行)、《国家重点风景名胜区审查办法》(原建设部发布，2004年1月9日起施行)、《风景名胜区条例》(国务院公布，2006年12月1日起施行)。

9.3.1 风景名胜区的概念与等级

1. 风景名胜区的概念

所谓"风景名胜区"，《风景名胜区条例》第二条将其界定为："是指具有观赏、文化或者科学价值，自然景观、人文景观比较集中，环境优美，可供人们游览或者进行科学、文化活动的区域。"

由此可见，风景名胜区具备三个特点：①自然和人文景观比较集中；②具有观赏、文化或者科学价值；③可供游览、休息和进行科学、文化活动。

2. 风景名胜区的等级

我国的风景名胜区按其景物的观赏及文化价值、景区生态环境质量、景区空间规模的大小、景区游览服务条件等因素，主要划分为两个等级：国家级风景名胜区和省级风景名胜区。

划分风景名胜区等级的标准有三条：①真实；②典型；③现状完好。

《风景名胜区条例》第八条具体指出："自然景观和人文景观能够反映重要自然变化过程和重大历史文化发展过程，基本处于自然状态或者保持历史原貌，具有国家代表性的，可以申请设立国家级风景名胜区；具有区域代表性的，可以申请设立省级风景名胜区。"

9.3.2 风景名胜区的部门管理

1. 风景名胜区的管理原则

国家对风景名胜区实行"科学规划、统一管理、严格保护、永续利用"的原则。

其中，"科学管理"，强调风景名胜区规划的严谨与科学性；"统一管理"，强调风景名胜区监管制度与部门的统一性；"严格保护"，强化了对风景名胜资源的保护力度；"永续利用"，明确了风景名胜区管理的最终目的。

2. 风景名胜区的管理部门

我国风景名胜区类型多样，区域跨越大，对其管理是一项综合性的管理工作，其中涉及主管部门的监督管理和风景名胜区所在地政府的机构管理。

1)风景名胜区的监督管理

国务院建设主管部门负责全国风景名胜区的监督管理工作。国务院其他有关部门按照国务院规定的职责分工,负责风景名胜区的有关监督管理工作。

省、自治区人民政府建设主管部门和直辖市人民政府风景名胜区主管部门,负责本行政区域内风景名胜区的监督管理工作。省、自治区、直辖市人民政府其他有关部门按照规定的职责分工,负责风景名胜区的有关监督管理工作。

2)风景名胜区的机构管理

为解决风景名胜区管理中的所有者缺位、管理体制不顺、管理乏力的长久难题,《风景名胜区条例》第四条特别规定:"风景名胜区所在地县级以上地方人民政府设置的风景名胜区管理机构,负责风景名胜区的保护、利用和统一管理工作。"

9.3.3 风景名胜区的设立

1. 风景名胜区设立的目的与标准

1)设立目的

风景名胜区的设立应是一个慎重而科学的行为,不能一哄而上、划地圈景、牟利而为。《风景名胜区条例》第七条强调:"设立风景名胜区,应当有利于保护和合理利用风景名胜资源。新设立的风景名胜区与自然保护区不得重合或者交叉;已设立的风景名胜区与自然保护区重合或者交叉的,风景名胜区规划与自然保护区规划应当相协调。"

2)设立标准

设立风景名胜区应当符合规定的标准:自然景观及其反映的自然变化过程;文化景观及其反映的历史文化发展过程;基本处于自然状态或保持历史原貌;国家代表性;区域代表性。

2. 风景名胜区设立的审批

1)申请材料

依据《风景名胜区条例》第九条的规定,申请设立风景名胜区,需要按照规定提交相应的申请材料,具体包括:①风景名胜资源的基本状况;②拟设立风景名胜区的范围以及核心景区的范围;③拟设立风景名胜区的性质和保护目标;④拟设立风景名胜区的游览条件;⑤与拟设立风景名胜区内的土地、森林等自然资源和房屋等财产的所有权人、使用权人协商的内容和结果。

2)申请人及审批

我国对不同等级风景名胜区的申请工作实行分级负责、统筹论证、分级公布的制度。《风景名胜区条例》第十条对此细化说明。

"设立国家级风景名胜区,由省、自治区、直辖市人民政府提出申请,国务院建设主管部门会同国务院环境保护主管部门、林业主管部门、文物主管部门等有关部门组织论证,提出审查意见,报国务院批准公布。"

"设立省级风景名胜区,由县级人民政府提出申请,省、自治区人民政府建设主管部门或者直辖市人民政府风景名胜区主管部门,会同其他有关部门组织论证,提出审查意见,报省、自治区、直辖市人民政府批准公布。"

9.3.4 风景名胜区的规划

1. 规划的编制主体

风景名胜区等级不同,规划的编制主体的级别亦不同。国家级风景名胜区规划由省、自治区人民政府建设主管部门或者直辖市人民政府风景名胜区主管部门组织编制。省级风景名胜区规划由县级人民政府组织编制。

《风景名胜区条例》第十七条规定,各级风景名胜区规划具体编制,"应当采用招标等公平竞争的方式选择具有相应资质等级的单位承担。"

2. 规划的编制内容

风景名胜区规划分为总体规划和详细规划。风景名胜区的编制者应当按照经审定的风景名胜区范围、性质和保护目标,依照国家有关法律、法规和技术规范编制相应的规划。

1)总体规划

风景名胜区总体规划的编制,应当体现人与自然和谐相处、区域协调发展和经济社会全面进步的要求,坚持保护优先、开发服从保护的原则,突出风景名胜资源的自然特性、文化内涵和地方特色。

风景名胜区总体规划应当包括以下六个方面的内容:①风景资源评价;②生态资源保护措施、重大建设项目布局、开发利用强度;③风景名胜区的功能结构和空间布局;④禁止开发和限制开发的范围;⑤风景名胜区的游客容量;⑥有关专项规划。

国家级风景名胜区的总体规划,由省、自治区、直辖市人民政府审查后,报国务院审批。省级风景名胜区的总体规划,由省、自治区、直辖市人民政府审批,报国务院建设主管部门备案。

风景名胜区应当自设立之日起两年内编制完成总体规划。总体规划的规划期一般为20年,规划期届满前两年,规划的组织编制机关应当组织专家对规划进行评估,做出是否重新编制规划的决定。在新规划批准前,原规划继续有效。

2)详细规划

风景名胜区详细规划,应当符合风景名胜区总体规划。在具体编制上,风景名胜区详细规划应当根据核心景区和其他景区的不同要求编制,确定基础设施、旅游设施、文化设施等建设项目的选址、布局与规模,并明确建设用地范围和规划设计条件。

国家级风景名胜区的详细规划,由省、自治区人民政府建设主管部门或者直辖市人民政府风景名胜区主管部门报国务院建设主管部门审批。省级风景名胜区的详细规划,由省、自治区人民政府建设主管部门或者直辖市人民政府风景名胜区主管部门审批。

3. 规划的管理制度

1)公众参与制

风景名胜资源属于公共资源,对风景名胜区的规划应当广开言路,科学规划。《风景名胜区条例》第十八条规定:"编制风景名胜区规划,应当广泛征求有关部门、公众和专家的意见;必要时,应当进行听证。风景名胜区规划报送审批的材料应当包括社会各界的意见以及意见采纳的情况和未予采纳的理由。"

为保障公众的知情权，将风景名胜区的规划管理纳入公众监督，《风景名胜区条例》第二十一条第一款规定："风景名胜区规划经批准后，应当向社会公布，任何组织和个人有权查阅。"

即学即用

你所在省份的风景名胜区规划是否方便公众查阅？请选择查阅一家最具本省特色的风景名胜区的规划，谈谈你对这一规划的看法。

2）强力执行制

经批准的风景名胜区规划是经过集思广益、科学论证、依法审批的成果，具有法律的强制效力，必须严格执行。《风景名胜区条例》第二十一条第二款、第三款明确要求："风景名胜区内的单位和个人应当遵守经批准的风景名胜区规划，服从规划管理。""风景名胜区规划未经批准的，不得在风景名胜区内进行各类建设活动。"

3）修改审批制

经批准的风景名胜区规划不得擅自修改。确需修改的，要符合规定，办理审批手续。《风景名胜区条例》第二十二条第一款、第二款分别对总体规划、详细规划的修改审批做出如下说明。

"确需对风景名胜区总体规划中的风景名胜区范围、性质、保护目标、生态资源保护措施、重大建设项目布局、开发利用强度以及风景名胜区的功能结构、空间布局、游客容量进行修改的，应当报原审批机关批准；对其他内容进行修改的，应当报原审批机关备案。"

"风景名胜区详细规划确需修改的，应当报原审批机关批准。"

9.3.5 风景名胜区的保护

依法对风景名胜区实施严格保护是风景名胜区管理工作的核心，唯此才能实现对风景名胜资源的永续利用。

1. 保护的原则

我国对风景名胜资源实行保护、开发和利用的方针。保护是前提和基础。《风景名胜区条例》第二十四条第一款明确要求："风景名胜区内的景观和自然环境，应当根据可持续发展的原则，严格保护，不得破坏或者随意改变。"

2. 保护的机构与职责

风景名胜区管理机构是景区专门的行政管理机构，也是景区资源保护的责任主体。风景名胜区管理机构应当严格按照《风景名胜区条例》要求，建立健全风景名胜资源保护的各项管理制度，同时对风景名胜区内的重要景观进行调查、鉴定，并制定相应的保护措施。

3. 居民及游览者的义务

风景名胜区内的居民及游览者是景区的利益相关者，保护风景名胜资源亦是他们的法定义务。《风景名胜区条例》第二十四条第三款即阐明:"风景名胜区内的居民和游览者应当保护风景名胜区的景物、水体、林草植被、野生动物和各项设施。"

阅读案例 9—7

江郎山景区制止游客采摘花草树木的不文明行为①

2012 年 7 月 18 日中午,在浙江省江郎山国家级风景名胜区虎跑泉附近,景区工作人员发现两名外地游客手里拿着刚采摘的"还魂草"正欲离开。"还魂草"是一种难得的药材,生长在高山阴湿石壁上,具有解毒、消肿、止血、治创伤、无名肿毒、蛇咬及蝎螫的功效。工作人员立即出示证件,向该游客说明景区内不能采摘花草树木,对已采摘的"还魂草"将进行没收处理。"我采摘的'还魂草'是野生的,一定要带走,你们有关于不能采摘的法律、法规吗?"该游客态度非常强硬。景区工作人员向其解释说明:江郎山是世界自然遗产,任何单位和个人都有保护风景名胜资源的义务;2006 年国务院颁布的《风景名胜区条例》第二十四条第三款、2008 年浙江省政府颁布的《浙江省江郎山风景名胜区保护管理办法》第十三条都规定:"景区内的居民和游览者应当保护景区的景物、文物古迹、水体、林草植被、野生动物等风景名胜资源和各项设施。"在景区工作人员的耐心解释下,该游客真诚地向工作人员道歉并留下了"还魂草"。

4. 信息的系统管理

为方便对风景名胜区的宏观监管,实时掌控风景名胜区信息,国家建立了风景名胜区管理信息系统,对风景名胜区的规划实施和资源保护情况进行动态监测。

依据《风景名胜区条例》规定,国家级风景名胜区所在地的风景名胜区管理机构应当每年向国务院建设主管部门报送风景名胜区规划实施和土地、森林等自然资源保护的情况;国务院建设主管部门应当将土地、森林等自然资源保护的情况,及时抄送国务院有关部门。

5. 活动的审批核准

风景名胜区内的活动与建设应在不损害景区资源原貌与正常管理秩序的前提下进行。为实现对景区内活动与建设的有序管理,《风景名胜区条例》规定,景区内欲实施建设活动,"应当经风景名胜区管理机构审核后,依照有关法律、法规的规定办理审批手续。"尤其是在国家级风景名胜区内修建缆车、索道等重大建设工程,更要慎重处理,"项目的选址方案应当报国务院建设主管部门核准。"

此外,在风景名胜区内进行下列活动,应当经风景名胜区管理机构审核后,依照有关法律、法规的规定报有关主管部门批准:①设置、张贴商业广告;②举办大型游乐等活动;③改变水资源、水环境自然状态的活动;④其他影响生态和景观的活动。

---

① 资料来源:占家敏,《江郎山景区制止游客采摘花草树木的不文明行为》,江山旅游网,发布时间 2012-07-19。http://www.jsu.gov.cn/Article/ShowArticle.asp?ArticleID=1332,网站最后访问日期:2014-05-02,经整理改编。

6. 建设活动的准则

经核准的风景名胜区建设活动，开展建设时必须遵循规划、维护景观、保护生态。《风景名胜区条例》第三十条要求："风景名胜区内的建设项目应当符合风景名胜区规划，并与景观相协调，不得破坏景观、污染环境、妨碍游览。在风景名胜区内进行建设活动的，建设单位、施工单位应当制定污染防治和水土保持方案，并采取有效措施，保护好周围景物、水体、林草植被、野生动物资源和地形地貌。"

7. 景区内禁止的活动

《风景名胜区条例》第二十六条明确禁止在风景名胜区内进行下列活动：①开山、采石、开矿、开荒、修坟立碑等破坏景观、植被和地形地貌的活动；②修建储存爆炸性、易燃性、放射性、毒害性、腐蚀性物品的设施；③在景物或者设施上刻划、涂污；④乱扔垃圾。

图9-1　宁夏石嘴山市武当庙景区庙宇外墙被游客涂鸦

(图片来源：http://travel.ifeng.com/pictures/gossip/detail_2011_06/10/6935474_22.shtml.)

9.3.6　风景名胜区的利用与经营管理

1. 景区经营项目的管理

《风景名胜区条例》对风景名胜区内的经营管理方面的规定如下。

1)关于文化活动的组织

风景名胜区管理机构应当根据风景名胜区的特点，保护民族民间传统文化，开展健康、有益的游览观光和文化娱乐活动，普及历史文化和科学知识。

2)关于宗教活动的管理

风景名胜区内宗教活动场所的管理，依照国家有关宗教活动场所管理的规定执行。

3)关于管理职能委托

风景名胜区管理机构不得从事以盈利为目的的经营活动，不得将规划、管理和监督等行政管理职能委托给企业或者个人行使。

4)关于管理人员兼职

风景名胜区管理机构的工作人员，不得在风景名胜区内的企业兼职。

2. 景区门票等的收支管理

风景名胜区的门票收入和风景名胜资源有偿使用费，实行收支两条线管理。

其中，收入方面，《风景名胜区条例》规定，门票价格依法制定后，由风景名胜区管理机构负责出售；支出方面，《风景名胜区条例》强调，"风景名胜区的门票收入和风景名胜资源有偿使用费应当专门用于风景名胜资源的保护和管理以及风景名胜区内财产的所有权人、使用权人损失的补偿。"

3. 景区安全保障管理

风景名胜区管理机构应当建立健全安全保障制度，加强安全管理，保障游览安全，并督促风景名胜区内的经营单位接受有关部门依据法律、法规进行的监督检查。

禁止超过允许容量接纳游客和在没有安全保障的区域开展游览活动。

4. 景区监查与评估

《风景名胜区条例》第三十五条规定："国务院建设主管部门应当对国家级风景名胜区的规划实施情况、资源保护状况进行监督检查和评估。对发现的问题，应当及时纠正、处理。"

建设主管部门对风景名胜区的"监督检查"，主要包括日常监查和执法检查。"检查评估"，是指国务院建设主管部门依托国家级风景名胜区监管信息系统等现代化信息化手段，组织有关部门和专家，定期对风景名胜区内的资源状况、生态环境质量、游览条件等方面进行评价，并对其是否符合国家级风景名胜区标准进行综合分析判断的制度。[①]

9.3.7 风景名胜区的法律责任

为切实做好风景名胜区的保护、利用和管理工作，《风景名胜区条例》对违反其所规定的禁止性行为的责任主体应该承担的民事责任或行政责任做出了明确规定，主要包括以下几方面。

1. 关于在景区内开山、采石、开矿、违建的

在风景名胜区内进行开山、采石、开矿等破坏景观、植被、地形地貌的活动，修建储存爆炸性、易燃性、放射性、毒害性、腐蚀性物品的设施，在核心景区内建设宾馆、招待所、培训中心、疗养院以及与风景名胜资源保护无关的其他建筑物的，《风景名胜区条例》第三十条规定："由风景名胜区管理机构责令停止违法行为、恢复原状或者限期拆除，没收违法所得，并处五十万元以上一百万元以下的罚款"。

县级以上地方人民政府及其有关主管部门批准实施开山、采石、开矿等破坏性行为的，对直接负责的主管人员和其他直接责任人员依法给予降级或者撤职的处分；构成犯罪的，依法追究刑事责任。

---

① 资料来源：国务院法制办农业资源环保法制司，等. 风景名胜区条例释义[M]. 北京：知识产权出版社，2007：90.

实例分析 9-2

五台山风景名胜区内违规采矿、建设[①]

住房和城乡建设部网站通报：2012年，山西五台山风景名胜区综合评分低于60分，保护管理不达标。山西五台山风景名胜区存在大量违法、违规采矿行为，对风景名胜资源和环境造成严重影响和破坏；黛螺顶寺院内未履行报批手续，超高新建6层僧舍；景区内存在违法、违规建设项目，景区管理方未能及时有效制止和查处；等等。

分析：山西五台山的上述行为已经严重违反了《风景名胜区条例》关于景区内开山采矿、违规建设等规定。针对五台山风景区存在的问题，住房和城乡建设部提出如下整改意见：①理顺管理体制，强化管理机构职能；②切实有效制止和查处违法违规采矿行为，已经造成破坏的，要做好生态环境及景观修复；③切实有效制止和查处违法违规建设行为；④建设活动应全部符合规划要求，重大建设项目依法履行报批程序；⑤整改验收合格前，暂停风景名胜区内所有建设活动及审批。

2. 关于未经核准在国家级风景名胜区内修建缆车、索道的

在国家级风景名胜区内修建缆车、索道等重大建设工程，项目的选址方案未经国务院建设主管部门核准、县级以上地方人民政府有关部门核发选址意见书的，《风景名胜区条例》第四十二条规定："对直接负责的主管人员和其他直接责任人员依法给予处分；构成犯罪的，依法追究刑事责任。"

3. 关于个人在景区内开荒、修坟立碑的

个人在风景名胜区内进行开荒、修坟立碑等破坏景观、植被、地形地貌的活动的，《风景名胜区条例》第四十三条规定："由风景名胜区管理机构责令停止违法行为、限期恢复原状或者采取其他补救措施，没收违法所得，并处一千元以上一万元以下的罚款。"

4. 关于刻划、涂污、乱扔垃圾的

在景物、设施上刻划、涂污或者在风景名胜区内乱扔垃圾的，《风景名胜区条例》第四十四条规定："由风景名胜区管理机构责令恢复原状或者采取其他补救措施，处五十元的罚款"。但是，如果情节恶劣，刻划、涂污或者以其他方式故意损坏国家保护的文物、名胜古迹的，应当按照《治安管理处罚法》的有关规定予以处罚；构成犯罪的，则须依法追究刑事责任。

[①] 资料来源：人民网，《山西五台山风景名胜区被曝存在大量违法违规采矿行为》，2012年12月4日；http://society.people.com.cn/n/2012/1204/c1008-19788247.html，网站最后访问日期：2014年4月6日。

实例分析 9-3

景区内的恼人涂鸦①

吉林市龙潭山遗址公园存在着较严重的乱涂乱画现象。据龙潭山遗址公园园务管理员介绍：近两年，随着游客的增多，乱涂乱画的现象更多，特别是在一些石碑、大理石地面上，经常会看到类似于"到此一游"的杰作。例如，龙潭山遗址公园内的"清高宗乾隆皇帝登祭碑"，虽然其上面的字迹已经被管理员们清理过了，但仍依稀可以看出一些曾经用签字笔写过的痕迹，而且登祭碑上还有几处破损的地方。大理石、汉白玉等材质的景区游览参观物一旦被涂鸦，清理起来将很困难，即便用火烤都烤不掉，需用打磨机进行打磨，有时甚至还会对原有的建筑物造成破坏。除此之外，在一些供游人休息的木质板凳上、休息的廊亭中都有用笔写出的字，内容五花八门，极煞风景。

分析：景区内涂鸦，一则源于游客自我意识过强，社会公德的自我约束意识较弱；二则其为开放式景区内游客乘隙而为，监管较难；三则，景区管理力度不到位，惩治违规行为权限受限。有法必行，执法必严，违法必究，景区涂鸦治理需要景区管理者及社会公众的全方位努力。

5. 关于施工造成风景名胜资源破坏的

施工单位在施工过程中，对周围景物、水体、林草植被、野生动物资源和地形地貌造成破坏的，《风景名胜区条例》第四十六条规定："由风景名胜区管理机构责令停止违法行为、限期恢复原状或者采取其他补救措施，并处二万元以上十万元以下的罚款；逾期未恢复原状或者采取有效措施的，由风景名胜区管理机构责令停止施工。"

9.4 自然保护区管理法律制度

为了加强自然保护区的建设和管理，保护自然环境和自然资源，国务院于 1994 年 10 月 9 日发布了《中华人民共和国自然保护区条例》(以下简称《自然保护区条例》)，并于 1994 年 12 月 1 日起施行。从此，我国对自然环境和自然资源的保护步入了法制化轨道。

9.4.1 自然保护区的概念

所谓"自然保护区"，依据《自然保护区条例》第二条，"是指对有代表性的自然生态系统、珍稀濒危野生动植物物种的天然集中分布区、有特殊意义的自然遗迹等保护对象所在的陆地、陆地水体或者海域，依法划出一定面积予以特殊保护和管理的区域。"

---

①资料来源：根据 2013 年 5 月 28 日吉林市人民广播电台"新闻之声"之新闻讯息《旅游景点乱涂乱画》，整理改编。

自然保护区因其所保护的对象的类型不同而有不同的称谓，诸如国家公园、森林保护区、自然公园、动物保护区、生物保护区等。我国一般称之为"自然保护区"与"国家森林公园"。

9.4.2　自然保护区的等级

根据管理权限，我国自然保护区可以分为国家级自然保护区和地方级自然保护区。

国家级自然保护区，是指在国内外有典型意义、在科学上有重大国际影响或者有特殊科学研究价值的自然保护区。

地方级自然保护区，是指除列为国家级自然保护区的以外，其他具有典型意义或者重要科学研究价值的自然保护区。

9.4.3　自然保护区的区域构成

为了有针对性地对自然保护区实施保护和管理，《自然保护区条例》第十八条规定，根据其自身保护重点的不同，自然保护区可以划分为四个区域：核心区、缓冲区、实验区和外围保护地带。

1. 核心区

自然保护区的核心区，是指保护区内保存完好的天然状态的生态系统以及珍稀、濒危动植物的集中分布地。《自然保护区条例》第十八条第一款规定，这一区域"禁止任何单位和个人进入"；非经省级以上人民政府有关自然保护区行政管理机构批准，"也不允许进入从事科学研究活动"。

2. 缓冲区

自然保护区的缓冲区，是指在核心区外围划定的一定面积的，只准进入从事科学研究观测活动的区域。

3. 实验区

自然保护区的实验区，是指缓冲区的外围区域。这一区域可以进入从事科学试验、教学实习、参观考察、旅游，以及驯化、繁殖珍稀、濒危野生动植物等活动。

4. 外围保护地带

自然保护区的外围保护地带，是指原批准建立自然保护区的人民政府认为必要时，在自然保护区的外围划定的一定面积的具有外围保护性质的地带。

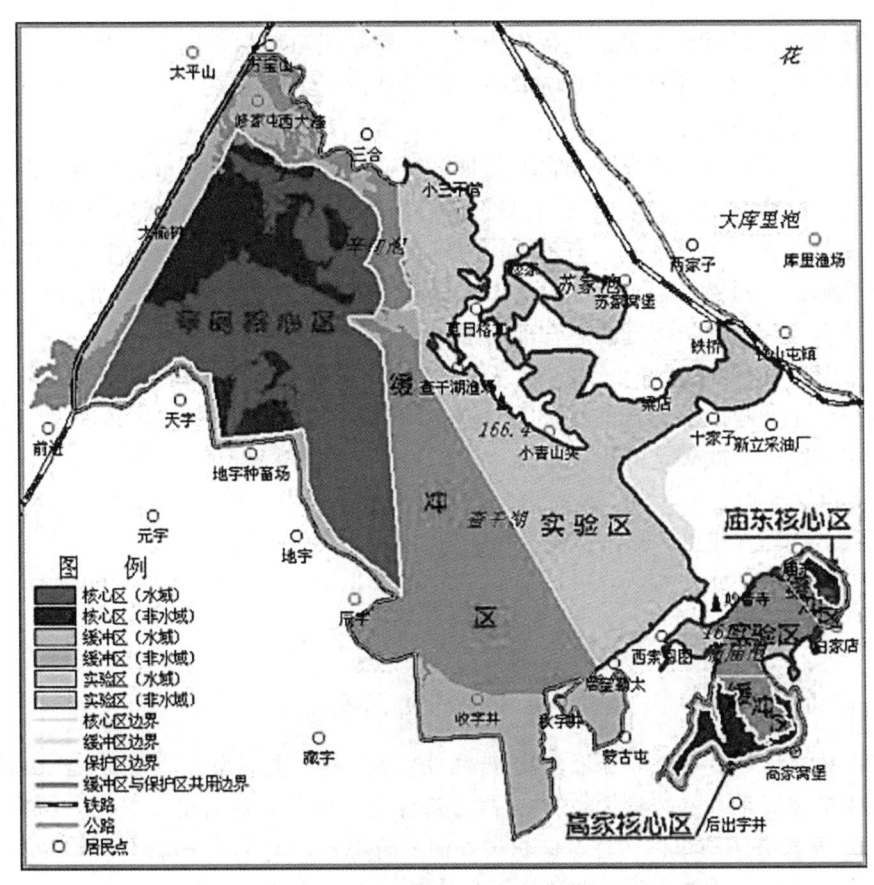

图 9-2 吉林省查干湖国家自然保护区功能分区示意图

(图片来源:百度互动百科。)

9.4.4 自然保护区的建立条件与审批程序

1. 建立自然保护区的条件

根据《自然保护区条例》第十条的规定,凡具有下列条件之一的,应当建立自然保护区:"①典型的自然地理区域、有代表性的自然生态系统区域以及已经遭受破坏但经保护能够恢复的同类自然生态系统区域;②珍稀、濒危野生动植物物种的天然集中分布区域;③具有特殊保护价值的海域、海岸、岛屿、湿地、内陆水域、森林、草原和荒漠;④具有重大科学文化价值的地质构造、著名溶洞、化石分布区、冰川、火山、温泉等自然遗迹;⑤经国务院或者省、自治区、直辖市人民政府批准,需要予以特殊保护的其他自然区域。"

2. 建立自然保护区的审批程序

《自然保护区条例》第十二条,针对建立自然保护区所涉及的审批程序做了四点细化说明。

1) 国家级自然保护区

国家级自然保护区的建立,由自然保护区所在的省、自治区、直辖市人民政府或者国务院有关自然保护区行政主管部门提出申请,经国家级自然保护区评审委员会评审后,由国务院环境保护行政主管部门进行协调并提出审批建议,报国务院批准。

2)地方级自然保护区

地方级自然保护区的建立,由自然保护区所在的县、自治县、市、自治州人民政府或者省、自治区、直辖市人民政府有关自然保护区行政主管部门提出申请,经地方级自然保护区评审委员会评审后,由省、自治区、直辖市人民政府环境保护行政主管部门进行协调并提出审批建议,报省、自治区、直辖市人民政府批准,并报国务院环境保护行政主管部门和国务院有关自然保护区行政主管部门备案。

3)跨行政区域的自然保护区

跨两个以上行政区域的自然保护区的建立,由有关行政区域的人民政府协商一致后提出申请,并按照前两款规定的程序审批。

4)海上自然保护区

建立海上自然保护区,须经国务院批准。

知识链接9—1

海洋自然保护区

为了保护海洋环境和海洋资源,20世纪70年代初,美国率先建立国家级海洋自然保护区,并颁布《海洋自然保护区法》,使建立海洋自然保护区的行动法制化。1995年5月29日,我国国家海洋局根据《自然保护区条例》的规定,发布了《海洋自然保护区管理办法》,以期加强对海洋自然保护区的建设和管理。

1. 海洋自然保护区的概念

海洋自然保护区是指以海洋自然环境和资源保护为目的,依法把包括保护对象在内的一定面积的海岸、河口、岛屿、湿地或海域划分出来,进行特殊保护和管理的区域。

2. 海洋自然保护区的设立条件

凡具备下列条件之一的,应当建立海洋自然保护区:①典型海洋生态系统所在区域;②高度丰富的海洋生物多样性区域或珍稀、濒危海洋生物物种集中分布区域;③具有重大科学文化价值的海洋自然遗迹所在区域;④具有特殊保护价值的海域、海岸、岛屿、湿地;⑤其他需要加以保护的区域。

3. 海洋自然保护区的监管

国家海洋行政主管部门负责研究、制定全国海洋自然保护区规划;审查国家级海洋自然保护区建区方案和报告;审批国家级海洋自然保护区总体建设规划;统一管理全国海洋自然保护区工作。

沿海省、自治区、直辖市海洋管理部门负责研究制定本行政区域毗邻海域内海洋自然保护区规划;提出国家级海洋自然保护区选划、建设;主管本行政区域毗邻海域内海洋自然保护区选划、建设、管理工作。

4. 海洋自然保护区的功能区及保护期

海洋自然保护区可根据自然环境、自然资源状况和保护需要划为核心区、缓冲区、实验区，或者根据不同保护对象规定绝对保护期和相对保护期。

核心区内，除经沿海省、自治区、直辖市海洋管理部门批准进行的调查观测和科学研究活动外，禁止其他一切可能对保护区造成危害或不良影响的活动。缓冲区内，在保护对象不遭人为破坏和污染前提下，经该保护区管理机构批准，可在限定时间和范围内适当进行渔业生产、旅游观光、科学研究、教学实习等活动。实验区内，在该保护区管理机构统一规划和指导下，可有计划地进行适度开发活动。

绝对保护期即根据保护对象生活习性规定的一定时期，保护区内禁止从事任何损害保护对象的活动；经该保护区管理机构批准，可适当进行科学研究、教学实习活动。相对保护期即绝对保护期以外的时间，保护区内可从事不捕捉、损害保护对象的其他活动。

5. 海洋自然保护区的禁止性规定

在海洋自然保护区内禁止下列活动和行为：①擅自移动、搬迁或破坏界碑、标志物及保护设施；②非法捕捞、采集海洋生物；③非法采石、挖沙、开采矿藏；④其他任何有损保护对象及自然环境和资源的行为。

6. 首批国家级海洋自然保护区

我国首批设立的国家级海洋保护区有 5 个，分别为：河北昌黎黄金海岸、广西山口红树林生态、海南大洲岛海洋生态、海南三亚珊瑚礁以及浙江南麂列岛。

9.4.5 自然保护区的管理

1. 自然保护区的管理体制

《自然保护区条例》第八条明确规定，我国对自然保护区实行"综合管理"与"分部门管理"相结合的管理体制。

依据《自然保护区条例》，国务院环境保护行政主管部门负责全国自然保护区的"综合管理"。"综合管理"部门的职责包括对自然保护区的设立申请进行协调并提出审批建议(第十二条)，拟定自然保护区发展规划(第十七条)，制定自然保护区管理的技术规范和标准(第十九条)，对各种类型自然保护区的管理进行监督检查(第二十条)，对自然保护区的污染设施依法监督其限期治理(第三十二条)，对违法行为实施行政处罚(第三十六条)等。"分部门管理"是指国务院林业、农业、地质矿产、水利、海洋等有关行政主管部门在各自职责范围内，主管有关的自然保护区；县级以上地方人民政府负责自然保护区管理的部门的设置和职责，由省、自治区、直辖市人民政府根据当地具体情况确定。

之所以实行"综合管理"与"分部门管理"相结合的管理体制，是因为我国自然保护区的类型很多(我国划分为 9 种类型)，不同类型的自然保护区所保护的主要对象均为环境的基本要素，包括森林、草原、海洋、地质遗迹、古生物遗迹、野生动物、野生植物等，其中野生动植物还有陆生与水生之分。正是由于保护区类型众多，保护对象复杂，术业有专攻，需要各行业部门各司其职，分部门管理；同时又因为单独任何一个行业部门都难以有效协调各有关部门之间的关系，亦需要有综合管理部门实施协调和综合管理。

2. 自然保护区的管理机构

根据《自然保护区条例》第二十一条的规定，不同等级的自然保护区的管理机构如下。

国家级自然保护区，由其所在地的省、自治区、直辖市人民政府有关自然保护区行政主管部门或者国务院有关自然保护区行政主管部门管理。地方级自然保护区，由其所在地的县级以上地方人民政府有关自然保护区行政主管部门管理。

有关自然保护区行政主管部门应当在自然保护区内设立专门的管理机构，配备专业技术人员，负责自然保护区的具体管理工作。

3. 自然保护区的管理职责

根据《自然保护区条例》第二十二条的规定，自然保护区管理机构的主要职责如下。①贯彻执行国家有关自然保护的法律、法规和方针、政策；②制定自然保护区的各项管理制度，统一管理自然保护区；③调查自然资源并建立档案，组织环境监测，保护自然保护区内的自然环境和自然资源；④组织或者协助有关部门开展自然保护区的科学研究工作；⑤进行自然保护的宣传教育；⑥在不影响保护自然保护区的自然环境和自然资源的前提下，组织开展参观、旅游等活动。

4. 自然保护区的管理内容

根据《自然保护区条例》的规定，凡在中华人民共和国领域和中华人民共和国管辖的其他海域内建设和管理自然保护区，必须遵守《自然保护区条例》。对自然保护区的管理，主要包括以下内容。

1)确定自然保护区的范围与界限

依据《自然保护区条例》的规定，批准建立自然保护区的人民政府负责在兼顾保护对象的完整性和适度性，以及当地经济建设和居民生产、生活需要的前提下，确定自然保护区的范围与界限，并标明区界，予以公告；同时，亦负责调整或改变自然保护区的性质、范围、界限，及至撤销自然保护区。除有批准权的人民政府外，任何单位和个人，不得擅自移动自然保护区的界标。

2)拟定自然保护区的规划

依据《自然保护区条例》的规定，对自然保护区的规划主要包括宏观规划与具体规划两个层面。

(1)宏观规划。国务院环境保护行政主管部门应当会同国务院有关自然保护区行政主管部门，在对全国自然环境和自然资源状况进行调查和评价的基础上，拟定国家自然保护区发展规划，经国务院计划部门综合平衡后，报国务院批准实施。

(2)具体规划。自然保护区管理机构或者该自然保护区行政主管部门应当组织编制自然保护区的建设规划，按照规定的程序纳入国家的、地方的或者部门的投资计划，并组织实施。

3)监查自然保护区的管理

《自然保护区条例》第二十条规定："县级以上人民政府环境保护行政主管部门有权对

本行政区域内各类自然保护区的管理进行监督检查；县级以上人民政府有关自然保护区行政主管部门有权对其主管的自然保护区的管理进行监督检查。被检查的单位应当如实反映情况，提供必要的资料。检查者应当为被检查的单位保守技术秘密和业务秘密。"

4)管理自然保护区内的人员与活动

《自然保护区条例》第二十五条申明："在自然保护区内的单位、居民和经批准进入自然保护区的人员，必须遵守自然保护区的各项管理制度，接受自然保护区管理机构的管理。"对可能给自然保护区带来破坏性影响的进入自然保护内的人员的行为及活动事项，《自然保护区条例》明确地作出了禁止性规定，主要包括以下几方面。

(1)禁止在自然保护区内进行砍伐、放牧、狩猎、捕捞、采药、开垦、烧荒、开矿、采石、挖沙等活动；但是，法律、行政法规另有规定的除外。

(2)禁止在自然保护区的缓冲区开展旅游和生产经营活动。因教学科研的目的，需要进入自然保护区的缓冲区从事非破坏性的科学研究、教学实习和标本采集活动的，须经自然保护区管理机构批准。

(3)在自然保护区的核心区和缓冲区内，不得建设任何生产设施。在自然保护区的实验区内，不得建设污染环境、破坏资源或者景观的生产设施。

(4)在自然保护区的实验区开展参观、旅游活动的，应当服从自然保护区管理机构的管理；严禁开设与自然保护区保护方向不一致的参观、旅游项目。

(5)在自然保护区的外围保护地带建设的项目，不得损害自然保护区内的环境质量。

(6)外国人进入地方级自然保护区的，接待单位应当事先报经省、自治区、直辖市人民政府有关自然保护区行政主管部门批准；进入国家级自然保护区的，接待单位应当报经国务院有关自然保护区行政主管部门批准。进入自然保护区的外国人，应当遵守有关自然保护区的法律、法规和规定。

实例分析 9-4

自然保护区的核心区内种植丰产林[①]

湖南东洞庭湖国家级自然保护区以珍稀水禽及湿地生态系统为保护对象，拥有独特的湖洲滩涂生态系统和景观，是我国第一批列入《湿地公约》"国际重要湿地目录"的湿地保护区。但是，2005年，经国家环保总局调查，该保护区的核心区、缓冲区均被人为大面积种植了速生丰产林，其中仅在核心区就栽种意大利杨1000多亩。

分析：在湖南东洞庭湖国家级自然保护区内大规模种植丰产林的行为，已严重违反了《自然保护区条例》不得在自然保护区核心区和缓冲区开展生产经营活动的规定。在东洞庭湖湿地自然保护区内大面积种植杨树，一方面改变了原有的湿地生态系统，破坏生物多样性；另一方面也影响洞庭湖的蓄洪泄洪，国家环保总局依法对其进行了严厉查处，并予以公告。

---

①资料来源：国家环境保护总局，《2005专项执法检查破坏自然保护区典型违法案件》，2005年11月15日，http://env.people.com.cn/BIG5/1072/3857078.html，网站最后访问日期：2014年4月6日。

9.4.6 自然保护区的法律责任

《自然保护区条例》对违反其所规定的禁止性行为的个人或单位，根据情节轻重，分别给予行政处罚或行政处分，及至追究刑事责任。

1. 行政处罚

《自然保护条例》规定，有下列行为之一的单位和个人，由自然保护区管理机构或者自然保护区行政主管部门责令其改正，并根据情节轻重处以不同数额限度的罚款。

①擅自移动或者破坏自然保护区界标的；②未经批准进入自然保护区或者在自然保护区内不服从管理机构管理的；③经批准在自然保护区的缓冲区内从事科学研究、教学实习和标本采集的单位和个人，不向自然保护区管理机构提交活动成果副本的；④违反规定，在自然保护区进行砍伐、放牧、狩猎、捕捞、采药、开垦、烧荒、开矿、采石、挖沙的；⑤自然保护区管理机构违反本条例规定，拒绝环境保护行政主管部门或者有关自然保护区行政主管部门监督检查，或者在被检查时弄虚作假的。

2. 行政处分

《自然保护条例》规定，自然保护区管理机构有下列行为之一的，由自然保护区行政主管部门对行为的直接责任人员给予相应的行政处分：①未经批准在自然保护区开展参观、旅游活动的；②开设与自然保护区保护方向不一致的参观、旅游项目的；③不按照批准的方案开展参观、旅游活动的。

3. 刑事责任

《自然保护区条例》规定，有下列行为之一，且情节严重，构成犯罪的，将依法追究行为人的刑事责任：①妨碍自然保护区管理人员执行公务的；②造成自然保护区重大污染或者破坏事故，导致公私财产重大损失或者人身伤亡的；③自然保护区管理人员滥用职权、玩忽职守、徇私舞弊的。

实例分析 9—5

翁婿关系下的毁林与玩忽职守[①]

邦溪自然保护区，位于海南岛中部山区的白沙县邦溪镇，拥有全省最大的坡鹿自然保护区和国家级重点公益林，区内不乏花梨、母生、子京等多种珍贵林木，以及坡鹿、云豹、水獭等国家一级野生动物。

邦溪镇孟果村村民老王于2010年4月至2011年4月期间将邦溪自然保护区红岭林段公益林大面积砍伐，种上农作物。后因被林区群众举报，老王于2010年11月22日

[①]资料来源：李轩甫，《翁婿关系中查出渎职》，原载于《检察日报》，发表日期：2012年12月20日，转引自法律博客·反贪惩腐，http://hongjian.fyfz.cn/b/731929。经删节整理改编。

到白沙县公安局投案。经海南省林业公安局邦溪派出所民警现场勘查测量取证，保护区内的公益林被砍伐面积超过7亩，被毁林木有190多株，蓄积量达27.58立方米。老王之所以无所顾忌、肆意毁林，正是有赖于其担任邦溪自然保护区公益林护林员的女婿的包庇。岳父毁林之初，女婿亦曾劝说阻止，但未向林业局和保护区管理机构报告，后碍于翁婿关系，因不想得罪岳父，遂选择听之任之，最终导致保护区大面积公益林被毁。

分析： 村民老王在自然保护区内肆意毁林开垦的行为已经违反了《自然保护区条例》关于禁止在保护内砍伐、开垦的规定，而且所毁林木面积较大，株数较多，2012年3月5日，老王被白沙县法院以滥伐林木罪判处拘役五个月。

护林员碍于翁婿情面，失于值守，致使自然保护区大面积林木被毁，已构成玩忽职守罪。2012年8月23日，该护林员被白沙县法院以玩忽职守罪判处有期徒刑一年，缓刑一年。

9.5 文物保护法律制度与世界遗产的保护

我国是世界文明古国，绵延几千年的文明史积淀下丰富而珍贵的文物资源。我国的根本大法——《中华人民共和国宪法》第二十二条第二款明确申明："国家保护名胜古迹、珍贵文物和其他重要历史文化遗产。"保护文物不仅是国家的重要职责，也是一切机关、组织与公民个人的共同义务。

为了加强对文物的保护，继承中华民族优秀的历史文化遗产，促进科学研究工作，我国于1982年11月19日首次公布实施了专门性文物保护法《中华人民共和国文物保护法》，2002年10月28日公布实施了《中华人民共和国文物保护法》(修订)，2013年6月29日再次公布了对2002年版《中华人民共和国文物保护法》(修订)个别条款的修订。1992年4月30日国家文物局发布了部门规章《中华人民共和国文物保护法实施细则》。2003年5月13日国务院公布了行政法规《中华人民共和国文物保护法实施条例》，并于2003年7月1日起施行。此外，还有《长城保护条例》(2006年12月1日起施行)及《历史文化名城名镇名村保护条例》(2008年7月1日起施行)。

9.5.1 文物的概念、分类与保护范围

1. 文物的概念

所谓文物，是指人类社会历史发展过程中遗留下来的，由人类创造或者与人类活动有关的一切有价值的物质遗产的总称。

文物因其三大价值(历史价值、艺术价值和科学价值)及其四大基本特征(直观形象性、历史真实性、社会典型性和不可再生性)强烈地吸引着旅游者，成为拓展旅游者的旅游体验深度及提升旅游满意度的重要资源。

知识链接 9-2

非物质文化遗产

非物质文化遗产是指各种以非物质形态存在的与群众生活密切相关、世代相承的传统文化表现形式,包括口头传统、传统表演艺术、民俗活动和礼仪与节庆、有关自然界和宇宙的民间传统知识和实践、传统手工艺技能等,以及与上述传统文化表现形式相关的文化空间。非物质文化遗产是以人为本的活态文化遗产,它强调的是以人为核心的技艺、经验、精神,其特点是活态流变。

2. 文物的分类

依据不同的标准,文物类别主要可以做如下划分。
(1)依据文物的来源,可分为出土文物与传世文物。
(2)依据文物的所有权,可分为国家所有、集体所有与私人所有。
(3)依据文物的保存方法,可分为馆藏文物与民间收藏文物。
(4)依据文物的移动状况,可分为可移动文物与不可移动文物。
(5)依据文物的等级状况,可移动文物可分为珍贵文物(包含一级文物、二级文物和三级文物)与一般文物;不可移动文物则可分为全国重点文物保护单位、省级文物保护单位与市、县级文物保护单位。

3. 文物的法律保护范围

文物是凝结着中华民族优秀历史文化的重要物质载体,国家对文物所设定的保护范围十分广泛。依据《中华人民共和国文物保护法》(修订)(以下简称《文物保护法》)第二条的规定,在中华人民共和国境内,下列文物依法受到保护:①具有历史、艺术、科学价值的古文化遗址、古墓葬、古建筑、石窟寺和石刻、壁画;②与重大历史事件、革命运动或者著名人物有关的以及具有重要纪念意义、教育意义或者史料价值的近代现代重要史迹、实物、代表性建筑;③历史上各时代珍贵的艺术品、工艺美术品;④历史上各时代重要的文献资料以及具有历史、艺术、科学价值的手稿和图书资料等;⑤反映历史上各时代、各民族社会制度、社会生产、社会生活的代表性实物。

此外,《文物保护法》还补充规定:"具有科学价值的古脊椎动物化石和古人类化石同文物一样受国家保护。"

9.5.2 文物保护的方针、机构与经费

1. 文物保护的方针

《文物保护法》第四条规定:"文物工作贯彻保护为主、抢救第一、合理利用、加强管理的方针。"

"保护为主"是指,在文物的保护与利用间,保护位居首位,是利用的前提和基础,必

须贯穿于文物利用的始终。"抢救第一"是指，在文物保护工作的诸多环节中，必须厘清轻重缓急，将文物抢救工作摆在保护的第一位。"合理利用"是指，文物的利用要掌握恰当的"度"，绝对不能实施掠夺性利用，且文物的利用必须以宣传教育和科学研究为主要目的。"加强管理"则强调的是正确处理文物利用过程中社会效益与经济效益的关系。

2. 文物保护的管理机构

《文物保护法》第八条规定："国务院文物行政部门主管全国文物保护工作。地方各级人民政府负责本行政区域内的文物保护工作。县级以上地方人民政府承担文物保护工作的部门对本行政区域内的文物保护实施监督管理。县级以上人民政府有关行政部门在各自的职责范围内，负责有关的文物保护工作。"

同时，《文物保护法》还规定：公安机关、工商行政管理部门、海关、城乡建设规划部门和其他有关国家机关，应当依法认真履行所承担的保护文物的职责，维护文物管理秩序。

可见，文物保护工作除由各级文物行政部门主管外，还需要其他各职能部门各司其职、协同合作，共同维护文物管理秩序。

3. 文物保护的经费

实践中，经费问题往往是文物能否获得及时、恰当的抢救、修缮与充足保护的关键。《文物保护法》第十条对文物保护的经费问题做出明确规定，强调："县级以上人民政府应当将文物保护事业纳入本级国民经济和社会发展规划，所需经费列入本级财政预算。国家用于文物保护的财政拨款随着财政收入增长而增加。国有博物馆、纪念馆、文物保护单位等的事业性收入，专门用于文物保护，任何单位或者个人不得侵占、挪用。国家鼓励通过捐赠等方式设立文物保护社会基金，专门用于文物保护，任何单位或者个人不得侵占、挪用。"如此，便在立法上确保了文物保护的经费投入，使文物保护工作在经费方面免除了后顾之忧。

9.5.3 文物资源的法律保护

1. 对文物考古发掘的法律规定

《文物保护法》第三章第九条内容详细阐明了对文物考古发掘的相关法律规定，此处概括归纳如下。

1) 考古发掘手续的报批

一切考古发掘工作，必须履行报批手续；未经批准，地下埋藏的文物，任何单位或者个人都不得私自发掘。

2) 考古发掘计划的审批

从事考古发掘的单位，为了科学研究进行考古发掘，应当提出发掘计划，报国务院文物行政部门批准；国务院文物行政部门在批准或者审核前，应当征求社会科学研究机构及其他科研机构和有关专家的意见。

3)外国机构或个人参与考古发掘的规定

非经国务院文物行政部门报国务院特别许可,任何外国人或者外国团体不得在中华人民共和国境内进行考古调查、勘探、发掘。

4)大型基建工程所涉文物的保护与抢救

进行大型基本建设工程,建设单位应当事先报请省级文物行政部门,在工程范围内有可能埋藏文物的地方进行考古调查、勘探;遇有重要发现的,须及时报国务院文物行政部门处理。

5)发现文物时的报告制度

在进行建设工程或者在农业生产中,任何单位或者个人发现文物,应当保护现场,立即报告当地文物行政部门;发现的文物属于国家所有,任何单位或者个人不得哄抢、私分、藏匿。

6)出土文物的归属

考古发掘的文物,除经省级或国家文物行政部门批准,从事考古发掘的单位可以保留少量出土文物作为科研标本外,都应当登记造册,妥善保管,按规定移交给由省级或者国家级文物行政部门指定的国有博物馆、图书馆或者其他国有收藏文物的单位收藏。考古发掘的文物,任何单位或者个人不得侵占。

7)出土文物的调用

根据保证文物安全、进行科学研究和充分发挥文物作用的需要,省级文物行政部门经本级人民政府批准,可以调用本行政区域内的出土文物;国务院文物行政部门经国务院批准,可以调用全国的重要出土文物。

实例分析 9—6

南水北调施工现场被"哄抢"的铜钱①

2013年8月初,南水北调支线工程河南省西平县人和乡段工程施工开挖沟渠,9月5日,施工方在翻土排除雨后积水时,发现有铜钱,没有及时报告。5日以来,陆续有周边群众前来捡拾铜钱,施工方没有制止群众的哄抢行为。直至9月10日,西平县文物管理所才接到报案,9月11日群众拾捡铜钱的行为被制止。经鉴定,工地上被挖出的铜钱所属北宋年间,以宋神宗时期的"熙宁重宝"、宋真宗时期的"天禧通宝"为多。经初步调查,被哄抢的铜钱达20多公斤,施工现场所看到的铜钱已所剩无几。

分析:

《文物保护法》规定,在进行大型基本建设工程时,文物保护单位应就工程范围内可能埋藏文物的地方进行考古调查、勘探。西平县文物管理所就本区域内的南水北调施工现场文物埋藏情况巡查不力,应该承担相应责任。

《文物保护法》规定,大型基建工程施工时,发现文物,"应当保护现场,立即报告当

---

①资料来源:根据2013年9月11—12日,新华网、凤凰网、杭州网等媒体关于此事件的相关报道整理、分析、编写而成。

地文物行政部门"。本案例中的施工方发现文物未能报告,亦未能及时制止村民哄抢,应该承担相应法律责任。

《文物保护法》规定,大型基建工程中,"发现的文物属于国家所有,任何单位或者个人不得哄抢、私分、藏匿。"参与哄抢的群众或许因为对文物保护知识的无知,或许出于法不责众的心理。这说明一方面我们对文物保护相关法律知识的宣传力度不够,另一方面文物保护的法律监管与执行力度仍需加强。违法必究,哄抢铜钱之人必须认识到自身的过错,并承担相应的法律责任。

2. 对文物所有权的法律保护

所有权是物权的一种,是指所有人依法对物的占有、使用、收益和处分的权利。文物所有权的法律保护即在法律上明确了文物的归属。我国的文物所有权分为国家所有、集体所有及私人所有三类。

1)国家所有的文物

依据文物的移动状况,《文物保护法》对归国家所有的文物规定如下。

(1)不可移动文物中的国家所有文物。

《文物保护法》规定:"中华人民共和国境内地下、内水和领海中遗存的一切文物,属于国家所有。古文化遗址、古墓葬、石窟寺属于国家所有。国家指定保护的纪念建筑物、古建筑、石刻、壁画、近代现代代表性建筑等不可移动文物,除国家另有规定的以外,属于国家所有。"

根据市场经济条件下土地使用权转让等情况,《文物保护法》第五条特别强调:"国有不可移动文物的所有权不因其所依附的土地所有权或者使用权的改变而改变。"

(2)可移动文物中的国家所有文物。

依据《文物保护法》,可移动文物中属于国家所有的文物包括:①中国境内出土的文物,国家另有规定的除外;②国有文物收藏单位以及其他国家机关、部队和国有企业、事业组织等收藏、保管的文物;③国家征集、购买的文物;④公民、法人和其他组织捐赠给国家的文物;⑤法律规定属于国家所有的其他文物。

鉴于可移动文物的保管、收藏单位可能发生终止或变更的情况,《文物保护法》第五条特别强调:"属于国家所有的可移动文物的所有权不因其保管、收藏单位的终止或者变更而改变。"

《文物保护法》强调:"国有文物所有权受法律保护,不容侵犯。"

小思考

某省级博物馆因展览室拆迁扩建,遂将部分物品转交于该省一知名私人收藏博物馆保管,其中包括某书画家于20世纪50年代捐赠给该省级博物馆的3幅画作。书画家之孙在私人收藏博物馆内看到了祖父的画作,便以此3幅画作应归自己所有为由,要求该私人收藏博物馆返还祖父的画作。请问,书画家之孙的诉求是否合理?为什么?

2)集体或私人所有的文物

除国家所有的文物外,我国还有相当数量的文物属于集体所有或私人所有,譬如具有文物价值和地方特色的民居、祠堂、牌坊;具有历史价值和民族特色的生活用具和生产工具;家传的古瓷器、书画作品、私家园林;私人合法购买或继承的文物等。《文物保护法》规定:"属于集体所有和私人所有的纪念建筑物、古建筑和祖传文物以及依法取得的其他文物,其所有权受法律保护。"国家所有的文物、集体所有的文物及私人所有的文物都属于国家保护的范围,任何侵犯文物的所有权的行为,都将受到法律的追究。

《文物保护法》还规定:"文物的所有者必须遵守国家有关文物保护的法律、法规的规定。"意即,文物的所有者在行使其所有权时,应依法受到限制。文物的所有者必须遵守国家有关文物保护的规定,诸如:出售私人收藏的文物,必须依法流通,不得倒卖国有或非国有馆藏珍贵文物以牟利;严禁把珍贵文物出售、转让、出租或质押给外国人。

实例分析 9—7

祖宅埋藏文物的权属认定[①]

原告汪秉诚等六人的祖辈居住于江苏省淮安市东长街306号房屋,该地块被列入拆迁范围。拆迁前,原告向拆迁项目部现场办公室及当地居委会反映,其宅基下有祖父埋藏的古钱币若干。原告与拆迁部门尚未达成拆迁补偿安置协议,房屋即被拆迁。2009年10月13日,该拆迁工地人员挖掘出涉案钱币,后经被告淮安市博物馆(以下简称博物馆)挖掘清理出并收藏。经江苏省文物局委托淮安市文物局进行鉴定,上述钱币为机制铜圆,是清代晚期至民国期间钱币,为一般可移动文物,具有一定的历史和文化价值。原告诉至法院,要求博物馆返还涉案古钱币。淮安市清河区长东街道办事处清淮路社区居委会、越河小区拆迁现场办公室均出具证明:汪秉诚住东长街306号,自2007年4月7日拆迁实施以来,该户多次反映祖宅房屋下有祖父埋藏的古钱币若干。群众也反映其祖父以前做酿酒生意,情况属实。

被告博物馆辩称:依据《文物保护法》,中华人民共和国境内地下、内水和领海中遗存的一切文物,属于国家所有。涉案的古钱币经鉴定属于可移动文物,故依法属于国家所有。博物馆是依法批准设立的国有文物收藏单位,对涉案的古钱币有职责依法收藏。原告主张涉案古钱币为其祖上所埋藏,但其既不能提供这批古钱币的来源、数量、处置等所留下的任何文字凭据,也不能说明古钱币的数量、年代、特征、埋藏的位置等基本事实,故原告称该钱币是其祖上所埋藏,显然不能成立。

裁判:

一审,江苏省淮安市清河区人民法院经审理判决:被告博物馆于判决生效后三日内返还给原告汪秉诚等六人被依法封存于博物馆的两箱古钱币。宣判后,被告不服,提起上诉。

二审,江苏省淮安市中级人民法院经审理认为,私人可以成为文物的所有权人。汪秉

---

①资料来源:江苏省淮安市中级人民法院马作彪,《祖宅埋藏文物的权属认定——江苏淮安中院判决汪秉诚等诉博物馆返还原物纠纷案》,《人民法院报》,2012年9月6日版。经整理编写。

诚等六人能够证明涉案古钱币属其祖父所有，且他们对其祖父的财产依法亦享有继承的权利，故涉案文物为祖传文物，属有主物。2011年11月16日，法院判决：驳回上诉，维持原判。

分析：

本案争议的焦点是，祖宅内埋藏的文物是国家所有还是私人所有；如果判令属于私人所有，是否对文物保护工作产生负面影响？

首先，《文物保护法》作为公法，区分了公、私所有权之文物的保护。该法第七条规定，一切机关、组织和个人都有依法保护文物的义务。因此，对文物的保护不仅限于由国家保护，其也赋予了私人依法保护文物的义务。该法第五条规定，"中华人民共和国境内地下、内水和领海中遗存的一切文物，属于国家所有。"此是法律关于遗存文物的国家所有权的一般性规定，不能就此认为境内所有情形下的文物归国家所有。该法第六条规定，"属于集体所有和私人所有的纪念建筑物、古建筑和祖传文物以及依法取得的其他文物，其所有权受法律保护。"此是法律关于文物集体所有权和公民个人所有权的规定，其区别于国家所有权。其中该条规定了私人所有的祖传文物受法律保护，这也正是判定本案的重要法律依据。

其次，本案文物有主性的判断。本案中，宅院主人在古钱币出土前向有关单位反映的涉案古钱币存在的事实和权属主张之主观说法，为古钱币出土的客观事实所印证。至此，依据主客观一致原则和高度盖然性的证明标准，古钱币的有主性已明晰。

最后，此案的判决不会对文物保护工作产生负面影响。一方面，本案诸多证据相互印证，形成有力的证据锁链，能够证明文物的归属；另一方面，该判决维护了公民私权的正当性，体现了对公民私有财产尊重和保护的宪法精神。

3. 对馆藏文物管理的法律规定

《文物保护法》第四章计14条内容对馆藏文物的管理进行了法律层面的规范，主要规定概述如下。

1) 馆藏文物的来源

文物收藏单位可以通过购买、接受捐赠、依法交换等方式及法律、行政法规规定的其他方式取得文物；其中国有文物收藏单位还可以通过文物行政部门指定保管或者调拨方式取得文物。

2) 文物收藏单位的义务

博物馆、图书馆和其他文物收藏单位对收藏的文物，必须区分文物等级，设置藏品档案，建立严格的管理制度，并报主管的文物行政部门备案。同时，文物收藏单位还应当充分发挥馆藏文物的作用，通过举办展览、科学研究等活动，加强对中华民族优秀的历史文化和革命传统的宣传教育。

3) 馆藏文物的安全责任人

文物收藏单位的法定代表人对馆藏文物的安全负责。国有文物收藏单位的法定代表人离任时，应当按照馆藏文物档案办理馆藏文物移交手续。

4)馆藏文物的调拨、交换与借用

国有文物收藏单位的馆藏文物,可以依法相互进行调拨、交换与借用,但取得方应给予必要的合理补偿,并严格保管,不得丢失和损毁。禁止将馆藏文物赠与、出租或出售给其他单位及个人。文物收藏单位之间借用文物的最长期限不得超过3年。国有文物收藏单位调拨、交换、出借文物所得的补偿费用,必须用于改善文物的收藏条件和收集新的文物,不得挪作他用;任何单位或者个人不得侵占。

4. 对民间收藏文物管理的法律规定

《文物保护法》第五章计10条内容对民间收藏文物的法律规范,概要如下。
1)民间收藏文物的来源

文物收藏单位以外的公民、法人和其他组织可以收藏通过下列方式取得的文物:①依法继承或者接受赠与;②从文物商店购买;③从经营文物拍卖的拍卖企业购买;④公民个人合法所有的文物相互交换或者依法转让;⑤国家规定的其他合法方式。

2)民间收藏文物的流通

文物收藏单位以外的公民、法人和其他组织合法收藏的文物可以依法流通。但是,国有文物、非国有馆藏珍贵文物以及国有不可移动文物中的壁画、雕塑、建筑构件等(依法拆除的国有不可移动文物中的壁画、雕塑、建筑构件等不属于应由文物收藏单位收藏的除外)、来源不合法的文物不得买卖。

3)民间收藏文物的捐赠、转让、出借、出租与质押

国家鼓励文物收藏单位以外的公民、法人和其他组织将其收藏的文物捐赠给国有文物收藏单位或者出借给文物收藏单位展览和研究。国家禁止出境的文物,不得转让、出租、质押给外国人。

4)文物商店与拍卖企业

除经批准的文物商店、经营文物拍卖的拍卖企业外,其他单位或者个人不得从事文物的商业经营活动。禁止设立中外合资、中外合作和外商独资的文物商店或者经营文物拍卖的拍卖企业。文物商店应当由国务院文物行政部门或者省级文物行政部门批准设立,不得从事文物拍卖经营活动,不得设立经营文物拍卖的拍卖企业。文物拍卖企业应当取得国务院文物行政部门颁发的文物拍卖许可证,不得设立文物商店或从事文物购销经营活动。文物收藏单位及文物行政部门的工作人员不得举办或者参与举办文物商店或者经营文物拍卖的拍卖企业。

文物商店销售的文物,在销售前应当经省、自治区、直辖市人民政府文物行政部门审核;对允许销售的,省、自治区、直辖市人民政府文物行政部门应当做出标识。拍卖企业拍卖的文物,在拍卖前应当经省、自治区、直辖市人民政府文物行政部门审核,并报国务院文物行政部门备案。

5. 对文物出入境管理的法律规定

《文物保护法》第六章计4条内容对文物出入境管理作出规定,提要如下。
(1)除依法出境展览或因特殊需要经国务院批准出境外,国有文物、非国有文物中的珍

贵文物和国家规定禁止出境的其他文物，不得出境。

(2)文物出境，应当经国务院文物行政部门指定的文物进出境审核机构审核，获得国务院文物行政部门颁发的文物出境许可证，从指定的口岸出境。

(3)文物出境展览，应当报国务院文物行政部门批准；一级文物超过国务院规定数量的，应当报国务院批准；一级文物中的孤品和易损品，禁止出境展览。

(4)出境展览的文物复进境，由原文物进出境审核机构审核查验。文物临时进境，应当向海关申报，并报文物进出境审核机构审核、登记。

9.5.4 文物保护单位的法律保护

1. 文物保护单位的等级划分

所谓"文物保护单位"，是指我国对确定纳入保护对象的不可移动文物本体及其周围一定范围内的重点保护区域的统称。

《文物保护法》第三条规定："古文化遗址、古墓葬、古建筑、石窟寺、石刻、壁画、近代现代重要史迹和代表性建筑等不可移动文物，根据它们的历史、艺术、科学价值，分别被确定为三个等级的文物保护单位。"

1)市、县级文物保护单位

市、县级文物保护单位，分别由设区的市、自治州和县级人民政府核定公布，并报省、自治区、直辖市人民政府备案。

2)省级文物保护单位

省级文物保护单位，由省、自治区、直辖市人民政府核定公布，并报国务院备案。

3)全国重点文物保护单位

全国重点文物保护单位，由国务院文物行政部门在省级、市、县级文物保护单位中，选择具有重大历史、艺术、科学价值的确定为全国重点文物保护单位，或者直接确定为全国重点文物保护单位，报国务院核定公布。全国重点文物保护单位的保护范围和记录档案，须由省级文物行政部门报国务院文物行政部门备案。

2. 文物保护单位的风貌保护

《文物保护法》规定，在文物保护单位的保护范围内不得进行其他工程建设。根据保护文物的实际需要，经省、自治区、直辖市人民政府批准，可以在文物保护单位的周围划出一定的建设控制地带。在此建设控制地带内进行工程建设，其工程设计方案应当根据文物保护单位的级别，经相应的文物行政部门同意后，报城乡建设规划部门批准。且此建设工程不得破坏文物保护单位的历史风貌，不得建设污染文物保护单位及其环境的设施，不得进行可能影响文物保护单位安全及其环境的活动。工程建设在选址时，应当尽可能避开文物保护单位；因特殊情况不能避开的，应当尽可能实施原址保护，并事先确定保护措施，根据文物保护单位的级别报相应的文物行政部门批准，并将保护措施列入可行性研究报告或者设计任务书。

3. 文物保护单位的修缮迁移

《文物保护法》规定，文物保护单位的修缮、迁移、重建，须由取得文物保护工程资质证书的单位承担。修缮、保养、迁移时，不能破坏文物保护单位的历史真实性，必须遵守不改变文物原状的原则，做到"修旧如旧""迁旧如旧"。

文物保护单位无法实施原址保护，必须迁移异地保护或者拆除的，应当根据该文物保护单位的级别，报省级或国家级文物行政部门同意。全国重点文物保护单位不得拆除；需要迁移的，须由省级人民政府报国务院批准。

文物保护单位已经全部毁坏的，应当实施遗址保护，不得在原址重建。因特殊情况需要在原址重建的，须由省级文物行政部门征得国务院文物行政部门同意后，报省级人民政府批准；全国重点文物保护单位需要在原址重建的，由省级人民政府报国务院批准。

无论文物保护单位是原址保护，还是异地迁移或拆除，所需经费均由建设单位列入建设工程预算。

4. 文物保护单位的古建筑利用

建筑是凝固的音乐，尤其是穿越历史烟尘的古建筑及承载人文情怀的纪念建筑，更葆有着深刻隽永的文化内涵。对文物保护单位内的这些纪念建筑及古建筑的保护与利用，依据《文物保护法》的规定，可以建立博物馆、保管所或者辟为参观游览场所，但国有文物保护单位不得将其所属纪念建筑、古建筑作为企业资产经营。若纪念建筑、古建筑必须用作他途的，应当经核定公布该文物保护单位的人民政府文物行政部门征得上一级文物行政部门同意后，报核定公布该文物保护单位的人民政府批准；全国重点文物保护单位作其他用途的，应当由省级人民政府报国务院批准。

实例分析 9—8

文保单位变身娱乐会馆①

图 9-3　变身整改前的"晋绥铁路银行旧址"

（图片来源：中新网发，韦亮/摄。）

---

①资料来源：根据 2013 年 6—10 月搜狐网、中新网、三晋都市报、京华时报等媒体的相关报道整理、分析、编写而成。

太原市文物保护单位"晋绥铁路银行旧址"始建于 1911 年，1934 年 7 月 1 日于此成立"晋绥铁路银行"，全名"晋绥地方铁路银号"，是民国时期山西省的重要银行之一。2009年，太原市政府将该建筑列入"太原市文物保护单位"。

2012 年 8 月，太原食品街进行升级改造，刘某租下了晋绥铁路银行旧址，总共投资 700多万元进行修缮，扒掉外墙后来抹的水泥，根据原有痕迹进行修复，里面建筑风格也尽量遵循民国风貌。2013 年 4 月，晋绥铁路银行旧址修复完工，门头更名"惠公馆"，大门上方悬挂"山西金融家俱乐部惠公馆"的红色牌匾，经营餐饮娱乐。"惠公馆"中午是饭馆，可吃粤菜、晋菜；下午是茶馆，能喝奶茶、品红酒；晚上是静吧，可以欣赏钢琴、萨克斯演奏。晋绥铁路银行旧址摇身变为了集"吃、喝、玩"于一体的娱乐会馆，一时成为当地的热议话题。

晋绥铁路银行旧址的产权单位为山西省政府机关事务管理局。太原市食品街改造时，成立了个临时指挥部，后又成立了食品街管理有限公司，其管理权属比较复杂，给监管带来困难。根据《文物保护法》，对文物保护单位进行修复，要聘请有资质的设计单位编制修缮方案，报文物部门审批后，方可聘请有文物保护资质的单位进行施工修缮。但晋绥铁路银行旧址作为太原市文物保护单位，在修缮时，太原市文物局并未收到任何上报的修缮方案。根据《文物保护法》的相关规定，核定为文物保护单位的古建筑，除可以建立博物馆或辟为参观游览场所外，如果必须作其他用途的，应当征得文物行政部门的批准。晋绥铁路银行旧址的修缮及功能他用，亦没有在太原市文物局审批备案。2013 年 6 月 17 日，太原市文物局下达了责令整改通知书，依法责令其整改，恢复文物原貌。接到责令整改通知书后，该文物保护单位门头上的"惠公馆"即被去掉，大门上方的"山西金融家俱乐部惠公馆"红色牌匾亦被换成了"晋绥铁路银行旧址"。

分析：因为国家对于文物保护的专项资金，主要针对国家级和省级文物保护单位，市、县、区级等级别相对较低的文物保护单位，其保护经费则由当地财政支出，会出现文物保护经费难筹的状况。民间资本的介入，解决了部分较低级别文物保护单位的修缮资金来源，为这些文物赋予了新的生命。但必须注意到文物的保护性开发与利用是把双刃剑，民间资本的介入，虽然抢救了一部分文物，但要避免过度开发而造成二次破坏。文物的修缮必须要依据《文物保护法》修旧如旧，不能破坏文物保护单位的历史风貌；文物的开发利用亦必须依据《文物保护法》，注意不能损害文物的历史价值与社会形象。换言之，文物保护单位的修缮保护与开发利用，需要翔实的文物知识、精深的文物修缮资质与技能、专业的文保法律知识、充足的修缮资金及完备而严格的执法监管，缺一不可。

5. 文物保护单位内不可移动文物的法律保护

依据《文物保护法》，使用文物保护单位内的不可移动文物，必须遵守不改变文物原状的原则，不得损毁、改建、添建或者拆除不可移动文物。国有不可移动文物不得转让、抵押。非国有不可移动文物不得转让、抵押给外国人。非国有不可移动文物转让、抵押或者改变用途的，应当根据其级别报相应的文物行政部门备案。

6. 历史文化名城、名镇、名村的法律保护

《文物保护法》第十四条规定:"保存文物特别丰富并且具有重大历史价值或者革命纪念意义的城市,由国务院核定公布为历史文化名城。"而城镇、街道、村庄等,则"由省、自治区、直辖市人民政府核定公布为历史文化街区、村镇,并报国务院备案。"

依据《历史文化名城名镇名村保护条例》更为细化的规定,申报历史文化名城、名镇、名村必须具备四个基本条件:①保存文物特别丰富;②历史建筑集中成片;③保留着传统格局和历史风貌;④历史上曾经作为政治、经济、文化、交通中心或者军事要地,或者发生过重要历史事件,或者其传统产业、历史上建设的重大工程对本地区的发展产生过重要影响,或者能够集中反映本地区建筑的文化特色、民族特色。

国务院建设主管部门会同国务院文物主管部门负责全国历史文化名城、名镇、名村的保护和监督管理工作。地方各级人民政府负责本行政区域历史文化名城、名镇、名村的保护和监督管理工作。

历史文化名城、名镇、名村的保护应当遵循科学规划、严格保护的原则,保持和延续其传统格局和历史风貌,维护历史文化遗产的真实性和完整性。国家对历史文化名城、名镇、名村的保护给予必要的资金支持;历史文化名城、名镇、名村所在地的县级以上地方人民政府,根据本地实际情况安排保护资金,列入本级财政预算。

9.5.5 违反文物保护法的法律责任

1. 刑事责任

依据《文物保护法》的规定,有下列情形之一,构成犯罪的,依法追究刑事责任:"①盗掘古文化遗址、古墓葬的;②故意或者过失损毁国家保护的珍贵文物的;③擅自将国有馆藏文物出售或者私自送给非国有单位或者个人的;④将国家禁止出境的珍贵文物私自出售或者送给外国人的;⑤以牟利为目的倒卖国家禁止经营的文物的;⑥走私文物的;⑦盗窃、哄抢、私分或者非法侵占国有文物的;⑧应当追究刑事责任的其他妨害文物管理行为。"

实例分析 9—9

只要盗掘就构成盗掘古墓葬罪[①]

2012年1月初,得知湖北省枣阳市内有古墓葬,何某产生了盗掘古墓卖文物发财之念。2012年1月13日,何某伙同"老黑"等人从河南省洛阳市来到湖北省枣阳市,踩好点后,当晚10时许,何某等人携带扎杆、铁锹等工具来到枣阳市吴店镇郭家庙,趁夜深人静之机,对该处古墓葬进行盗掘。孰料14日凌晨1时许,当这群盗墓贼正在古墓葬实施钻探时,当地巡逻民警及时发现,"老黑"等同伙逃窜,何某被当场抓获,并收缴铁锹、扎杆等工具27件。从现场土质及遗落器物陶片分析,遭盗挖的墓葬为东周时期古墓葬。目前,该古墓

---

① 资料来源:湖北省枣阳市人民法院,《只要盗掘就构成盗掘古墓葬罪(以案说法)》,人民网,发布日期2013-04-17,http://www.people.com.cn/24hour/n/2013/0417/c25408-21162386.html。经整理编写。

葬已遭到严重破坏。

裁决：

湖北省枣阳市法院经审理认为，何某与同伙盗掘已确定为省级保护单位的古墓葬，其行为构成盗掘古墓葬罪，依法判处何某有期徒刑10年，并处罚金5000元。

评析：

"盗掘古文化遗址、古墓葬罪，是指盗掘具有历史、艺术、科学价值的古文化遗址、古墓葬的行为。"行为人是否在客观上实施了盗掘古文化遗址、古墓葬的行为，是本案定罪量刑的关键所在。

依据相关法律，定盗掘古墓葬罪必须符合两个基本要求。

一是须有盗掘文化遗址、墓葬的行为，即未经国家文化主管部门的批准而私自开挖、掘取文化遗址、墓葬。盗掘通常是秘密挖掘，但也不排除公然哄挖。至于是否挖掘到文物，并不影响本罪的成立。

二是盗掘的必须是古文化遗址、古墓葬。古文化遗址，即清代和清代以前我国古代人类创造并留下的表明其文化发展水平的具有历史、艺术、科学价值的遗迹，包括石窟、地下城、古建筑等；古墓葬，即清代和清代以前我国古代人类建造并留下的表明其文化发展水平的具有历史、艺术、科学价值的墓穴及其有关设施。

总之，行为人只要实施了盗掘古文化遗址、古墓葬的行为，即构成本罪的既遂。是否窃取了文物，不影响本罪既遂的成立。

2. 行政责任

违反《文物保护法》的规定，出现下列行为，情节尚不严重的，由有关行政机关给予其相应行政处罚：①违反《文物保护法》的规定，构成违反治安管理行为的，由公安机关依法给予治安管理处罚；②构成走私行为，尚不构成犯罪的，由海关依照有关法律、行政法规的规定给予处罚；③不遵守文物保护的规定，对文物保护造成不利影响的，由县级以上人民政府文物主管部门责令改正，视情节轻重，处以限额罚款或吊销责任单位的文物保护资质证书；④非法经营的文物，由工商行政管理部门没收违法所得，酌情罚款，甚或吊销许可证书。

公安机关、工商行政管理部门、海关、城乡建设规划部门和其他国家机关，违反本法规定，滥用职权、玩忽职守、徇私舞弊，造成国家保护的珍贵文物损毁或者流失的，对负有责任的主管人员和其他直接责任人员依法给予行政处分；构成犯罪的，依法追究刑事责任。

3. 民事责任

违反《文物保护法》规定，造成文物灭失、损毁的，依法承担民事责任。

9.5.6 世界遗产的国际保护

1. 世界遗产的概念

世界遗产是特指被联合国教科文组织确认的、人类罕见的且目前无法替代的、对人类

生存和发展具有特殊价值的真实而唯一的前代遗留财产。

广义上,世界遗产包括"文化遗产""自然遗产""自然与文化双重遗产""文化景观"及"非物质文化遗产"五类。通常所说的世界遗产主要指前四类。

"非物质文化遗产"最初被称为"民间创作",是指各国人民世代传承的、与民众生活密切相关的各种传统文化的表现形式(如民俗活动、表演艺术、传统知识技能,以及与之相关的器具、实物、手工制品等)和文化空间。①

2. 世界遗产的国际保护公约

《保护世界文化和自然遗产公约》(简称《世界遗产公约》)和《保护非物质文化遗产公约》是世界上保护旅游资源方面的两部重要国际法文件。

《世界遗产公约》由联合国教科文组织大会第 17 届会议于 1972 年 11 月 16 日在巴黎通过。该公约包括前言和 38 条正文,由文化和自然遗产的定义、文化和自然遗产的国家保护和国际保护、保护世界文化和自然遗产政府间委员会、保护世界文化和自然遗产基金、国际援助的条件和安排、教育计划、报告、最后条款八部分组成。公约的宗旨是为集体保护具有突出的普遍价值的文化和自然遗产,建立一个根据现代科学方法制定的永久性有效制度。《世界遗产公约》规定,保护世界遗产主要是有关国家的责任。并规定在尊重遗产所在国的主权、不使所在国规定的财产权受到损失的前提下,承认这类遗产是世界遗产的一部分。根据该公约规定,一旦被列入《世界遗产名录》,这类遗产将受到联合国教科文组织所有成员国的共同保护和集体援助。

《保护非物质文化遗产公约》由联合国教科文组织第 32 届大会于 2003 年 10 月 7 日在巴黎通过,是联合国保护世界非物质文化遗产最重要的文件。但是世界非物质文化遗产的评定工作要先于此文件的出台,早在 2001 年已开始评定命名。

3. 世界遗产保护的管理机构

世界遗产委员会、世界遗产中心是主要负责世界遗产保护的两个管理机构。

世界遗产委员会,是根据《世界遗产公约》的规定,在联合国教科文组织内设立的政府间组织。其成立于 1976 年 11 月,由缔约国大会选举产生的 21 个国家的代表组成,每届任期 6 年,每两年改选其中的 1/3,主要负责《世界遗产公约》的实施。世界遗产委员会每年在不同国家举行一次世界遗产大会,主要根据各缔约国的申请,审核决定哪些遗产可以录入《世界遗产名录》,对列入名录的世界遗产由国际社会提供援助,安排保护、恢复等工作,并对该工作进行监督指导。

世界遗产中心,由联合国教科文组织设立,又称公约执行秘书处。该中心主要协助缔约国具体执行《世界遗产公约》,对世界遗产委员会提出建议,执行世界遗产委员会的决定。

4. 世界遗产的申报程序

申报世界遗产,须经过三道程序、四个步骤。

---

① 参见 2001 年联合国教科文组织通过的《世界文化多样性宣言》。

1) 申请

缔约国首先将本国今后 5～10 年内拟申遗的项目向世界遗产委员会提交预备清单，即《世界遗产预备名录》，通报世界遗产中心备案。所有申请项目，都必须出自该名录。就具体项目申报而言，缔约国须在每年的上半年提出申请，同时附送详细的文本、幻灯、录像、照片、图纸等资料。

我国的世界遗产申报大体分工如下：①国家文物局负责推出文化遗产；②住房和城乡建设部负责推出自然遗产；③国家文物局与住房和城乡建设部联合推出双重遗产。

2) 考察

通常，在缔约国递交图文申报资料后一年的时间内，最迟在第二年 5 月之前，世界遗产委员会须派专家到申报项目国进行实地考察。在考察过程中，申报项目国的政府陪同官员要回答联合国专家对照申报材料所提出的各种问题。

3) 批准

(1)主席团会议审议。专家考察后，写出评估报告，报递交图文申报资料后第二年 6 月份召开的主席团会议审议。通常，主席团的审议结果即是最后结果。

(2)全委会审议。递交图文申报资料后第二年的 11 月或者 12 月，世界遗产委员会召开全委会，申报项目在本次会议上经最后审议通过。有时，个别项目会遭到否决。

因此，每个世界遗产项目从申报到批准，一般需要两年时间，且不包括前期准备和改进工作时间。

5. 世界遗产的申报限制

《世界遗产公约》规定，同一个项目只有一次独立申报的机会，一旦被否决，不得复议。

同时，为解决世界遗产地区分布不平衡和文化遗产自身品类的不平衡问题，《凯恩斯决议》于 2000 年在澳大利亚凯恩斯召开的第 24 届世界遗产大会上被通过。《凯恩斯决议》的核心内容是控制世界遗产的申报数量，规定从 2001 年起，已拥有世界遗产项目的缔约国每年申报的新世界遗产数量不得超过 1 项，尚未有世界遗产的缔约国每年可以申报 2～3 项，但世界遗产委员会每年受理的申报项目不超过 30 项。

试行三年后，2004 年在苏州举办的第 28 届世界遗产大会，对《凯恩斯决议》做了补充，规定已有世界遗产项目的缔约国每年可以申报 2 项世界遗产，但其中 1 项必须为自然遗产。

6. 世界遗产保护的监测

世界遗产保护的监测是指根据国际公认的文物保护准则，即《世界遗产公约》第二十九条的规定，对世界各个遗产地的保护状况进行周到的专业检查、审议和评估，向世界遗产委员会提出详尽的报告。世界遗产委员会根据报告对该遗产地保护状况做出评价，包括肯定与鼓励、情况通报、建议国际援助或合作，乃至把保护状况存在严重问题的世界遗产列入《濒危世界遗产目录》，甚至将其从《世界遗产名录》中删除。

世界遗产保护的监测工作分为系统监测和反应性监测。其中系统监测是由世界遗产地主权国每年主动进行的检查和评估工作。根据《世界遗产公约操作规则》的要求，世界遗产地主权国的管理者要对遗产的保存状况、主客观条件以及一些重大举措的性质、内容与后果等做出逐年、逐月甚至逐日的记录与说明；主权国每 6 年要向世界遗产委员会提交一份报告，就本国世界遗产保护状况做出详尽的说明。反应性监测，对缔约国来说实际上是一种被动监测，其主要由世界遗产中心、联合国教科文组织的其他机构以及顾问成员根据从各方面了解到的线索进行考察和评估，就某些特定的世界遗产的保护状况向世界遗产委员会提出报告，再由委员会根据有关国际公约的条款做出相应的反应。

某一遗产一旦列入《世界遗产名录》，它就具备了为本国和国际共同确认的人类遗产双重身份，管理与保护它，既要尊重所在国主权，又要承担相应的国际义务，遵循共同承诺的国际准则。对世界遗产保护的监测，意味着世界遗产地主权国尊重世界遗产的国际地位，接受国际公认的准则，认真承担国际义务，通过经常的检查、评议，随时解决问题、协调矛盾，保障该国的世界遗产被持续、永久的保存。同时，监测也意味着国际社会的合作和监督，有助于实现对人类遗产的全球宣传与保护。

本章小结

本章首先概括性地介绍了旅游资源保护与管理的适用法律，随后提要性阐释了旅游景区保护与管理的一般性法律规范。在此基础上，重点阐释剖析了涉及风景名胜区、自然保护区、文物与世界遗产等旅游资源保护与利用的法律、法规。

风景名胜区是指具有观赏、文化或者科学价值，自然景观、人文景观比较集中，环境优美，可供人们游览或者进行科学、文化活动的区域。国家各级建设部门负责对所辖行政区域内的风景名胜区进行监管，风景名胜区所在地的县级以上人民政府所设置的风景名胜区管理机构负责风景名胜区的保护、利用与统一管理。风景名胜区的设立、规划、保护与利用均被纳入法制管理，违反法律规定将要承担相应法律责任。

自然保护区按功能分为核心区、缓冲区、实验区，必要时可设外围保护地带。三大功能区中，只有实验区可进行旅游参观活动。违反相关法律规定的，须承担相应法律责任。

文物的发掘必须履行报告制度。我国文物的所有权分为国家所有、集体所有与私人所有。国家对不同的文物所有权依法予以保护。文物的转让、出租、出借及文物保护单位的修缮、拆迁等均须遵守法律的约束，否则即须承担相应法律责任。

世界遗产的申报一般需要经过三道程序、四个步骤，历时两年。一旦被列入《世界遗产名录》，这类遗产将受到联合国教科文组织所有成员国的共同保护和集体援助。

关键术语

1. **旅游资源**：指自然界和人类社会凡能对旅游者产生吸引力，可以为旅游业开发利用，并可产生经济效益、社会效益和环境效益的各种事物和因素。

2. **旅游景区**：指以旅游及其相关活动为主要功能或主要功能之一的空间或地域，意即具有参观游览、休闲度假、康乐健身等功能，具备相应旅游服务设施并提供相应旅游服务的独立管理区。该管理区应有统一的经营管理机构和明确的地域范围。包括风景区、文博院馆、寺庙观堂、旅游度假区、自然保护区、主题公园、森林公园、地质公园、游乐园、动物园、植物园及工业、农业、经贸、科教、军事、体育、文化艺术等各类旅游景区。简而言之，景区即指为旅游者提供游览服务、有明确的管理界限的场所或者区域。

3. **景区安全风险评估**：指从风险管理角度，运用科学的方法和手段，系统地分析景区安全所面临的威胁及其存在的脆弱性，评估安全事件一旦发生可能造成的危害程度，提出有针对性地抵御威胁的防护对策和整改措施，设立景区安全预警系统。

4. **风景名胜区**：是指具有观赏、文化或者科学价值，自然景观、人文景观比较集中，环境优美，可供人们游览或者进行科学、文化活动的区域。

5. **自然保护区**：是指对有代表性的自然生态系统，珍稀濒危野生动植物物种的天然集中分布区，有特殊意义的自然遗迹等保护对象所在的陆地、陆地水体或者海域，依法划出一定面积予以特殊保护和管理的区域。

6. **文物**：是指人类社会历史发展过程中遗留下来的，由人类创造或者与人类活动有关的一切有价值的物质遗产的总称。

7. **世界遗产**：是特指被联合国教科文组织确认的、人类罕见的且目前无法替代的、对人类生存和发展具有特殊价值的真实而唯一的前代遗留财产。

章前案例解析

【分析】

本案中，S女士自身的不慎和疏忽是造成其受伤的直接原因。但是，S女士所在的山坡左侧边缘有坠崖危险，存在一定的安全隐患，且一旦发生危险将造成严重后果，对此黄山旅游公司应当有所预见。若黄山旅游公司在台阶旁安装防护栏，S女士即使从台阶边缘摔倒也不至于跌入山底，故黄山旅游公司对S女士的受伤负有一定的责任，应当承担相应的赔偿责任。而S女士作为成年人，对于山区旅游的安全问题理应明知，自身应做好相应防范。

根据S女士和黄山旅游公司各自的过失，法院认定S女士自身承担80%的责任，黄山旅游公司承担20%的责任，S女士有证据证实的损失共计19.21万余元，黄山旅游公司应承担3.84万余元。S女士主张的精神损害抚慰金1万元，法院按照实际情况及责任分配，酌情支持1000元。最终，法院判决黄山旅游公司一次性赔偿S女士39436.23元，驳回S女士其他诉讼请求。

【点评】

《风景名胜区条例》规定："风景名胜区管理机构应当建立健全安全保障制度，加强安全管理，保障游览安全。"黄山风景区应该在可能给游客人身安全带来危害的景点处设置安全防范设施，以保障游客的人身安全。游客在游览途中，也应做好自身安全的防护，"走路不观景，观景不走路。"

复习思考题

一、选择题

1. 在景物、设施上刻划、涂污或者在风景名胜区内乱扔垃圾的,由风景名胜区管理机构责令恢复原状或者采取其他补救措施,处(　　)元的罚款。
   A. 50　　　　　　B. 100　　　　　　C. 200　　　　　　D. 500
2. 我国文物级别划分的依据是(　　)。
   A. 文物的观赏、历史、文化价值　　B. 文物的历史、艺术、文化价值
   C. 文物的文化、科学、艺术价值　　D. 文物的历史、艺术、科学价值
3. 建立海上自然保护区,须经(　　)批准。
   A. 县级人民政府　　　　　　　　B. 省级人民政府
   C. 国务院　　　　　　　　　　　D. 国家文物行政机关

二、判断题(对的打"√",错的打"×")

1. 景区提高门票价格应当提前三个月公布。(　　)
2. 将不同景区的门票或者同一景区内不同游览场所的门票合并出售的,合并后的价格不得低于各单项门票的价格之和。(　　)
3. 风景名胜区规划经批准后,应当向社会公布,任何组织和个人有权查阅。(　　)
4. 拍卖企业从事文物购销经营活动的,应当取得国务院文物行政部门颁发的文物拍卖许可证。(　　)
5. 我国世界文化遗产的申报由国家文物局负责推出。(　　)

三、名词解释

1. 旅游资源
2. 景区安全风险评估
3. 文物
4. 风景名胜区

四、简答题

1. 依法建立自然保护区需要具备哪些条件?
2. 申报历史文化名城、名镇、名村需要具备什么条件?
3.《文物保护法》对文物的考古发掘有哪些规定?

五、案例分析

疯狂的"自费项目"

2013年9月,初中生M参加学校组织的在无锡某景区的秋游活动。景区内有一个叫做

"荡越过河"的项目。该设施高 5.5 米左右、宽 2 米左右、长 4 米左右，下面是一个水塘，水塘四周铺设了一些木条。游玩规则为，游玩者抓住顶部的吊绳荡越过水塘，着落在水塘对岸的木条上。M 在到达对岸着落时，不小心摔了下来，被送进医院。

随后，M 的家长将该景区告上了法庭，他们认为景区应负有安全保障义务，M 在景区内受伤，理应由其承担赔偿责任。而景区则认为，景区内设置的游玩设施是完好的，且他们在设施附近设有警示标志；M 之所以会受伤，完全是因为其自己不小心。

经调查发现，景区在该设施附近并没有设立明显的警示标志，也没有注明该设施的使用规则，仅在铁栏杆上贴了"注意安全"字样。

（资料来源：张宁婷、姚秋娟、薛莲等，《学生秋游摔伤景区赔钱》，《金陵晚报》，第 A11 版：皖江新闻，2014 年 2 月 24 日。经改动整理。）

请问，本案例中的景区存在哪些违法行为？人民法院可以根据什么法律、法规予以判罚？

六、实际操作训练

景区涂鸦警示牌设计

景区涂鸦现象似乎已是屡见不鲜，全国各地大大小小的旅游景区、甚至是城市街心公园都可以看到形形色色、密密麻麻的涂鸦之作。其中既有刻写"某某某到此一游"者，也有"善心"之人提醒"此处危险""小心路滑"者，还有为数众多的爱的表白，不一而足。

实训项目

请根据所学法律知识，设计一份景区涂鸦警示牌，要求其内容既能宣传相关法律知识，又能让游客乐于接受。

第10章 旅游出入境管理法律制度

学习目标

知识目标	技能目标
①了解中国公民出入境管理制度	①熟悉中国公民出入境证件及有关手续的办理
②理解中国公民出入境的权利、义务与限制	②掌握中国公民出国旅游管理办法
③了解外国人入出境管理制度	③熟悉外国人入出境证件及有关手续的办理
④理解外国人入出境权利、义务与限制	④熟悉外国旅游者在中国居留、停留的规定
⑤了解中国出入境监督检查制度	

知识结构

旅游出入境管理法律制度
- 中国公民出入中国国境管理
  - 中国公民出入中国国境管理规定
  - 中国公民出国旅游管理办法
- 外国人入出中国国境管理
  - 外国人入出中国国境管理机关及其职责
  - 外国人入出中国国境的有效证件
  - 外国人在中国境内的权利、义务及入出境的法律限制
  - 外国人在中国停留居留管理规定
  - 法律责任
- 中国出入境监督检查制度
  - 海关检查制度
  - 边防检查制度
  - 卫生检疫制度
  - 动植物检疫制度

第10章　旅游出入境管理法律制度

> **导入案例**

对华放宽免签令企业聚焦出境游[①]

2014中国出境旅游交易会(COTTM)上公布的数据显示，2013年中国以近1亿人次出境旅游，成为世界第一大出境客源市场，同时受益于许多境外国家和地区对中国游客放宽签证，出境游成为了旅游企业瞩目的利润增长点。

中国出境旅游交易会项目总监马特·汤姆逊表示，去年中国境外旅游消费1020亿美元，超过美国和德国，成为世界第一。而中国旅游研究院发布的《2014年一季度旅游经济运行分析与上半年趋势预测报告》显示，2014年一季度出境旅游持续快速增长，预计一季度中国出境旅游人数为2640万人次，同比增长17%，出境旅游花费超过340亿美元，同比增长16%。该报告预计二季度中国出境旅游人数5340万人次，同比增长17%，完成全年比例48.5%。

在业内人士看来，境外国家和地区纷纷看好中国出境游市场的潜力。许多境外国家和地区对中国的相关免签落地签证政策全面开放实施，对持普通护照的中国公民实施免签落地签政策的国家(地区)已达47个。而人民币汇率的提升降低了出境游成本，刺激了中国游客出境旅游消费。

与此同时，众信、凯撒、凤凰假期等大型旅游企业正在加紧耕耘出境游市场。在线旅游供应商携程于今年推出出境"包岛""包机"等产品。南湖国旅策划推广部副总监苏峰也表示，从整个旅游行业来看，出境游还存在着巨大的增长空间。

问题引入： 出国旅游免签、落地签国家和地区的增多对我国旅游业有何影响？

随着世界经济、科技、文化事业的飞速发展，国际间的交流和合作日益频繁，为了促进共同发展，同时确保国家的主权与安全，世界各国纷纷制定了关于外国人及本国公民出入境的法律、法规。我国的出入境管理法律、法规主要涉及两方面的内容，即对中国公民出入境管理的法律、法规及对外国人入出境管理的法律、法规。

10.1　中国公民出入中国国境管理

为了规范出入境管理，促进对外交往和对外开放的发展，每个国家都制定了出入境管理的法律、法规，以确保和维护国家主权、安全和利益。1985年11月22日由六届全国人大常委会第十三次会议通过《中华人民共和国公民出境入境管理法》，1986年2月1日起施行。1986年12月26日，公安部、外交部、原交通部共同发布了《中华人民共和国公民出境入境管理法实施细则》。2012年6月30日，第十一届全国人民代表大会常务委员会第27次会议决议通过《中华人民共和国出境入境管理法》，并于2013年7月1日起施行，同

[①] 资料来源：韩金平，《对华放宽免签令企业聚焦出境游》，《北京商报》(数字报)，2014-04-14。经改动整理。

时废止已经实施27年的《中华人民共和国公民出境入境管理法》。此外,《中华人民共和国海关法》《中华人民共和国公民出境入境边防检查条例》《中华人民共和国护照法》等法律、法规也是规范我国旅游者出入境的重要法律制度。

10.1.1 中国公民出入中国国境管理规定

1. 中国公民出入境的有效证件

1)护照

护照是主权国家发给本国公民出入境和在国外旅行、居留的身份证件,证明其国籍、身份及出国目的。

自2005年起,中国在全国大中城市实现公民凭身份证、户口簿按需要申请领取护照,彻底告别在中国实行了五十多年的"按事由审批护照"的时代。按照《中华人民共和国护照法》(以下简称《护照法》)的规定,从2007年1月1日起,公民护照有效期以16周岁为界,16周岁以上的公民,考虑到已经成年,个人容貌特征方面不会发生大的变化,因此将其护照有效期定为10年;但对16周岁以下的未成年人,则继续沿用了原5年有效期的规定。此外还删除了护照有效期可以延长的规定。

(1)护照的分类。

依照《护照法》的规定,中国的护照分为外交护照、公务护照、普通护照三类。

①外交护照:外交官员、领事官员及其随行配偶、未成年子女和外交信使持用外交护照。外交护照由外交部签发。

②公务护照:在中华人民共和国驻外使馆、领馆或者联合国、联合国专门机构以及其他政府间国际组织中工作的中国政府派出的职员及其随行配偶、未成年子女持用公务护照。公务护照由外交部、中华人民共和国驻外使馆、领馆或者外交部委托的其他驻外机构以及外交部委托的省、自治区、直辖市和设区的市人民政府外事部门签发。

③普通护照:公民因前往外国定居、探亲、学习、就业、旅行、从事商务活动等非公务原因出国的,由本人向户籍所在地的县级以上地方人民政府公安机关出入境管理机构申请普通护照。

(2)护照申请、签发的程序。

《护照法》对护照的申请、签发程序做了具体规定。

①在申请方面,公民需提交本人的居民身份证、户口簿、近期免冠照片以及申请事由的相关材料,其中国家工作人员还应当按照国家有关规定提交相关证明文件。

②在签发方面,签发机关应当在收到申请材料之日起15日内签发,在偏远地区或者交通不便的地区或者因特殊情况,经签发机关负责人批准,签发时间可以延长至30日;对不符合规定不予签发的,签发机关应当书面说明理由,并告知申请人权利救济的渠道。

(3)不予签发护照的情形。

申请人有下列情形之一的,护照签发机关不予签发护照。

①不具有中华人民共和国国籍的。

②无法证明身份的。

③在申请过程中弄虚作假的。
④被判处刑罚正在服刑的。
⑤人民法院通知有未了结的民事案件不能出境的。
⑥属于刑事案件被告人或者犯罪嫌疑人的。
⑦国务院有关主管部门认为出境后将对国家安全造成危害或者对国家利益造成重大损失的。

(4)一定期限内不予签发护照的情形。

申请人有下列情形之一的，护照签发机关自其刑罚执行完毕或者被遣返回国之日起 6 个月至 3 年以内不予签发护照。

①因妨害国(边)境管理受到刑事处罚的。
②因非法出境、非法居留、非法就业被遣返回国的。

图 10-1　新旧护照样本

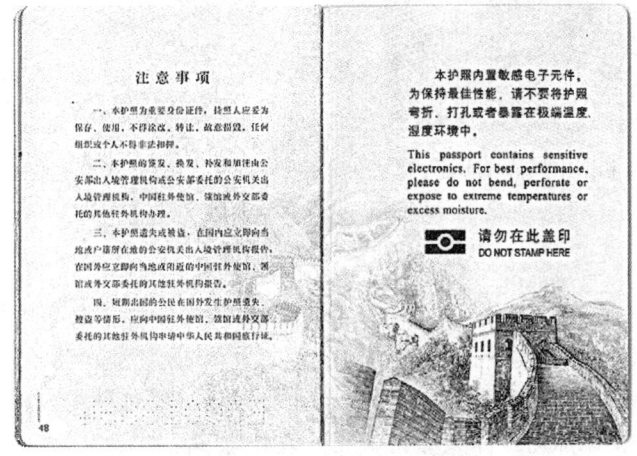

图 10-2　新版护照首印地图

2)中华人民共和国旅行证

短期出国的公民在国外遗失护照或者护照被盗，以及发生损毁不能使用等情形时，根据护照法的规定，该公民可以向我国驻外使馆、领馆或者外交部委托的其他驻外机构申请旅行证，作为护照的替代证件回国。

3)中华人民共和国出入境通行证

公民从事边境贸易、边境旅游服务或者参加边境旅游时，应向公安部委托的县级以上地方人民政府公安机关出入境管理机构申请出入境通行证。出入境通行证与护照的最大区别是其只适用于国家特定的边境地区。

图 10-3　旅行证

　　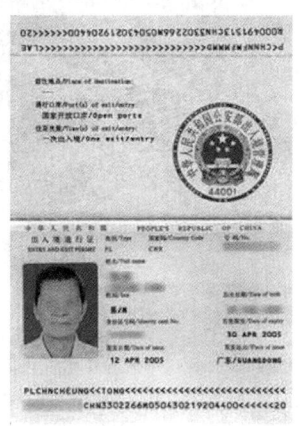

中华人民共和国出入境通行证（本式）　　中华人民共和国出入境通行证（本式）

图 10-4　出入境通行证

4)港澳通行证

港澳通行证(中华人民共和国往来港澳通行证)俗称双程证，是由中华人民共和国公安部出入境管理局签发给中国内地居民因私往来我国香港或澳门地区旅游、探亲、从事商务、培训、就业、留学等非公务活动的旅行证件。来港澳前，必须取得内地公安部门签发有关来港澳目的签注(如团队旅游、个人旅游、商务或其他签注等)。

港澳通行证的有效期为 5 年。内地居民往来港澳签注分为 6 个种类，即个人旅游(G)、探亲(T)、商务(S)、团队旅游(L)、其他(Q)、逗留(D)根据申请事由分类签发。其中香港 G 签和 L 签的有效期都为：3 个月 1 次、3 个月 2 次、1 年 1 次、1 年 2 次四种有效签注。澳门签注只有 3 个月 1 次、1 年 1 次申请。签注规定每次在香港或者澳门逗留时间不超过 7

天，一进一出算一次。

5) 台湾通行证

台湾通行证(大陆居民往来台湾通行证)是中华人民共和国公安部发给大陆居民前往台湾地区的旅行通行证件。大陆居民前往台湾地区需凭公安出入境管理部门签发的大陆居民往来台湾通行证及有效签注前往。

台湾通行证有效期为 5 年。个人旅游签注(G 签注)有效期为 6 个月，持证人在台湾停留时间自入境台湾次日起不得超过 15 日。

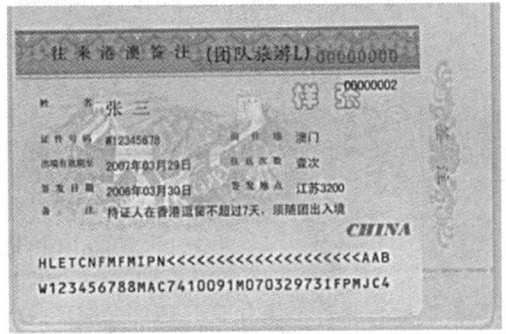

图 10-5　港澳通行证

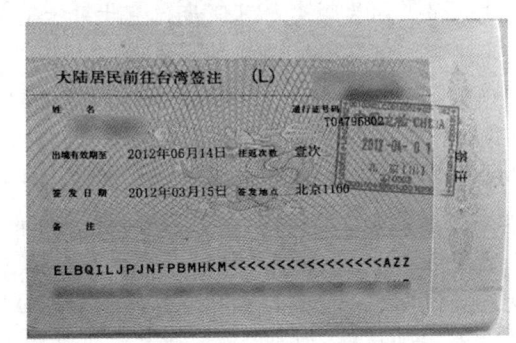

图 10-6　台湾通行证

6) 签证

签证是一国官方机构对本国和外国公民出入境，在另一国家停留、过境、居住的许可证明。指外交、领事、公安机关或由上述机关授权的其他机关，根据本国公民和外国人要求出入境的申请，依照有关规定在其所持的证件(护照)等上签注、盖印，表示准其入出本国国境的手续。

中国公民出入中国国境，无须办理签证，只凭有效的护照或其证件即可。但中国公民如果前往、经过、停留某国的话，则需办理去该国的签证。前往与我国订有互免签证协议的国家，可以免办入境签证。前往与我国订有落地签证协议的国家，中国公民可以在前往国的入境口岸办理签证。

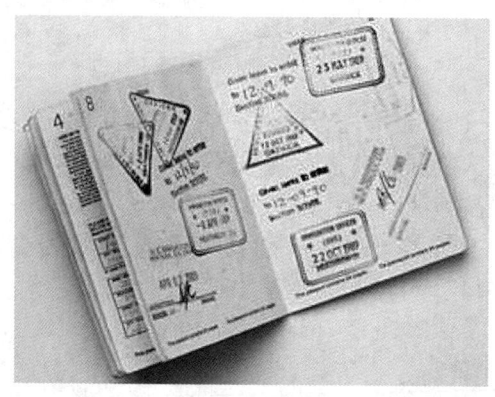

图 10-7 签证

阅读案例 10-1

免签、落地签国家成出境旅游热门方向[①]

近日,"休 2 天上 1 天再休 3 天"的"正版"元旦休假表出炉,让部分原本打算周边游的上海市民"逮"到又一次出境良机。在 2013 年节假日安排通知正式发布之后,元旦出境咨询预订迅速升温,因为距离元旦假期仅有十几天时间,部分免签或落地签的出境旅游目的地一举成为热门,市民出游需求非常旺盛。

途牛旅游网监测数据显示,2013 年元旦假期间出境游客人数较 2012 年元旦期间有大幅提升,市民出境旅游目的地主要集中在美国、欧洲、东南亚、我国港澳地区等热门方向。而对中国游客免签或落地签的马尔代夫、巴厘岛、塞班、毛里求斯等温暖海岛更受青睐,11 月下旬正式迎来首次预订高峰,这些线路价格较日常价格环比涨 10%~30%。业内人士表示,元旦假期经过调整,变成"休 2 天上 1 天再休 3 天",不少上班族选择 12 月 31 日休假,连接成 6 天假期,一些热门方向线路咨询量近日增幅明显,比如巴厘岛咨询量相比上周增长 45%左右。预计这一假期安排,将在未来两周影响部分免签或落地签方向国家,4~6 天行程的产品将更受欢迎。

2. 中国公民出入境的权利、义务及限制

1)权利

中国公民出入境的权利主要包括:要求公安机关在规定的期限内对自己出入境申请做出答复;对不服的审批结果进行申诉或者上诉;保存、使用合法的出入境证件;按有关规定缴纳办证费用;出入中国国境时无须办理签证;合法权益受中国和前往国家法律保护等。

2)义务

中国公民出入境的义务主要包括:从对外开放的或指定的口岸通行,接受边防检查机

[①] 资料来源:楼丽娜,《"正版"休假表搅热元旦旅游市场》,《上海商报》(数字报),2012-12-13。经改动整理。

关的检查;出境后不得有危害社会安全、荣誉和利益的行为等。

3)限制

(1)中国公民不准出境的情形。

中国公民有下列情形之一的,不准出境。

①未持有效出境入境证件或者拒绝、逃避接受边防检查的。

②被判处刑罚尚未执行完毕或者属于刑事案件被告人、犯罪嫌疑人的。

③有未了结的民事案件,人民法院决定不准出境的。

④因妨害国(边)境管理受到刑事处罚或者因非法出境、非法居留、非法就业被其他国家或者地区遣返,未满不准出境规定年限的。

⑤可能危害国家安全和利益,国务院有关主管部门决定不准出境的。

⑥法律、行政法规规定不准出境的其他情形。

(2)中国公民违反出入境证件管理规定,限制出境的情形。

中国公民有下列情形之一的,边防检查机关有权阻止其出入境,并依法处理。

①持用无效证件的。

②冒用他人证件的。

③持用伪造或者涂改的证件的。

④拒绝交验证件的。

3. 法律责任

(1)有下列行为之一的,处1000元以上5000元以下罚款;情节严重的,处5日以上10日以下拘留,可以并处2000元以上1万元以下罚款。

①持用伪造、变造、骗取的出境入境证件出境入境的。

②冒用他人出境入境证件出境入境的。

③逃避出境入境边防检查的。

④以其他方式非法出境入境的。

(2)协助他人非法出境入境的,处2000元以上1万元以下罚款;情节严重的,处10日以上15日以下拘留,并处5000元以上2万元以下罚款,有违法所得的,没收违法所得。单位有前款行为的,处1万元以上5万元以下罚款,有违法所得的,没收违法所得,并对其直接负责的主管人员和其他直接责任人员依照前款规定予以处罚。

(3)弄虚作假骗取签证、停留居留证件等出境入境证件的,处2000元以上5000元以下罚款;情节严重的,处10日以上15日以下拘留,并处5000元以上2万元以下罚款。单位有前款行为的,处1万元以上5万元以下罚款,并对其直接负责的主管人员和其他直接责任人员依照前款规定予以处罚。

(4)违反法律规定,为外国人出具邀请函件或者其他申请材料的,处5000元以上1万元以下罚款,有违法所得的,没收违法所得,并责令其承担所邀请外国人的出境费用。单位有前款行为的,处1万元以上5万元以下罚款,有违法所得的,没收违法所得,并责令其承担所邀请外国人的出境费用,对其直接负责的主管人员和其他直接责任人员依照前款规定予以处罚。

(5)中国公民出境后非法前往其他国家或者地区被遣返的,出入境边防检查机关应当收缴其出境入境证件,出境入境证件签发机关自其被遣返之日起6个月至3年以内不予签发出境入境证件。

10.1.2 中国公民出国旅游管理办法

1. 出国旅游目的地审批制度

2001年12月12日国务院第50次常务会议通过《中国公民出国旅游管理办法》(以下简称《办法》),自2002年7月1日起施行。

《办法》明确规定,出国旅游的目的地国家,由国务院旅游行政部门会同国务院有关部门提出,报国务院批准后,由国务院旅游行政部门公布。

任何单位和个人不得组织中国公民到国务院旅游行政部门公布的出国旅游的目的地国家以外的国家旅游;组织中国公民到国务院旅游行政部门公布的出国旅游的目的地国家以外的国家进行涉及体育活动、文化活动等临时性专项旅游的,须经国务院旅游行政部门批准。

截至2011年,中国已批准140多个国家和地区作为中国公民出国旅游的目的地国家。作为中国公民出国旅游目的地的条件应当包括以下几方面。

(1)是我国的客源国,有利于旅游双方合作与交流。
(2)政治上对我国友好,开展国民外交符合我国对外政策。
(3)旅游资源有吸引力,具备适合我国旅游者的接待服务设施。
(4)对我国旅游者在政治、法律等方面没有歧视性、限制性、报复性政策。
(5)对旅游者有安全保障,具有良好的可进入性。

2. 旅行社经营出国旅游业务审批制度

根据《办法》第三条的规定,旅行社经营出国旅游业务,应当具备下列条件。
(1)取得国际旅行社资格满1年。
(2)经营入境旅游业务有突出业绩。
(3)经营期间无重大违法行为和重大服务质量问题。

凡是具备前述条件的旅行社,都可以向有关旅游行政管理部门提出经营出国旅游业务的申请。

申请经营出国旅游业务的旅行社,应当向省、自治区、直辖市旅游行政部门提出申请。省、自治区、直辖市旅游行政部门应当自受理申请之日起30个工作日内,依据《办法》第三条规定的条件对申请审查完毕,经审查同意的,报国务院旅游行政部门批准;经审查不同意的,应当书面通知申请人并说明理由。

3. 出国旅游总量的控制

1)出国旅游人数的控制

《办法》第六条规定,国务院旅游行政部门根据上年度全国入境旅游的业绩、出国旅游目的地的增加情况和出国旅游的发展趋势，在每年的 2 月底以前确定本年度组织出国旅游的人数安排总量，并下达省、自治区、直辖市旅游行政部门。

省、自治区、直辖市旅游行政部门根据本行政区域内各组团社上年度经营入境旅游的业绩、经营能力、服务质量，按照公平、公正、公开的原则，在每年的 3 月底以前核定各组团社本年度组织出国旅游的人数安排。

2)中国公民出国旅游团队名单表

为了贯彻出国旅游人数总量控制原则，《办法》第七条、第八条规定了"中国公民出国旅游团队名单表"，具体内容如下。

(1)国务院旅游行政部门统一印制《中国公民出国旅游团队名单表》(以下简称《名单表》)，在下达本年度出国旅游人数安排时编号发放给省、自治区、直辖市旅游行政部门，由省、自治区、直辖市旅游行政部门核发给组团社。

(2)组团社应当按照核定的出国旅游人数安排组织出国旅游团队，填写《名单表》。

(3)组团社应当按照有关规定，在旅游团队出境、入境时及旅游团队入境后，将《名单表》分别交有关部门查验、留存。

4. 出国旅游团队出入境的有关规定

(1)为保障参游人员的人身安全，防止旅游者非法滞留现象发生，旅游团队应当从国家开放口岸整团出入境。

(2)旅游团队出入境时，应当接受边防检查站对护照、签证、"名单表"的查验。

(3)旅游团队出境前已确定分团入境的，组团社应当事先向出入境边防检查总站或者省级公安边防部门备案。旅游团队出境后因不可抗力或者其他特殊原因确需分团入境的，领队应当及时通知组团社，组团社应当立即向有关出入境边防检查总站或者省级公安边防部门备案。

5. 组织出国旅游的旅行社的义务及责任

《办法》对经营出国旅游的旅行社设定了一系列义务及相应承担的责任。

(1)组团社应当为旅游者办理前往国签证等出境手续。

(2)组团社应当为旅游团队安排专职领队。

(3)组团社应当维护旅游者的合法权益。组团社向旅游者提供的出国旅游服务信息必须真实可靠，不得作虚假宣传，报价不得低于成本。

(4)组团社经营出国旅游业务，应当与旅游者订立书面旅游合同。旅游合同由组团社和旅游者各持一份。

(5)组团社应当按照旅游合同约定的条件，为旅游者提供服务。

(6)组团社组织旅游者出国旅游，应当选择在目的地国家依法设立并具有良好信誉的旅行社(以下简称境外接待社)，并与之订立书面合同后，方可委托其承担接待工作。

(7)组团社及其旅游团队领队应当要求境外接待社按照约定的团队活动计划安排旅游活动，并要求其不得组织旅游者参与涉及色情、赌博、毒品内容的活动或者危险性活动，不得擅自改变行程、减少旅游项目，不得强迫或者变相强迫旅游者参加额外付费项目。

(8)因组团社或者其委托的境外接待社违约，使旅游者合法权益受到损害的，组团社应当依法对旅游者承担赔偿责任。

出境游游客被迫强制消费①

2013年1月，江先生与妻子李女士支付相关费用后与北京悠哉国际旅行社有限公司上海分公司(以下简称"悠哉旅游网")签订前往泰国出境旅游的合同。这款旅游产品中明确介绍"行程中100%无强迫购物及强迫自费"。据江先生介绍，按悠哉旅游网安排，他们团队共25人。第三天在从泰国曼谷去芭提雅的路上，地接社导游林先生要求他们在价格分别为2380元、2680元和3180元的三个自费游项目中选择一个。

江先生他们没同意，导游便让司机停车。僵持一段时间后，司机才继续往前开。之后，林先生继续游说，要求他们做出选择，见他们仍不同意，林先生又让司机停车，脸色很难看甚至出言威胁：若不购买自费项目，之后在泰国的人身安全都不一定能得到保证。

如此反复了四五次，一些安排好的旅游点也因耽搁了时间而未能前往。江先生表示，为防止事态进一步发展，影响接下来的行程，团内除五六个人外，大部分成员都被迫支付2000元的自费项目费用。

旅游行程结束后，江先生对悠哉旅游网进行了投诉。

(资料来源：中国旅游新闻网)

分析：《中国公民出国旅游管理办法》第十六条规定：组团社"不得强迫或者变相强迫旅游者参加额外付费项目。"本案中，虽然是地接社导游提出的增加额外付费项目，但是组团社作为与游客签订合同的当事人应当承担违约责任。

6. 旅游团队领队的义务

《办法》规定了旅游团队领队必须履行的职责和不得产生的行为。

(1)旅游团队领队应当向旅游者介绍旅游目的地国家的相关法律、风俗习惯以及其他有关注意事项，并尊重旅游者的人格尊严、宗教信仰、民族风俗和生活习惯。

(2)旅游团队领队在带领旅游者旅行、游览过程中，应当就可能危及旅游者人身安全的情况，向旅游者做出真实说明和明确警示，并按照组团社的要求采取有效措施，防止危害的发生。

(3)旅游团队在境外遇到特殊困难和安全问题时，领队应当及时向组团社和中国驻所在国家使、领馆报告；组团社应当及时向旅游行政部门和公安机关报告。

(4)旅游团队领队不得与境外接待社、导游及为旅游者提供商品或者服务的其他经营者串通欺骗、胁迫旅游者消费，不得向境外接待社、导游及其他为旅游者提供商品或者服务

---

①资料来源：《悠哉旅游网揽客境外游被指强制消费》，中国旅游新闻网，http://www.cntour2.com/viewnews/2013/02/27/0qTpuf0upRlkqRz4tfh50.shtml，网站最后访问日期：2013-02-27。经整理改动。

的经营者索要回扣、提成或者收受其财物。

7. 旅游者的义务与权利

《办法》规定了旅游者必须履行的义务，也赋予了旅游者相应的权利。

(1)旅游者应当遵守旅游目的地国家的法律，尊重当地的风俗习惯，并服从旅游团队领队的统一管理。

(2)严禁旅游者在境外滞留不归。

(3)旅游者对组团社或者旅游团队领队违反本办法规定的行为，有权向旅游行政部门投诉。

8. 违反《中国公民出国旅游管理办法》的罚则

(1)组团社有下列情形之一的，旅游行政部门可以暂停其经营出国旅游业务；情节严重的，取消其出国旅游业务经营资格。

①入境旅游业绩下降的。

②因自身原因，在1年内未能正常开展出国旅游业务的。

③因出国旅游服务质量问题被投诉并经查实的。

④有逃汇、非法套汇行为的。

⑤以旅游名义弄虚作假，骗取护照、签证等出入境证件或者送他人出境的。

⑥国务院旅游行政管理部门认定的影响中国公民出国旅游秩序的其他行为。

(2)任何单位和个人未经批准擅自经营或者以商务、考察、培训等方式变相经营出国旅游业务的，由旅游行政部门责令停止非法经营，没收违法所得，并处违法所得2倍以上5倍以下的罚款。

(3)组团社不为旅游团队安排专职领队的，由旅游行政部门责令改正，并处5000元以上2万元以下的罚款，可以暂停其出国旅游业务经营资格；多次不安排专职领队的，并取消其出国旅游业务经营资格。

(4)组团社向旅游者提供虚假服务信息或者低于成本报价的，由工商行政管理部门依照《中华人民共和国消费者权益保护法》《中华人民共和国反不正当竞争法》的有关规定给予处罚。

(5)组团社或者旅游团队领队，对可能危及人身安全的情况未向旅游者做出真实说明和明确警示，或者未采取防止危害发生的措施的，由旅游行政部门责令改正，给予警告；情节严重的，对组团社暂停其出国旅游业务经营资格，并处5000元以上2万元以下的罚款，对旅游团队领队可以暂扣直至吊销其领队证；造成人身伤亡事故的，依法追究刑事责任，并承担赔偿责任。

(6)组团社或者旅游团队领队未要求境外接待社不得组织旅游者参与涉及色情、赌博、毒品内容的活动或者危险性活动，未要求其不得擅自改变行程、减少旅游项目、强迫或者变相强迫旅游者参加额外付费项目，或者在境外接待社违反前述要求时未制止的，由旅游行政部门对组团社处组织该旅游团队所收取费用2倍以上5倍以下的罚款，并暂停其出国旅游业务经营资格，对旅游团队领队暂扣其领队证；造成恶劣影响的，对组团社取消其出国旅游业务经营资格，对旅游团队领队吊销其领队证。

(7)旅游团队领队与境外接待社、导游及为旅游者提供商品或者服务的其他经营者串通欺骗、胁迫旅游者消费或者向境外接待社、导游和其他为旅游者提供商品或者服务的经营者索要回扣、提成或者收受其财物的，由旅游行政部门责令改正，没收索要的回扣、提成或者收受的财物，并处索要的回扣、提成或者收受的财物价值2倍以上5倍以下的罚款；情节严重的，吊销其领队证。

(8)旅游者在境外滞留不归，旅游团队领队不及时向组团社和中国驻所在国家使领馆报告，或者组团社不及时向有关部门报告的，由旅游行政部门给予警告，对旅游团队领队可以暂扣其领队证，对组团社可以暂停其出国旅游业务经营资格。

10.2 外国人入出中国国境管理

自20世纪80年代以来，我国入境旅游一直持续快速地增长。为了规范入境旅游环境，保护外国人包括外国旅游者在华的合法权益，我国制定了关于外国人出入境管理的一系列法律、法规，主要有1985年11月22日由第六届全国人民代表大会常务委员会第十三次会议通过并公布的《中华人民共和国外国人入境出境管理法》。1986年12月27日，公安部和外交部制定公布了《中华人民共和国外国人入境出境管理法实施细则》。2012年6月30日，第十一届全国人民代表大会常务委员会第27次会议决议通过《中华人民共和国出境入境管理法》，并于2013年7月1日起施行。2013年7月3日国务院第15次常务会议通过并公布《中华人民共和国外国人入境出境管理条例》，进一步规范了外国人入出境管理的法律法规。

10.2.1 外国人入出中国国境管理机关及其职责

中国政府在国外受理外国人入境、过境申请的机关，是中国的外交代表机关、领事机关和外交部授权的其他驻外机关。在国内受理外国人入境、过境、居留、旅行申请的机关，是公安部、公安部授权的地方公安机关和外交部、外交部授权的地方外事部门。

中国政府受理外国人入境、过境、居留、旅行的机关有权拒发签证、证件；对已经发出的签证、证件，有权吊销或者宣布作废；公安部和外交部在必要时，可以改变各自授权的机关所做出的决定；对非法入境、非法居留的外国人，县级以上公安机关可以拘留审查、监视居住或者遣送出境；县级以上公安机关外事民警在执行任务时，有权查验外国人的护照和其他证件，外事民警查验时，应当出示自己的工作证件，有关组织或者个人有协助的责任。

10.2.2 外国人入出中国国境的有效证件

1. 护照

护照是主权国家发给本国公民出入境和在国外旅行、居留的身份证件，证明其国籍、身份及出国目的。凡外国旅游者均应持有效的护照入出中国国境，以备中国有关部门查验。

2. 签证

签证是一国官方机构对本国和外国公民出入境，在另一国家停留、过境、居住的许可证明。具体指外交、领事、公安机关或又上述机关授权的其他机关，根据本国公民和外国人要求出入境的申请，依照有关规定在其所持的证件(护照)等上签注、盖印，表示准其出入本国国境的手续。

根据《中华人民共和国出境入境管理法》第十七条的规定，签证的登记项目包括：签证种类，持有人姓名、性别、出生日期、入境次数、入境有效期、停留期限、签发日期、地点，护照或者其他国际旅行证件号码等。

1)签证的种类

外国人入境，应当向驻外签证机关申请办理签证，但是法律另有规定的除外。签证分为外交签证、礼遇签证、公务签证、普通签证。

对因外交、公务事由入境的外国人，签发外交、公务签证；对因身份特殊需要给予礼遇的外国人，签发礼遇签证。外交签证、礼遇签证、公务签证的签发范围和签发办法由外交部规定。

对因工作、学习、探亲、旅游、商务活动、人才引进等非外交、公务事由入境的外国人，签发相应类别的普通签证。普通签证的类别和签发办法由国务院规定。

根据《中华人民共和国外国人入境出境管理条例》第六条规定，普通签证分为以下类别，并在签证上标明相应的汉语拼音字母。

(1)C 字签证，发给执行乘务、航空、航运任务的国际列车乘务员、国际航空器机组人员、国际航行船舶的船员及船员随行家属和从事国际道路运输的汽车驾驶员。

(2)D 字签证，发给入境永久居留的人员。

(3)F 字签证，发给入境从事交流、访问、考察等活动的人员。

(4)G 字签证，发给经中国过境的人员。

(5)J1 字签证，发给外国常驻中国新闻机构的外国常驻记者；J2 字签证，发给入境进行短期采访报道的外国记者。

(6)L 字签证，发给入境旅游的人员；以团体形式入境旅游的，可以签发团体 L 字签证。

(7)M 字签证，发给入境进行商业贸易活动的人员。

(8)Q1 字签证，发给因家庭团聚申请入境居留的中国公民的家庭成员和具有中国永久居留资格的外国人的家庭成员，以及因寄养等原因申请入境居留的人员；Q2 字签证，发给申请入境短期探亲的居住在中国境内的中国公民的亲属和具有中国永久居留资格的外国人的亲属。

(9)R 字签证，发给国家需要的外国高层次人才和急需紧缺专门人才。

(10)S1 字签证，发给申请入境长期探亲的因工作、学习等事由在中国境内居留的外国人的配偶、父母、未满 18 周岁的子女、配偶的父母，以及因其他私人事务需要在中国境内居留的人员；S2 字签证，发给申请入境短期探亲的因工作、学习等事由在中国境内停留居留的外国人的家庭成员，以及因其他私人事务需要在中国境内停留的人员。

(11)X1 字签证，发给申请在中国境内长期学习的人员；X2 字签证，发给申请在中国境内短期学习的人员。

(12) Z 字签证，发给申请在中国境内工作的人员。

图 10-8　中华人民共和国签证

2) 签证的申请

外国人申请办理签证，应当向驻外签证机关提交本人的护照或者其他国际旅行证件，以及申请事由的相关材料，按照驻外签证机关的要求办理相关手续、接受面谈。

3) 不予颁发签证的情形

外国人有下列情形之一的，不予签发签证。

(1) 被处驱逐出境或者被决定遣送出境，未满不准入境规定年限的。

(2) 患有严重精神障碍、传染性肺结核病或者有可能对公共卫生造成重大危害的其他传染病的。

(3) 可能危害中国国家安全和利益、破坏社会公共秩序或者从事其他违法犯罪活动的。

(4) 在申请签证过程中弄虚作假或者不能保障在中国境内期间所需费用的。

(5) 不能提交签证机关要求提交的相关材料的。

(6) 签证机关认为不宜签发签证的其他情形。

4) 免办签证的情形

外国人有下列情形之一的，可以免办签证。

(1) 根据中国政府与其他国家政府签订的互免签证协议，属于免办签证人员的。

(2) 持有效的外国人居留证件的。

(3) 持联程客票搭乘国际航行的航空器、船舶、列车从中国过境前往第三国或者地区，在中国境内停留不超过 24 小时且不离开口岸，或者在国务院批准的特定区域内停留不超过规定时限的。

(4) 国务院规定的可以免办签证的其他情形。

10.2.3　外国人在中国境内的权利、义务及入出境的法律限制

1. 权利

外国公民在中国境内享有下列合法权益：人身自由不受侵犯；非经人民检察院批准或决定、或人民法院决定，并由公安机关或者国家安全机关执行，不受逮捕。

2. 义务

外国人入境、过境和在中国境内居留，必须经中国政府相应的主管机关许可。

外国人入境、过境、出境，必须从对外国人开放的或者指定的口岸通行，接受边防检查机关的检查。

在中国境内的外国人，必须遵守中国法律，不得危害中国国家安全、损害社会公共利益、破坏社会公共秩序。

3. 对外国人入出境的法律限制

1) 外国人不准入境的情形

根据《中华人民共和国出境入境管理法》第二十五条的规定，外国人有下列情形之一的，不准入境。

(1) 未持有效出境入境证件或者拒绝、逃避接受边防检查的。
(2) 具有本法第二十一条规定的不予签发签证情形的。
(3) 入境后可能从事与签证种类不符的活动的。
(4) 法律、行政法规规定不准入境的其他情形。

2) 外国人不准出境的情形

根据《中华人民共和国出境入境管理法》第二十八条的规定，外国人有下列情形之一的，不准出境。

(1) 被判处刑罚尚未执行完毕或者属于刑事案件被告人、犯罪嫌疑人的，但是按照中国与外国签订的有关协议，移管被判刑人的除外。
(2) 有未了结的民事案件，人民法院决定不准出境的。
(3) 拖欠劳动者的劳动报酬，经国务院有关部门或者省、自治区、直辖市人民政府决定不准出境的。
(4) 法律、行政法规规定不准出境的其他情形。

10.2.4　外国人在中国停留居留管理规定

1. 外国人停留居留的一般管理规定

(1) 外国人在中国境内停留居留，不得从事与停留居留事由不相符的活动，并应当在规定的停留居留期限届满前离境。

(2) 外国人所持签证注明的停留期限不超过180日的，持证人凭签证并按照签证注明的停留期限在中国境内停留。需要延长签证停留期限的，应当在签证注明的停留期限届满前7日向停留地县级以上地方人民政府公安机关出入境管理机构申请，按照要求提交申请事由的相关材料。经审查，延期理由合理、充分的，准予延长停留期限；不予延长停留期限的，应当按期离境。延长签证停留期限，累计不得超过签证原注明的停留期限。

(3) 外国人所持签证注明入境后需要办理居留证件的，应当自入境之日起30日内，向拟居留地县级以上地方人民政府公安机关出入境管理机构申请办理外国人居留证件。申请办理外国人居留证件，应当提交本人的护照或者其他国际旅行证件，以及申请事由的相关材料，并留存指纹等人体生物识别信息。公安机关出入境管理机构应当自收到申请材料之日起 15 日内进行审查并做出审查决定，根据居留事由签发相应类别和期限的外国人居留证件。

外国人工作类居留证件的有效期最短为 90 日，最长为 5 年；非工作类居留证件的有效期最短为 180 日，最长为 5 年。

(4)符合国家规定的专门人才、投资者或者出于人道等原因确需由停留变更为居留的外国人，经设区的市级以上地方人民政府公安机关出入境管理机构批准，可以办理外国人居留证件。

(5)外国人居留证件的登记项目包括：持有人姓名、性别、出生日期、居留事由、居留期限，签发日期、地点，护照或者其他国际旅行证件号码等。

外国人居留证件登记事项发生变更的，持证件人应当自登记事项发生变更之日起 10 日内向居留地县级以上地方人民政府公安机关出入境管理机构申请办理变更。

(6)在中国境内居留的外国人申请延长居留期限的，应当在居留证件有效期限届满前 30 日向居留地县级以上地方人民政府公安机关出入境管理机构提出申请，按照要求提交申请事由的相关材料。经审查，延期理由合理、充分的，准予延长居留期限；不予延长居留期限的，应当按期离境。

(7)免办签证入境的外国人需要超过免签期限在中国境内停留的，外国船员及其随行家属在中国境内停留需要离开港口所在城市，或者具有需要办理外国人停留证件其他情形的，应当按照规定办理外国人停留证件。

(8)外国人入境后，所持的普通签证、停留居留证件损毁、遗失、被盗抢或者有符合国家规定的事由需要换发、补发的，应当按照规定向停留居留地县级以上地方人民政府公安机关出入境管理机构提出申请。

(9)年满 16 周岁的外国人在中国境内停留居留，应当随身携带本人的护照或者其他国际旅行证件，或者外国人停留居留证件，接受公安机关的查验。

在中国境内居留的外国人，应当在规定的时间内到居留地县级以上地方人民政府公安机关交验外国人居留证件。

(10)在中国境内出生的外国婴儿，其父母或者代理人应当在婴儿出生 60 日内，持该婴儿的出生证明到父母停留居留地县级以上地方人民政府公安机关出入境管理机构为其办理停留或者居留登记。

(11)外国人在中国境内死亡的，其家属、监护人或者代理人，应当按照规定，持该外国人的死亡证明向县级以上地方人民政府公安机关出入境管理机构申报，注销外国人停留居留证件。

(12)外国人在中国境内工作，应当按照规定取得工作许可和工作类居留证件。任何单位和个人不得聘用未取得工作许可和工作类居留证件的外国人。聘用外国人工作或者招收外国留学生的单位，应当按照规定向所在地公安机关报告有关信息。

(13)申请难民地位的外国人，在难民地位甄别期间，可以凭公安机关签发的临时身份证明在中国境内停留；被认定为难民的外国人，可以凭公安机关签发的难民身份证件在中国境内停留居留。

(14)对中国经济社会发展作出突出贡献或者符合其他在中国境内永久居留条件的外国人，经本人申请和公安部批准，取得永久居留资格。

(15)取得永久居留资格的外国人，凭永久居留证件在中国境内居留和工作，凭本人的护照和永久居留证件出境入境。

2. 外国人在中国境内住宿管理规定

依照我国法律规定，外国人在中国境内临时住宿，应当依照规定办理住宿登记。

外国人在中国境内旅馆住宿的，旅馆应当按照旅馆业治安管理的有关规定为其办理住宿登记，并向所在地公安机关报送外国人住宿登记信息。外国人在旅馆以外的其他住所居住或者住宿的，应当在入住后24小时内由本人或者留宿人，向居住地的公安机关办理登记。

10.2.5 法律责任

外国人违反《中华人民共和国出境入境管理法》及《中华人民共和国外国人入境出境管理条例》，应当承担相应的法律责任。

(1)有下列情形之一的，给予警告，可以并处2000元以下罚款。

①外国人拒不接受公安机关查验其出境入境证件的。

②外国人拒不交验居留证件的。

③未按照规定办理外国人出生登记、死亡申报的。

④外国人居留证件登记事项发生变更，未按照规定办理变更的。

⑤在中国境内的外国人冒用他人出境入境证件的。

⑥未按照《中华人民共和国出境入境管理法》办理居住或住宿登记的。

旅馆未按照规定办理外国人住宿登记的，依照《中华人民共和国治安管理处罚法》的有关规定予以处罚；未按照规定向公安机关报送外国人住宿登记信息的，给予警告；情节严重的，处1000元以上5000元以下罚款。

(2)外国人未经批准，擅自进入限制外国人进入的区域，责令立即离开；情节严重的，处5日以上10日以下拘留。对外国人非法获取的文字记录、音像资料、电子数据和其他物品，予以收缴或者销毁，所用工具予以收缴。外国人、外国机构违反本法规定，拒不执行公安机关、国家安全机关限期迁离决定的，给予警告并强制迁离；情节严重的，对有关责任人员处5日以上15日以下拘留。

(3)外国人非法居留的，给予警告；情节严重的，处每非法居留一日500元，总额不超过1万元的罚款或者5日以上15日以下拘留。因监护人或者其他负有监护责任的人未尽到监护义务，致使未满16周岁的外国人非法居留的，对监护人或者其他负有监护责任的人给予警告，可以并处1000元以下罚款。

(4)容留、藏匿非法入境、非法居留的外国人，协助非法入境、非法居留的外国人逃避检查，或者为非法居留的外国人违法提供出境入境证件的，处2000元以上1万元以下罚款；情节严重的，处5日以上15日以下拘留，并处5000元以上2万元以下罚款，有违法所得的，没收违法所得。单位有前款行为的，处1万元以上5万元以下罚款，有违法所得的，没收违法所得，并对其直接负责的主管人员和其他直接责任人员依照前款规定予以处罚。

(5)外国人非法就业的,处5000元以上2万元以下罚款;情节严重的,处5日以上15日以下拘留,并处5000元以上2万元以下罚款。介绍外国人非法就业的,对个人处每非法介绍一人5000元,总额不超过5万元的罚款;对单位处每非法介绍一人5000元,总额不超过10万元的罚款;有违法所得的,没收违法所得。非法聘用外国人的,处每非法聘用一人1万元,总额不超过10万元的罚款;有违法所得的,没收违法所得。

(6)外国人从事与停留居留事由不相符的活动,或者有其他违反中国法律、法规规定,不适宜在中国境内继续停留居留情形的,可以处限期出境。外国人违反本法规定,情节严重,尚不构成犯罪的,公安部可以处驱逐出境。公安部的处罚决定为最终决定。被驱逐出境的外国人,自被驱逐出境之日起10年内不准入境。

(7)有下列情形之一的,给予警告,可以并处2000元以下罚款。

①扰乱口岸限定区域管理秩序的。

②外国船员及其随行家属未办理临时入境手续登陆的。

③未办理登轮证件上下外国船舶的。

违反前款第一项规定,情节严重的,可以并处5日以上10日以下拘留。

实例分析10-2

"老外"签证超期被罚[①]

一名新加坡男子在华停留时间超期,在青岛机场边检站被查,这也成为2013年7月1日《中华人民共和国出境入境管理法》(以下简称新法)实施后,青岛机场边检站查获的首例外国人非法居留案。

青岛机场边检站介绍,旅客王某日前持新加坡普通护照来华商务考察,按照我国签证政策的有关规定,可免签证在华停留15日。7月1日出境之时,边检人员在执行青岛飞往香港的KA951航班出境边防检查任务时,发现王某已在华停留16日,逾期居留1日,已构成在华非法居留。对此,边检机关依据新法规定,对王某逾期居留1日的行为,处以人民币500元的处罚后,准予其出境。

边检人员介绍,新法进一步完善了外国人停留居留管理制度,并加大了对"三非"(非法入境、非法居留和非法就业)外国人的处罚力度。本案中,对王某非法居留的行为,原先依照相关法律法规可处警告或罚款处罚。但依据新法的有关规定,对免签入境的外国人逾期居留的,不适用警告处罚,须按每逾期居留1日罚款500元的标准进行处罚。

分析:根据《中华人民共和国出境入境管理法》的规定,外国人非法居留的,给予警告;情节严重的,处每非法居留一日500元,总额不超过1万元的罚款或者5日以上15日以下拘留。本案中,青岛边检机关的做法是符合法律规定的。

---

①资料来源:《青岛首例外国人非法居留案:老外超期被罚》,青岛新闻网,http://news.qingdaonews.com/qingdao/2013-07/02/content_9830557.htm,网站最后访问日期:2013-07-02。经整理改动。

10.3 中国出入境监督检查制度

中国出境入境监督检查制度可以概括为"一关四检"。"一关"是指海关检查,"四检"是指安全检查、边防检查、卫生检疫和动植物检疫制度。其中,安全检查是指海关、边防检查站、边境卫生检疫机构等部门通过安全门、电子探测器、红外线透视、搜身、开箱等办法,对进出境交通工具、人员及其行李物品进行的检查。海关、边防、卫生检疫、动植物检疫制度的主要内容如下。

10.3.1 海关检查制度

1. 海关及"红绿通道"制度

海关是主权国家设立的用以监督检查出入国境的车辆、船舶、飞机、货物、旅客行李、邮递物品、货币、金银等运输工具和行李物品,稽征关税,查禁走私的国家行政机关。有海关和陆关之分,但统称为海关。中国海关设在对外开放的口岸和海关监管业务集中的地点,由国务院下属机构海关总署统一管理。

海关都设有旅客通道。有些海关监管场所还实施了双通道制,即"申报"通道(又称"红色通道",标志位红色正方形)和"无申报"通道(又称"绿色通道",标志为绿色正方形),供旅客进出境通关时选择。需办理海关申报手续的旅客以及不明海关规定或不知如何选择通道的旅客应当选择"申报"通道通关,其他旅客可不向海关办理申报手续或直接选择"无申报"通道通关。

2. 海关检查制度的主要内容

1)进出境旅客携带物品数量的规定

个人携带进出境的行李物品、邮寄进出境的物品,应当以自用、合理数量为限,并接受海关监管。中国籍旅客进出境行李物品,超出自用合理数量及规定的限量、限值或品种范围的,除另有规定者外,海关不予放行。

1996 年,中国海关总署发布《中华人民共和国海关对中国籍旅客进出境行李物品的管理规定》,将行李物品划分为三类。其中,《中国籍旅客带进物品限量表》则规定了中国籍旅客带进境三类物品的限量,具体情况见表 10-1。

表 10-1 中国籍旅客带进物品限量表[①]

类别	品种	限量
第一类物品	衣料、衣着、鞋、帽、工艺美术品和价值人民币 1000 元以下(含 1000 元)的其他生活用品	自用合理数量范围内免税,其中价值人民币 800 元以上、1000 元以下的物品每种限 1 件。对不满 16 周岁者,海关只放行其旅途需用的第一类物品

---

①资料来源:《中国籍旅客带进物品限量表》,"中华人民共和国海关总署"官网,http://www.customs.gov.cn/publish/portal0/tab517/info4411.htm,网站最后访问日期:2008-08-28。

(续表)

类别	品种	限量
第二类物品	烟草制品、酒精饮料	(1)香港、澳门地区居民及因私往来香港、澳门地区的内地居民,免税香烟 200 支,或雪茄 50 支,或烟丝 250 克;免税 12 度以上酒精饮料限 1 瓶(0.75 升以下)。 (2)其他旅客,免税香烟 400 支,或雪茄 100 支,或烟丝 500 克;免税 12 度以上酒精饮料限 2 瓶(1.5 升以下)
第三类物品	价值人民币 1000 元以上、5000 以下(含 5000 元)的生活用品	(1)驻境外的外交机构人员、我出国留学人员和访问学者、赴外劳务人员和援外人员,连续在外每满 180 天(其中留学人员和访问学者物品验放时间从注册入学之日起算至毕业结业之日止),远洋船员在外每满 120 天任选其中 1 件免税 (2)其他旅客每公历年度内进境可任选其中 1 件征税

由于中国海关允许旅客携带的进出境行李物品种类及限额标准几经修改,而且还会不断修订,因此旅客在进出境时应当以最新公布的种类及标准为准。

阅读案例 10-2

携带价值超过 5000 元物品的入境需缴税①

近日,广州海关在白云国际机场查获一起旅客携带未向海关申报的名牌服装、手表等高档消费品入境案,涉及金额达人民币 10 余万元。海关人员在其行李中查获包装完整的阿玛尼、皮尔卡丹、古驰等高级皮衣及高档手表,共计 20 余件,数量已远超自用合理范围,海关按规定予以征税处理。

类似的事情,近日也发生在深圳居民李小姐身上,她在香港"扫货"带回一部 iPad 平板电脑和一个 LV 手袋,入境时被海关人员予以征税放行。

《中国籍旅客带进物品限量表》规定,入境居民旅客携带在境外获取的个人自用进境物品,总值在 5000 元人民币以内(含 5000 元)的;非居民旅客携带拟留在中国境内的个人自用入境物品,总值在 2000 元人民币以内(含 2000 元)的,海关予以免税放行,单一品种限自用、合理数量,但烟草制品、酒精制品以及国家规定应当征税的 20 种商品等另按有关规定办理。

而入境居民旅客携带超出 5000 元人民币的个人自用物品入境,经海关审核确属自用的;进境非居民旅客携带拟留在中国境内的个人自用入境物品,超出人民币 2000 元的,海关仅对超出部分的个人自用进境物品征税,对不可分割的单件物品,全额征税。

---

①资料来源:《旅客携带高价值物品入境应主动向海关申报》,凤凰网·财经频道,http://finance.ifeng.com/roll/20101022/2751957.shtml,网站最后访问日期:2010-10-22。经整理改编。

2)进出境旅客申报管理规定

进出境旅客没有携带应向海关申报物品的，无须填写《中华人民共和国海关进出境旅客行李物品申报单》(以下称《申报单》)，选择"无申报通道"通关。除海关免于监管的人员以及随同成人旅行的16周岁以下旅客以外，进出境旅客携带有应向海关申报物品的，须填写《申报单》，向海关书面申报，并选择"申报通道"通关。

持有中华人民共和国政府主管部门给予外交、礼遇签证的进出境旅客，通关时应主动向海关出示本人有效证件，海关予以免验礼遇。

10.3.2 边防检查制度

根据规定，边防检查工作由公安部主管。公安部在中国对外开放的港口、航空港、车站、边境通道等口岸设立执行机构——出境入境边防检查站。

1. 出入境人员的边防检查及管理

1)出入境人员边防检查的一般规定

(1)根据《中华人民共和国出境入境边防检查条例》的规定，出境、入境的人员必须按照规定填写出境、入境登记卡，向边防检查站交验本人的有效护照或者其他出境、入境证件(以下简称出境、入境证件)，经查验核准后，方可出境、入境。

(2)对交通运输工具的随行服务员工出境、入境的边防检查、管理，适用本条例的规定。但是，中华人民共和国与有关国家或者地区订有协议的，按照协议办理。

(3)抵达中华人民共和国口岸的船舶的外国籍船员及其随行家属和我国香港、澳门、台湾地区船员及其随行家属，要求在港口城市登陆、住宿的，应当由船长或者其代理人向边防检查站申请办理登陆、住宿手续。经批准登陆、住宿的船员及其随行家属，必须按照规定的时间返回船舶。登陆后有违法行为，尚未构成犯罪的，责令立即返回船舶，并不得再次登陆。从事国际航行船舶上的中国船员，凭本人的出境、入境证件登陆、住宿。

(4)上下外国船舶的人员，必须向边防检查人员交验出境、入境证件或者其他规定的证件，经许可后，方可上船、下船。

(5)中华人民共和国与毗邻国家(地区)接壤地区的双方公务人员、边境居民临时出境、入境的边防检查，双方订有协议的，按照协议执行；没有协议的，适用本条例的规定。毗邻国家的边境居民按照协议临时入境的，限于在协议规定范围内活动；需要到协议规定范围以外活动的，应当事先办理入境手续。

(6)边防检查站认为必要时，可以对出境、入境的人员进行人身检查。人身检查应当由两名与受检查人同性别的边防检查人员进行。

2)禁止出入境的情形

出境、入境的人员有下列情形之一的，边防检查站有权阻止其出境、入境。

(1)未持出境、入境证件的。

(2)持有无效出境、入境证件的。

(3)持用他人出境、入境证件的。

(4)持用伪造或者涂改的出境、入境证件的。

(5)拒绝接受边防检查的。
(6)未在限定口岸通行的。
(7)国务院公安部门、国家安全部门通知不准出境、入境的。
(8)法律、行政法规规定不准出境、入境的。

3)限制出入境的情形

出境、入境的人员有下列情形之一的,边防检查站有权限制其活动范围,进行调查或者移送有关机关处理。

(1)有持用他人出境、入境证件嫌疑的。
(2)有持用伪造或者涂改的出境、入境证件嫌疑的。
(3)国务院公安部门、国家安全部门和省、自治区、直辖市公安机关、国家安全机关通知有犯罪嫌疑的。
(4)有危害国家安全、利益和社会秩序嫌疑的。

2. 行李物品、货物的边防检查

边防检查站根据维护国家安全和社会秩序的需要,可以对出境、入境人员携带的行李物品和交通运输工具载运的货物进行重点检查。

出境、入境的人员和交通运输工具不得携带、载运法律、行政法规规定的危害国家安全和社会秩序的违禁物品;携带、载运违禁物品的,边防检查站应当扣留违禁物品,对携带人、载运违禁物品的交通运输工具负责人依照有关法律、行政法规的规定处理。

任何人不得非法携带属于国家秘密的文件、资料和其他物品出境;非法携带属于国家秘密的文件、资料和其他物品的,边防检查站应当予以收缴,对携带人依照有关法律、行政法规的规定处理。

出境、入境的人员携带或者托运枪支、弹药,必须遵守有关法律、行政法规的规定,向边防检查站办理携带或者托运手续;未经许可,不得携带、托运枪支、弹药出境、入境。

10.3.3 卫生检疫制度

卫生检疫制度是指卫生检疫机关依法律规定对进出国境人员及其携带动植物和交通运输工具等实施传染病检疫、监测和卫生监督的制度。中国在港口、机场以及陆地边境和国界江河的口岸,设立国境卫生检疫机关。国务院卫生行政管理部门是全国国境卫生检疫工作的主管部门。

进出国境口岸的人员、交通工具以及相关人员必须遵守《中华人民共和国卫生检疫法》的有关规定。

(1)入境的交通工具和人员,必须在最先到达的国境口岸的指定地点接受检疫。除引航员外,未经国境卫生检疫机关许可,任何人不准上、下交通工具,不准装卸行李、货物、邮包等物品。
(2)出境的交通工具和人员,必须在最后离开的国境口岸接受检疫。
(3)国境卫生检疫机关对入境、出境的人员实施传染病监测,并且采取必要的预防、控制措施。

10.3.4 动植物检疫制度

动植物检疫制度是指动植物检疫机关依法对进出境的动植物、动植物产品和其他检疫物，装载动植物、动植物产品和其他检疫物的装载容器、包装物，以及来自动植物疫区的运输工具实施检疫、监测和监督的制度。中国动植物检疫机关在对外开放的口岸和进出境动植物检疫业务集中的地点设立口岸动植物检疫机关，实施进出境动植物检疫。国务院农业行政主管部门主管全国进出境动植物检疫工作。

1991年10月30日第七届全国人民代表大会常务委员会第二十二次会议通过《中华人民共和国进出境动植物检疫法》(以下简称《检疫法》)，自1992年4月1日起施行。根据2009年中华人民共和国第十一届全国人民代表大会常务委员会第十次会议《全国人民代表大会常务委员会关于修改部分法律的决定》对其中的部分条款进行了修正。主要条款如下。

(1)口岸动植物检疫机关在实施检疫时可以行使下列职权：依照本法规定登船、登车、登机实施检疫；进入港口、机场、车站、邮局以及检疫物的存放、加工、养殖、种植场所实施检疫，并依照规定采样；根据检疫需要，进入有关生产、仓库等场所，进行疫情监测、调查和检疫监督管理；查阅、复制、摘录与检疫物有关的运行日志、货运单、合同、发票及其他单证。

(2)国家禁止下列各物进境：动植物病原体(包括菌种、毒种等)、害虫及其他有害生物；动植物疫情流行的国家和地区的有关动植物、动植物产品和其他检疫物；动物尸体；土壤。

(3)输出动植物、动植物产品和其他检疫物，由口岸动植物检疫机关实施检疫，经检疫合格或者经除害处理合格的，准予出境；海关凭口岸动植物检疫机关签发的检疫证书或者在报关单上加盖的印章验放。检疫不合格又无有效方法做除害处理的，不准出境。

(4)过境的动物经检疫合格的，准予过境；发现有《检疫法》规定的名录所列的动物传染病、寄生虫病的，全群动物不准过境。对过境植物、动植物产品和其他检疫物，口岸动植物检疫机关检查运输工具或者包装，经检疫合格的，准予过境；发现有《检疫法》规定的名录所列的病虫害的，做除害处理或者不准过境。

(5)邮寄进境的动植物、动植物产品和其他检疫物，经检疫或者除害处理合格后放行；经检疫不合格又无有效方法做除害处理的，做退回或者销毁处理，并签发《检疫处理通知单》。携带、邮寄出境的动植物、动植物产品和其他检疫物，物主有检疫要求的，由口岸动植物检疫机关实施检疫。

实例分析 10—3

邮寄进境的动植物或动植物产品要办检疫手续[①]

2009年3月20日、23日、28日，四川检验检疫局在成都双流国际机场邮件分拣现场，分别在进境邮件(EMS)中查获了以色列某种子有限公司邮寄给四川A公司的3批共计17袋番茄、辣椒、胡椒等植物种子。3月25日还查获从波兰某种子公司邮寄给四川A公司的共

---

①资料来源：《查处违规邮寄物品进出境案例的启示》，中国质量新闻网，http://www.cqn.com.cn/news/zgjyjy/519655.html，网站最后访问日期：2012-01-10。经整理改动。

计 28 袋番茄、辣椒、黄瓜等植物种子。以色列、波兰寄件人均在邮寄物清单上写明邮件内容物是书籍、杂志。开包检查时却发现邮寄的杂志、书籍中间被人为挖空后把种子藏于其中，采取隐蔽手段偷寄植物种子进境。为此，四川检验检疫局对四川 A 公司违规邮寄进境植物种子行为进行立案调查。

据查，这些邮寄植物种子是四川 A 公司与以色列某种子有限公司、波兰某种子公司为加强商业合作，准备在中国境内试种推广而向对方提出通过邮寄方式进境的，在整个事情的办理过程中四川 A 公司未向以色列、波兰客户提出在以色列、波兰办理检疫手续并出具官方检疫证书，也未在客户邮寄之前向我国农业主管部门申请办理进境检疫审批手续。

分析：《检疫法》规定，邮寄进境的动植物、动植物产品和其他检疫物，经检疫或者除害处理合格后放行。本案中，四川 A 公司未在客户邮寄之前向我国农业主管部门申请办理进境检疫审批手续，邮寄的种子未经过任何检疫，寄件人是采取隐蔽手段偷寄植物种子进境，其行为违反了《检疫法》。

本章小结

本章要求准确理解中国公民出入境的权利、义务与限制，外国人入出境的权利、义务与限制等基本知识；了解中国出入境监督检查制度；外国人违反入出境管理法的法律责任，中国公民违反出入境管理法的处罚。着重掌握外国人入出境证件及有关手续的办理，中国公民出入境证件及有关手续的办理。

中国公民出入境及外国人入出境时，都享有一定的权利，同时也要履行一定的义务，也受到一定的限制，需要申领中国政府颁发的出入境证件出入境。从事出入境旅游活动的旅游者也要严格遵守出入境管理法规及相应的出入境旅游管理条例。

为了维护国家主权及利益，有关国家机关有权利对出入境人员的证件、行李物品等进行检查，对于不符合出入境要求的人员及其行李物品进行限制。

关键术语

1. **护照**：是主权国家发给本国公民出入境和在国外旅行、居留的身份证件，证明其国籍、身份及出国目的。中华人民共和国护照是中国政府发给中国公民，供其出入国(境)和在国(境)外旅行或居留时证明其国籍和身份的证件。

2. **中华人民共和国旅行证**：短期出国的公民在国外遗失护照或者护照被盗，以及发生损毁不能使用等情形时，根据护照法的规定，该公民可以向我国驻外使馆、领馆或者外交部委托的其他驻外机构申请旅行证，作为护照的替代证件回国。

3. **中华人民共和国出入境通行证**：公民从事边境贸易、边境旅游服务或者参加边境旅游时，则应向公安部委托的县级以上地方人民政府公安机关出入境管理机构申请出入境通行证。

4. **港澳通行证**：俗称双程证，是由中华人民共和国公安部出入境管理局签发给中国内地居民因私往来香港或澳门地区旅游、探亲、从事商务、培训、就业、留学等非公务活动

第10章　旅游出入境管理法律制度

的旅行证件。来港澳前，必须取得内地公安部门签发有关来港澳目的签注(如团队旅游、个人旅游、商务或其他签注等)。

5. **台湾通行证**：是中华人民共和国公安部发给大陆居民前往台湾地区的旅行通行证件。大陆居民前往台湾地区定居、探亲或应邀参加经济、科技、文化、教育、学术等活动，向户口所在地的市、县公安机关出入境管理部门提出申请。凭公安出入境管理部门签发的大陆居民往来台湾通行证及有效签注前往。

6. **签证**：是一国官方机构对本国和外国公民出入境，在另一国家停留、过境、居住的许可证明。具体指外交、领事、公安机关或又上述机关授权的其他机关，根据本国公民和外国人要求出入境的申请，依照有关规定在其所持的证件(护照)等上签注、盖印，表示准其入出本国国境的手续。

7. **海关检查制度**：海关是主权国家设立的用以监督检查出入国境的车辆、船舶、飞机、货物、旅客行李、邮递物品、货币、金银等运输工具和行李物品，稽征关税，查禁走私的国家行政机关。旅客对其所携带的行李物品，应当向海关申报，由海关查验并办理进出境物品征税或免税验放手续。

8. **边防检查制度**：为了维护国家主权、安全和社会秩序，公安部在中国对外开放的港口、航空港、车站、边境通道等口岸设立执行机构——出境入境边防检查站，对出入境人员、行李物品、货物进行边防检查。

9. **卫生检疫制度**：是指卫生检疫机关依法律规定对进出国境人员及其携带动植物和交通运输工具等实施传染病检疫、监测和卫生监督的制度。中国在港口、机场以及陆地边境和国界江河的口岸，设立国境卫生检疫机关。

10. **动植物检疫制度**：是指动植物检疫机关依法对进出境的动植物、动植物产品和其他检疫物，装载动植物、动植物产品和其他检疫物的装载容器、包装物，以及来自动植物疫区的运输工具实施检疫、监测和监督的制度。中国动植物检疫机关在对外开放的口岸和进出境动植物检疫业务集中的地点设立口岸动植物检疫机关，实施进出境动植物检疫。

章前案例解析

【分析】

越来越多的国家对中国放宽签证政策对旅游业和游客来说只会有好处。虽然即便没有落地签和免签政策，中国公民凭旅游签证也可出境旅游，只不过手续会比较复杂、等待时间也较长，还多出现因手续不齐而拒签的情况。出游免签和落地签国家，对游客来说提供了相当的便利，甚至只要带上护照和当地的机票、预订好酒店就可以"说走就走"，这对游客来说都是有利无害的。

签证便利国增加对国内旅游格局不会产生本质上的影响。因为国内外旅游市场面对的是不同人群，不会产生冲突。出境旅游的时间较长、价格较高，这些都会形成门槛选择，出境游同国内游面向的是不同的市场。出境旅游和国内旅游的人有不同的消费需求，而很多出境旅游的人，对国内旅游已经有相当的经验，他们要通过国外不同的目的地满足其不同的需求。这些政策改变会促进出境旅游的发展，但对整体旅游行业不足以产生本质上的影响。

【点评】

中国出境游客的快速增长，表明出境游已成为"民生"的组成部分，需求越来越大。随着出境游需求的膨胀，外交部和旅游局自然会在这方面有所作为，为民众出境提供更多便利。另外，一些国家，特别是一些发达程度并不比中国高的国家，而旅游又是其支柱产业，这些国家为开发中国庞大的、非常有潜力的可持续的市场，必然会在签证上提供更多的便利。

复习思考题

一、选择题

1. 以下各类出入境证件中，(　　)是由外交机关签发的。
   A. 公务护照　　　B. 普通护照　　　C. 港澳通行证　　　D. 台湾通行证
2. 依据我国现行法律，对于16周岁以上公民，其护照的有效期是(　　)。
   A. 5年　　　　　B. 10年　　　　　C. 15年　　　　　D. 终身有效
3. (　　)是发给来我国旅游的外国人的。
   A. C字签证　　　B. F字签证　　　C. G字签证　　　D. L字签证
4. 依据我国法律，入境旅客携带人民币现钞超过(　　)元需要进行申报。
   A. 5000　　　　B. 10000　　　　C. 20000　　　　D. 30000

二、判断题(对的打"√"，错的打"×")

1. 中国公民出入中国国境无须持有签证。(　　)
2. 在我国，D字签证是发给入境短期居留的人员的签证。(　　)
3. 依据我国法律，外国人在旅馆以外的其他住所居住或者住宿的，无须向公安机关办理登记。(　　)
4. 依据《中国籍旅客带进物品限量表》的规定，对于价值人民币800元以上、1000元以下的生活用品每种限2件免税。(　　)

三、名词解释

1. 护照
2. 签证
3. "红绿通道"

四、简答题

1. 简述护照的概念及其种类。
2. 简述中国公民和外国公民在出入中国国境时有哪些权利、义务和限制。

五、案例分析

1. 外国人未缴税能否出境？

2001年7月8日，某市地税局涉外分局获悉，该市某旅游用品生产企业从某国进口了一套机器设备，该国技术人员正在对该套设备进行安装调试。根据合同条款和有关规定，外国公司在华安装、调试、培训等劳务已构成常驻机构，该公司及其雇员应该在中国境内缴纳营业税、外国企业所得税和个人所得税。7月9日，该市地税局税务人员向该外国公司代表S先生阐明了立场。然而S先生却声称他在外国已经完税，拒绝在《责令限期改正通知书》上签字，并购买了飞机票，拟于近日由北京出境回国。

（资料来源：《旅游出入境管理法律制度》，MBA智库网，http://doc.mbalib.com/view/0be3f0c6c6ebb08882f8a9c3f80e7e63.html，网站最后访问日期：2013年8月21日。经整理改动。）

问题：

(1)外方人员在欠缴税款的情况下可以出境吗？

(2)根据我国《外国人入境出境管理条例》，外国人不准出境的情形有哪些？

2. 离婚手续未办完能否出境？

某单位20名职工与某国际旅行社签订了参加"新马泰10日游"的旅游合同，出团日期为2016年2月16日。可是在临出国的前三天，旅行社打来电话通知其中的王某，说他的出境申请未被当地公安机关批准。原因是王某与妻子的离婚手续还没有正式办清。王某本来想借出国的机会散散心，结果却未能如愿。

（资料来源：田勇.旅游法规概论[M].广州：华南理工大学出版社，2005：222. 经整理改动。）

问题：

(1)公安机关为什么不能批准王某的出境申请？

(2)根据《中华人民共和国出境入境管理法》，中国公民不准出境的情形有哪些？

六、实际操作训练

出境旅游该不该派领队

××夫妇参加某旅行社组织的"新、马、泰、港、澳15日游"旅游团，在临登机时，旅游者发现，该旅游团是由5家旅行社共同组织的，大家手中的旅游日程各不相同。更让旅游者感到疑惑和骚动不安的是，该旅游团没有领队，而团队绝大多数游客是初次跨出国门。

这个出国旅游团在整个旅途中遇到许多困难，在国外如何转机，入境卡怎么填，需要哪些旅行文件，怎样与境外旅行社接洽等均无人过问。在新加坡入境时，因不熟悉情况，旅游团被边检部门盘查一个半小时之久，影响了游览活动。旅游过程中，因没有领队与境外接待社协调，原来的日程安排也被多次变更。旅游团在异国他乡，人生地不熟，只好听从境外导游的摆布。旅行结束后，××夫妇以旅行社未提供相应服务，损害其合法权益为由，要求旅行社赔偿其损失。

旅行社辩称，组团人数不足，由若干家旅行社将旅游者拼为一个团，是旅行社的通常做法，只要按约定准时出游，是否告知旅游者并没有实际意义。此次组团出境旅游，事先双方并没有约定派领队，因此，旅行社未派领队并不构成违约。

(资料来源：《警示旅游者的十大旅游案例》，乐途旅游网，http://www.lotour.com/snapshot/2005-01-23/snapshot_7167.shtml，网站最后访问日期：2003年4月7日。经整理改动。)

训练项目：
(1)本案中旅行社未派领队是否构成违约？
(2)依据我国法律，组织出国旅游的旅行社需承担哪些义务？
(3)依据我国法律，中国旅游者出国旅游时应该承担的义务及享有的权利有哪些？

第 11 章　旅游交通、娱乐法律制度

学习目标

知识目标	技能目标
①了解旅游交通法规的构成	①掌握旅客航空运输管理规定
②理解航空运输承运人的权利与义务	②掌握旅客铁路运输管理规定
③理解铁路运输承运人的权利与义务	③熟悉旅游娱乐场所管理规范
④了解娱乐场所管理法律制度	

知识结构

旅游交通、娱乐法律制度
- 旅游交通概述
  - 旅游交通管理体制
  - 旅游交通运输法规
  - 旅游交通运输合同
  - 旅游交通运输中的法律责任
- 航空运输管理法规
  - 公共航空运输
  - 承运人的责任
- 铁路运输管理法规
  - 对铁路运输的要求
  - 铁路运输合同
  - 铁路旅客运输规定
  - 铁路旅客运输损害赔偿的规定
- 旅游娱乐场所管理法律制度
  - 娱乐场所管理部门
  - 娱乐场所的设立
  - 娱乐场所经营管理规定
  - 娱乐场所治安管理规定
  - 旅游娱乐场所基础设施管理及服务规范

导入案例

旅客晚点误机，航班拒绝赔偿，责任由谁来承担？①

2011年6月19日，市民陈先生等6人报名参加由上海航空国际旅游公司组织的"易游——昆明、大理、丽江、香格里拉三星双飞8日游"，并签订了旅游合同，双方约定陈先生等6人自行乘机至昆明机场。出团通知书上明确告知国内航班至少要在起飞前90分钟至机场办理登记手续。旅游公司为陈先生等6人购买了东航MU5812航班，起飞时间为2011年7月6日11：00。起飞日10：32左右，陈先生等6人至东航值机柜台办理登机手续，被工作人员告知已停止办理登机手续，双方发生争议。后陈先生等6人以每位3990元的价格购买了当日飞往昆明的东航MUFM9455航班头等舱机票赴昆明旅行。

2012年5月4日，陈先生等6人向浦东法院提起诉讼，要求被告东方航空公司赔偿损失。审理中，追加上海航空国际旅游公司为本案第三人参加诉讼。

原告陈先生等6人认为，被告及第三人未充分告知提前登机时间及注意事项，致原告方在到达机场时时间紧迫，但尚未迟到。由于被告服务不到位，也未采取绿色通道措施，导致原告方误机，其行为已构成违约，对原告方造成的损失应负赔偿责任；第三人未尽提醒义务，应承担连带赔偿责任。

被告东方航空公司认为，被告已经充分举证证明自己履行了提醒和告知义务，相关提示在电子客票的右下角都有标注，且告知原告客票不得签转和更改，对于办理登机等时间也均有提醒。第三人和被告签署的旅游合同补充条款中也明确约定原告应认真阅读相关内容，故被告不存在违约行为。原告方因自身原因晚点没能办理登机手续，导致的损失应由原告方自己承担。

第三当事人上海航空国际旅游公司述称，其接受了原告等6人参团报名并签订了旅游合同，工作人员当面交给他们出团通知及行程单，并已明确告知国内航班提前90分钟到达机场办理登机手续。事后，已将有关机票和燃油税费用每位680元做了退还。鉴于其已按约履行告知义务，没有违约，故不承担任何赔偿责任。

问题引入：依据相关法律规定，该案例中原告的诉讼请求能否得到法院支持？误机责任应该由哪一方来承担？

在旅游活动六要素"食、住、行、游、购、娱"中，"行"就是指旅游交通，旅游交通的发展极大地促进和推动了现代旅游活动与旅游业发展。"娱"是指旅游过程中的精神文化活动，健康、优雅的娱乐活动能够给旅游者留下难忘的印象，能够使旅游者放松情绪，得到精神上的愉悦。"行"与"娱"作为旅游活动六要素的两大重要组成部分，丰富了旅游活动的内容，同时也使得对于旅游行业的管理涉及的层面更广泛，增加了旅游行业管理的复杂性，也要求关于"行"与"娱"法律、法规尽可能完善，从而促进旅游行业的良性运行。

---

①资料来源：《旅客晚点误机航班拒绝赔偿法院：责任在于旅客》，陕西传媒网，http://www.sxdaily.com.cn/n/2013/0528/c335-5141582.html，网站最后访问日期：2013-05-28。经整理改编。

11.1 旅游交通概述

11.1.1 旅游交通管理体制

我国的旅游交通管理体制，主要实行国务院领导下的部门管理体制。国家旅游局、民航局、交通运输部等旅游交通主管部门，按照"统一领导、分级管理"的原则，对旅游车船运输、民航运输、铁路运输、公路运输和水上运输进行部门管理。各类、各级交通运输管理部门构成我国旅游交通管理体制的综合体系，行使旅游交通管理的职能。

11.1.2 旅游交通运输法规

1. 旅游交通运输法规的概念

旅游交通法规是指调整旅游交通运输中各种社会关系的法律规范的总称。旅游交通法律关系主要有：国家交通管理部门与国家旅游管理部门之间的交通法律关系、交通经营单位与旅游者之间的法律关系、交通业经营单位之间的法律关系等。

2. 我国旅游交通运输法规的构成

我国旅游交通法规的构成包括三个层次：国际运输公约，国内相关法律、法规，地方性旅游交通法律、法规。

1)国际运输公约

为协调世界各国政府有关旅游交通运输的经济和法律事务，促进世界旅游交通业的发展，充分维护与保障旅游者的合法权益，世界上成立了许多旅游交通运输方面的国际组织。例如，国际民用航空组织(International Civil Aviation Organization，ICAO)、国际航空运输协会(International Air Transport Association，IATA)、国际铁路联盟、国际海事组织(International Maritime Organization，IMO)等。

在世界旅游交通运输的国际组织和有关国家政府的努力下，制定了一系列的国际交通运输方面的国际公约，其范围涉及航空、铁路、海上运输等。这些国际交通运输公约在公约的适用范围、旅客的人身安全及赔偿、行李损害责任及赔偿、诉讼时效、承运人与旅客的权利义务关系等方面都做出了详细的规范，为解决旅游交通运输方面的国际纠纷提供了法律依据。

2)国内相关法律、法规

我国先后制定了一系列调整交通运输关系的单项法律、法规。在航空运输方面，有《国内民航旅客、行李运输规则》《中国民航旅客、行李国际运输规则》《中华人民共和国民用航空法》《中华人民共和国民用航空安全保卫条例》《国内航空运输承运人赔偿责任限额规定》等。在铁路运输方面，有《铁路旅客意外伤害强制保险条例》《铁路旅客运输规程》《铁路旅客人身伤害及自带行李损失事故处理办法》《铁路旅客及行李包裹运输规程》《中华人民共和国铁路法》等。在公路、海上运输方面有《汽车旅客运输规则》《海上轮船旅客及行李包裹运送试行规则》《中华人民共和国道路运输条例》《中华人民共和国水路运输管理条例》等。

3)地方性旅游交通法律、法规

各省、市根据本地域范围内的交通运输情况，制定了相应的地方性旅游交通运输法律、法规。

3. 我国旅游交通运输法规调整的范围

(1)国家旅游交通运输管理部门同旅游交通运输企业的关系。
(2)旅游交通运输企业同旅游者之间的权利义务关系。
(3)旅游交通运输企业之间以及它们同相关旅游经营者之间的关系。
(4)我国旅游交通运输管理部门同外国旅游交通运输经营者之间的关系。
(5)旅游交通运输部门内部的关系。

11.1.3 旅游交通运输合同

1. 旅游交通运输合同的概念及特点

旅游交通运输合同，是指规定旅客与承运人之间相互权利义务关系的书面协议。旅游交通运输合同具有以下特点。

(1) 格式合同。经营者预先单方拟订并在订立时未与消费者协商的合同。在旅游交通运输中，旅客和承运人之间一般不以签字的方式订立合同，承运人发售的客票、行李票即是双方法律关系的凭证。

(2)强制保险条款。现代社会一般对交通事故、海难、航空事故造成人身伤害的救济实行严格责任原则。目前，各国的承运人责任险基本上都是强制险，只要载客赚钱，就必须投保。

(3)双务有偿合同。旅游运输合同一经成立，当事人双方均负有义务，承运人须将旅客或者货物从一地运到另一地，旅客或托运人须向承运人支付运费，双方的权利义务是相互对应、相互依赖的。

2. 承运人的主要权利和义务

1)承运人的权利

(1)收取运输费用与服务费的权利。承运人向旅客提供交通运输服务，有权要求旅客支付票款或运输费用。如果由于旅客的原因导致的误机、漏乘、错乘、客票遗失、超程乘运、超级乘运等引起客票变更、补票、退票服务，可按照规定合理、合法收取相应的服务费用。

(2)在一定情况下，承运人有拒乘的权利。通常情况下，承运人不得无故拒绝旅客乘运的要求，但是旅客及其行李物品如果违反了有关旅游交通法规的规定，承运人可以拒绝其乘运，甚至可以驱逐旅客。

(3)要求旅客赔偿的权利。如果旅客违反旅游运输合同的约定，承运人有权要求其赔偿。在旅游运输过程中，旅客损害或破坏旅游交通工具、交通设施，旅游交通部门或企业有权要求其赔偿，情况严重的，依法由司法机关处理。

2)承运人的义务

(1)保障人身财产安全的义务。承运人应当保证其提供的旅游交通运输服务符合保障人身、财产安全的要求。对可能危及人身、财产安全的情形，应当向旅客做出真实的说明和明确的警示，并说明和标明正确使用或者接受服务的方法以及防止危害发生的方法。

(2)提供正点、快捷、舒适运输的义务。旅游运输作为旅游者与旅游目的地的沟通桥梁，做到正点、快捷、舒适运输，有利于旅游活动的正常开展，否则会影响旅游活动的进程，从而导致旅游者与旅行社之间的合同履行方面的纠纷，给旅游者与旅游经营者都带来损失。

3. 旅客的主要权利和义务

1)旅客的权利

(1)享有按规定免费携带行李物品的权利。我国民航、铁路、公路、水运旅客运输对旅客随身携带的行李物品的免费重量有不同的规定，在规定的范围内，旅客享有的此项权利，任何人和单位不得干预。

(2)享有按规定购买优惠票的权利。我国民航、铁路、公路、水运的客票分为不同的档次，不同等级的客票的价款不同。对于不同的购票主体，享有不同的购票优惠。

(3)享有按规定获得服务的权利。旅客可以有权享用约定的交通工具，交通运输部门不得擅自改变交通运输的班次、运输起止时间，交通工具的类型、档次等。在交通运输期间，旅客有权享受到交通部门提供的一切免费的或者收费的服务和设施、设备。

(4)享有按规定获得赔偿的权利。由于承运人的违约造成的违约责任以及由于承运人的原因导致的旅客人身或财产的损失等侵权行为，旅客享有按规定获得赔偿的权利。

2)旅客的义务

(1)支付票款或运输费用的义务。

(2)按照规定在购票、托运行李物品时，出具相应的证明的义务。

(3)旅客携带或者托运的行李物品不得夹带武器、易燃、易爆、有毒、有腐蚀性、有放射性、可聚合物质、磁性物质以及其他危险物品。旅客也不得携带国家法律、法规和规章禁止携出、携入或者过境的物品。旅客乘坐飞机不得随身携带武器，不准在交运的行李物品中夹带机密文件、保密资料、技术资料、外交信袋、证券、货币、易碎物品、流质物品、贵重物品(如金银、首饰、手表、照相机)等，不得携带小动物以及其他妨碍公共卫生、秩序和容易损坏飞机、污染环境的物品。

(4)旅客托运行李物品，应对运输单或托运单上填写的各项声明、说明的正确性负责，应认清、理解并认真填写各项要求填写的内容。

(5)旅客乘机、车、船，应接受相关的客票检查、行李检查，甚至身份检查。

11.1.4 旅游交通运输中的法律责任

1. 违约行为责任

违约行为是指旅游交通运输合同当事人不履行合同义务，或者履行的合同义务不符合约定应承担的相应法律责任的行为。

因民用航空、铁路运输部门的原因(非不可抗力)造成原旅游交通运输合同不能履行的,即构成违约,要承担违约责任。

旅游者因自己的原因不能履行旅游运输合同的,构成违约。应当在约定的时间内办理退票或者变更手续,要求退票的加收一定比例的退票费。逾期办理的,承运人可以不再退票款,并不再承担运输义务。

2. 侵权行为责任

侵权行为是指旅游交通行为人由于过错侵害他人的财产权利、人身权利,依法应承担民事责任的行为;行为人虽无过错,但法律特别规定应对受害人承担民事责任的其他致害行为。

在旅游交通运输过程中,交通运输企业没有尽到保护旅游者人身和行李物品安全的责任,造成旅游者的人身伤亡或行李物品的损害,这些损害事件所导致的法律责任,表现为侵权行为责任。

11.2 航空运输管理法规

《中华人民共和国民用航空法》(以下简称《民用航空法》)由1995年10月30日中华人民共和国主席令第五十六号公布,自1996年3月1日起施行。2009年8月27日,第十一届全国人民代表大会常务委员会第十次会议通过并公布了《全国人民代表大会常务委员会关于修改部分法律的决定》(中华人民共和国主席令第十八号),对《民用航空法》的部分条文进行了修改。

11.2.1 公共航空运输

1. 国内航空运输和国际航空运输

国内航空运输,是指根据当事人订立的航空运输合同,运输的出发地点、约定的经停地点和目的地点均在中华人民共和国境内的运输。

国际航空运输,是指根据当事人订立的航空运输合同,无论运输有无间断或者有无转运,运输的出发地点、约定的经停地点和目的地点之一不在中华人民共和国境内的运输。

2. 航空运输凭证

1)旅客运输凭证(客票)

《民用航空法》第一百零九条规定:"承运人运送旅客,应当出具客票。旅客乘坐民用航空器,应当交验有效客票。"客票自旅行开始之日起,一年内运输有效。如果客票全部未使用,则从填开客票之日起,一年内运输有效。

客票应当包括的内容由国务院民用航空主管部门规定,至少应当包括以下内容。

(1)出发地点和目的地点。

(2)出发地点和目的地点均在中华人民共和国国境内,而在境外有一个或者数个约定的经停地点的，至少注明一个经停地点。

(3)旅客航程的最终目的地点、出发地点或者约定的经停地点之一不在中华人民共和国境内，依照所适用的国际航空运输公约的规定，应当在客票上声明此项运输适用该公约的，客票上应当载有该项声明。

2)行李运输凭证(行李票)

行李包括旅客托运行李和旅客自带行李。承运人载运托运行李时，行李票可以包含在客票之内或者与客票相结合。除《民用航空法》规定之外，行李票还应当包括下列内容。

(1)托运行李的件数和重量。

(2)需要声明托运行李在目的地点交付时的利益的，注明声明金额。

3)航空货物运单

航空货运单是航空货物运输合同订立和运输条件以及承运人接受货物的初步证据。承运人有权要求托运人填写航空货运单，托运人有权要求承运人接受该航空货运单。托运人未能出示航空货运单、航空货运单不符合规定或者航空货运单遗失，不影响运输合同的存在或者有效。

航空货运单应当包括的内容由国务院民用航空主管部门规定，至少应当包括以下内容。

(1)出发地点和目的地点。

(2)出发地点和目的地点均在中华人民共和国境内，而在境外有一个或者数个约定的经停地点的，至少注明一个经停地点。

(3)货物运输的最终目的地点、出发地点或者约定的经停地点之一不在中华人民共和国境内，依照所适用的国际航空运输公约的规定，应当在货运单上声明此项运输适用该公约的，货运单上应当载有该项声明。

3. 购票

旅客应在承运人或其销售代理人的售票处购票。旅客购票凭本人有效身份证件或公安机关出具的其他身份证件，并填写《旅客订座单》。购买儿童票、婴儿票，应提供儿童、婴儿出生年月的有效证明。重病旅客购票，应持有医疗单位出具适于乘机的证明，经承运人同意后方可购票。

革命伤残军人和因公致残的人民警察凭《革命伤残军人证》和《人民警察伤残抚恤证》，按照同一航班成人票价的50%购票。儿童按照同一航班成人票价的50%购票，提供座位。婴儿按照同一航班成人票价的10%购买婴儿票，不提供座位；如需要单独占用座位时，应购买儿童票。

4. 客票变更

旅客购票后，如要求改变航班、日期、舱位等级，承运人及其销售代理人应根据实际可能积极办理。

航班取消、提前、延误、航程改变或不能提供原订座位时，承运人应优先安排旅客乘坐后续航班或签转其他承运人的航班。因承运人的原因，旅客的舱位等级变更时，票款的差额多退少不补。

旅客要求改变承运人，应征得原承运人或出票人的同意，并在新的承运人航班座位允许的条件下予以签转。因航班取消、提前、延误、航程改变或不能提供原订座位，要求旅客变更承运人时，应征得旅客及被签转承运人的同意后，方可签转。

5. 退票

由于承运人或旅客原因，旅客不在客票有效期内完成部分或全部航程，可以在客票有效期内要求退票。旅客要求退票，应凭客票或客票未使用部分的"乘机联"和"旅客联"办理。退票只限在出票地、航班始发地、终止旅行地的承运人或其销售代理人售票处办理。票款只能退给客票上列明的旅客本人或客票的付款人。

旅客自愿退票，除凭有效旅客票外，还应提供旅客本人的有效身份证件，分别按下列条款办理。

(1)革命伤残军人要求退票，免收退票费。
(2)持婴儿客票的旅客退票，免收退票费。
(3)持不定期客票的旅客要求退票，应在客票的有效期内到原购票地点办理退票手续。
(4)旅客在航班的经停地自动终止旅行，该航班未使用航段的票款不退。

航班取消、提前、延误、航程改变或承运人不能提供原订座位时，旅客要求退票，始发站应退还全部票款，经停地应退还未使用航段的全部票款，均不收取退票费。旅客因病要求退票，需提供医疗单位的证明，始发地应退还全部票款，经停地应退还未使用航段的全部票款，均不收取退票费。患病旅客的陪伴人员要求退票，按本条第一款规定办理。

6. 客票遗失

旅客遗失客票，应以书面形式向承运人或其销售代理人申请挂失。在旅客申请挂失前，客票如已被冒用或冒退，承运人不承担责任。

定期客票遗失，旅客应在所乘航班规定离站时间一小时前向承运人提供证明后，承运人即航空公司可以补发原定航班的新客票。补开的客票不能办理退票。

不定期客票遗失，旅客应及时向原购票的售票地点提供证明后申请挂失，该售票点应及时通告各有关承运人。经查证客票未被冒用、冒退，待客票有效期满后的 30 天内，办理退款手续。

7. 团体旅客

团体旅客定妥座位后，应在规定或预先约定的时限内购票，否则，所订座位不予保留。

团体旅客非自愿或团体旅客中部分成员因病要求变更或退票，分别按照前款个人旅客非自愿或个人旅客因病要求变更或退票的规定办理。

8. 乘机

无成人陪伴的儿童、病残旅客、孕妇、盲人、聋人或犯人等特殊旅客，只有在符合承运人规定的条件下，经承运人预先同意并在必要时做出安排后方予载运。传染病患者、精神病患者或健康情况可危及自身或影响其他旅客安全的旅客，承运人不予承运。根据国家有关规定不能乘机的旅客,承运人有权拒绝其乘机,已购客票按自愿退票处理。

(1)旅客误机按下列规定处理:旅客发生误机,应到乘机机场或原购票地点办理改乘航班、退票手续;旅客误机后,如要求改乘后续航班,在后续航班有空余座位的情况下,承运人应积极予以安排,不收取误机费;旅客误机,如要求退票,承运人可以收取适当的误机费。

(2)旅客漏乘按下列规定处理:由于旅客原因发生漏乘,旅客要求退票,按旅客误机有关规定办理;由于承运人原因旅客漏乘,承运人应尽早安排旅客乘坐后续航班成行。如旅客要求退票,应退还旅客未使用航段的全部票款,均不收取退票费。

(3)旅客错乘按下列规定处理:旅客错乘飞机,承运人应安排错乘旅客搭乘最早的航班飞往旅客客票上的目的地,票款不补不退;由于承运人原因旅客错乘,承运人应尽早安排旅客乘坐后续航班成行。如旅客要求退票,始发站应退还全部票款,经停地应退还未使用航段的全部票款,均不收取退票费。

9. 行李运输

承运人承运的行李,按照运输责任分为托运行李、自理行李和随身携带物品。重要文件和资料、外交信袋、证券、货币、汇票、贵重物品、易碎易腐物品,以及其他需要专人照管的物品,不得夹入行李内托运。承运人对托运行李内夹带上述物品的遗失或损坏,按一般托运行李承担赔偿责任。国家规定的禁运物品、限制运输物品、危险物品,以及具有异味或容易污损飞机的其他物品,不能作为行李或夹入行李内托运。承运人在收运行李前或在运输过程中,发现行李中装有不得作为行李或夹入行李内运输的任何物品,可以拒绝收或随时终止运输。旅客不得携带管制刀具乘机。管制刀具以外的利器或钝器应随托运行李托运,不能随身携带。

托运行李必须包装完善、锁扣完好、捆扎牢固,能承受一定的压力,能够在正常的操作条件下安全装卸和运输。托运行李的重量每件不能超过 50 千克,体积不能超过 40 厘米×60 厘米×100 厘米,超过上述规定的行李,须事先征得承运人的同意才能托运。自理行李的重量不能超过 10 千克,体积每件不超过 20 厘米×40 厘米×55 厘米。随身携带物品的重量,每位旅客以 5 千克为限。持头等舱客票的旅客,每人可随身携带两件物品。每件随身携带物品的体积均不得超过 20 厘米×40 厘米×55 厘米。超过上述重量、件数或体积限制的随身携带物品,应作为托运行李托运。

每位旅客的免费行李额(包括托运和自理行李):持成人或儿童票的头等舱旅客为 40 千克,公务舱旅客为 30 千克,经济舱旅客为 20 千克。持婴儿票的旅客无免费行李额。构成国际运输的国内航段,每位旅客的免费行李额按适用的国际航线免费行李额计算。

旅客必须凭有效客票托运行李。承运人应在客票及行李票上注明托运行李的件数和重量。承运人对旅客托运的每件行李应拴挂行李牌,并将其中的识别联交给旅客。经承运人同意的自理行李应与托运行李合并计重后,交由旅客带入客舱自行照管,并在行李上拴挂自理行李牌。不属于行李的物品应按货物托运,不能作为行李托运。

旅客的逾重行李在其所乘飞机载量允许的情况下,应与旅客同机运送。旅客应对逾重行李付逾重行李费,逾重行李费率以每千克按经济舱票价的 1.5%计算,金额以元为单位。

10. 小动物运输

小动物是指家庭饲养的猫、狗或其他小动物。小动物运输，应按下列规定办理：旅客必须在订座或购票时提出，并提供动物检疫证明，经承运人同意后方可托运。旅客应在乘机的当日，按承运人指定的时间，将小动物自行运到机场办理托运手续。装运小动物的容器应符合下列要求。

(1)能防止小动物破坏、逃逸和肢体伸出容器以外损伤旅客、行李或货物。

(2)保证空气流通，不致使小动物窒息。

(3)能防止粪便渗溢，以免污染飞机、机上设备及其他物品。旅客携带的小动物，除经承运人特许外，一律不能放在客舱内运输。小动物及其容器的重量应按逾重行李费的标准单独收费。

11.2.2 承运人的责任

1. 承运人对旅客的责任

《民用航空法》第一百二十四条规定："因发生在民用航空器上或者在旅客上、下民用航空器过程中的事件，造成旅客人身伤亡的，承运人应当承担责任；但是，旅客的人身伤亡完全是由于旅客本人的健康状况造成的，承运人不承担责任。"其含义如下。

(1)承运人承担责任的对象是旅客。

(2)承运人承担民事责任的范围仅限于旅客的人身伤亡，而不包括旅客精神上的伤害。

(3)承运人承担民事责任的前提是旅客人身伤亡是因发生在民用航空器上或在其上、下民用航空器过程中的事件造成的，且这一事件与旅客的人身伤亡存在着因果关系。

(4)承运人的责任期间是"在民用航空器上或者在旅客上、下民用航空器过程中"。凡在该期间以外造成旅客人身伤亡的，承运人不承担责任。

2. 承运人对旅客随身携带物品和托运行李的责任

《民用航空法》第一百二十五条规定："因发生在民用航空器上或者在旅客上、下民用航空器过程中的事件，造成旅客随身携带物品毁灭、遗失或者损坏的，承运人应当承担责任。因发生在航空运输期间的事件，造成旅客的托运行李毁灭、遗失或者损坏的，承运人应当承担责任。旅客随身携带物品或者托运行李的毁灭、遗失或者损坏完全是由于行李本身的自然属性、质量或者缺陷造成的，承运人不承担责任。"

因发生在航空运输期间的事件，造成货物毁灭、遗失或者损坏的，承运人应当承担责任；但是，承运人证明货物的毁灭、遗失或者损坏完全是由于下列原因之一造成的，不承担责任。

(1)货物本身的自然属性、质量或者缺陷。

(2)承运人或者其受雇人、代理人以外的人包装货物，货物包装不良。

(3)战争或者武装冲突。

(4)政府有关部门实施的与货物入境、出境或者过境有关的行为。

"航空运输期间"，是指在机场内、民用航空器上或者机场外降落的任何地点，托运行李、货物处于承运人掌管之下的全部期间。航空运输期间，不包括机场外的任何陆路运输、海上运输、内河运输过程。

3. 承运人对延误旅客、行李运输的责任

《民用航空法》第一百二十六条规定："旅客、行李或者货物在航空运输中因延误造成的损失，承运人应当承担责任；但是，承运人证明本人或者其受雇人、代理人为了避免损失的发生，已经采取一切必要措施或者不可能采取此种措施的，不承担责任。"

在运输中，若承运人不能证明延误是因天气条件、机械损坏等无法控制的原因造成的，或者不能证明承运人本人或其受雇人、代理人已尽应有的努力采取了一切合理的措施来确保航班的正点和准确到达终点，就应对因延误引起的下列损失承担责任：旅客在等待另一航班过程中所支付的特殊费用；旅客误乘下一经停地点航班的损失；旅行社购买另一航空公司机票而额外支出的票款。

4. 国内航空运输承运人的赔偿责任限额

承运人责任限额是指当航空运输过程中发生的旅客人身、财产损失数额没有超出法定责任限额时，承运人按实际损失赔偿旅客；当损失数额超过责任限额时，承运人仅在法定责任限额内承担赔偿责任，对法定限额以外的数额则不予赔偿。

根据《国内航空运输承运人赔偿责任限额规定》，承运人对每名旅客的赔偿责任限额为40万元人民币；对每名旅客随身携带物品的赔偿责任限额为人民币3000元；对每名旅客托运的行李和对运输的货物的赔偿责任限额，每公斤为人民币100元。

5. 国际航空运输承运人的赔偿责任限额

《民用航空法》第一百二十九条规定："国际航空运输承运人的赔偿责任限额按照下列规定执行：

(1)对每名旅客的赔偿责任限额为16600计算单位；但是，旅客可以同承运人书面约定高于本项规定的赔偿责任限额。

(2)对托运行李或者货物的赔偿责任限额，每公斤为17计算单位。

(3)对每名旅客随身携带的物品的赔偿责任限额为332计算单位。"

以上规定所称"计算单位"，是指国际货币基金组织规定的特别提款权；其人民币数额为法院判决之日、仲裁机构裁决之日或者当事人协议之日，按照国家外汇管理机关的国际货币基金组织的特别提款权对人民币的换算办法计算得出的人民币数额。

无论是在国内航空运输还是在国际航空运输中的赔偿责任限制，只要能够证明在航空运输中的损失是由于承运人的故意或者重大过失造成的，承运人就无权援用上述赔偿责任限制制度，即承运人不仅无权援用法定的赔偿责任限额，同时也无权援用约定的赔偿责任限额。在这种情况下，承运人将承担无限责任。

阅读案例 11-1

空难事故各国怎么赔偿？[①]

航空公司即使没错也要赔

《蒙特利尔公约》是 1999 年国际航协各成员航空公司签署的，是国际社会确立航空责任事故无限额赔偿原则的重要条约。《蒙特利尔公约》的优势在于：首先，覆盖范围广。当事人在管辖法院等方面可以有多种选择。其次，赔偿标准高。每五年根据实际情况调整一次，不管承运人有无过错，都必须对旅客的人身伤亡承担赔偿约 120 万元人民币。如果旅客的人身伤亡是承运人的过错造成的，即不是因为不可抗力等因素造成的，赔偿则无上限。再者，《蒙特利尔公约》有先付给部分赔偿金的规则，在一定程度上提前了获赔的时间。

此外，事故发生后承运人应当按照国内法规的要求，及时向索赔人先行付款，以应其经济需要。先行付款不构成对责任的承认，并可从随后的损害赔偿金中抵消。同时，在不同地方提起诉讼所得到的赔偿也会不一样，获赔数额是根据诉讼当地人的收入和生活水平决定的。

一般情况下，国内空难罹难者家属及受伤乘客获得的赔偿包括两部分：第一，承运人（航空公司）所承担的赔偿；第二，保险公司所承担的赔偿，即航空意外伤害险，简称航意险。对于航空公司所承担的赔偿，不管乘客有没有买保险，这份赔偿都是可以得到的。

2006 年 2 月，原中国民航总局发布《国内航空运输承运人赔偿责任限额规定》，将每名旅客的赔偿限额由 7 万元提高至 40 万元。

有中国当事人担心在国内索赔是否会受到中国民航总局出台过关于空难赔偿不超过 40 万元的标准限制，对此，中国航空法律服务中心首席专家律师张起淮律师表示，这种担心是多余的。张起淮律师表示，以上限额是在《中华人民共和国侵权责任法》出台之前的规定，2005 年，中国就已经批准了《蒙特利尔公约》，即使当事人在中国法院依据《蒙特利尔公约》起诉，也不会受到 40 万元赔偿限额的约束。若当事人及其亲属愿意，完全可以在国内提起诉讼。

对于购买了航意险的乘客来说，既可以得到航空公司所支付的赔偿金，还可以得到保险公司所支付的赔偿金。一般旅客不论年龄，均可自愿选择是否购买这份保险，每份保单的保险费为 20 元，保额 20 万元。同一投保人最多可以买 10 份，最高保险金额达 200 万元。旅客可以直接持保单到保险公司索赔。

如果乘客没有投保怎么办？对此，中国人民大学法学院教授张新宝说，"如果乘客没有投保，则主要是承运人的赔偿。"

[①] 资料来源：《空难事故各国怎么赔偿？》，搜狐网·资讯频道，http://roll.sohu.com/20130721/n382177276.shtml，网站最后访问日期：2013-07-21。经整理改编。

美国按照余生价值计算

在美国,空难赔偿遵循的一般原则是按受害者本人如果没有死伤,在一生中可能赚到的金额来赔付,即按照余生价值计算。

如果有证据证明航空公司出现了严重的失职,则遵循惩罚性赔偿原则,即超出甚至远远超出实际损失的赔偿金额,以防止以后发生同样的失职和错误。

日本赔偿金额无限

日本人命"值钱",根据日本的赔偿原则,对生命的赔偿金额无限。赔偿金额的计算,主要考虑受害者的受害程度,受害者的年龄、职业、正常收入情况,受害者的家庭负担及未来发展潜力等综合因素。也就是说,一个十多岁的少年,其所获之赔偿金可能高于一个五六十岁的成年人。

国内空难赔付案例

1999年上海空难除一名死者家属接受对方52.5万元的赔偿外,另外4位死者的家属通过法律途径,分别获得88万、88万、108万和111万元人民币,创下当时国内有关赔偿的一个纪录。

2000年武汉空难造成51人遇难,每人获得赔偿12.5万元。2002年大连空难112人遇难,每人获得赔偿18.4万~19.4万元。2004年包头空难造成55人遇难,每人获得赔偿21.1万元。

6. 承运人责任免除或者减轻的规定

《民用航空法》第一百二十七条规定:"在旅客、行李运输中,经承运人证明,损失是由索赔人的过错造成或者促成的,应当根据造成或者促成此种损失的过错的程度,相应免除或者减轻承运人的责任。旅客以外的其他人就旅客死亡或者受伤提出赔偿请求时,经承运人证明,死亡或者受伤是旅客本人的过错造成或者促成的,同样应当根据造成或者促成此种损失的过错的程度,相应免除或者减轻承运人的责任。

在货物运输中,经承运人证明,损失是由索赔人或者代行权利人的过错造成或者促成的,应当根据造成或者促成此种损失的过错的程度,相应免除或者减轻承运人的责任。"

11.3 铁路运输管理法规

国家规范铁路运输活动的法律主要是于1990年9月7日经第七届全国人民代表大会常务委员会十五次会议通过的《中华人民共和国铁路法》(以下简称《铁路法》),于1991年5月1日起施行。1997年12月1日起施行《铁路旅客运输规程》,进一步细化了《铁路法》关于铁路旅客运输的有关条款。2010年对《铁路旅客运输规程》的部分内容进行了修改,自2010年12月1日起实施新规程。

11.3.1 对铁路运输的要求

《铁路法》第十条规定:"铁路运输企业应当保证旅客和货物运输的安全,做到列车正点到达。"其具体要求如下。

(1) 必须保证旅客的乘车安全。铁路承运人在运送旅客过程中必须把旅客的生命财产安全放在首位,确保旅客列车的运行安全。

(2) 保证货物、行李的安全和完好。

(3) 保证列车安全正点到达目的地。

11.3.2 铁路运输合同

铁路运输合同是明确运输企业与旅客、托运人之间权利义务关系的协议。旅客车票、行李票、包裹票和货物运单是铁路运输合同或者合同的组成部分。铁路旅客运输合同的基本凭证是车票。铁路旅客运输合同从售出车票时起成立,至按票面规定运输结束旅客出站时止,为合同履行完毕。旅客运输的运送期间自检票进站起至到站出站时止计算。

《铁路法》第十二条规定:"铁路运输企业应当保证旅客按车票载明的日期、车次乘车,并到达目的站。因铁路运输企业的责任造成旅客不能按车票载明的日期、车次乘车的,铁路运输企业应当按照旅客的要求,退还全部票款或者安排改乘到达相同目的站的其他列车。"

11.3.3 铁路旅客运输规定

1. 售票与购票

车票应在承运人或销售代理人的售票处购买。在有运输能力的情况下,承运人或销售代理人应按购票人的要求发售车票。

承运人一般不接受儿童单独旅行(乘火车通学的学生和承运人同意在旅途中监护的除外)。随同成年人旅行的身高为 1.2~1.5 米的儿童,享受半价客票、加快票和空调票(以下简称儿童票);超过 1.5 米时应买全价票。每一名成人旅客可免费携带一名身高不足 1.2 米的儿童,超过一名时,超过的人数应买儿童票。儿童票的座别应与成人车票相同,其到站不得远于成人车票的到站。免费乘车的儿童单独使用卧铺时,应购买全价卧铺票,有空调时还应购买半价空调票。

在普通本、专科院校(含国家教育主管部门批准有学历教育资格的民办大学)、军事院校,中小学和中等专业学校、技工学校就读,没有工资收入的学生、研究生,家庭居住地和学校不在同一城市时,凭附有加盖院校公章的减价优待证的学生证(小学生凭书面证明),每年可享受家庭至院校(实习地点)之间四次单程半价硬座客票、加快票、空调票(以下简称学生票)。动车组列车只发售二等座车学生票,学生票为全价票的 75%。新生凭录取通知书、毕业生凭学校书面证明可买一次学生票。

中国人民解放军和中国人民武装警察部队因伤致残的军人(以下简称伤残军人)凭"革命伤残军人证",因公致残的人民警察凭"人民警察伤残抚恤证"享受半价的软座、硬座客票和附加票。

到站台上迎送旅客的人员应买站台票。站台票当日使用，一次有效。随同成人进站的身高不足 1.2 米的儿童及特殊情况经车站同意进站人员可不买站台票。

20 人以上乘车日期、车次、到站、座别相同的旅客可作为团体旅客，承运人应优先安排；如填发代用票，除代用票持票本人外，每人另发一张团体旅客证。

2. 乘车条件

旅客须按票面载明的日期、车次、席别乘车，并在票面规定有效期内到达到站。

持通票的旅客中转换乘时，应当办理中转签证手续。

持通票的旅客在乘车途中，通票有效期终了、要求继续乘车时，应自有效期终了站或最近前方停车站起，另行补票，核收手续费。定期票可按有效使用至到站。

对乘坐卧铺的旅客，列车可以收取车票并予集中保管。收取车票时，应当换发卧铺证；旅客下车前，凭卧铺证换回车票。

除特殊情况并经列车长同意的外，持低票价席别车票的旅客不能在高票价席别的车厢停留。

烈性传染病患者、精神病患者或健康状况危及他人安全的旅客，站、车可以不予运送；已购车票的按旅客退票的有关规定办理。

3. 变更

旅客不能按票面指定的日期、车次乘车时，应当在票面指定的日期、车次开车前办理一次提前或推迟乘车签证手续，特殊情况经站长同意可在开车后 2 小时内办理。持动车组列车车票的旅客改乘当日其他动车组列车时不受开车后 2 小时内限制。团体旅客不应晚于开车前 48 小时。

在车站售票预售期内且有运输能力的前提下，车站应予办理，收回原车票，换发新车票，并在新车票票面注明"始发改签"字样(特殊情况在开车后改签的注明"开车后改签不予退票"字样)；原车票已托运行李的，在新车票背面注明"原票已托运行李"字样并加盖站名戳。必要时，铁路运输企业可以临时调整改签办法。

旅客在发站办理改签时，改签后的车次票价高于原票价时，核收票价差额；改签后的车次票价低于原票价时，退还票价差额。

因承运人责任使旅客不能按票面记载的日期、车次、座别、铺位乘车时，站、车应重新妥善安排。重新安排的列车、座席、铺位高于原票等级时，超过部分票价不予补收。低于原票等级时，应退还票价差额，不收退票费。

持通票的旅客在中转站和列车上要求变更经路时，必须在通票有效期能够到达到站时方可办理。办理时原票价低于变径后的票价时，应补收新旧径路里程票价差额，核收手续费。原票价高于或等于变更后的径路票价时，持原票乘车有效，差额部分(包括列车等级不符的差额)不予退还。动车组列车车票不办理变更。

旅客在车票到站前要求越过到站继续乘车时，在有运输能力的情况下列车应予以办理。核收越站区间的票价和手续费。

4. 误售、误购、误乘、丢失车票的处理

发生车票误售、误购时，在发站应换发新票。在中途站、原票到站或列车内应补收票价时，换发代用票，补收票价差额。应退还票价时，站、车应编制客运记录交旅客，作为乘车至正当到站要求退还票价差额的凭证，并应以最方便的列车将旅客运送至正当到站，均不收取手续费或退票费。

因误售、误购或误乘需送回时，承运人应免费将旅客送回。在免费送回区间，旅客不得中途下车。如中途下车，对往返乘车区间补收票价，核收手续费。

由于误售、误购、误乘或坐过了站在原通票有效期不能到达到站时，应根据折返站至正当到站间的里程，重新计算通票有效期。

旅客丢失车票应另行购票。在列车上应自丢失站起(不能判明时从列车始发站起)补收票价，核收手续费。旅客补票后又找到原票时，列车长应编制客运记录交旅客，作为在到站出站前向到站要求退还后补票价的依据。退票核收退票费。

5. 不符合乘车条件的处理

有下列行为时，除按规定补票，核收手续费以外，铁路运输企业有权对其身份进行登记，并须加收已乘区间应补票价 50%的票款。

(1)无票乘车时，补收自乘车站(不能判明时自始发站)起至到站止车票票价。持失效车票乘车，按无票处理。

(2)持用伪造或涂改的车票乘车时，除按无票处理外，并送交公安部门处理。

(3)持站台票上车并在开车 20 分钟后仍不声明时，按无票处理。

(4)持用低等级的车票乘坐高等级列车、铺位、座席时，补收所乘区间的票价差额。

(5)旅客持半价票没有规定的减价凭证或不符合减价条件时，补收全价票价与半价票价的差额。

有下列情况时只补收票价，核收手续费。

(1)应买票而未买票的儿童，按《铁路旅客运输规程》补收票价。身高超过 1.5 米的儿童使用儿童票乘车时，应补收儿童票价与全价票价的差额。

(2)持站台票上车送客未下车但及时声明时，补收至前方下车站的票款。

(3)主动补票或者经站、车同意上车补票的。

下列情况只核收手续费，但已经使用至到站的除外。

(1)旅客在票面指定的日期、车次开车前乘车的，应补签。

(2)旅客所持车票日期、车次相符但未经车站剪口的，应补剪。

(3)持通票的旅客中转换乘应签证而未签证的，应补签。

6. 退票

旅客要求退票时，按下列规定办理，核收退票费：

(1)旅客退票必须在购票地车站或票面发站办理。

(2)在发站开车前，特殊情况也可以在开车后 2 小时内，退还全部票价。团体旅客必须在开车前48小时以前办理。

(3)旅客开始旅行后不能退票。但如因伤、病不能继续旅行时,经站、车证实,可退还已收票价与已乘区间票价差额。已乘区间不足起码里程时,按起码里程计算;同行人同样办理。

(4)退还带有"行"字戳迹的车票时,应先办理行李变更手续。

(5)因特殊情况经站长同意,在开车后2小时内改签的车票不退。

(6)站台票售出不退。

市郊票、定期票、定额票的退票办法由铁路运输企业自定。

因承运人责任致使旅客退票时按下列规定办理,不收退票费。

(1)在发站,退还全部票价。

(2)在中途站,退还已收票价与已乘区间票价差额,已乘区间不足起码里程时,退还全部票价。

(3)在到站,退还已收票价与已使用部分票价差额。未使用部分不足起码里程按起码里程计算。

(4)空调列车因空调设备故障在运行过程中不能修复时,应退还未使用区间的空调票价。

7. 携带品

旅客携带品由自己负责看管。每人免费携带品的重量和体积是:儿童(含免费儿童)10千克,外交人员35千克,其他旅客20千克。每件物品外部尺寸长、宽、高之和不超过160厘米,杆状物品不超过200厘米,但乘坐动车组列车不超过130厘米;重量不超过20千克。残疾人旅行时代步的折叠式轮椅可免费携带,并不计入上述范围。

下列物品不得带入车内。

(1)国家禁止或限制运输的物品。

(2)法律、法规、规章中规定的危险品、弹药和承运人不能判明性质的化工产品。

(3)动物及妨碍公共卫生(包括有恶臭等异味)的物品。

(4)能够损坏或污染车辆的物品。

(5)规格或重量超过免费携带品规定的物品。

8. 行李、包裹运输

铁路行李、包裹运输合同是指承运人与托运人、收货人之间明确行李、包裹运输权利义务关系的协议。行李、包裹运输合同的基本凭证是行李票、包裹票。

行李的范围如下。

(1)行李是指旅客自用的被褥、衣服、个人阅读的书籍、残疾人车和其他旅行必需品。

(2)行李中不得夹带货币、证券、珍贵文物、金银珠宝、档案材料等贵重物品和国家禁止、限制运输物品、危险品。

(3)行李每件的最大重量为50千克。体积以适于装入行李车为限,但最小不得小于0.01立方米。行李应随旅客所乘列车运送或提前运送。

旅客在乘车区间内凭有效客票每张可托运一次行李,残疾人车不限次数。

托运下列物品时，托运人应提供规定部门签发的运输证明。
(1)金银珠宝、珍贵文物、货币、证券、枪支。
(2)警犬和国家法律保护的动物。
(3)省级以上政府宣传用的非卖品。
(4)国家有关部门规定的免检物品。
(5)国家限制运输的物品。
(6)承运人认为应提供证明的其他物品。

托运动植物时，应有动植物检疫部门的检疫证明。

托运放射性物品、油样箱时，应按照国务院铁路主管部门的规定提出剂量证明书、油样箱使用证。

11.3.4 铁路旅客运输损害赔偿的规定

1. 适用范围

凡是在中华人民共和国境内的铁路旅客运输中发生的旅客人身伤亡及其自带行李损失，依照《铁路旅客运输损害赔偿规定》应当由铁路运输企业赔偿的，均可适用该规定。

上述"铁路旅客运输中"是指自旅客经剪票进站至到达终点出站时止。"旅客"是指持有效车票凭证乘车的人员以及按照国务院铁路主管部门有关规定免费乘车的儿童；此外，经铁路运输企业同意，根据铁路货物运输部门合同，随车护送货物的人，也被视为旅客。

2. 赔偿责任和免责范围

旅客身体损害赔偿金的最高限额为人民币 40000 元，随身携带品赔偿金的最高限额为人民币 800 元。经承运人证明事故是由承运人和旅客或托运人的共同过错所致，应根据各自过错的程度分别承担责任。

行李、包裹事故赔偿标准为：按保价运输办理的物品全部灭失时按实际损失赔偿，但最高不超过声明价格。部分损失时，按损失部分所占的比例赔偿。分件保价的物品按所灭失该件的实际损失赔偿，最高不超过该件的声明价格。

未按保价运输的物品按实际损失赔偿，但最高连同包装重量每千克不超过 15 元。如由于承运人故意或重大过失造成的，不受上述赔偿限额的限制，按实际损失赔偿。行李、包裹全部或部分灭失时，退还全部或部分运费。

因下列原因造成的旅客身体损害，承运人不承担责任。
(1)不可抗力。
(2)旅客自身健康原因造成的或者承运人证明伤亡是旅客故意、重大过失造成的。

因下列原因造成的行李、包裹损失，承运人不承担责任。
(1)不可抗力。
(2)物品本身的自然属性或合理损耗。
(3)包装方法或容器不良，从外部观察不能发现或无规定的安全标志时。
(4)托运人自己押运、带运的包裹(因铁路责任除外)。

(5)托运人、收货人违反铁路规章或其他自身的过错。

阅读案例 11-2

遭遇铁路事故,铁路运输企业应怎样赔偿①

2011年7月23日,D301次列车在甬温线永嘉至温州之间的高架桥上与D3115次列车发生追尾事故,造成多人死亡、受伤。彼时,铁路事故接连发生,铁路运输过程中造成人身伤害的案件屡见不鲜。以前,由于相关法律规定不详细甚至矛盾,导致铁路运输人身伤害案件的办理处在一种相对混乱的状态。主要原因是当事人之间承担责任的原则不明确,责任划分出现争议。2010年3月16日,最高人民法院《关于审理铁路运输人身损害赔偿纠纷案件适用法律若干问题的解释》(下称《解释》)的施行,为处理此类案件提供了新的依据。根据《解释》第十二条规定,"铁路旅客运送期间发生旅客人身损害,赔偿权利人要求铁路运输企业承担违约责任的,人民法院应当依照《中华人民共和国合同法》第二百九十条、第三百零一条、第三百零二条等规定,确定铁路运输企业是否承担责任及责任的大小;赔偿权利人要求铁路运输企业承担侵权赔偿责任的,人民法院应当依照有关侵权责任的法律规定,确定铁路运输企业是否承担赔偿责任及责任的大小"。就是说,铁路事故旅客作为运输合同的一方当事人和受到人身伤害的受害人是较为特殊的主体,他们既可以基于铁路运输合同对铁路运输企业提起违约之诉,又可以基于人身受到伤害的事实向铁路运输企业提起侵权之诉。此时,出现了铁路旅客在请求权上的竞合,当事人有权择一权利实现。需要强调的是,基于不同请求权的诉讼,铁路旅客权利实现的内容不尽相同,需要根据实际情形做有利取舍。

如果铁路旅客选择了违约之诉,就应依据合同法的相关规定实现权利。合同法第一百零七条规定,违约责任承担以严格责任为原则,也即铁路运输企业无论是否存在过错均需赔偿。铁路运输企业对人身损害承担严格责任是常态的责任承担方式,在特殊情形下才实行过错责任承担方式,一般指被害人存在过错的情形,也就是说,如果旅客人身损害系因自身重大过失造成,从保护自身利益角度讲,就不宜提起违约之诉,而应提起侵权之诉。

对于7月23日的动车追尾事故,人们最关心的还是赔偿数额的确定。最高人民法院《关于审理人身损害赔偿案件适用法律若干问题的解释》第二十九条规定:"死亡赔偿金按照受诉法院所在地上一年度城镇居民人均可支配收入或者农村居民人均纯收入标准,按二十年计算。"温州动车组事故中死亡人员的赔偿应该是当地居民上一年人均可支配收入的20倍,据报道,动车追尾事故签订的首份赔偿协议,每名遇难者的家属将获赔50万元。

随着铁路建设跨越式的发展,中国铁路进入高速时代。在享受高速所带来的变化与便利的同时,呼啸而过的列车所带来的安全问题也备受社会关注,加重铁路运输企业的社会责任不可避免。这种社会责任的加重体现在法律方面,就是要求铁路运输企业承担铁路运输人身损害赔偿责任越发严格。

---

①资料来源:王凯,《遭遇铁路事故,铁路运输企业应怎样赔偿?》,《检察日报》,2011-07-30,第03版法律生活。经整理编写。

11.4 旅游娱乐场所管理法律制度

为加强娱乐场所的管理，促进社会主义精神文明建设，国务院在1999年3月颁布了《娱乐场所管理条例》，并于2006年1月进行了修改，修改后的《娱乐场所管理条例》自2006年3月1日起施行。非娱乐场所经营单位兼营娱乐项目，应参照该条例执行。2010年6月10日，国家旅游局颁布了《旅游娱乐场所基础设施管理及服务规范》作为规范旅游娱乐场所的行业标准。

11.4.1 娱乐场所管理部门

县级以上人民政府文化主管部门负责对娱乐场所日常经营活动的监督管理；县级以上公安部门负责对娱乐场所消防、治安状况的监督管理。

国家机关及其工作人员不得开办娱乐场所，不得参与或者变相参与娱乐场所的经营活动。与文化主管部门、公安部门的工作人员有夫妻关系、直系血亲关系、三代以内旁系血亲关系以及近姻亲关系的亲属，不得开办娱乐场所，不得参与或者变相参与娱乐场所的经营活动。

11.4.2 娱乐场所的设立

1. 设立娱乐场所经营单位应具备的条件

(1)有单位名称、住所、组织机构和章程。
(2)有确定的经营范围和娱乐项目。
(3)有与其提供的娱乐项目相适应的场地和器材设备。
(4)娱乐场所的安全、消防设施和卫生条件符合国家规定的标准。

2. 娱乐场所的禁设地

(1)居民楼、博物馆、图书馆和被核定为文物保护单位的建筑物内。
(2)居民住宅区和学校、医院、机关周围。
(3)车站、机场等人群密集的场所。
(4)建筑物地下一层以下。
(5)与危险化学品仓库毗连的区域。

3. 设立娱乐场所的人员要求

有下列情形之一的人员，不得开办娱乐场所或者在娱乐场所内从业。
(1)曾犯有组织、强迫、引诱、容留、介绍卖淫罪，制作、贩卖、传播淫秽物品罪，走私、贩卖、运输、制造毒品罪，强奸罪，强制猥亵、侮辱妇女罪，赌博罪，洗钱罪，组织、领导、参加黑社会性质组织罪的。
(2)因犯罪曾被剥夺政治权利的。
(3)因吸食、注射毒品曾被强制戒毒的。

(4)因卖淫、嫖娼曾被处以行政拘留的。

4. 娱乐场所设立的程序

设立娱乐场所,应当向所在地县级人民政府文化主管部门提出申请;设立中外合资经营、中外合作经营的娱乐场所,应当向所在地省、自治区、直辖市人民政府文化主管部门提出申请。

申请设立娱乐场所,应当提交投资人员、拟任法定代表人和其他负责人没有违法、犯罪活动的书面声明。申请人应当对书面声明内容的真实性负责。

受理申请的文化主管部门应当就书面声明向公安部门或者其他有关单位核查,公安部门或者其他有关单位应当予以配合;经核查属实的,文化主管部门应当对娱乐场所的设立地点和使用面积进行实地检查,做出决定。予以批准的,颁发娱乐经营许可证,并根据国务院文化主管部门的规定核定娱乐场所容纳的消费者数量;不予批准的,应当书面通知申请人并说明理由。

有关法律、行政法规规定需要办理消防、卫生、环境保护等审批手续的,从其规定。

文化主管部门审批娱乐场所应当举行听证。有关听证的程序,依照《中华人民共和国行政许可法》的规定执行。

申请人取得娱乐经营许可证和有关消防、卫生、环境保护的批准文件后,方可到工商行政管理部门依法办理登记手续,领取营业执照。

娱乐场所取得营业执照后,应当在15日内向所在地县级公安部门备案。

11.4.3 娱乐场所经营管理规定

(1)任何单位未经文化行政主管部门、公安机关、卫生行政管理部门审核合格,并领取营业执照,不得从事娱乐场所经营活动;娱乐场所经营单位不得涂改、转借、出租营业执照,不得将娱乐场所转包他人经营。

(2)娱乐场所提供的各种娱乐服务项目等的收费,必须明码标价。

(3)游艺娱乐场所不得设置使用有赌博功能的电子游戏机机型等。

(4)歌舞娱乐场所不得接待未成年人。

(5)娱乐场所从业人员在营业时间内,应统一着装并佩戴工作标志。

(6)歌舞娱乐场所聘请文艺表演团或个人从事营业性演出的,应当符合国家有关营业性演出管理的规定。

(7)国家禁止娱乐场所内的娱乐活动含有下列内容。

①违反宪法确定的基本原则的。

②危害国家统一、主权或者领土完整的。

③危害国家安全,或者损害国家荣誉、利益的。

④煽动民族仇恨、民族歧视,伤害民族感情或者侵害民族风俗、习惯,破坏民族团结的。

⑤违反国家宗教政策,宣扬邪教、迷信的。

⑥宣扬淫秽、赌博、暴力以及与毒品有关的违法犯罪活动,或者教唆犯罪的。

⑦违背社会公德或者民族优秀文化传统的。
⑧侮辱、诽谤他人，侵害他人合法权益的。
⑨法律、行政法规禁止的其他内容。

(8)娱乐场所及其从业人员不得实施下列行为，不得为进入娱乐场所的人员实施下列行为提供条件。
①贩卖、提供毒品，或者组织、强迫、教唆、引诱、欺骗、容留他人吸食、注射毒品。
②组织、强迫、引诱、容留、介绍他人卖淫、嫖娼。
③制作、贩卖、传播淫秽物品。
④提供或者从事以盈利为目的的陪侍。
⑤赌博。
⑥从事邪教、迷信活动。
⑦其他违法犯罪行为。

11.4.4 娱乐场所治安管理规定

1. 娱乐场所的安全保障及要求

(1)娱乐场所经营单位应当建立健全各项安全制度，按照国家有关规定，配备保安人员。保安人员必须经县级以上地方人民政府公安机关培训；经培训并取得资格证书的方可上岗。

(2)娱乐场所的从业人员应当持有居民身份证。其中，外地务工人员还应当持有暂住证和务工证明。外国人及其境外人员在娱乐场所就业的，应当按照国家有关规定，取得外国人就业许可证书。

2. 对从业人员及进入娱乐场所的人员的要求

(1)凡发现在娱乐场所实施违禁行为的，必须予以制止，并立即向当地公安机关报告。
(2)任何人不得在娱乐场所内打架斗殴、酗酒、滋事，不得调戏、侮辱妇女，不得进行扰乱娱乐场所正常经营秩序的活动。
(3)任何人不得非法携带枪支、弹药、管制刀具和爆炸性、易燃性、放射性、毒害性、腐蚀性物品进入娱乐场所。
(4)娱乐场所设置包厢、包间，应当安装展现室内整体、环境的透明门窗，并不得有内锁装置。
(5)娱乐场所经营单位，应当加强防火措施，保证消防设施的正常使用。
(6)歌舞娱乐场所容纳的消费者不得超过核定人数。

11.4.5 旅游娱乐场所基础设施管理及服务规范

1. 设施的基本配置要求

1)通用要求
(1)旅游娱乐场所配置的所有设施、设备应符合国家有关规定及已颁布的国家标准和行业标准的规定。

(2)下列特种设备应具有安全技术规范要求的设计文件、产品质量合格证明、安装及使用维修说明、监督检验证明等文件。特种设备的显著位置上应有登记标志。

①锅炉。

②压力容器。

③压力管道。

④电梯。

⑤起重机械。

⑥客运索道。

⑦大型游乐设施。

2)设施的运营要求

(1)设施的运营应保证不污染周边的环境和卫生,不破坏旅游资源。

(2)设施的运营应符合娱乐设施运营的要求。

(3)旅游娱乐场所提供的娱乐服务项目,应当明码标价。

(4)所有娱乐设施、设备应在明显位置配备使用说明标示牌,并在提供服务之前以广播形式介绍使用安全注意事项。

(5)为旅游者提供娱乐用的设施、设备在每日使用前应进行例行检查,并做记录。特种设备还应进行试运行。

(6)具有危险隐患的设施周围应设置安全栅栏,安全栅栏的尺寸规格按《游乐设施安全规范》(GB 8408—2008)中第 7.8.1 条的规定执行。

(7)设施、设备的操作、管理和维修人员应经考试合格后持证上岗。

(8)当遇天气恶劣、设备发生故障或停电等紧急情况或有可能发生上述情况时,应停止运营。

2. 服务管理要求

1)服务岗位要求

(1)应对各服务岗位制定服务规范及明确的岗位职责和服务内容。

(2)有特殊要求或安全要求的服务岗位,如特种设备服务岗位、水上娱乐服务岗位等,应制定符合相应国家标准或行业标准要求的岗位服务规范和岗位安全责任制度,配备专职的安全管理。

(3)客服中心岗位服务规范应包括为老、弱、病、残、孕、抱婴者、失散游客及团队预约等制定的特殊服务规定。

(4)应建立上岗培训制度,有特殊要求的岗位应由具有专业资格的培训机构进行上岗前培训。

2)服务人员要求

(1)服务人员应遵守旅游职业道德和岗位规范,礼貌待人,维护旅游者的合法权利。

(2)服务人员应掌握本岗位所需的专业知识,按国家相关规定持证后方可上岗。

(3)特殊岗位的服务人员应满足相关国家标准、行业标准和地方标准的要求。

(4)服务人员发现事故隐患或者不安全因素,应当立即向现场安全管理人员和单位有关负责人报告。

(5)服务人员应熟练掌握本岗位有关应急安全处理方法。

(6)服务人员应身体健康,无职业禁忌症,应持有效的健康体检证明后方可上岗服务。

(7)营业期间服务人员应着统一的工作制服,佩戴工作标志。

(8)服务人员应会讲流利的普通话,吐字清晰,普通话达标率100%。

(9)接待海外旅游者的服务人员应能用相应的外语为海外旅游者服务。

(10)服务人员应主动、具体、翔实地介绍服务内容和服务价格,并主动为老、弱、病、残、孕和抱婴者提供特殊服务。

(11)提倡微笑服务,使用礼貌用语。

(12)服务人员应尊重旅游者的道德信仰与风俗习惯,满足不同民族人员的合理需求。

(13)对旅游者提出的问题暂时不能回答的或暂时无法解决的,应记录并事后跟进。

(14)设施、设备服务人员应时刻观察旅游者的动态,指导旅游者安全娱乐。

(15)各出入口服务人员应具有接待和疏通旅游者的能力,在高峰期间,协助门岗工作,确保出入口畅通无阻。

(16)发现旅游者遗失物品,应及时上缴有关部门以方便归还失主。

(17)当发生突发事件时,应立即报告,并按职责采取有效措施,减少损失。

3. 安全管理机构要求

1)安全管理机构

(1)旅游娱乐场所应设置安全管理机构,负责建立安全管理制度,组织落实各项安全措施,进行安全检查、监督和培训。

(2)旅游娱乐场所应设置独立的应急管理机构,履行值守应急、信息汇总和综合协调职责,并负责现场的应急处置工作。

(3)应急管理机构视实际需要聘请有关专家组成专家组,为应急管理提供决策建议,必要时参加突发事件的应急处置工作。

(4)管理机构的中高层人员应具有五年以上从事旅游相关工作的经验,熟悉行业法律、法规及相关的管理规定,具备相关的专业知识。

2)治安管理

(1)旅游娱乐场所除应符合相关部门的规定外,还应配备安全保卫人员,负责安全巡查,维护场所秩序,制止治安纠纷。

(2)举办大型旅游娱乐活动,承办者应在活动举办日的 20 日前向公安机关提出安全许可申请。承办者应制定安全工作方案,并上报当地公安机关。安全工作方案包括下列内容。

①活动的时间、地点、内容及组织方式。

②安全工作人员的数量、任务分配和识别标志。

③活动场所消防安全措施。

④活动场所可容纳的人员数量以及活动预计参加人数。

⑤治安缓冲区域的设定及其标志。

⑥入场人员的票证查验和安全检查措施。

⑦车辆停放、疏导措施。
⑧现场秩序维护、疏导措施。
⑨应急救援预案。

(3)旅游娱乐场不应销售有可能伤害旅游者的带有刃器的商品,如刀具类商品,包括仿真商品。

3)消防管理

(1)应建立消防安全管理制度,并符合国家有关消防管理的规定和相应的国家标准。

(2)对于露天场所的消防安全,应制定适合本企业的消防安全标准,报上级主管部门备案。

(3)保持消防通道畅通,并在有火灾隐患的地点附近配置相适应的消防器材。

(4)应开展全员消防教育,定期组织所属员工进行消防培训和应急演练。根据需要建立自身的专业消防队或由职工组成义务消防队。

4)设施、设备管理

(1)旅游娱乐场所应建立设施、设备的使用、管理和维护制度,包括安全分析、安全评估和安全控制。

(2)应根据设施、设备的执行标准制定有关的操作运行规范和安全检查规范,建立设施、设备的管理档案。

(3)属于特种设备的应建立健全特种设备安全管理制度,单独设立安全技术档案。按安全技术规范向特种设备检验检测机构提出定期检验要求。至少每月进行一次自行检查。当出现故障或者发生异常情况时,应当对其进行全面检查,消除事故隐患。

(4)应保证举办大型旅游娱乐活动时,场所外围及场所内部不断电。

5)食品安全管理

(1)场所内销售的预包装食品应获得食品生产许可证,其销售包装上印有食品质量安全QS标志。

(2)餐饮服务应符合国家食品卫生管理规定,并达到相关国家标准和行业标准的要求。餐饮环境整洁,并应配备消毒设施,使用一次性环保餐具。

6)交通安全管理

(1)应按照场所经营面积设置合理的疏散通道、安全出口和救护车专用通道,并保证营业期间进出便捷、畅通无阻。

(2)所有通道应在醒目位置设置清晰的指示标志,标志内容和形式应符合《道路交通标志和标线》(GB 5768—2009)的要求。

(3)对需要配备交通设施的旅游娱乐场所,其交通工具应安全可靠,符合《非公路用旅游观光车通用技术条件》(GB/T 21268—2014)的要求;其交通路面应符合交通工具及道路交通的要求,并与景观艺术、人文及生态环境要求相适应。

(4)场所内应实行机动车礼让行人的人性化安全交通制度。

7)突发事件管理

(1)旅游娱乐场所须制定应对各类突发事件的应急预案,并与当地相关部门和政府的预案紧密衔接。

(2)应急预案应具体规定突发事件应急管理工作的组织指挥体系与职责,突发事件的预防与预警机制、处置程序、应急保障措施,以及事后恢复与重建措施等内容。

(3)应急预案应根据实际情况变化不断补充和完善。

(4)在大型旅游娱乐活动举办过程中发生公共安全事故、治安案件的,安全责任人应立即启动应急预案并报告公安机关。

(5)应针对各种可能发生的突发事件,建立预测预警系统,开展风险分析,做到早发现、早报告、早处置。

实例分析 11—1

孩子在游乐园游玩受伤,责任应该由谁来承担[①]

暑假游玩,孩子意外受伤致残

浩浩(化名)今年10岁,是一名小学生,家住郑州市淮河路某小区。2012年7月8日下午,已经放暑假的浩浩在妈妈崔女士的陪同下,持消费卡到淮河路与郑密路交叉口向北约100米的一处健康乐园游玩。

因为充气床上不让家长陪同,崔女士便坐在一边,和其他孩子的家长聊天。突然,浩浩的一声惨叫打断了崔女士的闲聊。由于当时充气床上孩子较多,浩浩在玩耍过程中不慎摔倒,弄伤了自己的左臂。

"孩子当时直喊疼,左胳膊肘有些肿,已经不能动弹了,我赶紧带他去了医院。"崔女士说孩子受伤后,她心急如焚,已经顾不上找游乐园的人理论,就赶紧带着孩子来到附近的河南省电力医院治疗。

经过河南省电力医院和郑州市骨科医院前后两次诊断,浩浩"1. 左肱骨踝上骨折;2. 左桡神经损伤。"为了治疗,医院对浩浩进行了3支钢钉内固定手术,并告知家长,根据病情,浩浩以后还需要功能训练和第二次手术治疗。

本来是想带孩子开心游玩的,却不料发生意外,孩子受伤严重。经过向法院申请司法鉴定,浩浩的伤情已经构成七级伤残。

责任三七开,家长与游乐场所负责人应共尽安全义务

提起这件事,崔女士直掉眼泪,她认为事故的原因是该处游乐设施存在安全隐患,而所有人并未张贴安全警告、警示牌及采取安全措施,未尽到合理限度范围内的安全保障义务,孩子受伤,游乐设施的所有人负有不可推卸的责任。

由于与对方协商赔偿不成,崔女士代表浩浩将该处游乐园的所有人贺先生起诉到了郑州市中原区人民法院,要求对方赔偿医疗费、护理费、残疾赔偿金等共计69755元。面对高额索赔,贺先生觉得自己有些冤枉,他说事发时崔女士并没有将情况告知自己便带着孩

[①] 资料来源:王新、陈若愚,《暑期孩子游玩受伤,家长和游乐场所负责人应共尽安全义务》,郑州市中原区人民法院网站,http://zzzyfy.hncourt.org/public/detail.php?id=663,网站最后访问日期:2013-07-03。经整理改编。

子去了医院，因此孩子受伤可能并非在游乐园内造成；且浩浩是未成年人，其受伤是崔女士未尽到监护责任所致，后果也应该由监护人承担。

分析：

针对双方的分歧，法院经过调查审理认为，根据我国《侵权责任法》第三十七条的规定，宾馆、商场、银行、车站、娱乐场所等公共场所的管理人或者群众性活动的组织者，未尽到安全保障义务，造成他人损害的，应当承担侵权责任。

本案中，浩浩持贺先生的消费卡到其游乐场有偿游玩消费，贺先生即应给浩浩提供有安全保障的服务，但由于贺先生没有尽到相应的安全维护责任，致使浩浩在充气床上受伤，且贺先生并无证据证实其告知过浩浩在充气床上玩耍的方法及注意事项，疏于管理，未尽到安全保障义务，因此，贺先生应当承担侵权责任。

鉴于事发时浩浩系无民事行为能力人，其监护人崔女士对于消费卡上注明的注意事项应为明知，却未尽到监护职责，亦应承担一定责任。

最终法院认定，贺先生承担 70%的赔偿责任，余下部分由浩浩的监护人承担。7 月 2 日，法院判决，贺先生赔偿浩浩各项经济损失 47848.5 元；驳回浩浩过高部分的诉讼请求。

本章小结

本章要求准确理解旅游交通的概念、种类及特点。掌握旅客航空运输管理规定，旅客铁路运输管理规定，违反旅游交通法规的法律责任。了解娱乐管理法律制度，掌握旅游娱乐场所管理规定。

现代旅游交通的产生是工业革命的直接产物。1769 年瓦特发明的蒸汽机很快被运用到制造轮船、火车等交通工具上。1804 年，英国的特利维西克制造了世界上第一台蒸汽机车；1807 年，美国的富尔顿发明了世界上第一艘蒸汽机船；1825 年，英国的斯蒂芬森建造了世界上第一条铁路；1903 年美国的莱特兄弟试制成功世界上第一架飞机。民用交通运输业开始了新的发展时期，旅游交通亦进入现代发展时期，极大地促进和推动了现代旅游活动与旅游业发展。

旅游娱乐活动的对象是旅游者，与大众化群众性文化娱乐活动相比，具有以下几个特征：更强调具有民族特色和地方特色，使旅游者耳目一新；强调欢快、热闹、幽默，为大多数人喜闻乐见；强调参与性；时间不宜过长(时间太长会影响旅游者的休息，因而要求组织安排旅游娱乐节目时，必须使节目浓缩再浓缩)；强调对不同旅游者安排不同娱乐节目(旅游者来自不同地区和民族，有着不同的旅游偏好，因此必须深入进行研究，要求旅游娱乐活动的安排更有针对性)；强调旅游娱乐活动项目常变常新；强调高雅文化与民俗文化的结合，在满足大多数人要求的同时，反映出时代特征；强调寓教于乐，使游人在观赏、休憩、娱乐的同时，了解旅游目的地的历史文化、风土人情和科技知识，受到社会文明的熏陶；等等。

关键术语

1. **旅游交通运输**：是指旅游业经营者借助于飞机、火车、各类汽车、轮船等交通运输工具和机场、车站、港口、码头等各项交通运输设施，从事运送包括旅游者在内的旅客及其行李的社会生产活动。从狭义的角度来说，旅游交通运输主要指交通运输中的旅客运输，包括航空旅客运输、铁路旅客运输、公路旅客运输、水路旅客运输等方式。

2. **旅游交通运输合同**：是指规定旅客与承运人之间相互权利义务关系的书面协议。

3. **国内航空运输**：是指根据当事人订立的航空运输合同，运输的出发地点、约定的经停地点和目的地点均在中华人民共和国境内的运输。

4. **国际航空运输**：是指根据当事人订立的航空运输合同，无论运输有无间断或者有无转运，运输的出发地点、约定的经停地点和目的地点之一不在中华人民共和国境内的运输。

5. **旅客运输凭证**：即客票，《民用航空法》第一百零九条规定："承运人运送旅客，应当出具客票。旅客乘坐民用航空器，应当交验有效客票。"客票自旅行开始之日起，一年内运输有效。如果客票全部未使用，则从填开客票之日起，一年内运输有效。

6. **行李运输凭证**：即行李票，行李包括旅客托运行李和旅客自带行李。承运人载运托运行李时，行李票可以包含在客票之内或者与客票相结合。

7. **航空货运单**：是航空货物运输合同订立和运输条件以及承运人接受货物的初步证据。承运人有权要求托运人填写航空货运单，托运人有权要求承运人接受该航空货运单。

8. **旅游娱乐场所管理法律制度**：国务院在1999年3月颁布了《娱乐场所管理条例》，并于2006年1月进行了修改，修改后的《娱乐场所管理条例》自2006年3月1日起施行。非娱乐场所经营单位兼营娱乐项目，应参照该条例执行。2010年6月10日国家旅游局颁布了《旅游娱乐场所基础设施管理及服务规范》作为规范旅游娱乐场所的行业标准。

章前案例解析

【分析】

法院认为，从查明的事实看，被告已在其出具给原告的"航空运输电子客票行程单"右下角标注了提示文字："请旅客乘机前认真阅读《旅客须知》及承运人的运输总条件内容"，右上方标注了"不得转签、不得更改"字样。在被告官方网站上公布的《旅客须知》有"国内航班将在起飞前90分钟开始办理乘机手续，起飞前30分钟停止办理"的内容，故认定被告已对乘客做出了必要提示。

对原告来说，乘飞机外出旅行在目前已成大众化出行方式，因此，乘飞机旅行须提前到机场办理登记手续已属生活常识，原告理应知晓。至于该提前多长时间，被告已做相关提示，原告有义务主动了解。且第三人出具给原告的《出团通知书》和旅游线路行程信息表，已将至少提前90分钟到机场办理登记手续及机票不得签转、更改、退票等提示内容做了告知，而原告没有关注或引起足够重视，以致到达机场柜台时已少于起飞前半小时而无法办理登机手续，显然误机的过错在于自己，由此造成的后果应由原告自行承担。

综上所述，原告误机系自身原因而造成，被告和第三人并没有违约行为，原告诉讼请求法院不予支持。

【点评】

旅客误机可能是由于航空公司的原因造成，可能是由于旅客自身的原因造成，也可能是由于第三人的原因造成，对于误机的原因要具体问题具体分析，每种原因所引起的法律责任是不同的。

复习思考题

一、选择题

1. 革命伤残军人和因公致残的人民警察凭《革命伤残军人证》和《人民警察伤残抚恤证》，按照同一航班成人票价的(　　)购票。
   A. 30%　　　　B. 50%　　　　C. 70%　　　　D. 90%
2. 在航空运输中，(　　)在自愿退票时可以免收退票费。
   A. 学生　　　　B. 婴儿　　　　C. 危重病人　　　　D. 团体旅客
3. 在铁路运输中，团体旅客要求退票，必须在开车前(　　)小时以前办理。
   A. 8　　　　B. 12　　　　C. 24　　　　D. 48
4. (　　)可以设立娱乐场所。
   A. 居民楼　　　　B. 博物馆　　　　C. 学校　　　　D. 商场

二、判断题(对的打"√"，错的打"×")

1. 旅游交通运输合同是由交通运输经营者与旅客共同协商拟定的。(　　)
2. 通常情况下，承运人不得无故拒绝旅客乘运的要求，但是旅客及其行李物品如果违反了有关旅游交通法规的规定，承运人可以拒绝其乘运，甚至可以驱逐旅客。(　　)
3. 国际航空运输，是指根据当事人订立的航空运输合同，运输的出发地点、约定的经停地点和目的地点必须都在中华人民共和国境内的运输。(　　)
4. 铁路旅客运输中，随同成年人旅行身高1.0～1.5米的儿童，可享受半价客票。(　　)
5. 依据我国法律规定，国家机关及其工作人员不得开办娱乐场所，不得参与或者变相参与娱乐场所的经营活动。(　　)

三、名词解释

1. 旅游交通运输合同
2. 旅客运输凭证
3. 行李运输凭证

四、简答题

1. 公共航空运输有哪些禁运规定？
2. 《中华人民共和国铁路法》对铁路运输有哪些具体要求？
3. 设立娱乐场所，经营单位应当符合哪些条件？设立的程序是怎样的？

五、案例分析

1. 旅客心脏病发作，是否应由航空公司负责？

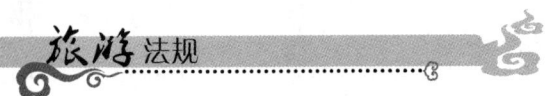

  2012年12月1日正午，GS6507航班起飞20分钟后，飞机在空中遭遇强气流引发颠簸，正当客舱广播告知旅客系好安全带时，客舱连续响起紧急呼唤铃。乘务员上前询问，得知14A座的旅客心脏病突然发作。乘务长闻讯急速赶到，经观察，该旅客面色异常，呼吸急促而意识模糊，是心脏病突发的典型症状，如不采取救治，情况将十分危急。乘务长立即将情况向驾驶舱汇报，经咨询患者的陪同医生，得知该旅客姓楚，年近60岁，有心脏病史。在征询机长意见后，乘务长与医生立即为病人紧急供氧。而驾驶舱内，机长已经做好紧急备降预案。乘务人员取出氧气瓶，放平座椅，在医生的帮助下对患者进行吸氧急救，同时安抚其他旅客情绪，确保客舱平静。所幸，吸氧5分钟后，患者意识逐渐恢复，而飞机此时也飞过气流区，平稳前行。约10分钟后，患者的气色明显好转，所有人都松了一口气。此后旅客一直状态正常，最终安然无恙地抵达目的地济南。

（资料来源：向海兵，《高空遇气流乘客发心脏病　天航急救转危为安》，民航资源网，http://news.carnoc.com/list/238/238895.html，2012年12月6日。经改动整理。）

  问题：在本案中，旅客心脏病发作是否应由航空公司负责？旅客航空运输中的免责条款是什么？

  2. 旅客财物被抢，是否应由铁路承运人负责？

  2002年10月3日，魏某的丈夫因病去世。10月6日，魏某率子女等人持票乘L202次列车送丈夫的骨灰回老家。当晚20时许，L202次列车从河南焦作车站开出后，魏某向乘警报案称，列车在焦作停车时，一名歹徒扒上车窗盗抢旅客行李物品，抢走原告灰色双肩背包(内装骨灰)及上衣3件、现金250元。案件一直悬而未破。2006年2月，魏某及子女将西安铁路局、郑州铁路局、哈尔滨铁路局一并告上法庭，请求三被告赔偿原告被抢的衣物损失、原告为寻找亲人骨灰所花的费用以及精神损害赔偿金共计9.4万余元。

（资料来源：朱云峰，《坐火车丢失亲人骨灰》，中国法院网，http://old.chinacourt.org/html/article/200708/24/261530.shtml，2007年8月24日。经改动整理。）

  问题：法院是否会支持魏某的诉讼请求？为什么？

  六、实际操作训练

游乐园玩蹦床，孩子撞伤脸

  2014年2月7日中午11点左右，5岁的贝贝在外公陪伴下来到"嬉东嬉西"乐园游玩。"贝贝在乐园里转了一圈后，最后在角落里的蹦床上玩了起来。"贝贝的外公说，玩了没多久，他就看到贝贝突然从蹦床上弹起，脸撞在了一侧的防护网上，继而迅速撞在了网外的墙面上。这一刻，他才发现这侧的防护网竟离墙面如此之近，以至于丝毫起不到防护的作用。而贝贝则当场鼻子撞出了血，右脸也肿了一大片，痛得号啕大哭。

  事发当时，该乐园内唯一的一个工作人员也没能帮他们进行紧急救助处理，最后只能由贝贝家人尽快送贝贝去医院进行了医治。贝贝的父亲余先生随后赶到了乐园，并通过电话与乐园负责人取得过一次联系，对方当时听说发生了这样的事，只是让余先生带孩子去医院，之后就连电话也不接了。到昨天为止，贝贝受伤已过去4天了，但脸上的淤青依然还在,而"嬉东嬉西"乐园的负责人却始终没有露面,甚至没有任何音信。

事发后,在"嬉东嬉西"乐园内,依然有不少家长带着孩子在此玩耍。角落里贝贝游玩时曾经撞墙的蹦床四周,没有任何危险提示,不时有孩童在蹦床上用劲往上蹦跳。而在该乐园的进口处,一位收费人员,也是该乐园内唯一的一位工作人员正自顾自忙活着,没有对孩童及其家长给予任何安全警示或提醒。

仔细观察四周的防护网可以发现,靠近墙根转角的两侧防护网中,其中一侧距离墙面仅几厘米,几乎就是贴着墙面设置的,而另一侧距离稍远的,也不过20厘米左右。

显然,由于防护网贴墙如此之近,孩童在靠近这侧防护网的平台上奔跑时,一旦滑倒或者摔跤,防护网势必无法发挥缓冲、防护的作用。

"家长可以陪孩子一起到里面玩的,这么多孩子,我们可管不过来。"该乐园工作人员表示。而对于乐园是否有合法的工商营业执照,乐园内此前发生的孩童玩蹦床撞墙事故,以及防护网存在的安全隐患问题,该工作人员则三缄其口。

(资料来源:吴震宁,《游乐园玩蹦床,孩子撞伤脸》,宁波晚报(数字版),2014年2月12日,A06版。经整理改动。)

训练项目:

(1)根据有关法律、法规,本案中的乐园对于孩子摔伤是否应该承担法律责任?应该承担哪些法律责任?

(2)综合所学旅游法规知识,讨论对于旅游娱乐场所的设施和服务管理方面有哪些要求。

第12章 旅游纠纷的解决

学习目标

知识目标	技能目标
①了解旅游纠纷解决的适用法律	①掌握旅游纠纷的概念
②了解旅游纠纷的基本类型	②掌握旅游纠纷的仲裁与诉讼的法律构成要件
③了解旅游纠纷协商与调解的优越性	③熟悉旅游纠纷的仲裁与诉讼的法律效力
④理解旅游纠纷仲裁与诉讼的适用情境	④熟悉旅游纠纷的管辖权属
⑤了解旅游投诉的特征与处理机构	⑤掌握旅游投诉的受理及处理

知识结构

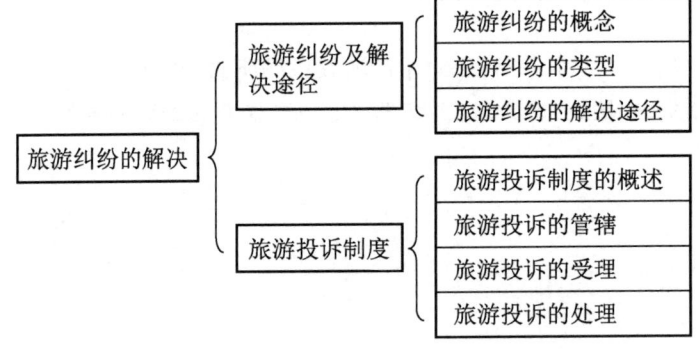

第12章　旅游纠纷的解决

导入案例

低价团费为饵，钓的就是你[①]

2012年1月29日，某女士致电旅游服务热线12301，反映其夫妇二人参加了广东省的某旅行社组织的"海南4天3夜游"，当行程至海南兴隆时，地陪坚持要求每人必须参加400元以上的自费项目才能入住酒店。夫妇二人在与地陪交涉未果的情况下，做出让步，决定让其丈夫参加，该女士自己不参加，但地陪仍然不同意。该女士遂请求12301的客服人员协助解决。随后，客服人员向地陪和旅行社了解情况：地陪表示游客团费较低，不能维持成本，只能按公司要求做；旅行社表示会解决好。半小时后，该女士回电表示旅行社同意其丈夫一人参加自费项目(530元)就可以让他们入住酒店，夫妇二人认为基本能接受，遂表示不再投诉。但1月31日早上，该女士再次致电12301继续投诉，称其发现同团的其他游客并没交自费项目就可以入住酒店，且当晚其丈夫不忍心妻子在外等候，交了两人的自费项目费用一共800多元，该女士要求旅行社退回所交的自费项目费用，并道歉。

问题引入：依据相关法律规定，该女士的投诉请求是否合理？当地旅游质监部门是否需要受理本次投诉？

旅游活动因其参与者的大众性、地域的广泛性、内容的多样性及利益的多元性等因素，其间难免会发生旅游纠纷。通常，需要处理旅游纠纷之时，实质就是有权利需要救济之时。寻求有效的解决旅游纠纷的方法和途径，规范旅游纠纷的解决标准，不仅有利于维护旅游者和旅游经营者的合法权益，更对营造和谐的旅游环境、促进旅游业的健康发展有重要意义。

12.1　旅游纠纷及解决途径

旅游纠纷所涉行业广泛，既可以涉及食、住、行、游、购、娱等传统旅游行业，也可能涉及工业、农业、制造业、服务业和各行政管理机关等，因此解决旅游纠纷可能涉及的法律、法规也很多。一般性适用法律，诸如《中华人民共和国民法通则》《中华人民共和国民事诉讼法》《中华人民共和国行政诉讼法》《中华人民共和国合同法》《中华人民共和国仲裁法》《中华人民共和国消费者权益保护法》(初自1994年1月1日起施行，第二次修订于2014年3月15日起施行)以及《中华人民共和国人民调解法》(2011年1月1日起施行)等；旅游行业内适用法律，诸如《导游人员管理条例》(1999年10月1日起施行)及其实施办法、《旅行社条例》(2009年5月1日起施行)及其实施细则、《旅游投诉处理办法》(2010年7月1日起施行)、《最高人民法院关于审理旅游纠纷案件适用法律若干问题的规定》(2010年11月1日起施行)以及《旅游法》(2013年10月1日起施行)等。这些法律、法规并非完全是

[①] 资料来源：周人果，《旅游投诉，七成指向旅行社》，《南方日报》(数字报)，2012-03-14，B04版。经改动整理。

用来解决旅游纠纷的,但却是解决旅游纠纷的重要法律依据。

12.1.1 旅游纠纷的概念

所谓"旅游纠纷",依据《最高人民法院关于审理旅游纠纷案件适用法律若干问题的规定》第一条的规定,"是指旅游者与旅游经营者、旅游辅助服务者之间因旅游发生的合同纠纷或者侵权纠纷。"

此处的"旅游者""旅游经营者"及"旅游辅助服务者"即是旅游纠纷的主体。其中,"旅游经营者"是指以自己的名义经营旅游业务,向公众提供旅游服务的人;"旅游辅助服务者"是指与旅游经营者存在合同关系,协助旅游经营者履行旅游合同义务,实际提供交通、游览、住宿、餐饮、娱乐等旅游服务的人。

图 12-1　旅游纠纷与维权

(图片来源:　http://www.itravelqq.com/2011/0308/116082.html.)

12.1.2 旅游纠纷的类型①

旅游纠纷复杂多样,对其类型的划分可以依据不同的角度进行。

(1)依据争议内容划分:旅游纠纷可分为旅游饮食纠纷、旅游住宿纠纷、旅游交通纠纷、导游业务纠纷、旅行社业务纠纷、旅游购物纠纷、旅游资源开发利用与保护纠纷等。

(2)依据旅游法的调整对象划分:旅游纠纷可分为旅游游览纠纷、旅游经营行为纠纷和旅游管理纠纷。

(3)依据旅游业务范围划分:旅游纠纷可分为入境旅游纠纷、国内旅游纠纷和出境旅游纠纷。

(4)依据是否签订旅游合同划分:旅游纠纷可分为旅游合同纠纷和非旅游合同纠纷。

(5)依据争议发生的主体间关系划分:旅游纠纷可分为旅游经营者和旅游者之间或旅游经营者之间的纠纷、旅游管理部门与旅游经营者或旅游者之间的纠纷、旅游客源国和旅游接待国之间或者客源国旅游经营者和接待国旅游经营者之间的纠纷。

在多元化的旅游主体争议纠纷中,最为突出的就是旅游者和旅游经营者之间的纠纷,以及由此引起的旅游者、旅游经营者和旅游行政管理机关之间的纠纷。从司法实践出发,

---

①资料来源:杨富斌、苏号朋. 中华人民共和国旅游法释义[M]. 北京中国法制出版社,2013:294-295.

本章且以旅游者和旅游经营者之间的纠纷为讨论的重点,后续所论解决旅游纠纷的途径也主要针对旅游者和旅游经营者之间的纠纷。

12.1.3 旅游纠纷的解决途径

《旅游法》第九十二条规定旅游纠纷可以通过下列途径解决:①双方协商;②向消费者协会、旅游投诉受理机构或者有关调解组织申请调解;③根据与旅游经营者达成的仲裁协议提请仲裁机构仲裁;④向人民法院提起诉讼。

简而言之,旅游纠纷发生后,解决的途径主要有协商、调解、仲裁和诉讼四种。这四种途径各有特点,其中协商是最简便、成本最低的途径,由旅游投诉受理机构组织的行政调解是最具旅游行业特色的解决途径,诉讼是解决旅游纠纷的最终但不必经的途径。除法律法规有特别规定外,旅游纠纷的当事人可以在综合考虑受损权益的救济补偿及所需耗费的解决成本的基础上,自主选择四种途径中的任何一种予以解决。

1. 旅游纠纷的协商

协商是在旅游纠纷发生后,由当事人双方直接进行磋商,自行解决纠纷的一种纠纷解决途径。因其是通过协商或谈判达成和解的,故又称为和解。

1)旅游纠纷协商解决的优越性

旅游纠纷通过协商解决,一般具有五点优越性:①协商一般是在友好氛围中进行,不仅可以促使争议尽快解决,还有利于当事人双方融洽感情;②协商一般可以节省时间和费用;③协商解决程序较为灵活、简单,不必拘泥于一般法律程序;④协商没有第三方参加,有利于保守商业秘密;⑤协商的过程自愿,协商结果一旦达成解决争议的协议,一般当事双方都能自愿遵守。

2)旅游纠纷协商解决的原则

当事人采用协商方式解决旅游纠纷,需要遵循五个原则:①自愿原则;②平等原则;③合法原则;④协商一致原则;⑤公平合理原则。

3)旅游纠纷协商解决的效力

旅游纠纷双方当事人经协商达成解决争议的和解,并在和解协议(或称"和解书")上签字。和解协议具有合同的法律效力,当事人应当自觉履行,否则就构成了违约。当然,若争议协商无果,当事人可以进一步采取其他三种合法途径寻求纠纷的解决。

2. 旅游纠纷的调解

旅游纠纷的调解是指旅游纠纷当事人自愿将争议提交给第三方,并在第三方的主持和促使下,达成和解协议以解决争议的一种方法。调解和协商的最大区别在于,调解有第三方的介入,而协商没有。

1)旅游纠纷调解解决的优越性

旅游纠纷通过第三方介入调解争议,具有三大优越性:①程序灵活,快捷高效;②互谅互让,有利团结。调解是在双方信任的第三方主持下进行的,氛围较为宽松融洽,有利于当事人的团结;③第三方调解人的介入及调解人(尤其是调解组织)的专业性,增加了解决争议的可能性。

2)旅游纠纷调解主持者的身份

旅游纠纷调解的第三方主持者称为调解人。调解人可以是组织(如人民调解委员会、消费者协会、仲裁机构、人民法院、行政机关、旅游投诉受理机构),也可以是公民个人。《旅游法》第九十三条规定:"消费者协会、旅游投诉受理机构和有关调解组织在双方自愿的基础上,依法对旅游者与旅游经营者之间的纠纷进行调解。"由此可见,主持我国旅游纠纷调解的主体具有多元化的特点。

旅游纠纷的调解人可以由当事人指定,也可以由调解机构指定。

3)旅游纠纷调解的方式

旅游纠纷的调解,依据调解人身份的不同可以分成民间调解、行政调解、仲裁调解和司法调解四种方式。

(1)民间调解。

旅游纠纷的民间调解,是指由旅游纠纷争议的当事人临时选任双方都信任的非官方的组织或个人就当事人之间的旅游争议所进行的调解。

在旅游纠纷的民间调解活动中,当事人享有四种权力:①自主决定接受、不接受或者终止调解;②要求有关调解人员回避;③不受压制强迫,表达真实意愿,提出合理要求;④自愿达成调解协议。①

调解协议达成后,制作调解协议书。调解协议书经双方当事人和第三方调解人签字即具有法律效力。

(2)行政调解。

旅游纠纷的行政调解,是指由消费者协会、旅游投诉受理机构或旅游行政部门主持的调解。

旺季不退房,酒店吞订金②

L先生于2012年1月初为自己的几位朋友预订了2012年1月25日至1月27日R温泉酒店的6间房(2个标准间,4个大床间),交付了2000元订金,但并未签订协议。L先生的朋友们于1月25日在R温泉酒店住了一天,因另有行程安排,遂打算退房。可是酒店前台工作人员以春节期间不能退房为由,不允许他们退房;并告之如果退房的话,他们需要支付3天的住宿费用(每天7000元住宿费,三天房费共计21000元),否则就扣担保人L先生的钱。L先生的朋友们多次与酒店工作人员协商,但是均未获满意答复,遂以该酒店强制客人消费为由投诉到当地消费者协会。

消费者协会介入后,听取了客人和酒店双方关于此事的陈述,考虑到酒店不允许客人

---

①资料来源:杨富斌、苏号朋. 中华人民共和国旅游法释义[M]. 北京:中国法制出版社,2013:300.
②资料来源:周人果,《旅游投诉,七成指向旅行社》,《南方日报》(数字报),2012-03-14,B04版。经改动整理。

退房有霸王条款之嫌,但客人提前退房,确实会对酒店客房出租收益产生一定影响,遂向双方当事人进行了沟通调解。调解结果,双方互有退让,酒店收取了客人1000元违约金,客人于当天退房,双方表示满意。

(3)仲裁调解。

旅游纠纷的仲裁调解,是指旅游纠纷的双方当事人在仲裁机构主持下进行的调解。

仲裁调解并非仲裁中的必经程序。我国《仲裁法》第五十一条规定:"仲裁庭在做出裁决前,可以先行调解。当事人自愿调解的,仲裁庭应当进行调解,调解不成的,应当及时做出裁决。"

调解达成协议的,仲裁庭应当制作仲裁调解书。仲裁调解书经由仲裁员签名,加盖仲裁委员会的印章,送达且经由双方当事人签收的,即发生法律效力。

(4)司法调解。

司法机关调解又称法院调解、诉讼调解,是指旅游民事诉讼的双方当事人在人民法院审判人员的主持和协调下进行的调解。司法调解也必须遵循当事人自愿的原则。

依法院调解达成协议而制作并送达且经双方当事人签收的调解书,具有强制执行的法律效力。调解未达成协议或当事人一方反悔、拒绝签收调解书的,调解书不发生法律效力,人民法院应当及时予以判决。

3. 旅游纠纷的仲裁

"旅游纠纷仲裁是指旅游纠纷当事人在自愿基础上达成协议,将纠纷提交选定的仲裁委员会,由仲裁委员会作出对纠纷双方都有约束力的裁决的一种解决纠纷的制度或者方式。"[1]仲裁与协商、调解不同,它有仲裁员参加,而且仲裁员是以裁判者身份而非调停者身份对旅游纠纷双方的争议事项做出裁决。

1)旅游纠纷仲裁的特点

旅游纠纷的仲裁解决与其他解决途径相比较,具有如下突出特点。

(1)专业性。旅游纠纷往往涉及旅游、法律、医疗、经济、食品安全等专业知识,而仲裁委员会一般都备有由各领域专业人士组成的仲裁员名册供当事人选择,能充分满足旅游仲裁的专业性需求。

(2)保密性。旅游纠纷仲裁以不公开为原则,有关仲裁的法律、法规也同时规定了旅游纠纷仲裁员的保密义务。

(3)快捷性。旅游纠纷仲裁实行一裁终局制,裁决一经做出即发生法律效力。仲裁庭可以就已经调查清楚的部分事实做出先行裁决。这使得旅游纠纷裁决的解决更为快捷。

2)旅游纠纷仲裁协议

旅游纠纷仲裁协议是当事人表示将双方的纠纷提交仲裁机构进行裁决的书面协议。确定某一纠纷能否提交仲裁,重要的前提就是当事人之间是否存在旅游仲裁协议。

旅游纠纷的仲裁协议既可以订立为一份独立的合同,也可以作为旅游合同的一个条款

---

[1]江西省旅游局. 旅游法规[M]. 2版. 北京:江西科学技术出版社,2011:102.

而存在。旅游纠纷双方当事人可以在纠纷发生前或发生后在自愿基础上协商订立仲裁协议。纠纷当事人之间往来的，包含了同意将纠纷提交仲裁的内容的信函、电报、传真、电子邮件等书面材料，也可以构成旅游仲裁协议。

若旅游纠纷双方当事人有仲裁协议的，即可向旅游仲裁机构递交仲裁申请书，申请仲裁。

若旅游纠纷双方当事人没有仲裁协议，或仲裁协议无效的，仲裁委员会将不予受理。相关纠纷的当事人就只能向人民法院提起诉讼来解决纠纷。

阅读案例 12—2

关于"旅游大巴夜停斜坡，游客下车骨折，旅行社失职"的仲裁申请书[①]

申请人：邹某，男，汉族，住上海市×××。

被申请人：T国际旅行社(苏州)有限公司上海分公司，住所地(略)。

仲裁请求：

一、被申请人返还申请人旅游团费人民币14473.80元(以团费72369元/5人为标准，计算孟某一人)。

二、被申请人赔偿申请人损失暂计人民币48142.39元，其中：①医药费人民币16272.05元；②保险人医疗费用未赔付金额人民币11270.34元(16272.05-5001.71)；③交通费人民币600元；④营养费、护理费、误工费、继续治疗费、残疾赔偿金、鉴定费等费用，待司法鉴定后予以确定，暂计人民币20000.00元。

以上两项仲裁请求金额合计人民币62616.19元。

三、本案仲裁费用由被申请人承担。

事实与理由：

申请人与孟某系配偶关系。2012年6月3日，申请人登录被申请人官网，订购了"法、瑞、意三国13日游"的旅行团服务项目。2012年7月29日，申请人与被申请人签订了《上海市出境旅游合同》。合同"协议条款"第三条(成交订单)第(一)项约定：与申请人同行团员包括孟某等共五人。同项之"团费总价"约定为人民币72369元(送保险)。第五条第(二)项约定：当事人协商、调解不成时，依法向上海仲裁委员会申请仲裁。

孟某按约向被申请人支付全额团费，并于2012年8月2日下午，按约随团启程。当地时间2012年8月7日，孟某随团乘坐旅游巴士行至奥地利某地旅馆时，天色已暗，车停于斜坡处，且四周无光照。车上人员下车前，随团导游未就前述状况予以警示。孟某从旅游巴士的末级台阶落地时，因地势倾斜，重心失控，站立不稳，致双脚不同程度扭伤，行走受限。随团导游以夜宿山间、赴诊路遥、司机已疲劳为由，未予安排就医。翌日，孟某多次向随团导游询问就医及保险之事，被其以种种理由敷衍塞责。孟某只能以冰敷等保守治疗方式忍痛随团同行。2012年8月14日，旅游行程结束，孟某回国住院月余，接受治疗。

[①] 资料来源：《仲裁申请书——旅游大巴夜停斜坡，旅客下车骨折，旅行社不负责？》，天涯论坛，http://bbs.tianya.cn/post-843-772233-1.shtml，网站最后访问日期：2014年4月27日。经整理改动。

2012年9月20日，被申请人才向申请人披露其此前赠送给孟某的保单信息：险种为"境外旅行人身意外伤害保险、附加医疗费用保险条款"。且境内医疗费用理赔限制程度远高于境外。

综上所述，被申请人作为旅游活动组织者，对作为接受服务的消费者的孟某而言，负有法定安全保障义务。被申请人旅游服务工具(旅游巴士)斜停坡道，存在安全隐患；被申请人工作人员在旅游巴士斜停坡道时，未警示下车人员注意安全；明知孟某疑似骨折，被申请人工作人员仍不及时配合施救，使得孟某贻误最佳治疗时机；与此同时，意外伤害保险虽为被申请人赠送，但其对价已包含在孟某所付旅游服务报酬之中，因被申请人未及时披露保单及保险条款信息，导致孟某失去获得境外医疗费用理赔的机会，最终，境内大部分医疗费用未能获得保险人赔付。是故，被申请人提供旅游服务存在瑕疵及过错，根据法律及行政法规的相关规定，应当承担返还旅游服务报酬及赔偿损失的民事责任，申请人为维护自身合法权益，特向贵会提起仲裁申请，请依法裁决。

此致

上海仲裁委员会

申请人邹某(署名)：
二〇一二年十二月十日

3) 旅游纠纷仲裁的法律效力

旅游纠纷的诉讼和仲裁都是依据相关法律、法规由第三方对纠纷争议居中进行是非评判和裁决。其区别在于，诉讼是国家审判机关对案件进行审理，显示了国家权力的权威性；仲裁机关是社会团体，显示了基于法律、惯例和仲裁机构专业性的社会公信力。"为了避免对同一案件进行重复审理，法律规定，当事人在诉讼和仲裁的选择上采取'或裁或审'的原则，即提起仲裁的案件，当事人不能向人民法院提起诉讼。"[①]

"一裁终局"制下的旅游纠纷的仲裁，其裁决书一经做出，即行生效，当事人不得就同一纠纷再次申请仲裁或者向人民法院提起诉讼。生效的旅游纠纷的仲裁裁决，可以向人民法院申请强制执行。

4) 旅游纠纷仲裁的撤销

依据《仲裁法》第五十八条的规定，旅游纠纷当事人提出证据证明裁决有下列情形之一的，应当自收到裁决书之日起6个月内向仲裁委员会所在地的中级人民法院提出申请撤销裁决：①没有仲裁协议的；②裁决的事项不属于仲裁协议的范围或者仲裁委员会无权仲裁的；③仲裁庭的组成或者仲裁的程序违反法定程序的；④裁决所依据的证据是伪造的；⑤对方当事人隐瞒了足以影响公正裁决的证据的；⑥仲裁员在仲裁该案件时有索贿、徇私舞弊、枉法裁决行为的。

人民法院经组成合议庭审查核实裁决有前款规定情形之一的，应当裁定撤销。

人民法院认定该裁决违背社会公共利益的，应当裁定撤销。

---

① 韩玉灵. 旅游法教程[M]. 2版. 北京：高等教育出版社，2010：361.

4. 旅游纠纷的诉讼

旅游纠纷的诉讼，是指人民法院在纠纷当事人和其他诉讼参与人的配合下，以审理、判决和执行等方式为解决纠纷依法定程序进行的全部活动。诉讼是在穷尽其他权利救济方式之后，旅游纠纷的最终解决途径。

1)旅游纠纷诉讼的类型[①]

因诉讼主体的不同，旅游纠纷诉讼主要可以分为旅游民事诉讼和旅游行政诉讼两大类。旅游者和旅游经营者是具有平等地位的民事主体，发生在双方之间的纠纷属于民事纠纷。民事纠纷诉讼是旅游纠纷诉讼中的主体类型。在纠纷发生后，旅游者和旅游经营者可以直接向人民法院提起旅游民事诉讼，要求对方承担民事责任。另外，旅游者或旅游经营者可以在旅游行政管理机关调解不成的情况下，另行向人民法院提起旅游民事诉讼。

如果旅游行政管理机关对旅游者和旅游经营者之间的权益纠纷所做出的处理决定，影响了旅游者和旅游经营者的合法权益，双方都可以就此向上一级旅游行政管理机关提起行政复议。对复议结果仍表示不服的，可以依法向人民法院提起行政诉讼，也可以不经过行政复议而直接提起行政诉讼，以纠正行政机关的行为。

2)旅游纠纷诉讼的管辖

诉讼管辖，是指各级法院之间以及不同地区的同级法院之间，受理第一审案件的职权范围和具体分工。诉讼管辖可以按照不同标准作多种分类，其中最重要、最常用的是级别管辖和地域管辖。我国《民事诉讼法》(2012年修订)对案件的管辖有许多具体规定，有几点尤其需要特别注意。

(1)每一级法院都可以受理第一审旅游纠纷案件。一般性的旅游纠纷案件由基层人民法院管辖，而案情复杂、性质恶劣、影响范围大、涉及金额多的旅游纠纷案件则由级别较高的法院管辖。

(2)旅游纠纷诉讼的管辖法院一般实行"原告就被告"的原则，即以被告所在地来确定管辖的法院。如果被告是公民，则被告所在地为其住所地(户籍所在地)；若被告住所地与其经常居住地(公民离开住所地连续居住满1年的地方)不一致的，被告所在地则为其经常居住地。如果被告是法人或其他组织，被告所在地则为其主要办事机构所在地或主要营业地；没有办事机构的，被告所在地则为其注册地。

(3)两个以上的人民法院都有管辖权的旅游纠纷诉讼，原告可以选择向其中任何一个人民法院起诉，若原告同时向两个以上有管辖权的人民法院起诉的，则由最先立案的人民法院管辖。

3)旅游纠纷的群体诉讼[②]

以涉讼主体为标准，因旅游纠纷而引起的诉讼主要有个人诉讼、合伙诉讼、群体诉讼、混合诉讼(公民和法人作为一方诉讼主体)等形式。由于旅游活动本身的特点所致，近年来旅游纠纷中呈现出群体诉讼不断攀升的特点。所谓"群体诉讼"，是泛指各国为解决多数人纠纷的一种诉讼制度，各国对此称法不一。在我国，"群体诉讼"经常以"代表人诉讼"的

---

①资料来源：韩玉灵. 旅游法教程[M]. 2版. 北京：高等教育出版社，2010：362.
②资料来源：杨富斌，苏号朋. 中华人民共和国旅游法释义[M].北京：中国法制出版社，2013：302-304.

形式和概念出现。

在解决旅游纠纷时，面对人数众多、权利诉求相同或类似的旅游群体纠纷，为避免诉求表述的混乱、促进权利救济的实现，依法可以通过推举代表人的方式发出权利救济请求。《旅游法》第九十四条对此明确规定："旅游者与旅游经营者发生纠纷，旅游者一方人数众多并有共同请求的，可以推选代表人参加协商、调解、仲裁、诉讼活动。"代表人介入协商、调解、仲裁这三种旅游纠纷解决方式的内容与其参与诉讼活动相比并没有特别之处，只不过诉讼是穷尽其他权利救济方式之后的纠纷最终解决途径，其法律规范相较而言更加严谨。

推举代表人发出权利救济请求，可以突破我国旅游纠纷中群体诉讼的交易成本(包含契约成本、信息成本、控制成本)过高的难题，提升对旅游纠纷群体诉讼的调控能力。

阅读案例 12—3

旅游团群体诉讼旅行社违约[①]

李某等 23 人报名参加了内蒙古包头市 F 旅行社组织的"北戴河—南戴河—龙庆峡 5 日游"，并签订了旅游合同。合同规定由 F 旅行社为 23 人提供从 2005 年 8 月 13 日至 8 月 17 日"北戴河—南戴河—龙庆峡 5 日游"全程服务。旅游中，李某等 23 人对 F 旅行社提供的部分住宿和餐饮安排不满意，且旅行社未能按照合同约定保证游客按时返回包头，造成李某等 23 人误工。李某等 23 人遂推选代表人，向包头市中级人民法院提起诉讼。包头市中级人民法院民三庭经审核后受理了此案。

4)旅游纠纷的诉讼案由

旅游者和旅游经营者纠纷争议的形态常常表现为民事违约或侵权，因此旅游纠纷的诉讼案由可以概括为两个主要方面：违约之诉和侵权之诉。

违约之诉，是指旅游纠纷一方当事人以另一方违约为由而提起的诉讼。违约是指合同当事人违反旅游合同义务的行为。违约行为是违约责任的基本构成要件，没有违约行为，就没有违约责任。

侵权之诉，是指旅游纠纷一方当事人以另一方存在侵权行为而提起的诉讼。侵权行为是一种侵害他人权益的行为，因此侵权行为也可以是一种侵害行为。广义而言，侵权行为是产生责任的根据，但侵权行为不仅仅是指因行为人的过错而导致的侵权行为，还包括基于法律的规定而产生的责任，即包括行为人依据公平原则产生的责任和无过错责任。

《最高人民法院关于审理旅游纠纷案件适用法律若干问题的规定》第三条要求："因旅游经营者方面的同一原因造成旅游者人身损害、财产损失，旅游者选择要求旅游经营者承担违约责任或侵权责任的，人民法院应当根据当事人选择的案由进行审理。"

旅游纠纷发生后，选择以何案由提起权利救济请求，其结果是不一样的。这是因为，旅游纠纷的违约之诉和侵权之诉在归责原则的适用、举证责任的分配、诉讼时效期限、责

[①]资料来源：刘晶晶，《包头中院民三庭受理一起旅游合同群体诉讼案》，法制网·包头频道，http://www.legaldaily.com.cn/dfjzz/content/2008-03/06/content_809632.htm，网站最后访问日期：2014-04-27。经整理改编。

任构成要件、免责条件及责任范围等方面的要求皆有不同。以责任范围为例，违约之诉的赔偿范围的限定，法律常以"可预见性"为标准；而侵权之诉的法律赔偿不仅包括财产损失赔偿，也包括人身伤害和精神损害赔偿，即其赔偿范围不仅应包括直接损失，还应包括间接损失。因此，当旅游纠纷发生时，当事人选择以何案由作为维权理由须慎重对待。《最高人民法院关于审理旅游纠纷案件适用法律若干问题的规定》第二十一条特别阐明："旅游者提起违约之诉，主张精神损害赔偿的，人民法院应告知其变更为侵权之诉；旅游者仍坚持提起违约之诉的，对于其精神损害赔偿的主张，人民法院不予支持。"

5) 旅游纠纷的诉讼时效

诉讼时效，是指对在法定期间内不行使权利的权利人，使其丧失在诉讼中的胜诉权的法律制度。

依据我国《民法通则》，普通旅游民事诉讼的诉讼时效期间为 2 年，但下列情况诉讼时效期间为 1 年：①身体受到伤害要求赔偿的；②出售不合格的商品未声明的；③延付或者拒付租金的；④寄存财物被丢失或者损毁的。

诉讼时效期间从知道或者应当知道权利被侵害时起算。但是，从权利被侵害之日起超过 20 年的，人民法院不予保护。

在诉讼时效期间的最后 6 个月内，因不可抗力或者其他障碍不能行使请求权的，诉讼时效中止。诉讼时效期间从中止原因消除之日起继续计算。

诉讼时效因提起诉讼、当事人一方提出要求或者同意履行义务而中断。从中断时起，诉讼时效期间重新计算。

有特殊情况的，人民法院可以延长诉讼时效期间。

知识要点提醒

仲裁与诉讼解决旅游纠纷的区别

(1) 旅游纠纷当事人可以自由选择某一仲裁机构或仲裁员，但不能自己选择法院或法官，只能依据法律规定确定管辖的法院，审判庭的组成也由人民法院指定。

(2) 是否提交仲裁是由旅游纠纷双方当事人在争议前后订立的仲裁协议或在旅游合同条款中确定的。如果没有双方协议，一方不得申请仲裁机构仲裁，而诉讼则由旅游纠纷的一方当事人提起，无须经对方同意。

(3) 仲裁实行"一裁终局制"，裁决书一经做出即行生效，旅游纠纷任何一方当事人均不得向法院或其他机构要求变更。诉讼则实行"二审终审制"，任何一方当事人如对一审判决不服，均可于判决书送达之日起 15 日内在《中华人民共和国诉讼法》允许的范围内向上一级法院提起上诉，二审即终审。

(4) 仲裁以不公开审理为原则，旅游纠纷的案情与仲裁庭的裁决均不公开，具有"保密"性；诉讼则以公开审理为原则(但依法不应公开审理的除外)，并且法律明文规定宣判必须公开进行。

(5) 仲裁员可以不必像法官那样严格地适用法律，可以按商业惯例或公平合理原则对旅游纠纷做出裁决。因此，对旅游纠纷当事人来讲，仲裁比诉讼具有更大的灵活性，更多的选择自由。

(6)仲裁的审理期限是3个月，而普通程序审理的一审诉讼案件的审理期限为6个月，适用简单程序的案件审理期限则为3个月。加之，仲裁员多为旅游、经济、医疗、食品安全等领域的专业人士，对业务较为熟悉，所以处理问题周期短，一般比法院更为迅速、及时。

实用小窍门

仲裁与诉讼的选择

对于旅游纠纷的解决而言，选择仲裁还是诉讼，主要看哪种途径更适合处理或解决具体的纠纷。如果事实比较清楚，证据比较充分，法律依据也比较明确，且双方争议不太大，选择仲裁可以节省时间和费用；反之，如案情复杂，争议很大，适用的法律规定不是很明确等，选择诉讼，则更有利于明辨是非，万一审理出现偏差时还有上诉和申诉的机会。

12.2 旅游投诉制度

旅游投诉，是通过行政调解解决旅游纠纷的最具旅游特色的合法途径。为了维护旅游者和旅游经营者的合法权益，依法公正处理旅游投诉，中国国家旅游局依据我国相关法律、法规，综合考量中国目前旅游行业发展的实际状况，于2010年5月5日公布了专门性规范旅游投诉的《旅游投诉处理办法》，并于2010年7月1日起予以施行。

12.2.1 旅游投诉制度的概述

1. 旅游投诉的概念

所谓"旅游投诉"，《旅游投诉处理办法》第二条将其界定为："指旅游者认为旅游经营者损害其合法权益，请求旅游行政管理部门、旅游质量监督管理机构或者旅游执法机构(以下统称'旅游投诉处理机构')，对双方发生的民事争议进行处理的行为。"

2. 旅游投诉的特征

旅游投诉具有如下四点特征：①投诉所涉及的是发生在旅游活动中或者与旅游活动密切相关的旅游纠纷，属于民事争议范畴；②投诉人是合法权益受到损害的旅游者；③被投诉人是造成损害的旅游经营者；④旅游投诉处理是由旅游投诉处理机构做出的一种行政裁判行为。

3. 旅游投诉的处理机构

旅游行政管理部门、旅游质量监督管理机构和旅游执法机构是《旅游投诉处理办法》所指向的旅游投诉的处理机构。

为方便旅游者合法投诉维权，增强旅游投诉处理的力量整合，提升旅游投诉问题的处理速度，《旅游法》第九十一条特别规定："县级以上人民政府应当制定或者设立统一的旅游投诉受理机构。受理机构接到投诉，应当及时进行处理或者移交有关部门处理，并告知投诉者。"

此项规定有利于促进投诉过程中的综合处理责任机制的建立。"在这一机制下，县级以上的地方人民政府建立旅游违法行为查处信息的共享机制，对需要跨部门、跨地区联合处理的违法行为，应当进行督办。旅游行政主管部门和相关部门应当按照各自职责，及时向社会公告监督检查的情况。"①

4. 旅游投诉的时效

1)旅游投诉时效的概念

旅游投诉时效，也称旅游追诉时效，是指依据《旅游投诉处理办法》的规定，旅游者若在法定有效期限内不行使权利，就丧失了请求旅游投诉处理机构保护其合法旅游权益的权利；亦即超过投诉时效，就不能再对违法人追究相应的责任。

规定投诉时效，主要是督促旅游投诉者及时行使投诉权，维护自身合法权益，以免时过境迁，既不利于旅游投诉处理机构调查处理案件，也不利于通过对违法当事人的处罚从而对其形成及时教育。

2)旅游投诉时效的期限

旅游者向旅游投诉处理机构请求保护合法权益的投诉时效期限为90天，从旅游合同履行完毕之日起计算。意即，投诉者应该在旅游活动结束后的90天内提出旅游投诉请求；超过90天的，旅游投诉处理机构将不予受理。

实例分析 12-1

迟来的投诉②

重庆市民余某等3人报名参加了重庆某旅行社组织的香港5日游(2011年7月4日至7月8日)，并签订了出境旅游合同。7月6日凌晨，余某在香港地区某酒店房间内意外摔伤，导致其后续行程无法参加。余某等人返回重庆后，并未及时投诉维权，而是从2012年10月起才陆续分别向重庆市旅游投诉处理机构递交投诉书、仲裁申请书，反映旅行社将余某等3人遗弃在港的情况，要求维权处理。2013年1月18日，重庆市旅游投诉处理机构经审核后，书面决定不予受理。余某等人对此处理结果不满，遂提起行政诉讼。一审法院判决驳回起诉，余某等人上诉。二审认为，根据《旅游投诉处理办法》，超过旅游合同结束之日90天的投诉不予受理。余某等人的投诉时间超过了投诉时限，重庆市旅游投诉处理机构接到投诉后，已告知其投诉超过受理时限，重庆市旅游投诉处理机构的不予受理行为合法。

---

①杨富斌，苏号朋. 中华人民共和国旅游法释义[M]. 北京：中国法制出版社，2013：292.
②资料来源：唐中明，《香港旅游意外受伤一年才投诉》，《重庆晚报》，2013-11-05，第010版法眼。经整理编写。

为此，二审判决驳回上诉，维持原判。

分析：

《旅游投诉处理办法》规定，旅游者向旅游投诉处理机构请求保护合法权益的投诉时效期限为自旅游合同履行完毕之日起的 90 天内。旅游者的合法权益遭到侵害时，应当在 90 天内，依照法定程序，向法定机关提出自己的维权主张。本案中，余某等 3 人自 2011 年 7 月旅游合同结束，到 2012 年 10 月开始投诉，期间时间跨度达 1 年以上，已经远远超过了 90 天的旅游投诉时效期限，旅游投诉处理机构不予受理的行为合法。

依据《旅游法》第九十二条的规定，旅游者与旅游经营者发生纠纷，除了可以向旅游投诉受理机构投诉，还可向消费者协会或者有关调解组织申请调解，也可以根据与旅游经营者达成的仲裁协议提请仲裁机构仲裁，或者向人民法院提起诉讼。本案中，余某等 3 人亦可以直接起诉旅行社，但依法同样存在 1 年的诉讼时效。

12.2.2 旅游投诉的管辖

1. 旅游投诉管辖的概念

旅游投诉管辖是指各级旅游投诉处理机构之间和同级旅游投诉处理机构之间受理旅游投诉案件的分工和权限。

2. 旅游投诉管辖的权属

依据《旅游投诉处理办法》第五条、第六条、第七条的相关规定，旅游投诉的具体管辖划分如下。

(1)一般情况，旅游投诉由旅游合同签订地或者被投诉人所在地县级以上地方旅游投诉处理机构管辖。

(2)需要立即制止、纠正被投诉人的损害行为的，应当由损害行为发生地旅游投诉处理机构管辖。

(3)上级旅游投诉处理机构有权处理下级旅游投诉处理机构管辖的投诉案件。

(4)发生管辖争议的，旅游投诉处理机构可以协商确定，或者报请共同的上级旅游投诉处理机构指定管辖。

12.2.3 旅游投诉的受理

1. 旅游投诉受理的概念

旅游投诉的受理，是指旅游投诉处理机构接受对投诉案件的审理。具体而言，是指具有管辖权的旅游投诉处理机构，接到旅游投诉者的投诉请求(投诉状或口头投诉)，经审查认为符合投诉受理条件，予以立案的行政行为。

2. 旅游投诉应符合的条件

依据《旅游投诉处理办法》，并非旅游者所提出的任何旅游投诉都能为旅游投诉受理机构所受理。依法能够为旅游投诉处理机构受理的投诉案件必须符合下列三个条件：①投诉人与投诉事项有直接利害关系；②有明确的被投诉人、具体的投诉请求、事实和理由；③属于《旅游投诉处理办法》中所规定的旅游投诉范围。

图 12-2　旅游投诉

(图片来源：大河报，2012-03-13，B04 版旅游考察。)

3. 旅游投诉的范围

依据《旅游投诉处理办法》第八条，旅游者可以就下列事项向旅游投诉处理机构投诉：①认为旅游经营者违反合同约定的；②因旅游经营者的责任致使投诉人人身、财产受到损害的；③因不可抗力、意外事故致使旅游合同不能履行或者不能完全履行，投诉人与被投诉人发生争议的；④其他损害旅游者合法权益的。

同时，为进一步厘清旅游投诉的受理范围，《旅游投诉处理办法》第九条规定，属于下列情形的旅游投诉，旅游投诉处理机构将不予受理：①人民法院、仲裁机构、其他行政管理部门或者社会调解机构已经受理或者处理的；②旅游投诉处理机构已经做出处理，且没有新情况、新理由的；③不属于旅游投诉处理机构职责范围或者管辖范围的；④超过旅游合同结束之日 90 天的；⑤不符合旅游投诉条件的；⑥《旅游投诉处理办法》规定情形之外的其他经济纠纷。

4. 旅游投诉的受理程序

1) 投诉者提出投诉请求

旅游者向旅游投诉处理机构请求保护合法权益，依法一般须先递交书面形式的投诉状，特殊情况，也可口头投诉。旅游投诉可以是单个人进行的投诉，也可以是多个人进行的共同投诉；可以由旅游者本人进行投诉，也可以委托代理人进行投诉。

(1) 书面投诉。旅游投诉请求一般应当采取书面形式(旅游投诉状)，一式两份。为便于快捷、准确地处理投诉案件，《旅游投诉处理办法》第十一条明确规定，旅游投诉状内必须载明以下三类具体事项：①投诉人的姓名、性别、国籍、通信地址、邮政编码、联系电话及投诉日期；②被投诉人的名称、所在地；③投诉的要求、理由及相关的事实根据。

(2)口头投诉。《旅游投诉处理办法》第十二条陈明：为方便旅游者及时有效维权，对于比较简单的投诉事项，旅游者可以采取口头投诉形式。旅游投诉处理机构要对投诉人的口头投诉事项进行记录或者登记，并告知被投诉人；对于不符合受理条件的投诉，旅游投诉处理机构可以口头告知投诉人不予受理及其理由，并进行记录或者登记。

(3)委托代理投诉。《旅游投诉处理办法》第十三条提出："投诉人因为各种原因，不能亲自进行投诉活动的，可以委托代理人进行投诉，但其"应当向旅游投诉处理机构提交授权委托书，并载明具体委托权限。"

(4)共同投诉。共同投诉，是指投诉人4人以上，以同一事由投诉同一被投诉人的投诉。《旅游投诉处理办法》第十四条指出："共同投诉可以由投诉人推选一至三名代表进行投诉。代表人参加旅游投诉处理机构处理投诉过程的行为，对全体投诉人发生效力，但代表人变更、放弃投诉请求或者进行和解，应当经全体投诉人同意。"

2)旅游投诉处理机构审查

依据《旅游投诉处理办法》第十五条的规定，旅游投诉处理机构接到投诉人的投诉状或者口头投诉后，应审查该投诉是否符合旅游投诉条件，并在5个工作日内做出以下相应处理。

(1)予以受理。投诉符合条件的，旅游投诉处理机构应予以受理。

(2)不予受理。投诉不符合条件的，旅游投诉处理机构应当向投诉人送达《旅游投诉不予受理通知书》，告知其不予受理的理由。

(3)转移受理。本旅游投诉处理机构无管辖权的，应当依法以《旅游投诉转办通知书》或者《旅游投诉转办函》，将投诉材料转交至有管辖权的旅游投诉处理机构或者其他有关行政管理部门，并书面告知投诉人。

12.2.4 旅游投诉的处理

旅游投诉处理机构受理旅游者投诉后，应当在查明事实的基础上，依法在规定时限内对投诉进行处理。旅游投诉的处理一般包括以下几道程序。

1. 立案

旅游投诉处理机构处理旅游投诉，应当立案办理，填写《旅游投诉立案表》，并附有关投诉材料。对于事实清楚、应当即时制止或者纠正被投诉人损害行为的，可以不填写《旅游投诉立案表》。

2. 通知被投诉人

立案受理后，旅游投诉处理机构应在受理投诉之日起5个工作日内，将《旅游投诉受理通知书》和投诉书副本送达被投诉人，要求被投诉人在规定的时限内就被投诉事项做出答复。对于事实清楚、应当即时制止或者纠正被投诉人损害行为的，旅游投诉处理机构可以不必向被投诉人送达《旅游投诉受理通知书》，但应当对处理情况进行记录存档。

3. 被投诉人答复

被投诉人应当在接到《旅游投诉受理通知书》之日起10日内做出书面答复，就被投诉

事项提出答辩的事实、理由和证据。

4. 审查、取证和鉴定

旅游投诉处理机构应当对投诉双方当事人提出的事实、理由及证据进行审查。

如果旅游投诉处理机构认为有必要收集新的证据,可以根据有关法律、法规的规定,自行收集或者召集有关当事人进行调查。需要委托其他旅游投诉处理机构协助调查、取证的,应当出具《旅游投诉调查取证委托书》,受委托的旅游投诉处理机构应当予以协助。

对专门性事项需要鉴定或者检测的,可以由旅游投诉当事人双方约定的鉴定或者检测部门鉴定。没有约定的,当事人一方可以自行向法定鉴定或者检测机构申请鉴定或者检测。鉴定、检测费用按双方约定承担。没有约定的,由鉴定、检测申请方先行承担;达成调解协议后,按调解协议承担。鉴定、检测的时间不计入投诉处理时间。

5. 行政调解

旅游投诉处理机构受理投诉后,应当在查明事实的基础上,遵循自愿、合法的原则,积极安排旅游投诉的当事双方进行调解,提出调解方案,以促成双方达成调解协议。

6. 双方和解

在旅游投诉的处理过程中,如果旅游纠纷投诉人与被投诉人自行达成和解的,其应当将和解结果告知旅游投诉处理机构;旅游投诉处理机构在核实后应当予以记录并由双方当事人、投诉处理人员签名或者盖章。

7. 做出处理决定

旅游投诉处理机构应当在受理旅游投诉之日起60日内做出处理决定。处理决定分两种情况。

1)双方达成调解协议

旅游投诉当事双方达成调解协议的,旅游投诉处理机构应当制作《旅游投诉调解书》,载明投诉请求、查明的事实、处理过程和调解结果,由当事人双方签字并加盖旅游投诉处理机构印章。

2)双方未达成调解协议

旅游投诉当事双方调解不成,终止调解的,旅游投诉处理机构应当向双方当事人出具《旅游投诉终止调解书》。投诉人可以按照国家法律、法规的规定,向仲裁机构申请仲裁或者向人民法院提起诉讼。

依据《旅游投诉处理办法》第二十六条的规定,旅游纠纷投诉人与旅行社未能达成调解协议,且又符合下列条件的,旅游投诉处理机构应当做出划拨旅游服务质量保证金赔偿的决定,或向旅游行政管理部门提出划拨旅行社质量保证金的建议。

(1)旅行社因解散、破产或者其他原因造成旅游者预交旅游费用损失的。

(2)因旅行社中止履行旅游合同义务、造成旅游者滞留,而实际发生了交通、食宿或返程等必要及合理费用的。

8. 实施行政处罚或移送司法机关

依据《旅游投诉处理办法》第四条的规定,"旅游投诉处理机构在处理旅游投诉中,发现被投诉人或者其从业人员有违法或犯罪行为的,应当按照法律、法规和规章的规定,作出行政处罚、向有关行政管理部门提出行政处罚建议或者移送司法机关。"

阅读案例 12-4

关于对重庆 Y 国际旅行社及导游的投诉与处理[①]

廖××等 12 名游客参加重庆 Y 国际旅行社组织的 2013 年 6 月 14 日至 6 月 20 日泰国普吉岛 7 天 6 晚游,因天气原因双方更改旅游行程,游客对领队服务质量不满,遂投诉到重庆市旅游投诉处理机构。

旅游投诉书

泰国旅行投诉书

被投诉人甲:重庆 Y 国际旅行社,被投诉人乙:李××导游,女。

投诉人代表:刘××,电话:***********投诉人:廖××,黄××,唐××等共 12 人。

情况简述:

重庆 Y 国际旅行社组织散客团于 2013 年 6 月 14 日至 6 月 20 日前往泰国普吉进行 7 天 6 晚游,并由李××导游带队。到达泰国后,李××导游采用欺骗、发布虚假信息、口头承诺等手段,变相逼迫散客团成员签订更改旅游行程协议书。更为严重的是,李××导游并未将此团所有成员带到更改后的协议书中所指定的位置,而是私下联合泰国导游,将成员带到其他地方。当成员发现后,要求她与泰国导游当面解释、澄清时,她采取了野蛮、粗暴、侮辱的态度,并威胁该团成员,要将其交给当地警方,不准我们登返程飞机等手段逼我们就范。在返程之前,旅游团成员强烈要求李××导游解决此事时,李××导游出具了书面承诺:回国后解决此事。现已回国近一个月,李××导游并未主动解决此事,Y 国际旅行社亦从未主动联系游客商量赔偿事宜。

详细经过:(此处略,编者注。)

事件影响与伤害:

(1)刘××、廖××为新婚不久,报团参加泰国普吉旅游为旅游结婚、度蜜月,遇到此事件,严重影响夫妻度蜜月的质量与幸福的心情。

(2)李××导游采用如此恶劣的态度、欺骗的手段,甚至威胁、恐吓的方法,严重伤害到了旅游者的尊严与人格。

(3)以欺骗的方式,诱骗旅游者改变行程并签字;私自改变目的地,不按变更协议执行,

[①] 资料来源:重庆市旅游局公开信箱,邮件字号——渝旅游信箱[2013]109,http://www.cq.gov.cn/publicmail/citizen/ViewReleaseMail.aspx?intReleaseID=483286,网站最后访问日期:2014-04-28。经整理改动。

带旅游者去一个路程短、质量差、票价明显低的景区，以从中赚取差价。

请求旅游执法部门：

1. 要求 Y 国际旅行社按相关规定给予刘××、廖××参团费的 20%的旅行费的经济赔偿。
2. 要求李××导游必须退还两个景区的票价、车费等费用的差价。
3. 要求李××导游必须书面对刘××、廖××等全体团员道歉，要求态度诚恳。
4. 要求按导游管理相关规定，对李××导游进行处理，并予以公示。

投诉人：刘××、廖××

2013/7/10

处理结果

重庆市旅游监察执法总队接此投诉后，经全面调查，做出调解意见如下。

(1)责成重庆 Y 国际旅行社向游客致歉。

(2)关于旧合同作废后新签订的旅游行程协议书中景点漏游问题。由于天气原因，原合同中约定的景点(大小 PP 岛)不能成行，旅行社与全体游客重新签订了旅游行程协议书，将 PP 岛行程变更为帝王岛，全团游客亦签字确认。由于当天所去的景点是鸡蛋岛并非帝王岛，依据《旅行社服务质量赔偿标准》第十条第一款之规定，遗漏无门票景点的，每遗漏一处旅行社向旅游者支付旅游费用总额 5%的违约金，旅行社应赔偿游客费用 126.5 元/人×12 人=1518 元。

(3)关于导游服务质量问题。由于旅游行程的变更属于双方自愿并签字确认，游客投诉领队发布虚假信息、口头承诺、变相逼迫等问题缺乏相关证据，我队不予支持。但由于领队在旅游过程中未按合同标准为旅游者提供相应服务，依据《旅行社服务质量赔偿标准》第九条规定，导游或领队未按照国家或旅游行业对旅游者服务标准提供导游或者领队服务，影响旅游服务质量的，旅行社应向旅游者支付旅游费用总额 1%~5%的违约金。建议扣除 3%的导游服务费，即 75.9 元/人×12 人=910.8 元。

(4)考虑到游客因不可抗力因素未能如约游览，建议旅行社再适当给予游客补偿。

知识链接

免费参游，能否降低服务标准？

免费参游是旅行社的营销策略之一，常针对达到一定基数的团队游客，实施其中 1 人免费参团的优惠；或者是针对家庭游，实施成人缴费，儿童免费的优惠。

但是即便游客是经旅行社许可免费参游，也并不影响其作为旅游者应该享有的权利。旅行社也并不能因此将该游客与他人相异对待，降低对该游客的服务标准，而应提供与其他游客一样的交通、餐饮、住宿、游览等服务。否则，游客可以依法维权索赔。

本章小结

本章概括性地介绍了旅游纠纷处理的相关法律概念、类型及其法律适用,重点阐释了解决旅游纠纷的四种途径及旅游投诉制度。

旅游纠纷是指旅游者与旅游经营者、旅游辅助服务者之间因旅游发生的合同纠纷或者侵权纠纷。旅游纠纷的解决途径主要有四种:协商、调解、仲裁和诉讼。每一种途径都有其适用情境、特点及法律效力。

旅游投诉是由旅游投诉处理机构组织的行政调解型的最具旅游特色的纠纷解决途径。旅游投诉制度依托《旅游投诉处理办法》,主要在厘清旅游投诉的概念的基础上,阐明了旅游投诉应符合的条件、范围及旅游投诉的受理程序,并对旅游投诉的处理进行了着重阐释。

关键术语

1. **旅游纠纷**:指旅游者与旅游经营者、旅游辅助服务者之间因旅游发生的合同纠纷或者侵权纠纷。

2. **旅游纠纷的调解**:指旅游纠纷当事人自愿将争议提交给第三方,并在第三方的主持和促使下,达成和解协议以解决争议的一种方法。

3. **旅游纠纷仲裁**:指旅游纠纷当事人在自愿基础上达成协议,将纠纷提交选定的仲裁委员会,由仲裁委员会作出对纠纷双方都有约束力的裁决的一种解决纠纷的制度或者方式。

4. **旅游纠纷仲裁协议**:指当事人表示将双方的纠纷提交仲裁机构进行裁决的书面协议。

5. **旅游投诉**:是指旅游者认为旅游经营者损害其合法权益,请求旅游行政管理部门、旅游质量监督管理机构或者旅游执法机构,对双方发生的民事争议进行处理的行为。

6. **旅游投诉管辖**:是指各级旅游投诉处理机构之间和同级旅游投诉处理机构之间受理旅游投诉案件的分工和权限。

7. **旅游投诉的受理**:是指旅游投诉处理机构接受对投诉案件的审理。具体而言,是指具有管辖权的旅游投诉处理机构,接到旅游投诉者的投诉请求(投诉状或口头投诉),经审查认为符合投诉受理条件,予以立案的行政行为。

8. **旅游投诉时效**:也称旅游追诉时效,是指依据《旅游投诉处理办法》的规定,旅游者若在法定有效期限内不行使权利,就丧失了请求旅游投诉处理机构保护其合法旅游权益的权利,亦即超过投诉时效,就不能再对违法人追究相应的责任。

章前案例解析

【分析】

本案例属于典型的低价团费所造成的强迫购物和消费问题。案例发生时间为2012年,当时适用的《旅行社条例》第二十七条规定,"旅行社不得以低于旅游成本的报价招徕旅游者。未经旅游者同意,旅行社不得在旅游合同之外提供其他有偿服务。" 2013 年 10 月颁布施行的《旅游法》第三十五条明确规定:"旅行社不得以不合理的低价组织旅游活动,诱骗旅游者,并通过安排购物或者另行付费旅游项目获取回扣等不正当利益。"本案例中的旅行社以低价组团,地陪以不购买自费项目就不能入住酒店为由强迫游客消费,为法不容,应该退还该游客夫妇的相关费用,并视情节轻重给予旅行社及地陪以惩处。案例情形符合《旅游投诉处理办法》受理条件,旅游质监部门应该予以受理。

本案例中,当旅游质监部门介入调解时,该游客夫妇已与旅行社协商处理,旅行社退回了相关费用,且游客夫妇再无其他投诉理由,因此旅游质监部门无须再跟进此案,不再受理。

【点评】

本案例所反映的现象在当今旅游市场中十分普遍。很多时候,游客早已意识到了低价团所带来的各种购物、加点等风险,但仍然会选择此类旅游团出游,而这恰恰助长了这种畸形的营运模式。旅行社通过购物加点收费来弥补营运成本甚至榨取利润,大大影响了出团质量与旅游服务,侵犯了游客权益。要从根源上找到解决零负团费问题的方法,不能仅靠事后调解,而应注重引导消费者理性消费,改善整个旅行社市场环境。

复习思考题

一、选择题

1. 旅游投诉的时效期限为从旅游合同履行完毕之日起(　　)天内。
   A. 30　　　　　B. 60　　　　　C. 90　　　　　D. 120
2. 需要立即制止、纠正被投诉人的损害行为的,应当由(　　)旅游投诉处理机构管辖。
   A. 被投诉人所在地　　B. 损害行为发生地　　C. 上级指定　　D. 协商确定
3. 共同投诉,是指投诉人(　　)人以上,以同一事由投诉同一被投诉人的投诉。
   A. 2　　　　　B. 4　　　　　C. 6　　　　　D. 8

二、判断题(对的打"√",错的打"×")

1. 旅游纠纷的司法调解具有强制性,无须征求当事人的意见。(　　)
2. 旅游纠纷仲裁实行一裁终局制,裁决一经做出即发生法律效力。(　　)
3. 调解是解决旅游纠纷的最便捷、成本最低的途径。(　　)

三、名词解释

1. 旅游纠纷
2. 旅游纠纷仲裁协议
3. 旅游投诉

四、简答题

1. 旅游纠纷的仲裁有何法律效力?

2. 旅游投诉的受理程序是什么?
3. 旅游纠纷的协商解决具有哪些优点?
4. 旅游投诉处理的基本程序是什么?

五、案例分析

疯狂的"自费项目"

2012年4月22日,福州市旅游质监所接到游客刘某等11名老年游客投诉,称其参加福州一家旅行社组织的泰国7日游,每人交了2480元团费。在游览的第三天,领队林某与泰国当地导游拿出一份自费项目表,要求游客在原先约定自费1000元的基础上再参加1980元的自费项目。

11名老年游客表示年纪大了,不想去看表演,但是泰国地陪和领队林某称不交费用者将被取消行程,并不让其随团参观。11名游客担心在国外受到不友好待遇,考虑到自身人身安全,只好每人又交了1980元自费款,这样自费款达到了2980元,比所交团费还多了500元。

对此,旅行社辩称,有在合同上注明境外须消费1000元以上,客人在泰国地陪导游提供的自费项目表上签字同意了,不存在强迫游客消费问题。

福州市旅游质监所查看游客签字的自费项目单后,发现该单上只列出自费项目名称,并没有说明每个项目的自费金额是多少,难以判断自费项目单所列的是1000元的自费项目还是2980元的自费项目。

(资料来源:祁正华,《福州公布旅游投诉典型案例出游谨防"零负团费"》,《福州日报》,2013年3月14日。经改动整理。)

问题:本案例中的旅行社是否存在违约、违法行为?旅游质监部门应该如何处理本次投诉?

参 考 文 献

[1] 韩玉灵. 旅游法教程[M]. 3版. 北京：高等教育出版社，2014.
[2] 裴春秀. 旅游法实例说[M]. 长沙：湖南人民出版社，2004.
[3] 卢世菊. 旅游法规[M]. 3版. 武汉：武汉大学出版社，2009.
[4] 杨富斌. 中华人民共和国旅游法释义[M]. 北京：中国法制出版社，2013.
[5] 邱聪智. 新订债法各论(中)[M]. 姚志明，校订. 北京：中国人民大学出版社，2006.
[6] 杨富斌，王天星. 旅游法学案例[M]. 北京：中国旅游出版社，2006.
[7] 田勇. 旅游法规概论[M]. 广州：华南理工大学出版社，2005.
[8] 王利明，房绍坤，王轶. 合同法[M]. 北京：中国人民大学出版社，2002.
[9] 韩世远. 合同法[M]. 北京：高等教育出版社，2010.
[10] 马俊驹，余延满. 民法原论[M]. 北京：法律出版社，2005.
[11] 全国人民代表大会常务委员会法制工作委员会，信春鹰. 中华人民共和国食品安全法释义[M]. 北京：法律出版社，2009.
[12] 国务院法制办农业资源环保法制司，等. 风景名胜区条例释义[M]. 北京：知识产权出版社，2007.
[13] 江西省旅游局. 旅游法规[M]. 南昌：江西科学技术出版社，2011.

北京大学出版社本科旅游管理系列规划教材

序号	书　名	标准书号	主编	定价	出版时间	配套情况
1	会展概论	7-301-21091-8	来逢波	33	2012	课件
2	餐饮运行与管理	7-301-21049-9	单铭磊	39	2012	课件
3	现代酒店管理与服务案例	7-301-17449-4	邢夫敏	29	2012	课件
4	旅游财务会计	7-301-20101-5	金莉芝	40	2012	课件
5	旅游文化与传播	7-301-19349-5	潘文焰	38	2012	课件
6	旅游地形象设计学	7-301-20946-2	凌善金	30	2012	课件
7	旅游规划原理与实务	7-301-21221-9	郭伟	35	2012	课件
8	旅游学导论	7-301-21325-4	张金霞	36	2012	课件
9	前厅客房服务与管理	7-301-22547-9	张青云	42	2013	课件
10	休闲活动策划与服务	7-301-22113-6	杨梅	32	2013	课件
11	休闲学导论	7-301-21655-2	吴文新	49	2013	课件
12	休闲学导论	7-301-22654-4	李经龙	30	2013	课件
13	旅游服务礼仪	7-301-22940-8	徐兆寿	29	2013	课件
14	导游实务	7-301-21638-5	朱斌	32	2013	课件
15	导游实务	7-301-22045-0	易婷婷	29	2013	课件、教师用书
16	英语导游实务	7-301-22986-6	唐勇	33	2013	课件
17	旅游英语教程	7-301-22042-9	于立新	38	2013	课件、教师用书
18	旅游地图编制与应用	7-301-23104-3	凌善金	38	2013	课件
19	旅游资源开发与规划	7-301-22451-9	孟爱云	32	2013	课件
20	景区经营与管理	7-301-23364-1	陈玉英	48	2013	课件
21	旅游策划理论与实务	7-301-22630-8	李锋 李萌	43	2013	课件
22	旅游学概论	7-301-21610-1	李玉华	42	2013	课件
23	旅游学	7-301-22518-9	李瑞	30	2013	课件
24	会展业概论	7-301-23621-5	陈楠	30	2014	课件
25	休闲度假村经营与管理	7-301-24317-6	周绍健	40	2014	课件
26	西部民族民俗旅游	7-301-24383-1	欧阳正宇	54	2014	课件
27	旅游文化学概论	7-301-23738-0	闫红霞 李玉华	37	2014	课件
28	旅游企业战略管理	7-301-23604-8	王慧	38	2014	课件
29	旅游英语	7-301-23087-9	朱华	48	2014	课件、光盘、视频
30	旅游政策与法律法规	7-301-23697-0	李文汇 朱华	43	2014	课件
31	旅游法律法规教程	7-301-24850-8	魏鹏	45	2014	课件、微课
32	旅游心理学	7-301-23475-4	杨娇	41	2014	课件
33	旅游学概论	7-301-23875-2	朱华	44	2014	课件
34	现代酒店管理实用教程	7-301-24938-3	林巧 张雪晶	38	2015	课件
35	旅行社经营管理	7-301-25011-2	余志勇	35	2015	课件
36	旅游文化创意与策划	7-301-25166-9	徐兆寿	43	2015	课件
37	旅游景区管理	7-301-25223-9	杨絮飞 蔡维英	39	2015	课件
38	酒店质量管理原理与实务	7-301-25543-8	张红卫 张娓	37	2015	课件
39	会展节事策划与管理	7-301-25512-4	朱华 张哲乐	35	2015	课件
40	旅游交通管理	7-301-25643-5	来逢波 陈松岩	31	2015	课件
41	旅游规划理论与方法	7-301-25939-9	牟红	43	2015	课件
42	餐饮经营与管理	7-301-26144-6	公学国 王雅静	38	2015	课件
43	导游实务教程	7-301-26110-1	高亚芳	49	2015	课件
44	旅游资源学	7-301-26803-2	杨阿莉	44	2016	课件、互联网+
45	旅游经济学	7-301-26190-3	魏鹏 杜婷	35	2016	课件
46	旅游英语实用教程	7-301-27113-1	吴淑娟 王纯阳	25	2016	互联网+
47	现代旅行社门店管理实务(第2版)	7-301-27176-6	梁雪松等	35	2016	课件
48	旅游法规	7-301-27787-4	杨智勇	47	2017	课件

如您需要更多教学资源如电子课件、电子样章、习题答案等，请登录北京大学出版社第六事业部官网www.pup6.cn搜索下载。

如您需要浏览更多专业教材，请扫下面的二维码，关注北京大学出版社第六事业部官方微信(微信号：pup6book)，随时查询专业教材、浏览教材目录、内容简介等信息，并可在线申请纸质样书用于教学。

感谢您使用我们的教材，欢迎您随时与我们联系，我们将及时做好全方位的服务。联系方式：010-62750667，moyu333333@163.com，pup_6@163.com，lihu80@163.com，欢迎来电来信。客户服务QQ号：1292552107，欢迎随时咨询。